リーラー「遊」VOL.11

2019.3

欧米的近代を超えて

巻頭言

智愚の毒を滅する

―本願醍醐の妙薬―

山崎龍明

一

昨今の世情をみると、人間はここまで「傲慢」なものなのか、という思いを禁ずることができません。「慢」はもともと「煩悩」の中でも貪、瞋、痴と並んで人間を崩壊に導くものとして考えられています。

「慢」(māna)は簡単にいえば「おごり高ぶること(憍)」です。慢には「慢、過慢、慢過慢、我慢、増上慢、卑慢、邪慢」といった七慢があげられます。このほか八慢、九慢といったように微細に人間の「おごり」を洞察したものもみられます。「慢」とは「他に対して自らを過大評価したり、我を執したり、徳もなく悟りも得ていないのに徳があり悟りを得ていると思い込んだりする煩悩を分類したもの」といわれます（『岩波仏教辞典』中村元他編、岩波書店刊、七六一頁）。

要は、自己を誇り、自己を過大視して自己を失っている人間の根底にある「おごり」というものです。親鸞聖人の言葉を借りれば「邪見驕慢悪衆生、信楽受持甚以難」（自己中心にしかものを考えることのできない、おごりたかぶった人間は、真実というものをうけとめることができない）ということでしょうか（『教行信證』行巻末『註釈版聖典』西本願寺刊、二〇四頁）。

本稿ではこの人間の「慢」を中心として、親鸞聖人の人間洞察（自己洞察）について考えてみたいと思います。親鸞聖人の人間観には二重性があると考えられます。一切の人間には善人もあり、悪人もあるという、いわゆる相対的な人間観です。「一切善悪凡夫人」（前掲『教行信證』同、二〇四頁）という立場です。

他方、一切の人間は「罪業深重」、「煩悩具足」そのものの存在であるという、絶対的人間観です。これらの文言は親鸞聖人の全著述に散見するところです。その代表的な文言は中国浄土教の大成者善導（六一三〜六八一）の『法事讃』の「致使凡夫念即生」の語を解釈する中にみえます。

凡夫といふは、無明煩悩われらが身にみちみちて、欲もおほく、いかり、はらだち、そねみ、ねたむこころおほくひまなくして、臨終の一念にいたるまでとどまらず、きえず、たえず〈中略〉。かかるあさましきわれら、願力の白道を一分二分やうやうづつあゆみゆけば、無碍光仏のひかりの御こころにをさめとりたまふがゆゑに、かならず安楽浄土へいたれば、弥陀如来とおなじく、かの正覚の華に化生して大般涅槃のさとりをひらかしむるをむねとせしむるべしとなり（『聖典』六九三頁）。

二

「凡夫」（pṛthag-jana,bāla）とは、一般に「凡情悩乱の夫」などと訳される通り、中国では「庶民、並の人」という意味ですが、仏典では「世俗的なことがらになずんでいる愚か者」という意味です。bāla の原意は愚か者という意味ですが、仏典では具体的に「仏教の道理を知らない世俗の愚か者」とされています（前掲『岩波仏教辞典』七五三頁等参照）。

これらの指摘によれば、仏法とは「人間」や「世俗」を相対化するところから始まるということができます。しかし、近代以降の人間は人間を相対化する視点を失い、人間中心主義的な価値観に陥っている、といえないでしょうか。この人間中心主義的価値観の悲惨は、卑近な例でいえば、トランプアメリカ大統領の「アメリカファースト」。安倍首相の「強い国ニッポン」という一国主義の主張。またロシアのプーチン首相、中国の習近平国家主席の自国絶対主義などに顕著にみられるといってもいいでしょう。

人間は等しく「憍慢」なる者です。誤り多き者です。聖徳太子論争は別として、「我必ずしも聖に非ず、彼必ずしも愚かに非ず。共にこれ凡夫《ただびと》のみ。是非の理、たれかよく定べき。相共に賢愚なること、鐶の端なきがごとし。ここをもってかの人は瞋るといえども、還ってわが失を恐れよ。われひとり得たりといえども、衆に従いて同じく挙え（十条）」「大事をば独り断ずべからず、必ず衆とともに宜しく論ずべし（十七条）」（『十七条憲法』）といわれた聖徳太子の愚への回帰、自己の相対化が急務の課題ではないでしょうか。

私はかって親鸞聖人の『教行信證』を読んで気付かされたことがあります。それは「正信念仏偈」といわれる中の文言です。親鸞聖人の人間へのまなざし、いや自己洞察についてです。以下そのことについて触れてみたいと思います。

①、凡聖逆謗斉廻入、如衆水入海一味（凡聖逆謗、斉しく廻入すれば、衆水、海にいりて一味なるがごとし）

ここには「凡夫も聖者も五逆罪を犯す者も正法を謗る者も」みなアミダ如来の真実によって共に一味平等の世界（さとり）に入ります。

②、一切善悪凡夫人、聞信如来弘誓願（善人、悪人の別なく、一切のわれら凡夫がアミダ如来の教法に生きるとき、仏は偉大なる聖者（分陀利華）とほめ、このひとを大白蓮華のような人となづく）

ここでは一切善悪の人がアミダ如来の教えに生きるとき、仏はこの上なき素晴らしき人（生死を超えた人）、蓮の花のような素晴らしき人と讃めたたえています。

③、矜哀定散与逆悪（禅定にいそしむ人、そして十悪五逆の罪を重ねる悪人をも、ともに等しく悲しみ、いつくしみの心をもって解放される）

ここでも、禅定や善根功徳を積む者、また悪逆なる人間もともにアミダ如来の大悲心によって解放されることが示されています。

④、本師源空明仏教、憐愍善悪凡夫人、真宗教証興片州、選択本願弘悪世

（法然上人は一代仏教に精通し、善人悪人の凡夫を悲しみ傷み、それらの人々を救うためにアミダ如来が選び取られた本願念仏の法を日本という国に興し、五濁悪世に弘められた）

（以上『教行信證』行巻末「正信念仏偈」『聖典』二〇三頁以下）。

ここに示される「憐愍善悪凡夫人」の「憐愍」（悲シミアワレム）という語はアミダ如来の大慈大悲心です。ここには善悪の別なく「一切衆生」「十方衆生」を救済する法であることを明確に示しています。

三

すでにみた通り、「凡聖逆謗斉廻入」「一切善悪凡夫人」「矜哀定散与逆悪」「憐愍善悪凡夫人」等々の文言にはアミダ如来の本願真実法の普遍性が過不足なく示されています。このほか「正信念仏偈」には「五濁悪時群生海、応信如来如実言」（五つの濁りに満ちた末法の悪世に生きる一切の衆生は、アミダ如来の真実の言葉を信ずべきである）と示されています。更に「超日月光照塵刹、一切群生蒙光照」（太陽や月を超えた光明「智慧」の輝きは、あらゆる国の生きとし生けるものすべてを照らしつづける）。「一切群生」の語が鮮烈です。

冒頭に記した通り親鸞聖人の人間洞察には二重性があります。善なる人間と悪なる人間、そして、一切の人間は悪（罪）なる者であるという二種の人間観です。私は今まで見てきた通り、親鸞聖人には人間はなべて「悪なる存在である」という認識が深くあると考えます。親鸞聖人の思想信仰といえば「悪人正機」（親鸞聖人にこの言葉はありません。曾孫の覚如が「正機たる悪人」〈『口伝鈔』〉といったものを『歎異抄』の研究者、妙音院了祥が「悪人正機章」（『歎異抄』第三章）と名づけられたものと考えられます）といわれますが、アミダ如来は善人、悪人を超えた人間存在の根源的な様態である「悪性」を洞察して救済法を成就しました。いわゆる単に悪なる人間の救い、解放ではなく、普遍的な人間救済法であったのです。

紙数がつきました。最後に『教行信證』信巻の文言を記したいと思います。ここには善悪、智愚に呪縛されて苦悩する人間の解放が示されています。

如来誓願の薬はよく智愚の毒を滅するなり（『聖典』二〇四五頁）

智愚の毒とは智者にも愚者にもともに毒（自我迷妄心）があるということです。現代社会もこの智愚の毒が蔓延し、政、官、財、学、司法、メディア等も共に無明の黒闇の中をさまよっています。人間における智愚のトラワレを滅するには、人間では不可能であり、人智を超えたさとりの叡智（妙薬）によってのみ可能である、という指摘です。知の蓄積によって人は傲慢になり他を排斥し（差別）、愚の中で方向を見失う人間。その無明の闇を照破する用きが仏（真理）の力用（ハタラキ）です。

この用きに遇うものを信心の行者といい、真の仏弟子といいます。仏弟子には仮の仏弟子、偽の仏弟子もあると言われます（『教行信證』信巻）。人間の「善悪」「智愚」にまつわる根源的な毒、病巣を治する妙薬（「本願醍醐の妙薬」「信巻末」）、それが仏法です。

【講演】

近代とは何か
――三重から世界を見ると――

板垣雄三

壇上からお話をするよりは、皆さまの近くに寄ってしゃべりたい感じですが、瞬間風速が観測史上最大という猛烈な台風二四号が直撃してくる寸前の異常事態なので、何はともあれ、交通機関が止まる前の残された時間だけ駆け足の話にお付き合いいいただきたいと思います。

Ⅰ　なぜ「近代」を／どのような「三重」で／考えるか？

北島先生から「近代とは何か」という題をいただき、私のほうでは副題として「三重から世界を見ると」を付けました。

なぜ「近代」を、そして「どのような三重」でそれを考えるのか。これがまず第一の問題です。「世界が壊れていく」という感覚は、くどくど言わなくてもお互いに分かり合える、そんな景色がすでに拡がってきてしまっているのではないでしょうか。「世界が壊れていく」と私が言うようになったのは数年前からでしたが、この一〜二年は急速にそういう言葉がほうぼうで使われるようになりました。だから、もう説明する必要はないと思います。

「TVカメラの前では何秒間おじぎをするほうがいいか」といった式の社会的お詫び演技のノウハウを教える商売が出てくるほど、世の中はいいかげんになり、乱れてきていますが、これは欧米的近代の病状がどれほど深刻であるかを表すものです。

欧米中心の世界が終わりつつあるいま、いちばん破局的なのは、むしろ欧米でないところに暮らす人びとが欧米中心主義のままでいるという事態です。中国をとっても、インドをとっても、ひたすら一所懸命、欧米的な近代を追い求めつつあります。

そういうなかで日本は、どんどん没落していくことは確実で、二一世紀半ばには九〇〇〇万人ぐらいの人口規模でとどまれるかどうかという状態ですが、日本ばかりでなく世界全体が破滅と向き合うことが、これから何十年間かの問題となります。

そこで、われわれが「近代」あるいは「近代的」と考えてきたことを見直さなければならぬことになってきています。私はかねて（五〇年以上も昔から）「西暦七世紀からの〈超近代〉」ということを言ってきましたので、その問題をいまあらためて考え直してもらえないだろうかと考えています。

きょうは、そういう角度から「近代とは何か」を考えたいわけです。自由・平等・同胞（きょうだい）愛とか／都市的に生きる・商業マインドで生きる・政治を生きる／個人主義・合理主義・普遍主義／などは、西欧から出てきたものではなく、むしろ西暦七世紀以降のアジアから出てきたものだったのだ、ということを強調したいと思うのです。

さて、「三重で考える」という場合、その三重はどういう三重かということです。これについては私などより三重のことはよくご存じの皆さま方に話す必要はないと感じながら、しかしどういうアイテムに目を向けていただきたいかという希望として、私なりに視る角度をいくつか挙げてみたいと思います。

ひとつは交通・交流・ネットワークということで、交通路の問題です。

もうひとつは女性の問題です。本来、超近代的であることにおいては女性が社会のなかでどのような位置を占めているかが非常に重要な意味を持ちますが、伊勢には女性の位置づけという面で注目すべき特徴点がたくさんあります。たとえば「入鉄砲出女」は、江戸時代の街道筋で絶えず最も問題にされていたことですが、お伊勢さんに行くことがある種のアジール（救済・聖別・庇護される特別の平和領域、権力も手出しできない）的な意味を持っていました。

三つめは、「日本」アイデンティティが、たえず伊勢を何らかの意味で「中心」として組み立てられ展開したということです。本地垂迹説に対して、伊勢の外宮を中心とした度会［わたらい］神道（仏が神となって表れるのではなく、神が仏となって表れるという考え方）を出し、それに対して吉田神道が出てきます。これは、日本が根本で、中国が枝や葉で、インドが花や実であるという考え方で、別のかたちの日本中心主義です。垂加［しでます］神道は、山崎闇斎の神儒合一説に立つ神道で、これもまた伊勢外宮とのつながりを持っています。そして、さらに本居宣長の国学へと続いていきます。

こういう格好で、三国（本朝・唐土・天竺）からなる世界のなかで日本とは何であるかという、いわばアイデンティティ探しの中心が伊勢だったということです。

さらに、世界の連関構造の大局を把握しようとして浮かび上がる焦点が三重です。文永・弘安の役において伊勢大神宮があることの意味や、南北朝争乱で伊勢が大きな意味を持ったことや、政治的統一が織田信長によって進められるプロセスで長島一揆が持った意味などが注目されるでしょう。

長篠の戦いも、伊勢の状況が大きく関係していましたが、鉄砲の戦法がヨーロッパの軍事革命の大きな引金となりました。詳しくはジェフリー・パーカー著『長篠合戦の世界史・ヨーロッパ軍事革命の衝撃』（同文館出版）に書かれていますが、こうした広がりのなかに伊勢はあるのだということです。

また、地租改正反対伊勢大一揆の目ざましい波及力は、やがて自由民権運動の全国的展開・激化へとつながっていく過程の起点として、大きな意味を持っていたことが注目されます。

御木本の真円パールも、万古焼が大きな意味を持っていたので、生物学の先端知識や歯科技術との結合と相俟って、伊勢だからこそ実現され得たものと思います。

一九三六年の国産振興四日市大博覧会という際立った行事も組織されました。また、太平洋戦争を戦う日本で重要な意味をあてがわれた第二海軍燃料廠が、敗戦後に三重の工業化の基地になります。

パンプキン爆弾は、原爆投下の訓練のための爆弾投下で、京都エリアに原爆を落とすための練習として四日市が狙われました。それは海軍燃料廠があったこととも無関係ではないでしょう。

一九五九年の伊勢湾台風は、日本における災害の歴史のなかで大きな位置を占めています。

鈴鹿サーキットの開業は、高速道の建設に先行しました。

それから木村俊夫という政治家も挙げたいと思います。私は政治家の方たちとの関係ではいつも自主選択的に対応してきましたが、ことに自民党の政治家が相手の場合は、人間的に深くお付き合いする人とそうでない人を意識的に区別してきました。そのなかでしっかりお付き合いした気がする方のひとりが木村俊夫さんです。木村さんは、東員町出身の方で、オイルショック後の外務大臣を務め、自民党のＡＡ研の代表世話人をやり、日本パレスチナ友好議員連盟の会長としてＰＬＯのアラファト議長を日本に招聘し、鈴木善幸首相との総理官邸での会見をお膳立てしました。この鈴木善幸首相とアラファト議長の関係が引き金になって、その後、欧州の首相たちが続々とアラファトと会見するようになりました。その段階での国際政治の突破口を開くようなことを、木村さんはやったわけです。

二〇〇八年には四日市大学に関孝和数学研究所が開設されました。ことし二〇一八年には東京大学が三重県と連携協力協定を結びました。きょうは台風襲来に阻まれてたくさんの市民の方に集まっていただくことはできませんでしたが、また東京大学の連携協力協定とこの会は何の関係もないわけですが、しかし、結果的には三重県で行われるこの行事は東大と三重県の連携協力協定に沿った最初の行事という意味を持っていると、私は先ほどケーブルテレビの方に宣伝したところです。

三重とは四日市と言ってもいいわけです。ヤマトタケルの説話から出発して、四日市は三重そのものだとも言えるわけで、この地で「近代」について考えることの意味が非常に大きいということを強調したいと思います。

たまたま私は信州諏訪からまいりましたので、諏訪神社の由来についてレジュメに書きました。いまは「こにゅうどうくん」がもっぱら有名な宣伝材料になってしまったようですが、…。

伊勢津彦のことを、宣長は「建御名方神の別名である」と判定しました。こういう点でも、伊勢は諏訪とぴったり結びつきます。

諏訪とその周辺は南朝の重要な拠点地域でありました。そういう場所のひとつ大鹿村が、いまリニア新幹線の南アルプストンネルの起点となる問題で大いに揉めています。この現代的状況に、南朝の拠点の柴宮をもつ諏訪地域も無縁ではないわけです。リニア新幹線について、皆さんがどのようにお考えかわかりませんが、そういう問題があります。

それと似たようなかたちで、メガソーラーの問題が表面化してきました。来月一〇月八日に諏訪地域の茅野市民館で「全国メガソーラー問題シンポジウム」が開かれる予定ですが、これは四日市の方々と諏訪のメガソーラー問題に取り組んできた人たちが一緒に組織するシンポジウムなのです。

Ⅱ　富川盛道「一枚のスカート　東アフリカ・タンザニアの牧畜文化と女性」の読み方

三重から世界を見／「近代」を考えなおす／足場固めはこれくらいにし、続いては、近代を私流に考えるということで、北島先生に敬意を表してアフリカの問題を取り上げてみたいと思います。

富川盛道（一九二三〜九七）という人は、エジプトから帰国した私が東京外国語大学アジア・アフリカ言語文化研究所（ＡＡ研）に勤務し、そこでご一緒した先生で、私の兄貴分といった感じで付き合ってくださいましたが、もう亡くなってしまいました。現在の沖縄県副知事で経済学者の富川盛武氏は、きょう投票の沖縄県知事選挙絡みでＴＶにもよく顔が出る方ですが、縁者かどうかは知りません。富川盛道さんは沖縄出身ですが、沖縄戦よりも前に本土に移られ、京都にベースを置かれていました。医学・心理学・社会学を遍歴しながら北海道大学でアイヌ研究に従事された後、今西錦司さんに協力してアフリカの人類学研究に移っていかれた人です。

彼がＡＡ研『通信』のために書いた「一枚のスカート」を、私が『世界の女性史』に再録させてほしいとお願いしたところ、了解してくださっただけでなく、発表済み「一枚のスカート」を前半とし、続きの後半を書き足してくださいました。そこで、長くなった全篇を私が編集した『世界の女性史』に収めさせていただいたのです。それがのちに、彼の仕事をまとめた『ダトーガ民族誌：東アフリカ牧畜社会の地域人類学的研究』では、その最終章として再録されることになりました。

彼は、医者の眼をもつ人類学者として、研究していました。彼の書いた「一枚のスカート」の前半は、独立したばかりのタンザニアで、新しくできた政府が生活改善運動と称して、ダトーガという牧畜民の既婚女性が履く革のスカートを「やめろ」と言い出す動きが出てきたことを扱っています。広げると一枚布になる「ゴロレ」を体にぐるりと巻いて羽織る、その下に革スカートの「ハナグウェンダ」を履くのです。このハナグウェンダは、結婚した女性の「しるし」です。

政府のこの動きが社会問題になりだすと、牧畜民ダトーガの女性たちはみんなで選んだ呪医を訪れて呪薬を求める集団儀礼「ガドウェーダ」を実行します。伝統のスカート「ハナグウェンダ」着用が禁止されそうな文化の危機に臨んで、女性たちが立ち上がった夜のしじまの集団行進ガドウェーダの儀式の大団円に立ち会った富川さんの観察記録が「一枚のスカート」の前半でした。

「一枚のスカート」の後半も、前半と同様、富川さんの学術調査報告でありながら、詩情あふれる文学作品の趣を湛えていて、読みごたえがあります。私はその文章を縮めて粗筋がわかるようにしたものを、本日の配布資料に載せました。

ついでに言いますと、これはタンザニアの比較的北寄りのマンゴーラと呼ばれる地方の話ですが、ダトーガ牧畜民だけでなく多様なエスニック集団がいて、農民たちは農民たちで、女性は彼ら独自のスカートを履くのだそうです。

富川さんが書き足してくれた後半は、バッピアイという女性の話です。彼女は一二〜一三歳の頃、父親に連れられて、マンゴーラでの調査のため滞在していた富川さんを訪ねてきます。ダトーガの女性は、幼少時にほっぺたに傷をつけられ、その線がうまく入っていると美人だとされるのだそうですが、バッピアイはその傷が化膿したとかで、父親は日本人の富川さんが医者だと聞きつけて、娘を治療してと頼んできたのでした。その縁で、バッピアイは子ども時代から富川さんを知っていたわけです。富川さんも、フィールド調査に出かけるたび、彼女を見守ります。

時が経ち、バッピアイは、牧畜民の青年男女の交際からダトーガ文化を学んだあげく、結婚し、子どもも生まれ、お嫁に行った先でいじめられもし、諍いも起きて、実家に逃げてきます。そうすると、父親の前妻の息

ダトーガの妻たちの上着〔ゴレロ〕

スカート〔ハナグウェイ〕

バッピアイ

子（異母兄）がバッピアイを棒で叩いて耳たぶが裂けるなど、邪険に扱うのでした。
婚家でいじめられ、実家に逃げ帰ってまたいじめられるということで、自分はダトーガの人間として生きていたくないと感じたバッピアイは、姿を隠してしまいます。富川さんは、ずっと離れたタランギレ国立公園の労務者コロニーの小舎でバッピアイに出会います。彼女は、ケニアから来たサムソンという男とともに暮らしていました。サムソンは大型トラックの運転手でした。以下、彼の文章を読んでみます。

バッピアイは、母と三人の弟妹の健在を確かめてから、「母に言って。私は尻軽女なんかではない。もう、どこまでも、どこまでも、そこが地の果てなら、地の果てまでも行ってしまいたいと思って出てきたの」と語った。サムソンは、わたしがバッピアイをマンゴーラの親元に連れて行くのかと恐れて、彼女をせきたてて、二人でトラックに乗って出かけることにした。服装を整えてトラックに乗り込むバッピアイを見て、わたしはアッと驚いた。ハイヒール、ワンピース、そして帽子、オルデアニ（タンザニア北部のサファリ・ロッジで賑わう国際観光地）のスワヒリどころではない。…ナイロビかダレエスサラムの首都を歩いていてもおかしくない女の衣裳であった。ハナグウェンダという文化のシンボルは、脱ぎ替えてみれば、一枚の衣裳にすぎなかった。…一九七二年、マンゴーラで、わたしはバッピアイの父親「ギダブラ」から、その後バッピアイが子どもを二人産んで、タンザン鉄道の建設工事で働く夫サムソンにしたがって、タンザニアをあとに、ザンビアに去ったことを聞いた。わたしは一九七〇年のタランギレ国立公園の日以来、東アフリカの大地に伸びていく、このダトーガのひこばえに会っていない。

ちなみに、タンザン鉄道というのは、タンザニアとザンビアを結ぶ鉄道で、中国が建設しました。マンゴーラでバッピアイを隠しかくまい保護し外に逃がしたムスリムやキリスト教徒の農民家族もいた、という地域社会の構造も含め、バッピアイが生きる環境は世界全体に向かって幾段階も積み重なり交錯しあう構造をもつものだったことが示唆されています。

前半の、革スカートという伝統衣装を脱ぐことにならぬよう、霊妙な呪薬を求めて真夜中に呪医を訪れる儀礼に立ち上がった女性たちと、後半のバッピアイのように伝統の重圧から脱出して、まったく西洋風のハイヒールやワンピースを身に付けるという、まるで違う二種類のタイプの女性の行動記録を富川さんは残したわけです。

一九六〇~七〇年代当時の日本の社会科学の分野では、近代化について、「アフリカでも西欧化的な近代化は避けられない。仮にアフリカが日本の鎌倉時代のような状態であっても、西欧化・近代化はやって来るのだ」という捉え方が一方にあり、他方、そういう近代主義に批判的な人たちは「土着・固有の内発要因を活かす社会発展が可能であり、社会主義への道も多様にあり得る。アフリカの部族社会においても、社会主義への道はあるのだ」というようなことを議論していました。

そういうとき、米国から日本に対するＣＩＡも絡んだ文化工作が展開され、「近代化論」が花盛りになります。来日したライシャワー大使は、日本語がペラペラで、奥さんは日本人です。米国人宣教師の息子さんで、日本で生まれ、日本で育った人が駐日大使になったのです。

彼が大使になる直前に箱根会議が行われます。これは米国側のイニシアティブで開かれたもので、そこには丸山真男・遠山茂樹などといった人たちが集められました。そこでの「近代化」をめぐる議論は、日本側からは異論も提起されたとしても、当時の「ロストウ理論」が断然、中心テーマとなったのでした。

ロストウの近代化論は、伝統的社会が離陸先行期に入り、それから離陸（テイクオフ。飛行機が飛び立つとき、車輪が滑走路から離れて、急角度で上昇する）の段階があり、つぎに成熟化が起こって、やがて高度大量消費社会という近代化の完成期がやって来るというもので、これがロストウの「一つの非共産党宣言」という副題を持った本『経済成長の諸段階』の中身です。

いまお話ししたような段階を踏んで、西欧流の近代化があらゆる社会で進んでいく、とされた。だから、アジアやアフリカのそれぞれの社会においてテイクオフが、いつ、どういう格好で実現できるかが問題なのだ、という議論が米国の側から盛んに持ち出されたわけです。

これは、ベトナム戦争、中ソ対立、中国の文化大革命、アラブ社会主義、ユーロコミュニズム、ニューレフトなどがいっせいに出てきて、マルクス主義がなんとなく多様化し分解し始めるときに、欧米、特に米国から世界に発信する「開発・成長・進歩・民主主義」の文化メッセージとしてあったのでした。それは、開発経済論からやがて世界システム論へと展開し、また平和部隊（ピース・コー）・海外青年協力隊から南北問題対処の国際的諸機構そして多様な国際ボランティア組織を生み出しもしました。そんな動きのなかで、非欧米の日本の「近代化経験」をモデル化する議論も流行しました。

中国や韓国、あるいは他のアジアの国の人びとからすると、なぜ日本人は modern を「近代的」と訳し、西欧の modernity に一体化する「近代」とか「近代化」ばかり気にするのか、どうしてそういう言葉の意味が好きなのか、非常に不思議なのではないかと思います。それはまさしく一九六〇年代「明治維新一〇〇年」

にかけてロストウ近代化論で流行した「離陸」概念に乗せられて、天皇制を護持する日本人がみずからの特異な（伝統と近代が相乗する点で世界に冠たる）「近代化」の話を自己暗示的に避けて通れなくなってしまったからではないかという気がします。

しかし、富川盛道さんの視座および課題設定は、そんな類のものでなく、思索の面ではるかに複雑で、すこぶる意味深長です。呪医に薬をもらいに行くガドウェーダの話と、ダトーガ社会から足を洗ったバッピアイがタンザン鉄道建設で働くケニア出身の夫に連れ添ってヨーロッパスタイルで歩く姿とが、意図的に並べられています。この二つを時系列で見れば、「伝統社会が直面する〈近代〉」という話であり、「部族社会の文化的危機」という話とも受け取られかねません。一方、二つを対置したとすれば、「社会集団と個人」という二つの異なる次元を対比したとも言えるし、「女性の抵抗の諸相」というかたちでの対比とも読めるでしょう。

もう少し積極的な対置として、それぞれを比較しようとする並べ方であるとすれば、「文化の危機と人権侵害」「時代の遷移」「男と女との姿勢や感覚の違い」「世代の違い」を比較しようとした、というふうに読むことも可能かも知れません。このように、この富川さんの仕事はいろいろなかたちで読まれたし、今あらためて読みかえされるべきでしょう。

しかし、富川さんの視座は上記した例示のいずれでもなく、この二つの話を対立とは見ない。そして、どちらの話も変化・発展の相で見なければいけない。しかも話を支える多重多層多角のグローカル環境条件との相互作用の全体像を掴むなかで考えようとしなければいけない。そういう見方で彼は観察していたのではないか。このことは、西暦七世紀からの「超近代」が意味することにつながるものでもあると感じています。

実際に富川さんと私は、学生反乱の激しい真っ只中、研究室はおろかキャンパスから締め出された状態で、仕方なく大学近くの喫茶店にたむろし、「もはや大学なんぞ辞めて、サモーサ屋でもやろうか」などと言って、意気投合したりしていました。そんな人間的付き合いをとおして、私は富川さんの「一枚のスカート」を富川さんの立場の真骨頂として読みたいと思っているわけです。私はついに富川さんに訊きただすことはしませんでしたが、富川さんの立場の基本は、沖縄をしのびアイヌを考える土台と深く関わっていただろうという思いが私の心中に根付いています。

Ⅲ　西暦七世紀からの「超近代」が意味すること

さて、つぎにお話するのが、西暦七世紀からの「超近代」です。ヨーロッパの近代性を人類普遍の原理と決めてしまうことについて、疑問を突きつけようとするのです。民主主義・社会契約論・法の支配／国家主権・国民国家／政教分離・信教の自由・寛容思想／資本主義・市民社会といったさまざまな概念につきまとう特殊でローカルなヨーロッパ現象を、しっかり見分ける必要があります。

たとえば政教分離は、世界中に当てはまる普遍原理ではなくて、あくまでもヨーロッパ独特の課題に即した事柄ですから、それを他のところに持ってきて、同じことをやれと言うのはヨーロッパ支配だという感じがします。ヨーロッパの「イスラーム文明」学習をはっきり見極めると、そのことがしっかりわかってきますし、批判できるようになるのではないでしょうか。

ヨーロッパの形成自体がイスラームの影響下で起きたことですが、それを見ないことにして、ヨーロッパ中心の／ヨーロッパに限定した／話が展開していきました。話が拡がる場合も、イスラームに対する「好きだから嫌い」とか「畏敬するから軽蔑する」「追いつき追い越せ」式のオリエンタリズム的な類のことになります。このような問題を批判的に考えるための手がかりとして、本日の配布資料に二つの参考書（ありきたりの古代ギリシア観・アジア観をひっくり返して欧米中心主義に染まった頭脳を大転換させる『ブラック・アテナ』と『オリエンタリズム』）とひとつの着眼点（アラビア語の学問に通じた教皇となるジェルベール・ドーリヤックからスコラ学・一二世紀ルネサンスを見渡す）とを挙げておきました。三つめについては、伊東俊太郎『十二世紀ルネサンス』（講談社学術文庫）が参考になるでしょう。

ヨーロッパがイスラーム世界から学んだものは、自由・平等・同胞愛／多宗教共生／社会契約／戦争法規／国際法／外交慣行（使節・条約・旅券など）／アリストテレス（などギリシア古典）／大学・学問体系／自然科学／医学・病院システム（病棟と外来の区別など）／自然讃歌（アッシジのフランチェスコが東方［エジプトやシリア］へ旅し滞在したのは決定的で、それがフランシスコ会の規則まで決めていった面がある）／音楽／建築／食／エチケット等々です。

私は、二分法思考／排中律／還元主義／植民地主義・人種主義・軍国主義などが、ヨーロッパの近代性において悪性腫瘍の病変を引き起こし、それが世界中に転移したというのが現状の姿であると考えています。悪しき世俗主義（政教分離のタテマエ押し付け）、「万人の万人に対する戦い」観、正統派キリスト教の排他性・独善・優越、宗教間抗争の扇動、農本的土地囲い込み、私的土地所有権、先占、国家主権観念、法人、自然征服・改造、モノカルチャー、経済の軍事化、マネー経済、ゲノム編集など生命操作、大衆心理操作と個人ファイリングとによる社会監視・操縦、など。

このようにして欧米の近代はその病変をグローバルに撒き散らしてきてしまいましたが、その影響を免れるわけにはいかない中東の社会であっても、そこで生得的なものとして、人びとの「アイデンティティ複合」(多彩なアイデンティティ群を内面に自己ネットワークとして持ち、そこから都市的・商業的・政治的に特定時点の自己を選び分けつつ生きる)と「n地域」(伸縮自在の多様な組み合わせから成る自己の生活・思考地域ネットワークを、絶えず主体的に組み替えつつ生きる)という生き方の一般的な特徴が顕著に認められるのです。どちらも、ネットワーキングというかたちで自分や自分が立つ空間を絶えず選び分け組み替えるポリティサイゼーション(政治化＝政治を生きる生き方の選び取り)に貫かれている、ということが、中東で暮らしてみて私の第一に、そして強烈に、印象づけられた実感でした。カイロの雑踏のなかで、あるいはダマスクスの街角で、貧しい庶民の男も女も老人も子どもも、みなそれぞれに昂然として自立した個を自由に生きようとしている。これは欧米の「近代」も足元に及ばぬものかもしれない。これが、私の「超近代」着想の出発点だったのです。

そういうことから、その根底にイスラームのタウヒード(神の唯一性、「一」化、多元主義的普遍主義、多即一)があることに気がつきました。やがて、タウヒードという論理・思考法・生き方・社会的現実化を問題として考えていったとき、イスラーム興隆と同時代の東アジアで華厳仏教がイスラームと著しく共通するかたちで、「融通無礙の縁起相由」の考え方を展開していたことに注目するようにもなりました。

無尽縁起を可能にする根拠の縁起相由の考え方を整理すると、1、諸縁各異(独立する個)、2、互遍相資(多を結ぶ個)、3、倶存無礙(両方そろって障りなし)、4、異体相即(寄合いドッキング)、5、異体相入(寄合う同士が重合）、6、体用双融（摂合・契合の融合）、7、同体相入（同類の包摂し合い）、8、同体相即（同類ピタリはまる）、9、倶融無礙（あるがままネットワーク成る）、10、同異円備（バラバラで一緒の円融）ということになります。

こういう思想が西暦七世紀の東西アジアで展開していて、そこから、個というものの独立・平等（ここでは女性の位置づけが重要な目印になると思います）・きょうだい愛（「おまえは誰だ」と問われて「人類だ」と答える観念）が出てきました。

華厳思想は、中国では、やがて思弁に溺れ、社会的影響力や組織力を失います。しかし、一一世紀以降、儒教の新たな体系化が宋学（理学・性理学）として荘子・華厳仏教・道教など中国の思想資源をフルに受け継ぎつつ、超近代の新しい担い手として登場しました。宋学の誕生においてはイスラームが触媒として非常に大きな役割を演じたと、私は考えています。

西では、タウヒードが古代ギリシアの思想資源を活かして展開し、両両相俟って、杜順やムハンマドをはじめとするさまざまな人たちの活動が展開しました。すでに申しましたが、宋学の成立においてイスラームの影響を無視することはできないし、高麗社会に対するイスラームの影響についても同様です。

イスラームの文明的ネットワーク化の拡大と呼応し感応して、世界各地域（ヨーロッパを含む）で形成され、ヨーロッパの植民地主義・人種主義・軍国主義の覇権のもとにあって断片化され無力化されたにせよ、底流化し地下水脈化した「超近代性」が人知れず脈々として生き続けていることに注目すべきだと思います。

IV　これからどうなる？／どうする？

最後に、これからどうなるのか、どうするのか、ということですが、私は、二〇一一年が新しい市民革命の時代の始まりだったのではないかと考え、この新しい市民革命を「ムワーティン革命」と呼んでいます。ムワーティンはアラビア語で「市民」を意味します。ブルジョワ革命というフランス語の先行概念があるので、カイロはタハリール広場の市民たちを思い浮かべながら、あえてアラビア語で「ムワーティン革命」と名付けることを考えたわけです。

一時期、ブルジョワ革命とプロレタリアート革命とか、市民革命と社会主義革命とか、そういうふうな対置が考えられていましたが、二〇世紀の革命は中国革命もキューバ革命もベトナム革命も、みんなブルジョワ革命だったのではないか。いま考えてみれば、やっぱり結果としてはブルジョワ革命に着地してしまったのではないか。それを踏まえると、二一世紀は、非暴力、ネットワーク、パートナーシップ、自己と世界の同時変革、自由・平等・公正・平和・連帯・あらゆる個の尊厳・安全・いのちと多様性尊重・調和という従来からあった目標の新しい意義づけと／修復的正義（悪を処断・抹殺すれば解決するとは考えず、積極的自己批判をつうじてリドレス〈redress〉を実現）と／を追求するムワーティン革命が課題となるだろうと思います。

消えた虹のひとつに中東崩壊があります。中東は、いまやヨーロッパが定めた国分けシステムがガタガタになってしまった（私の中東研究とは中東諸国体制の崩壊の可能性の追跡でした）し、イスラーム国などという、欧米中心主義が生き残りのために必死でセットしている偽イスラームの運動という欺瞞も底が見えてきました。

ガザやヨルダン川西岸でパレスチナ人を抹殺するという第二のホロコーストの意味も、いまやはっきり表れています。

こういう時代に私は、ナチの時代のホロコースト、アウシュヴィッツ、ハンナ・アーレントに話の焦点を局限して、「いまもってなおパレスチナの現実との連結を見ようとしないで平気なのは、植民国家イスラエルを擁護する『死にゆく欧米中心主義』の側に立つ人びとである」と弾劾しているわけです。また、中国の「一帯一路」も救い難い欧米中心主義ではないかと考えています。

二〇一一年のムワーティン革命の兆しはいち早く消えたという宣伝が人々を惑わせていますが、二〇一六〜一七年には韓国の「ろうそく革命」が表れました。これがムワーティン革命を貫徹できるかどうかは、依然として問題ではあるだろうと思いますが、しかし、すでに浮かび上がったこの新しい現実は消すことができません。「エジプト民衆の革命精神、それは明けそめた蒼穹に巨大な孤を描く希望の虹だった。やがてはかなく消えるのが虹。だが、その虹を人びとがまぶたに焼き付けてしまった事実は消えない。やがて世界中の人びとが大気を胸いっぱい吸い込んで、虹が架けた橋を渡ろうと歩きだすのを誰も阻むことはできない」というのが、私が二〇一一年の夏に書いた論文の書き出しでした。

台風圏突入の時刻を睨みつつ、これをもって私の話を終わらせていただきます。ご清聴、ありがとうございました。（拍手）

賑わいのある文化の香るまちづくり委員会 主催　**2018 年度第 1 回文化講演会**　富田地区市民センター/2018. 9. 30

近代とは何か —— 三重から世界を見ると

板垣　雄三

Ⅰ】なぜ「近代」を／どのような「三重」で／考えるか？

1）世界が直面する現実

壊れていく感覚　欧米的「近代」の病状　欧米中心の世界の終わり／破局
没落する日本／破滅と向き合う世界　世界史見直し　七世紀からの超近代
自由・平等・同胞愛／都市・商業・政治を生きる／個人–合理–普遍 主義

2）〈都市《アーバン urban》〉的地域としての三重《みえ》

都市性 都市化と近代化 バベルの塔（創世記 11）と差異の創造（クルアーン 30:22, 49:13）
交通・交流・ネットワーク　倭建命説話 東征の帰途、国偲びつつ歿　三重《みえ》の勾《かぎ》／杖衝坂
　交通路（東海道・伊勢街道……中山道・北陸道・上洛街道・美濃路など）
　参勤交代、琉球使節、（朝鮮通信使 亀山藩・津唐人踊り）、1729《享保14》象・1821《文政4》駱駝
　伊勢踊（17 世紀前半）　お蔭参り（抜け参り）お伊勢講・太太講　代参　神宮御師
　伊勢商人・近江商人　三井高利町人考見録〜高福　長崎奉行・糸割符長谷川藤広
女性　倭姫命の遍歴と神託（伊勢国＝常世の重《しき》浪よせ、傍《かた》国のうまし国）斎宮／御杖代
　〈入鉄砲出女〉規制とアジール避難所《サンクチュアリ》　女子教育：寿硯堂の例　女性の役割
日本のアイデンティティ　三国（本朝・唐土［震旦］・天竺）意識のもとで
　本地垂迹説（神仏習合、本地仏・垂迹神、粟散辺土、末法）— 伊勢（度会《わたらい》）神道（神本仏迹説、普遍神としての豊受大神＝天御中主神・国常立神）— 吉田（唯一宗源）神道（根本枝葉花実説、神仏儒道を融合、惟神の道）— 吉川（理学）神道（仏教色を棄て宋儒の影響）— 垂加［しでます］神道（臨済禅ついで朱子学を経て［伊勢外宮の権禰宜の出口延佳《のぶよし》またその門下の河辺精長から］伊勢神道を学んだ山崎闇斎による神儒合一説）— 本居宣長の国学（禍津日神 vs. 直毘神、荻生徂徠から／への学び・批判、漢意《からごころ》を排しやまとごころ・みくにぶりの皇大御国《すめらおおみくに》の古道に就く）
連関構造の大局を覗く焦点
　文永・弘安の役（むくりこくり鬼が来る）・南北朝争乱（全国規模、北畠親房 陸奥→伊勢→常陸→吉野）／長島一揆（加賀・越前はじめ広範な一向一揆の石山合戦を軸とする反織田信長抗争における位置）・長篠の戦い（滝川一益を使っての信長の伊勢平定［大河内城攻略］が重要条件。ジェフリー・パーカー『長篠合戦の世界史：ヨーロッパ軍事革命の衝撃』、同文館出版）／松尾芭蕉・松浦武四郎／地租改正反対伊勢大一揆（竹槍でドンと突き出す二分五厘、茨城・真壁大一揆とともに）／御木本幸吉／1936 国産振興四日市大博覧会（人口 6 万

の都市が 50 日間で 120 万ビジターを獲得）／**第二海軍燃料廠**（塩浜）／**パンプキン爆弾**／**1959 伊勢湾台風**（死者行方不明 5101）［684 白鳳地震M8. 4、887 仁和大地震M8. 5 津波、1096 永長東海地震M8. 5、1099 康和大地震M8. 3、1361 正平大地震M8. 5、1498 明応東海地震M8. 4、1605 慶長大地震M7. 9 伊勢津波、1707 宝永大地震M8. 6 東南海連動・伊勢津波・富士噴火、1854 伊賀上野地震M7. 3、1854 安政東海地震M8. 4、1891 濃尾地震M8. 0、1899 紀伊大和地震M7. 0、1944 東南海地震M7. 9、1946 南海地震M8. 0、2011 東北地方太平洋沖地震Ｍｗ9. 0 浸水・養殖使節等被害］／**1960 公害　四日市喘息**（石油化学コンビナート稼動による、67 患者提訴、72 勝訴、国は公害健康被害補償法制定）／**1962 鈴鹿サーキット開業**（高速道建設よりはやく。第 1 回全日本選手権ロードレース開催）／**1981 木村俊夫**（東員町出身の 3 代目の政治家、石油危機《オイルショック》後の外務大臣、自民党ＡＡ研代表世話人、日本パレスチナ友好議員連盟会長としてＰＬＯアラファート議長を日本に招聘、鈴木善幸首相が会見し、欧米に先駆けた）／**2008 四日市大学に関孝和数学研究所が開設される**（生誕 300 年を記念し、関にゆかり深い群馬県藤岡市も遠望）／**2018 東京大学が三重県と連携協力協定**（都市・農山漁村・森林・観光地・工場集積地・再生可能エネルギー施設が揃う県と評価、全国で初の地域未来社会研究サテライト拠点を置く）
http://www.pref.mie.lg.jp/TOPICS/m0001500100.htm

信州諏訪から見ると

四日市諏訪神社の由来　諏訪明神の遷座（1202［建仁 2］年と伝えられるが、上野国赤堀から伊勢国栗原に移った田原景信［赤堀氏の祖］の子で初代浜田城主の田原忠秀が、上野国赤堀城で祀っていた祭神を鵜の森に勧請した［15 世紀］と推測され、また赤堀氏が平将門を討った下野の俵《たはら》藤太（藤原秀郷）を祖としたことも、興味深い。**大入道山車、こにゅうどうくん。**

伊勢津彦（伊勢国風土記の逸文中に見える国津神）：**宣長の判断＝建御名方神の別名**

諏訪は南朝の拠点［信濃宮］宗良親王　大河原（大鹿村入野谷、今リニア）**柴宮**

10 月 8 日茅野市民館で開催される「全国メガソーラー問題シンポジウム」
（四日市足見川メガソーラー事業と諏訪四賀メガソーラー事業とが、ともに検討の槍玉に）
https://megasolarsympo.wixsite.com/-solar-sympo/blank-8

Ⅱ】富川盛道「１まいのスカート 東アフリカ・タンザニアの牧畜文化と女性」の読み方

Ａ）前半は東京外国語大学アジア・アフリカ言語文化研究所『通信』第５号、1968 年 9 月. が掲載、Ｂ）後半を追加のものが、板垣雄三編『閉ざされた世界から』（世界の女性史 14：中東・アフリカⅡ）、評論社、1977 年. に収録され、Ｃ）富川盛道『ダトーガ民族誌：東アフリカ牧畜社会の地域人類学的研究』、弘文堂、2005 年 12 月. の最終章となる。

富川盛道（1923～97）沖縄出身、京都一中、大阪医専・北大（文・哲、実験心理学、医博［アイヌ民族の自殺について］）、その間 今西錦司の影響下で北方調査、知里真志保アイヌ文化研究室・鈴木栄太郎社会学研究室で長い助手生活、1960 年今西に懇望され京大アフリカ学術調査隊人類班に参加、64 年から東京外大ＡＡ研助教授・教授、定年後、富山大・東京国際大で教えた。沖縄・アイヌ・東アフリカ・スーダーンベルト、そこで女性・社会集団・地域社会・環境・生命につよい関心を示した。

1962～72年の学術調査の記録(1960～64年 TANU[タンガニーカ民族同盟]の指導権下、ニエレレを大統領とする独立タンザニア連合国家が出現、アフリカ統合と社会主義をめざして67年ウジャマー[〈家族愛〉タンザニア型集団農場]社会主義の旗印を明確化、中国との関係を強めて70～76年中国の援助でタンザン鉄道[タンザニアとザンビアを結ぶ] を建設する政治的・社会的激動の時代が、背景。)

以下に、前半(1)・後半(2)、それぞれのa)キーワード、経緯・脈絡説明、b)ストーリー要約、を示す。

(1) スカートをまもる女たち

a) **ガドウェーダ**:[生じている問題に応じ選ばれた]呪医を揃って訪れ呪薬を求める集団儀礼。

ハナグウェンダ:結婚した女性の「しるし」である[羊・ヤギ]なめし革の巻きスカート(布製の上着ゴロレを羽織る)。適齢男子の母は来るべき嫁に与えるため、常時用意している。

◆ 新生タンザニア政府とTANUは生活改善運動としてハナグウェンダ禁止に動くらしいという情報から、既婚女性たちの大規模スト・デモのガドウェーダで、呪医グアンゲーダが選ばれた。

◆ 片目の呪医グアンゲーダは、かつて富川の助言で失明から救われた。彼は富川が親しい長老ギダバシゲーダの若いオジなので、客分の富川の若いオヤジ。ガドウェーダに立ち会わせる。

b) …急にグワンゲーダが耳をすました。風に送られて、かすかに合唱がきこえてきた。時計はもう[夜]10時。…女たちは…家長が気づかぬうちに屋敷をぬけだして、森の集合場所へと走っていったことだろう。そこから30キロ、片目の呪師グワンゲーダのもとまで、サバンナの夜をこめて行進を続けてくる。ハナグウェンダの裾さばきの音が、きこえるようだ。合唱は、ひときわ高くなった。…行進が垣根のそとをまわりだすと、合唱は、新しい歌に変わった。グワンゲーダの亡き父メルサの霊を呼ぶ挽歌の声であった。…グワンゲーダ[の]緊張した表情の顔に、メガネのレンズが光った。…わたしは、今夜のガドウェーダに、現代のあかしを見る気がした。…ネーションも苦しんでいるが、トライブも苦しんでいる。グワンゲーダに妙薬があるわけではない。…ダトーガの女たちが、森の討議をかさねて一斉に立ち上がり、ハナグウェンダのゆくえをガドウェーダの課題に高め、ダトーガ社会のただ中に、新しい祭祀の状況をもたらしたことに、意義を認めるべきではなかろうか。…片目の呪医…もまた、歴史の証人として立ち会っていた。…風が烈しくなった。だが、ガドウェーダの女たちは屋敷の庭に円陣をつくり、ハナグウェンダを両手で叩きながら、なおもメルサの挽歌を合唱し続けていた。

(2) ハナグウェンダを棄てた女

a) **スワヒリ/スワヒリ化**:スワヒリ語はバントゥ語群に属しアフリカ東岸に拡がる共通言語。アラビア語の影響[ことに語彙借用] が大で、イスラーム化の歴史を反映。ムスリムだけでなく、外に開いた生き方・文化をもつ者は、スワヒリとされ、スワヒリ化が深化してきた。

◆ 富川が少女バッピアイと会ったのは、1962年初め、父親が12、3歳の彼女を顔の切傷の治療に連れてきたとき。以来、断続的にマンゴーラ調査のたび、牛放牧に働く彼女の勝気な性格や強い自意識とともに、成長・青春・結婚・妊娠・出産後赤子をあやす母親ぶり(これは、前半の女たちのガドウェーダと前後する67年暮か68年年頭) を観察し、その間、彼女も悩み・不幸の中で富川に相談したがっていた。70年マンゴーラに戻った富川は、彼女の失踪を知る。

b) …[母親の]トリエッタは…多くを知らなかった。悲しそうに眉をよせて、右手で耳に触れながら、異母兄のマナンガが、杖でバッピアイの右の耳たぶを切り裂いてしまった、と語った。バッピアイは、[赤ん坊が]死んだあと、以前のように[婚家で]若い夫や兄弟たちと紛争を繰り返して[実家]に戻ってきたが、そのたびマナンガが彼女を打ちすえた。…彼女は、マンゴーラの法廷に夫の乱暴と無責任を訴えて離婚を申し立て、長老たちの円陣のあいだに立って陳述したが、審理はうやむやで、…そのままほったらかされてきた。その後[彼女は実家からも]姿を隠していたが、ある日、母親の処へ来て、わたしはもうマンゴーラのそとへ逃げ出すことに決めたと告げた。そのときハナグウェンダは履いていたかと訊くと、バッピアイの母親は、「履いていた」と頷いた。彼女は、バッピアイがババチのどこかにいると聞いたから、連れてきてほしい、と頼んだ。…わたしは…草原[と]湿地帯をぬけ、道ばたに捨てておいた車に乗って、…スワヒリ集落に着いた。バッピアイは、この集落へときどきタマネギの集荷にやってくる大型トラックに身を潜めて、マンゴーラのそとへ抜け出したのだろう、とわたしは思った。…昔なじみのヨゼフ老に訊いてみると、やはり[そうだっ]た。まだハナグウェンダをつけていて、その上から赤い布を腰巻のように巻きつけ、顔も布で包んでいた。ヨゼフは、彼女はムト・ワンブにいる、と語った。バッピアイは…「部族を越えた世界」へ脱け出した。しかし、…このマンゴーラのスワヒリ集落で、ナッピアイの失踪の秘密が護られていたことに、わたしは感じ入った。…バッピアイは、ムト・ワンブの村にも、ババチの町にもいなかった。…タランギレ国立公園の労務者コロニーの小舎で、わたしはバッピアイに[出]逢った。彼女は、ケニア…から来たサムソンという男と、ともに暮らしていた。サムソンは大型トラックの運転手だった。…バッピアイは、母と3人の弟妹の健在を確かめてから、「母に言って。私は尻軽女なんかではない。もう、どこまでも、どこまでも、そこが地の果てなら、地の果てまでもいってしまいたいと思って出てきたの」と語った。わたしは頷いた。…サムソンは、わたし[が]バッピアイをマンゴーラの親元に連れて行くのかとおそれて、彼女をせきたてて、2人でトラックに乗って出かけることにした。服装を整えてトラックに乗り込むバッピアイを見て、わたしはアッと驚いた。ハイヒール、ワンピース、そして帽子、オルデアニ[タンザニア北部のサファリ・ロッジ賑わう国際観光地]のスワヒリどころではない。…ナイロビかダレエスサラムのような首都を歩いてもおかしくない女の衣裳であった。ハナグウェンダという文化のシンボルは、脱ぎ替えてみれば、1枚の衣裳に過ぎなかった。…1972年、マンゴーラで、わたしはバッピアイの父[ギダブラ]から、その後バッピアイが子どもを2人産んで、タンザン鉄道の建設工事で働く夫サムソンにしたがって、タンザニアをあとに、ザンビアへ去ったことを聞いた。わたしは1970年のタランギレ公園の日以来、東アフリカの大地に伸びてゆく、このダトーガのひこばえに会っていない。

1960年代・70年代当時、日本社会一般の理解状況

＊ アフリカでも西欧化・近代化の進展は不可避。仮に未だ鎌倉時代でも。

＊ 土着・固有の内発要因を活かす社会発展が可能。社会主義への道も多様。

「近代化論」の花盛りと洗脳　箱根会議　ライシャワー路線　ロストウ理論　冷戦

W. ロストウ（木村健康ほか訳）『経済成長の諸段階：一つの非共産党宣言』ダイヤモンド社、1961.

① 伝統的社会、② 離陸先行期、③ 離陸（テイクオフ）、④ 成熟化、⑤ 高度大量消費社会

ベトナム戦争　中ソ対立　文化大革命　アラブ社会主義　ユーロコミュニズム　…

一見矛盾しあう(1)＋(2)で構成される富川の記録は、どう読まれただろうか？

近代化という怒涛の勢い／伝統的シンボルの儚さ／共同体の力を呼びさませ／女性のたたかい方

読まれ方の可能性を整理すると、

語り(1)→(2)　伝統社会が直面する〈近代〉　／　部族社会の文化的危機

対置(1)＋(2)　社会集団と個人という二つの異なる次元　／　女性の抵抗の諸相

比較(1)対(2)　文化の危機と人権侵害　／　時代の遷移　／　男と女の姿勢・感覚の違い　／　世代の違い

富川の視座の真骨頂　**a]**(1)と(2)を対立とみない、**b]**(1)も(2)も変化・発展の相でみる

ガドウェーダにより女たちの不安と祈願に表現の場が与えられると、治癒がはじまり、集団の結合と伝統の維持が補強された。ダトーガのような小社会の精巧な社会制度には、しばしば危機を先取りする女たちの不安に表現の場を与え、これを刺激として、伝統的なものを新鮮なものに再生させる働きが具わっているようだ、と言う。

富川は、親友の伝統主義者ギダバシゲーダが、ギダブラの娘[バッピアイのこと]がダトーガの規律を忘れ スワヒリの悪影響を受けたと、首を振って嘆いてみせるのを聞き流し、ムスリムやキリスト教徒のスワヒリ農民たちがいかにバッピアイを慰め保護したかに注意を払い、彼女が自分の抱えている問題をうまく説明できないもどかしさにも理解を示し、潅木の茂みの放牧・若い男女の森の法廷、サポチカ[未婚女性が狩猟競技で優勝したお気に入りの青年に付けてやる自作の腰紐]の集い・野辺の合唱・ガドウェーダの夜の円舞で遊牧文化を修練したバッピアイにとっても、文化というもののつらさ・いやらしさに疲れて「わたしは、ダトーガの風習は嫌いだわ」と呟くのに、同情する。

サムソンとバッピアイが乗ったトラックのあとに、富川の運転する車はついていく。フト車が止まり、バッピアイが窓から体を乗り出して「見てごらん」とダトーガ語で叫ぶ。茂みの中を、２頭の子象と母親象が歩いていた。バッピアイの活き活きした目は、エヤシ湖畔をインパラのように駆け去った少女の頃と変わりなかった。２台の車はゲートのところで別れる。それは未知の未来への祝福だった。

富川の『ダトーガ民族誌』は、ダトーガ族を含む多様な集団が織りなす地域社会の総合研究であり、スワヒリ化すなわち広い意味でのイスラーム化こそ、断然その基軸をなすものである。（図　参照）

Ⅲ】西暦７世紀からの「超近代」が意味すること

１）ヨーロッパの〈近代性〉の普遍原理とは何だったのか？

民主主義／社会契約論／法の支配　　　国家主権／国民国家

政教分離／信教の自由／寛容思想　　　資本主義／市民社会

これらに付きまとう特殊・ローカルなヨーロッパ現象

ヨーロッパの「イスラーム世界」学習　ヨーロッパの形成＝イスラームの影響下

好き・嫌い、畏敬・軽蔑、追いつき追い越せ　　＝オリエンタリズム

マーティン・バナール(片岡幸彦監訳)『ブラック・アテナ Ⅰ.古代ギリシアの捏造』、新評論.

エドワード・サイード(今沢紀子訳)『オリエンタリズム』上・下、平凡社ライブラリー

ジェルベール・ドーリヤック(教皇シルウェステル2世1003没)、スコラ学、12世紀ルネサンス

ヨーロッパがイスラーム世界から学んだもの　十字軍からカピチュラシオンへ

自由・平等・同胞愛／多宗教共生／社会契約／戦争法規(戦争の禁止含め)／国際法／外交慣行(使節・条約・旅券など)／アリストテレス(ほかギリシア古典)／大学・学問体系／自然科学／医学・病院システム／自然讃歌(神の徴、東方でのアッシジのフランチェスコ)／音楽／建築／食(材・調理)／エチケット(作法敬礼)

ヨーロッパの近代性で病変はなぜ起きたか　欧米中心主義：腫瘍が世界中に転移

二分法思考(敵・味方／正統・異端／異邦人《ジェンタイル》・ユダヤ人／キリスト教・イスラーム／霊・肉／聖・俗／…)／排中律／還元主義(腑分け好き)／植民地-人種-軍国- 主義

2）７世紀からの「超近代」(スーパーモダニティー)

a）中東の社会の真っ只中で、これについて考え始めたきっかけ・背景

イスラームという宗教のあり方・機能・構造を知るとともに、中東社会に暮らす人々の心性を観察

■アイデンティティ複合

■ｎ地域を生きる

どちらも〈ネットワーク化〉：多様な自分／多様な空間／の選択肢群の開発マネージ

b）イスラームのタウヒードと華厳仏教の無尽縁起という７世紀アジア東西でパラレルに確立した思想は、いずれも、その基軸はネットワーク化

b-1）イスラームのタウヒード(神の唯一性、「一」化、多元主義的普遍主義、多即一)

1. 神の唯一性：No god but God.／タンズィーフ(神の超絶性)・タシュビーフ(擬人的理解)・ターティール(比喩的解釈)の並立／偶像崇拝排撃と〈神の徴〉のやおよろず性から目を開かれることとが釣り合う／修行による神への消融《ファナー》の境地の神秘体験。
2. 諸宗教のタウヒード：アダムからムハンマドまでｎ人の預言者・ｎ回の啓示を認める万教同根。
3. 聖・俗を分離せず：信仰儀礼《イバーダート》の規定と社会関係《ムアーマラート》の規定とが相互浸透／宗教と政治とは切り離すべきでない／聖職者は存在せず、すべて平信徒というタテマエ／タウヒードの社会化過程が重要
4. 被造物（宇宙の万物万象）の連帯性と人間の使命：信託に応えて自然環境の保全に努める責任。
5. 神がおこなう不断の創造において、被造物は 個別性／差異性／多様性／等位性／をもつ。
6. 宗教は創造主に対する個人の立場の問題。宗教に強制があってはならない(クルアーン2：256)。
7. 人間の善なる本性《フィトラ》を逸脱しないよう神の導きをこいねがいつつ、「お前が意志するとは神が望まれてのこと」（クルアーン81：29)との「あるがまま」の確信的境地。

b-2）華厳仏教における融通無礙の縁起相由

ここでは、①鎌田茂雄・上山春平『無限の世界観〈華厳〉』第一部「華厳思想の本質」（鎌田茂雄）、角川ソフィア文庫. ②鎌田茂雄『華厳の思想』、講談社学術文庫を、手近な参考書として挙げておく。

鎌田が①154 頁で示す縁起相由の表を考えよう。華厳教学において無尽縁起を理解する基本概念は、［以下、板垣の説明の仕方で］次のようになる。

「体」（ありかた）において：「同体」（一体化、同類、いっしょ）・「異体」（寄合い、バラバラ）

「用」（はたらき）において：「相入」（かさなりあう、摂合）・「相即」（ピタリはまる、契合）

無尽縁起を可能にする根拠の縁起相由

5 異体相入（寄合う同士が重合）

１諸縁各異（独立する個）4 異体相即（寄合いドッキング）6 体用双融（摂合・契合の融合）

３倶存無礙（両方そろって障りなし）　10 同異円備（バラバラで一緒の円融）

２互遍相資（多を結ぶ個）7 同体相入（同類の包摂し合い）9 倶融無礙（あるがままネットワーク成る）

8 同体相即（同類ピタリはまる）

このようなネットワーク成立の機序は、華厳経に言う性起《しょうき》（宇宙的な仏性現起《ぶっしょうげんき》）であり、社会的には自性清浄心《じしょうしょうじょうしん》の菩薩道的修成《しゅじょう》でもある。個の独立自存が尊重されるとともに、あらゆる事物が相互に結び合う関係の網目が重視され「微塵《みじん》の中に一切［の法界《ほっかい》＝真理の表れの全世界］を見る」蓮華蔵世界（盧舎那仏の光明あふれる至境）のイメージから、「それぞれの中にすべてがあり（一即多）、すべての中にそれぞれがある（多即一）」を悟る立場が強調される。中央アジアにルーツをもつ法蔵（643～712）が、長安で、深い宗教体験とともに、この思想を体系化した。　蓮華座 陸奥の金と伊勢の水銀

東アジアでの普及　日本：［源信「往生要集」985 年、親鸞「教行信証」1224 年、道元「正法眼蔵」1253 年、から石田梅岩「都鄙問答」1739 年、などまでの関心に応じて、入法界品《にゅうほっかいぼん》善財童子の求道の旅（善知識 53 人中 20 人は女性）、［誤解されてだが］融通無礙、［一切を映す海のように開かれた悟りの世界］海印三昧《かいいんざんまい》、［宇宙全存在を相互連関さす］因陀羅網《いんだらもう》、［衆生の世界は心の中だけの現象］三界唯心《さんがいゆいしん》、など人口に膾炙し、日本社会の精神史的な基盤となった。阿留辺幾夜宇和《あるべきようは》「清浄欲の大願」をもつ徒者《いたずらもの》と自称する高山寺の明恵《みょうえ》の自由精神も。

華厳思想は、中国では、やがて思弁に溺れ、社会的影響力・組織力を失う。しかし、11 世紀以降、儒教の新たな体系化が宋学（理学・性理学）として荘子・華厳仏教・道教など中国の思想資源を受け継ぎつつ、超近代の担い手として登場。西では、タウヒードが古代ギリシアの思想資源活かし展開。

杜順 557〜640／ムハンマド 570？〜632／智儼 602〜668／元暁 617〜686／義浄 635〜713／法蔵 643〜712／ラービア[バスラの女性聖者、8世紀]／澄観 738〜839／宗密 780〜841／ファーラービー 870頃〜950／アシュアリー 873〜93／イブン・スィーナー 980〜1037／周敦頤 1017〜1073／程顥 1032〜1085／程頤 1033〜1107／ガッザーリー 1058〜1111／朱熹 1130〜1200

宋学の成立について、イスラームの影響を無視することができない。高麗社会に対するイスラームの影響についても。
イスラームの文明的ネットワーク化の拡大と呼応し感応して、世界各地域で形成され、ヨーロッパの植民地主義・人種主義・軍国主義の覇権のもとで底流化・地下水脈化された「超近代」に注目すべきである。

Ⅳ】これからどうなる？／どうする？

2011年　新しい市民革命【ムワーティン革命】の時代のはじまりではないか

非暴力　市民の立ち上がり
ネットワーク・パートナーシップ
自由・平等・公正・平和・尊厳・安全・いのち・多様性・調和
修復的正義

消えた虹　中東崩壊 イラク・リビア・シリア・イエメン・…
イスラーム国（ＩＳ、ダーイシュ）
ガザ封鎖・西岸隔離壁による対パレスチナ人抹殺計画
ウクライナ、ブレクジット、ＥＵ動揺
グローバル右傾化
中東地域覇権 米国→ロシア
中国「一帯一路」

2016〜17年　韓国ろうそく革命

漂流する日本

日本と欧米の「近代」

加藤淳平

はじめに

日本の敗戦後多くの日本人は、「近代」の強迫観念に取り憑かれた。この強迫観念は呪縛力を弱めながらも今も続いている。「大東亜戦争」中も昭和二十年に入ると、日本人の中でも鋭敏な感覚をもつ人々は、主観的に否定しながらも無意識に、敗戦が避けられないことを感じ始めていたに違いない。日本がなぜこの無理な戦争を始め、敗戦の已む無きに至ったかを探り始めていたことだろう。だからこそ敗戦後のアメリカ軍による占領時代、占領軍による日本の歴史上未曾有の言論統制の下で、(1) 日本は「中世的」封建社会から完全には脱却しておらず、国内の社会的矛盾を海外への「侵略」に転化させて戦争を起こしたとの見方が提示されたとき、(2) 原爆投下と敗戦と異国による占領という世界で他に類例のない体験を経て、茫然自失した日本人の多くはこの見方を受容した。斯くしてこのような日本人は自らを深く反省して、日本人が日本を「近代化」し、日本の社会と、個人としての自分自身の中に残存する「封建的」遺制とを克服して、個人として自立することが、自らの全力を挙げて取り組むべき課題であると考えるようになった。「近代」の強迫観念に取り憑かれたとはそのことに外ならない。今の日本にとって、「近代」なる概念がどんな意味を持つかを考えなければならない所以である。

第一章　日本における「近代」

日本人が明確に古代・中世・近代という時代概念によって歴史を考え始めたのは、大正年間に西ヨーロッパのマルクス主義が日本に導入されてからのことだろう。[3] 日本は明治維新以後、欧米に倣って国制や国民生活を全面的に改変し、それを「文明開化」と呼び、明治維新以前の日本と同様の「文明以前」の状態にあると見た近隣諸国を軽蔑した。しかしそのことを「近代」とそれ以前の違いとは見なかった。

周知のようにマルクス主義の「唯物史観」なるものは、世界の歴史を「原始共産制」から「アジア的生産様式」の時代を経て、古代「奴隷制社会」、中世「封建制社会」、近代「市民社会」へと発展して来たものと考えた。[4]

マルクスが生きた時代の西ヨーロッパ人の歴史的知見は、[5] 西ヨーロッパ自身の歴史と西ヨーロッパ人にとっての古典古代のギリシャ・ローマ時代の歴史以外は、[6] 限られたものだった。マルクス主義の史観はこの狭い歴史的知見に基づいて、古代のギリシャ・ローマを古代「奴隷制社会」、中世の西ヨーロッパを中世「封建制社会」、近代の西ヨーロッパ社会を近代「市民社会」と措定し、それ以前に原始社会の「原始共産制」社会と古代エジプトとメソポタミアの「アジア的生産様式」の社会を置いたものである。

このマルクス主義の歴史の見方は極めて粗放・粗雑なものに過ぎず、特に「原始共産制」とか「アジア的生産様式」とかは現代では一顧だに値しない。特にアジアを、時代が進んでも古代エジプトとメソポタミアから変わらない専制君主制の国々と見たのは、アジア蔑視以外の何物でもない。また古代のギリシャ・ローマとその後のゲルマン民族の中世の西ヨーロッパの間に、どの程度の歴史的継続性があるかにも疑問があるが、本題から離れるのでここでは立入らない。

そこで近代の「市民社会」になる。西ヨーロッパにおいてマルクス主義のような「近代」の概念がどのようにして生まれたかは後で述べることとし、ここではマルクス主義の「近代」の概念と日本人の歴史の見方との関係を見てみよう。

日本のマルクス主義の実践活動は、源流を尋ねれば、明治時代にアメリカ人宣教師がもたらしたキリスト教に達する。(7) 明治以後のキリスト教の布教は、教育とともに日本の下層階級への布教を狙って社会事業に重点を置いた。明治から大正になってキリスト教とマルクス主義が日本の知識層に浸透したが、社会主義や共産主義の運動もキリスト教から日本の社会に広まった。(8) それとともにマルクス主義の歴史観である西ヨーロッパ中心の唯物史観によって、日本の歴史を見ようとする風潮も高まる。(9)

ロシア革命が起こり、国際共産主義運動の一環として日本共産党が結成されると、学問の世界にも国際共産主義運動の影響が及ぶ。その影響下に昭和初年の「日本資本主義発達史講座」が刊行され、(10) それを契機として日本の学者や知識人たち、就中社会主義者と経済史学者は、「講座派」と「労農派」に分れて激しく論争した。

「日本資本主義発達史講座」は、唯物史観と当時の日本共産党の見方に基づいて明治政府を「近代」以前の「絶対主義」の政権であると見る。この見方によれば日本はまず「市民革命」、次いで「社会主義革命」の「二段階革命」を経る必要があり、日本共産党は当面「市民革命」を目指して戦うことになる。「講座派」はそう考える人々であり、それに対して「労農派」は明治維新を「市民革命」と見て、昭和期の近隣諸国への進出を「帝国主義」と考える。両派の論争は第二次大戦前のみか日本の敗戦後にまで続き、それが敗戦後の講座派の立場の共産党と、労農派の社会党とを分かつ論点となった。

日本の敗戦後アメリカ軍が日本全土を占領すると、占領軍はあらゆる手段を使って日本を根本的に改変しようとした。[11] ほぼ六年半続いた占領の実態について現代の日本では誤った理解がなされている。

今の日本人は占領時代にも日本人自身が政治を行っていたかに思っているが、それは明らかな誤りである。占領期の日本は占領軍の統治下にあり、日本に主権がなかったことに疑いの余地はない。[12] 占領軍最高司令官のマッカーサーは、事実上一人で政治的実権を掌握する植民地の総督のような存在であり、[13] その指揮下の最高司令部GHQ（＝General Headquarter）、特にその中のGovernment Section、即ちGSが占領期の事実上の日本政府であった。[14]

このGSは実際には極めて腐敗していたらしい。[15] こうした事実、あるいは占領期間中今の沖縄のように頻々と繰り返されたアメリカ兵による日本人婦女暴行などは、GHQが、ポツダム宣言の規定に反して実施していた厳しい検閲等の言論統制により、今に至るまで日本人の目からほとんど隠されている。

日本の主権回復、即ち占領が終わって日本が再独立したのは昭和二十七年四月のことであるが、そのことも当時の日本人は意識していたものの、今の日本人の大多数からは忘れられている。[16]

第二次大戦直後米国は、中国を東アジアの指導国とし、日本は二度と欧米に戦争を仕掛けられない弱小国にしようと考えた。しかしヨーロッパにおける情勢の推移、即ち所謂「冷戦」の進展に伴なって、徐々に東アジアにおける政策も変換しようとしていたが、[17] 一九四九年に中国に共産党政権が成立し、朝鮮戦争に中国が参戦して米国と戦うに及んで、決定的に日本を東アジアの中心的友好国として育成する政策に転換した。

この政策転換の前が占領期の前期、後が後期となる。占領政策は、前期は日本の根源的改変と弱体化、後期は日本の経済と産業の復興と再生に主眼が置かれたから、日本にとっては後期の占領政策の方が遥かに有利であり、歓迎すべきものである。ところが実際には日本の言論は占領後期の政策を「逆コース」と呼んで非難した。それはなぜか。

占領前期にGHQが重視したのは日本人の意識の改変、つまり洗脳である。GHQは特に報道と教育と学術研究に対して特別に強力な働き掛けを行った。徹底的な検閲は強い威力を発揮し、[18] その上GHQは衝に当たる将校が直接に命令を下すことも辞さなかった。報道ではGHQの意向に反することは報道されなくなり、教育では教育内容と学校制度が改変された。

学術研究では、GHQはカナダ外務省からカナダ外交官ハーバート・ノーマンの出向を求め、この人を通して東京大学法学部への働き掛けを行った。日本側では法学部長の南原繁とその弟子の丸山眞男がこれに協力する。[19] 日本敗戦の翌年岩波書店が発刊した総合雑誌『世界』に、丸山の名で『超国家主義の論理と心理』なる論文が掲載された。これは実質的には丸山とハーバート・ノーマンとの合作であり、GHQの考え方を日本人に提示するものだった。

この論文は日本人に対して、日本の戦争の原因と日本の進むべき方向についてのGHQの考え方を提示し、当時のGHQの厳しい言論統制の下で、日本人は斯く考えるべしという思考の規準と方向性を与えた。敗戦と原子爆弾による国土の破壊と異国による軍事占領を経験して、心底まで打ちひしがれた日本人は占領軍の考え方をそのまま受け入れ、その考え方は日本人の心と頭に、乾いた土に水が沁み込むように浸透して行った[20]。

当時の占領軍も国際共産主義運動の影響下にあって、第二次大戦前の「講座派」と同じく「二段階革命」論を考えており[21]、アメリカ共産党の秘密党員でマルクス主義者だったハーバート・ノーマンも同様だった。丸山は日本共産党員ではなく自らマルクス主義者であると言ったことはないが、占領軍とハーバート・ノーマンに従って、明確に講座派の立場に立っていたから、日本共産党に近かった。当時の東京大学法学部では丸山が主導して、昭和二十年八月の日本の敗戦を「八月革命」と称し[22]、この時から日本が「近代」に入ったとした。

丸山はこの時期、占領軍やハーバート・ノーマンと活動して活発な言論活動を展開した。こうした活動によって丸山は日本の学界の、押しも押されもせぬ権威となり、その学問は、「丸山理論」あるいは「丸山政治学」と呼ばれた。丸山のものの見方や学問は、日本の現実を解析してそこから日本の政治や社会の原理を探求するものではなく、欧米の学問や理論を前提として、それによって日本の社会を批判するものであり、日本の現実から遊離した批判も多い。こうした印象に基づくだけの日本批判は、日本を知らない欧米人の偏向的日本批判を思わせることさえある。そんなこともあって丸山の学問は欧米人に共感されやすく、現在でも米国等欧米の学界で丸山の評価は高い[23]。

ハーバート・ノーマンがＧＨＱにいて南原と丸山が協力し、ＧＨＱが日本共産党を支援していたのは、それほど長いことではなかった。昭和二十年秋にハーバート・ノーマンがＧＨＱに来た後、ＧＨＱの権威を背景にして、南原は日本の学制改変を独裁的に取り仕切り[24]、丸山は学界と言論界の寵児となって、日本共産党とともに当時の日本の知識人の思考を実質的に指導した。但し翌年にはハーバート・ノーマンはカナダ外務省に戻り、ＧＨＱと日本共産党との関係も徐々に疎遠になって行き、一九五〇年には党の幹部がＧＨＱの指令によって公職追放・逮捕されるまでになる。
南原と丸山がＧＨＱに協力した占領前期、特に最初の一、二年間、丸山の思想の日本の社会全般、とりわけ日本の知識人のものの考え方に及ぼした影響は強烈だった。[25] この時期ＧＨＱは実際には日本人の洗脳と日本の弱体国化を進めながら、表面には日本の「近代化」、「民主化」を掲げた。日本政府や国民の過半はＧＨＱの指令に抵抗したが、学者・報道人・多数の教育者等の知識人は、ＧＨＱの掲げる建前を信ずるよう誘導された。字義通り信じた人は少数だったかも知れないが、多くの人は打算によって追随し、反日的言論が世を風靡する。占領後期に占領政策が日本に対して好意的に転じたとき、それを「逆コース」と呼んで抵抗したのは、こうした考えに染まった知識人たちだった。
日本が再独立してから、[26] 鳩山、岸両内閣、特に後者が成立して、日本に合わない占領期の制度がある程度再改正されたが、最も重要なアメリカの押し付け憲法と、明確に日本の知的能力低下を狙った教育制度は、[27] 再改正されないまま今日に至っている。その主要な原因は、占領初期のＧＨＱに丸山らが協力して進められた日本人の思考の歪曲と洗脳が、日本の再独立後も大多数の日本の知的階層の人々の思考を長く呪縛したからである。丸山の思想そのものは、一九六〇年代には社会的影響力を失った。[28] とはいえ東京大学を中心とする日本の学界の一部には今なお信奉者がおり、教育界、あるいは報道界その他の知識人の世界では、そのままの形ではないもののを考えるときの底流のように生き残る。また上述のように欧米の大学では丸山の著書が今も学ばれて、日本に対する偏見を助長している。[29]
米国の占領が終わろうとした頃、対日講和条約交渉の米国全権を務めた後年の国務長官ジョン・フォスター・ダレスは、アメリカの長期的対日政策に関する秘密の覚書を残している。[30] それによれば米国は、日本人の中国人に対する優越感情を利用して、日本を中国や他のアジアから引き離し、例えば移民を白人だけに限るオーストラリアの「白豪主義」を改めさせて、日本を欧米の側に引き入れるとされている。

米国の恐るべきところは、その時々の政権や政策の変遷に拘らず、長期的な政策は一貫していることである。現にオーストラリアの「白豪主義」は撤廃され、日本は今や中国に違和感を持ち、国際的に「価値を共有」する米国や西ヨーロッパの側の一国となっている。[31] 米国の長期的政策はほぼ完全に成功したと言えるだろう。

再独立直後の日本は、一九五五年にインドネシアのスカルノ大統領が、日本の「大東亜戦争」の記憶から、挫折した日本の事業を継承するために、[32] 自国のバンドンでアジア・アフリカ会議を開催したとき、鳩山政権が米国の反対を押し切って参加した。しかし米国は次回のアジア・アフリカ会議の開催を潰し、[33] スカルノをインドネシアの政権から追い、[34] 日本がアジア・アフリカ諸国とだけ参加する国際的な場を消滅させる。それとともに日本人のアジア・アフリカ諸国に対する共感が徐々に失われて行った。

国連等の国際的な場で日本は、米国や大洋州のアングロサクソン諸国や西ヨーロッパの国々と同じ「先進国」グループに入れられ、アジア・アフリカ諸国と対立することとなる。[35] そのうえ一九七〇年代の石油危機後には米国は強硬に反対するフランスを押し切って、[36]「サミット会議」への日本の加入を実現させた。

日本が米国の後押しによって世界の中で「先進国」と認められたことは、日本人に大きな満足感を与えた。[37] 日本人は世界の一流国としての自負を持つとともに、アジアに対する親近感を喪失し、日本がアジアの国であるとは思わなくなった。それと同時に日本人の心のどこかに、丸山の西ヨーロッパに「近代」を見る思想が残り、そのため今の日本人、特に大学人等の知識人の多くには無意識のうちに、西ヨーロッパや欧米を日本が上に見て学ばなければならない国々、アジアやアフリカを日本が下に見て教え導く国々と考える習性が身に着いた。[38]

但し、ある時代以降日本人が自信を回復するとともに、曾ての丸山や講座派の、第二次大戦の敗北を日本の「市民革命」であるとする「八月革命説」は完全に影を潜めた。[39] 歴史教科書では明治維新以後を「近代」としているから、そうとは意識されず歴史学者の誰も明言しないが、講座派と労農派の論争は、今は労農派が勝利を収めたことになる。

現在の日本人の国際意識には、先に「市民革命」と「近代化」を達成した西ヨーロッパと欧米に対する劣等感と、アジアやアフリカや有色人に対する優越感とが常に共存する。[40] それは無意識のうちに微妙な形で、国際社会における日本の行動に反映している。[41]

第二章　西ヨーロッパの「近代」、その歴史的考察

ヨーロッパ、さらに欧米全体で西暦十八世紀から十九世紀に移る頃、全く初めての事象が幾つか起こった。次の事象である。

一「啓蒙思想」・米国独立・フランス革命

西暦十八世紀前後の西ヨーロッパにおいて、「啓蒙思想」と呼ばれるものの考え方が知的階層の人々の間に広まった。ここで西暦十六世紀から「啓蒙思想」が生まれるまでの西ヨーロッパにおける人の思考の変遷を概観しておこう。[42]

十六世紀の西ヨーロッパは西半球新世界を発見し、ほとんど抵抗しない新世界の先住民たちを大規模に殺戮して、容易に金と大量の銀を入手することができた。この銀は、当時の西アジアから、インド以西東南アジアに掛けての世界の交易圏の共通通貨だったから、西ヨーロッパは、それまで未知だった世界に進出し、そこで新大陸の銀によって貴重な物資を調達する。そのことは、西ヨーロッパの世界における相対的地位を飛躍的に向上させた。

その過程が比較的容易だったため、西ヨーロッパの人々は、自分たち西ヨーロッパの白人が神に近い全能の存在であると感じ、西ヨーロッパの白人以外の人間を、差別的に見下す思考と感性を身に着ける。それとともに自らの思考が、人間全体に共通する「理性」に基づくものであると考え、その「理性」によって、世界を探求し、解釈しようとする新しい思考と感性が生じた。

時代が進むと、合理的探求心と解析思考が自我を中心とする哲学と自然科学へと発展する一方、(43)差別的思考と感性が定着し、西ヨーロッパの白人は、自分たちが最上級の最も美的に傑れ、神に選ばれた理性的存在、その下に人間以下の愚かで醜い存在と見る新大陸の先住民、アフリカ大陸の黒人、さらにアジア人までの有色人を置き、(44)さらにその下に動物、植物、無機物と自然が来る階層的思考・感性を身に着ける。階層的思考・感性はもともと西ヨーロッパ社会にあった社会階層の反映であり、(45)このような感性と思考が広範にあったから、大西洋では黒人奴隷を物や動物と同じように輸送する奴隷貿易、インド洋から東南アジアにかけては、貿易のための拠点への軍事力行使と支配が、大々的に行われたのである。(46)

西暦十七・十八世紀の知的階層のヨーロッパ人は、大西洋世界だけでなくイスラム世界から東アジアまでのアジアを視野に入れた。ヨーロッパ内や自国内でも農民や町民の生活に関心を持つとともに、形而上学や自然科学の分野の、「理性」に基づく合理的思考が、宗教・教会から政治・経済の実態や制度に至る人間の活動全般をも対象とする。これが「啓蒙思想」と呼ばれ、「啓蒙思想」が広く伝播した西暦十八世紀は、「理性の世紀」とされた。[47]

西暦十八世紀にはヨーロッパ西部のフランスと英国が、大西洋における奴隷貿易を中核とする「三角貿易」等の[48]、海外における通商活動から大きな収益を挙げてヨーロッパの経済的中心となっていた。「啓蒙思想」はこの二国で生まれてヨーロッパ全体に広まった。[49]

両国が、国内の農業や地代収入より、遥かに収益の大きい海外の通商活動に力を注いだことが、「重商主義」と呼ばれた。[50]地代に依存する旧来の貴族に比べて、海外通商活動から利潤を得る国王の力が飛躍的に増大して、「絶対王制」と呼ばれるほどの独裁権を握る。[51]「啓蒙思想」はこの「重商主義」も「絶対王制」も批判の対象とした。

フランスと英国は海外における通商の利得源をめぐって争い、西暦十八世紀には最も重要な角逐の地であったインドと北アメリカで何れも英国が勝利した。「啓蒙思想」が広まったことによって、英国では英国式民主主義の議会政治が成立し、東インド会社のインド経営や大西洋の奴隷貿易が批判された。フランスでは英国の百科事典に倣って百科全書が発行され、重商主義や絶対王制とカトリック教会への、合理主義と実証主義に基づく批判が高まった。

北アメリカ各地の英国植民地の住民が本国の徴税に反発して、連合して反乱を起こすと、北アメリカで英国に敗れたフランスは住民の反乱を援助して軍を派遣し、アメリカの植民地連合、即ち United States of America が独立を達成した。[52]今の米国である。独立宣言は「基本的人権」と、それを侵害する政府に対して人民が革命する権利を宣言する。[53]

フランスではアメリカ派兵が財政を悪化させる一方、米国独立戦争に従軍した軍人たちが主導してフランスの議会が米国独立宣言を範とした「人権宣言」を審議し、変革の気運が高まって、遂にパリの監獄襲撃を契機としてフランス革命が起こる。[54]

西暦十八世紀末に「啓蒙思想」の影響下に起きた米国の独立とそれに触発されたフランス革命は、さらに次の世紀の初頭、フランス革命の掲げた「人権」等の理念がカリブ海地域で黒人奴隷を奮起させ、黒人奴隷の国ハイチが独立した。[55] 奴隷貿易最大利得国の英国が奴隷制度を終結させるために主導権を執ったのも、[56] こうした動きに触発されてのことである。

二 「国民軍」と「国民国家」の成立

「フランス革命」の後のヨーロッパでは、革命と国を守る意気に燃えたフランスがほぼ全ヨーロッパを相手として戦って、勝利を重ねた。ナポレオンの軍事的才能もあり、その強さが多くのヨーロッパ人に衝撃を与えた。これによってヨーロッパの各国は「国民軍」と「国民国家」を目指し、それがヨーロッパから世界に広がった。

ローマ教皇を信仰の中心として仰ぐヨーロッパのカトリック世界は、もともと一つのまとまった文化交流圏を形成していた。[57] しかし西暦十六世紀になると、西ヨーロッパの西北の辺境の島国で海賊を生業とする貧しい国だった英国と、スペイン等のハプスブルグ家を仇敵視する西ヨーロッパの有力国フランスが、[58] 大西洋やカリブ海等で新大陸の金銀を西ヨーロッパに運ぶスペイン船を襲撃する海賊行為によって、莫大な利得を得る。

さらに西暦十七・十八世紀には、両国とも大西洋の奴隷貿易を主体とする三角貿易に従事し、そこから大きな利益を得て、[59]軍事的経済的に他のヨーロッパ諸国より優位に立つ国となり、独自の行動を採ってヨーロッパの一体性を崩した。

島国である英国は二つの大きな島が自然の領域として確立し、フランスは王家が、南のピレネー山脈とともに、東の「防衛し易い国境」として意図的にライン河を設定して、そこまでを領域とした。[60]斯くして西ヨーロッパのカトリック世界の西部に、強力な軍事力と経済力を備えた二つの中規模領域国家が成立する。

海外におけるフランスと英国の争闘と、インドと北アメリカにおける英国の勝利は両国の内政を動かし、英国ではスコットランド出身の国王が殺害されて、政治的実権が国王からイングランドの議会へと移行したのに対し、[61]フランスでは海外の利潤が減少したことで王室が衰退に向かい、革命に至る。[62]

革命後のフランスで国王と王妃が処刑されると、危機感を抱いたヨーロッパの君主国が、英国と王妃の母国オーストリアを先頭にフランスを攻撃するが、フランス軍が反撃してヨーロッパ全体は戦争状態に陥った。砲撃を中心とした軍事的才能に恵まれた軍人ナポレオン指揮下のフランス軍は滅法強く、累次の戦いに勝って英国を除くヨーロッパを制圧し、遠くロシアにまで攻め入る。

ヨーロッパ全土で多くの人たちが、ナポレオン率いるフランス軍の強さに感嘆するとともに、その掲げるフランス革命の理念に共鳴した。[63]ヨーロッパ旧来の、軍事貴族の士官が収入目当ての傭兵を指揮する軍では、祖国と革命防衛の意気に燃えたフランス軍の士官と兵に、太刀打ちできない。[64]連戦連勝のナポレオンとフランス軍はヨーロッパ各地に、「自由」、「人権」等のフランス革命の理念と憲法、民法、国民議会等の革命後のフランスの制度を移植して行くとともに、また各地で民族的な反発も招いた。

ナポレオンがロシア遠征に敗れてフランスは革命前の王政に戻るが、時代の針は後に戻らなかった。この時代以後ヨーロッパでは国民から兵を徴募した「国民軍」が整備され、フランス革命後のフランスの制度に習って、「国民国家」の理念と制度を導入しようとする動きが強まる。[65]西暦十九世紀後半までに幾つかのヨーロッパの国々、特にドイツとイタリアが、フランスと英国を範として「国民国家」を樹立した。[66]

三　英国の industrial revolution

industrial revolution[67] 即ち「工業革命」とは、設置した機械装置を自動的に動かして大量の製品を生産する生産方式の工業が、定着したことを意味する。[68]

工業革命はまず西暦十八世紀の英国で始まった。西ヨーロッパの東方交易の中心は、曾ての香料から、西暦十七世紀後半には、旧来の西ヨーロッパの毛織物等より良質で安価な、インド製の綿織物に移って来ており、英国はインドの綿織物を輸入して西ヨーロッパ各国に売りさばく仲介貿易によって利得を得ていた。しかもアメリカ大陸でも綿花が栽培されるため、英国から北アメリカに移住した植民者が、今の米国南部で黒人奴隷を使役して経営していた農園で生産した綿花を、英国で加工して綿糸・綿布を生産し、ヨーロッパ各国へ輸出する。

とはいえ当初は、英国製の綿織物は品質でも価格でもインド製品に太刀打ちできなかった。しかし西暦十八世紀後半から十九世紀初めに掛けて、綿糸・綿布の生産が紡織機械によってなされ、機械を動かすために、水を沸騰させた蒸気によって機械を動かす蒸気機関が発明された。これらの技術は、不断に改良され、効率化されて行き、蒸気機関は、鉄路の上を動かす車や海上を行く船を動かす動力としても使われる。これが「工業革命」と呼ばれるものであり、英国の「工業革命」は、当初はインドの綿織物工業に対抗するために生まれたものだった。

工業革命は、機械を製造する材料である鉄と、機械を動かす動力となる石炭の資源に恵まれた英国中部から始まった。西暦十九世紀には、ヨーロッパ大陸部の同じく鉄と石炭を産する北フランスとベルギーの国境地帯へ、次いでドイツ西部のライン河沿岸地帯へと波及して行く(69)。

工業革命は世界を大きく変える端緒となった。世界史の観点から工業革命を考えると、以下のことを挙げなければならない。

まず第一に、西ヨーロッパで最初に起こった英国の工業革命は、インドの綿織物工業に対抗するために起こり、英国はこの自国より進んだインドの工業を圧倒するために、陋劣な手段を用いた。

インドの綿織物工業の中心地の一つは、今はインドとバングラデシュの二つの国に分かれている南アジアのベンガル地方であり、これは、英国によるインド植民地化が始まった地方の一つだった。この地方の綿織物工業は、組織化された熟練女工による手工業であり、製品は品質がよく、美しい色彩に染められ、しかも西ヨーロッパの従来の毛織物等の繊維製品に比べて、遥かに安価で、東の東南アジアや漢土から日本にまで輸出されていたから(70)、西ヨーロッパ全般で珍重され、英国はこのインドの綿織物の、大陸西ヨーロッパへの輸出国でもあった。

西暦十八世紀に英国がこの地の施政権を獲得すると、英国は施政権を有する利点から熟練女工を集め、手や指を切断してこの地の綿織物工業を潰滅させた(71)。それは英国の工業革命が進行する前から行われたことであり、この地の工業が潰滅すると、そこに今度は英国が自国の綿製品を売り付けた。かくして職を失ったこの地の人たちは、何回も大飢饉に見舞われることになる。

第二に、機械による新しい工業生産を始めるには、まず機械装置を購入して設置するため、巨額の資金を投下する必要がある[72]。この資金は、機械装置を運転して生産した製品を、売却して得た収入によって回収する。製品が売れなければ投資した資金は回収できない。しかも生産を開始する時点で製品がどれだけ売れるかは予測できない。ここに工業革命後の機械による工業、即ち「資本主義工業」の根本的な弱点がある[73]。

多額の資金を投資して工業生産を開始した人や企業や国は、まず生産した製品を売って投資資金を回収した後、継続的に製品を売り続けて利潤を確保し、さらにその利潤をもっと有利な投資先に投資して更なる利潤を獲得しようとする。そのため投資を行う事業家には、生産した製品の販売先であり、製品の販売によって得た利潤の再投資先でもある「市場」が恒常的に必要である。マルクスのいう「資本主義経済」が、商品販売と投資のための市場の不断の増大を必要とするのはそのためである[74]。

第三に、新しい工業には競争が付きものである。市場で製品を販売するにも、生産活動のために労働力等の生産要素を調達するにも競争がある。ただ強者と弱者の競争は強者に有利で弱者に不利であることを免れず、西ヨーロッパの軍事力が、この競争において西ヨーロッパ、ひいては欧米を有利にしたことはいうまでもない。

第四に、工業革命の後、新しい工業の発達した国では、自然の制約なしにものを大量に生産できることになったので、経済活動の中心が従来の農業や商業から工業に換わる。工業によって多種多量の製品を製造する国は、工業製品の輸出によって多大の収益を挙げて、工業のない国より遥かに豊かな国になった[75]。

第五に、第四のような経済では富と収益を得るための競争が激しくなり、最弱者の労働者や無産階級が競争に負けて不利な立場に置かれる一方、事業家は事業によって得た利潤を投資してさらに利潤を得る。その結果貧富の格差が開き、富者はますます富み、貧者はますます貧しくなって行き、社会の安定が損なわれる。

第六に、機械装置による新しい工業の精密な製品の大量生産から、最大の恩恵を受けたのは軍需工業、即ち武器の生産である。工業が発達した国の、機械によって大量に製造した精密な武器を使う軍事力に対しては、それ以外の新しい工業不在の国は対抗できなくなった。(76)

以上のように工業革命によって、起業の時点で投資資金が回収できるかどうかが不確実な新しい工業が、西暦十九世紀前半までの西ヨーロッパの一部の国に成立し、これらの国の国力は増大したが、国内では貧富の格差が拡大して貧しい無産者が大量に発生した。工業技術を向上させて、大量且つ良質の製品を生産するこれらの国は、商品を継続的に購入し、新しい投資の機会を提供してくれる市場を不断に求めて、相互に競争することとなる。(77)市場を求めての競争はヨーロッパ内から世界に広がり、上の第六の軍需工業の発達によって、軍事力を行使しての戦争にまでなった。

以上の三つ、つまり第一に「啓蒙思想」・米国独立・フランス革命、第二に「国民軍」と「国民国家」の成立、第三に「工業革命」が、西暦十八世紀末から十九世紀初めのほぼ同じ時期に、西ヨーロッパを中心に起こった。第一と第二はフランス中心に引き続いた歴史であり、第三はまず英国で進み、その後ヨーロッパ大陸に波及する。これらの三つの事象は相互に連関して生じたが、何れもこの時代のヨーロッパと欧米に一回限り起こった歴史的事象であり、たまたま時を同じくして起こったのは歴史的偶然による。

工業革命は技術的なものであって、当初はインドの先進工業との競争があった英国で起こったが、もちろん英国だけに限られるものではない。現にヨーロッパの後米国に、さらにその後は日本にまで、工業革命は波及して来た。「国民軍」と「国民国家」の成立も同じである。西ヨーロッパでは、フランス革命の後のフランスに「国民軍」と「国民国家」が成立した。もともと一つの文化交流圏だったヨーロッパでは内部の思想や情報の伝達が早く、フランスの「国民軍」と「国民国家」の理念と制度はヨーロッパ中で模倣されたが、革命と「国民国家」・「国民軍」の成立との間に、必然的な連関があった訳ではない。

フランス革命後のフランスに対して、ヨーロッパ各国が軍事的干渉を行うことがなかったなら、フランスの国民意識の高揚やナポレオンという軍事的天才の出現が、あったかどうか疑問である。現にフランス革命と思想的に近い米国の独立によって成立した中南米の国と軍は、国はヨーロッパ式「国民国家」ではなく、軍の行動もヨーロッパとは異なる。

しかし西暦十九世紀に生きた西ヨーロッパ人やその他の欧米人は、世紀初めの三つの事象から世界が大きく変化し、新しい、よい時代が始まったとの感覚を得たことは間違いない。それによってこの時代の西ヨーロッパ人、ひいては欧米人全体が、ヨーロッパ一円に強烈な印象を与えたフランス革命から、「近代」という新しい時代が始まったと考えた。

マルクスは、そうした新しい時代の到来を歓迎したヨーロッパ人の一人だったに相違なく、(78)ヨーロッパ特有の階級制度を前提において、アメリカの独立もフランス革命も国民国家の成立も、あるいは工業革命も、これまでの貴族や国王周辺の商人に替って新しく抬頭した「市民階級」がもたらしたと想定した。「唯物史観」ではこの「市民階級」の抬頭によって「近代」が到来したとし、それを世界史の法則とまで考えた。

現代の客観的な眼から見るならば、上のもろもろの事象が西暦十九世紀初めのヨーロッパと欧米に起こったのは、それぞれの事象ごとの特殊で個別的な歴史的条件が、たまたまこの時期にそろったからである。マルクスが強引にそのことを、人間社会の歴史上必然的に生起する法則と考えたのは、いかにも西ヨーロッパ人らしいヨーロッパ中心主義的牽強付会に過ぎない。

第三章　西暦十九世紀以後の世界と「近代」・現代

西ヨーロッパ人とその他の欧米人は、上述した通り、西暦十八世紀末頃から、新しい、よい時代が始まったと感じ、その新しい、よい時代を「近代」と呼んだ。欧米人にとって、この時代は確かによい時代であり、西ヨーロッパ人と西ヨーロッパから世界の他地域に移住した人々、両者を合わせた欧米人が、世界を征服した時代だった。

それに対して欧米以外の人々、即ち非欧米人は、この時代欧米人の支配下にあって、自由も人権も奪われ、富を収奪されて、悲惨な生活を余儀なくされる。「近代」は欧米人にはよい時代でも、非欧米人には悲惨な時代だった。

西暦十八世紀末頃から「近代」が始まったとして、それはいつまで続いたか。現代の西ヨーロッパ人は、「近代」の終わりの時点を一九五〇年とすることが多いようである[79]。世界史全体を見るならば、日本の敗戦後の一九五〇年頃から、「近代」の次の時代、即ち「現代」が始まったとする西ヨーロッパ人の見方は妥当であると思われる。

一九五〇年の世界がどのような情況だったかは、世界の各地域の人口と国内総生産（GDP）に関し、かなり綿密に数値を推計した統計があり、しかもそれを一八二〇年の同じ統計と比較することができる[80]。これによって概略のことながら、「近代」という時代の中の百三十年間に、世界がどのように変化したかを見ることとしよう。

その百三十年間は、工業革命後の新しい工業、マルクスの言う「資本主義工業」が、西ヨーロッパから米国、さらには非欧米の日本にまで波及した時代である。それによって世界の人口と経済力はそれまでの増加率を大きく上廻り、世界全体の人口は二・四倍、GDPは七・七倍に増えた。

ただその配分は、北アメリカ・大洋州のアングロサクソン諸国と西ヨーロッパとを欧米として、(81)アジア・アフリカと欧米の人口が、世界の七五パーセント対一四パーセントから六四パーセント対一九パーセントへと欧米が相対的に増大したのに対し、経済力、つまりGDPは、当初アジア・アフリカの六四パーセント対欧米の二五パーセントだったものが、アジア・アフリカ二二パーセント対欧米五七パーセントと逆転した。欧米の一九五〇年のGDPは世界の半ばを越える。

百三十年の間のアジア・アフリカのGDPの比重の低下の中で最も悲惨だったのは、同じ時期に戦乱のため世界の三七パーセントから二二パーセントへと下がった人口に対し、GDPの世界に対する比率が三三パーセントから五パーセントへと六分の一にまで落ちた中国と、ほぼ同様の過程を辿り、GDPの対世界比率が三分の一以下に下がったインドである。(82)

この頃までの西暦二十世紀前半の世界では、欧米の白人が全面的に自由を享受し、世界の支配者として世界各地を闊歩していたのに対し、欧米以外の人々や有色人たちは人間扱いされず、曾ては大国で富裕国でもあった中国とインドには極貧の浮浪者たちが溢れた。統計の数値がこのことを示す。

われわれの国日本が米国と英国との戦争に敗れた直後の西暦一九五〇年前後は、日本を含む非欧米諸国の世界における相対的経済力が最低だった時期である。上に見た通りこの年のアジア・アフリカは、世界の六四パーセントを占める人口に対しＧＤＰは世界の二二パーセントにしかならなかった。ただこれを最低として以後アジア・アフリカの相対的経済力は増大に転ずる。(83)

比較可能な統計で最新のものは西暦二〇〇三年の統計しかないが、それによればこの年のアジア・アフリカと欧米の人口の対世界比、七三パーセント対一二パーセントに対して、ＧＤＰが四三パーセント対四三パーセントにまで回復した。西暦二〇〇三年になっても欧米はまだ世界の富の相当部分を掌中にしているけれども、それでも一九五〇年に比べれば配分の均衡の是正が少しは進んでいる。しかも比較可能な統計はないものの、この趨勢は西暦二〇〇三年の後も基本的に続いていると思われる。

西ヨーロッパ人と欧米人にとって「近代」の特徴となったのは、第二章の啓蒙思想・米国独立・フランス革命、国民軍と国民国家の成立、工業革命の三つの事象だった。その何れもが西ヨーロッパと欧米の世界征服を推進し、またそれぞれが欧米の世界征服の進展とともに世界中に広がって行った。

まず国民軍は、その後の歴史の経過ではほぼ必ず国民国家に随伴することとなった。但し例外がない訳ではない。(84)それに対して国民国家は、西ヨーロッパで英国とフランスを模倣してドイツとイタリア等が成立し、さらにヨーロッパ外では日本が西ヨーロッパの国民国家をかなり忠実に模倣した国民国家となる。(85)

十九世紀初めに、米国の独立と西ヨーロッパの国民国家成立に刺激されて独立した中南米の各国は、米国との共通性はあるが西ヨーロッパの国民国家の、一民族・一言語の中規模国家からは程遠い。植民本国と同じ言葉を使う現地生まれの本国人が、先住民と人口の多数を占める混血人たちを支配する「クレオール国家」と呼

ばれる型の国である。(86)

十九世紀後半の「帝国主義」といわれた時代に入ると、(87)西ヨーロッパの国民国家は強力な軍事力により、非欧米世界各地を占領して植民地とする。新興の国民国家であるドイツ、イタリアそれに日本、さらに海外に広大な領域を保有していたポルトガルもそれに追随した。また西ヨーロッパと同じ白人の国でキリスト教国でもあったロシアと、(88)南北戦争後の米国も「帝国主義」の国に変貌する。

二十世紀になると国民国家の理念が西ヨーロッパ外にも浸透し、第一次大戦後の東ヨーロッパと西アジアで、敗戦国の二つの帝国が中規模の国民国家に分割された。といっても国民国家の一民族・一言語の国家の理念は必ずしも守られた訳ではない。(89)第二次大戦後の植民地独立も、表向き国民国家の理念と制度に沿って行われた。(90)

しかしながら現代世界の指導国の米国は「大規模国家」であり、また「多民族国家」でもある。米国とともに中国、ロシア、インド、それに米国と同じ「クレオール国家」であるカナダとブラジル等が現代の世界の大国と認められているが、何れも国民国家の理念からは大きく乖離する国である。

現代でも、国際法の観点から法の主体である国の原型は依然として「国民国家」であり、また一部の国ではあるが世界の文化的画一化に対する防壁、あるいは過去からの歴史と文化伝統を守る主体として、「国民国家」には依然として存在意義がない訳ではない。しかし世界全体としては、現代のアフリカの現実や、東ヨーロッパにおけるユーゴスラヴィア内戦に見られたように、(91)「国民国家」の理念には已に有効性が失われている。

十九世紀初め以降の「近代」の歴史にとって、工業革命の意義は大きい。第二章では工業革命について幾つかの注視しなければならないことを挙げた。工業革命の後は工業国が工業中心の豊かな国になったこと、それと同時に国は豊かになっても少数の事業家と多数の無産大衆の間の貧富の格差は開き、弱者が競争に敗れて大量の貧困者を発生させたこと等である。

新しい工業には起業の時点で市場の帰趨が読めない欠点があり、そのため市場の不断の拡大が必要とされ、ヨーロッパの工業国は際限なく新規市場を求めて、ヨーロッパ内のみならず、ヨーロッパ外の世界でも相戦う「帝国主義」の時代に入った。漢土の清等のアジアの国で西ヨーロッパの工業革命後の軍事力の優位が遺憾なく発揮され、世界中が西ヨーロッパに屈した。

米国の北部に工業革命が波及し、南北戦争によって北部が農園経済の南部に勝利すると、米国は植民地獲得競争に加わる。その米国が二十世紀初めに大規模生産技術を完成し、世界を主導する工業国となって二つの大戦争に勝利するが、その間の世界大恐慌によって大きな打撃を受けた。[92]

一時欧米人は人種差別的発想から、非欧米人は工業技術を使いこなすことができないと考えていたが、日本が事実を以てその偏見を打破し、現代の世界では工業革命後の工業とその技術は万人が利用できるものとなった。世界の隅々にまで広がって生産力を高め、[93]世界から飢えや貧困がなくなる明るい未来への展望が開かれる。

しかしこの経済の基本的欠点である投資時の需要予測不能性と際限のない市場の必要性は、さまざまな是正策にも拘らず今も続く。絶えざる市場拡大の必要性が、浪費拡大に向けて人の潜在意識までを左右する心理的暴力となって、人の基本的自由を侵害する。また巨大国際企業の飽くなき事業拡大とそのための私有財産権の行使を、いかなる国も国際的組織も制御できず、[94]公正な富の配分や文化的多様性の保全などの公共的利益は保証されない。

欧米人が「近代」をよい時代の始まりと感じたのは、前世紀の啓蒙思想が社会に根付き、それによってより良い政治と公正な社会が実現すると期待したからだろうが、事実は期待に反するものとなった。

西ヨーロッパから欧米全体の知的階層に広がった啓蒙思想は、欧米の社会内部の矛盾や不正を矯正しようとしたが、西暦十六世紀以来の欧米人には差別的思考と感性が付き纏い、欧米人の活動が世界中に広がるとともに、差別的な思考と感性が世界全体に拡大した。欧米人に不都合な事実は隠蔽され、欧米人向けと非欧米人向けの二重規準が常例化する。

その好例が、漢土の清に英国等が仕掛けた二次の阿片戦争である。[95] 西ヨーロッパにおける工業革命の進展に伴って清の相対的な力が低下し、さらに清が内乱に苦しむのを好機と見て英国とフランスが清に戦争を仕掛けたが、欧米全体がそれを利用し、米国までを含む全ての欧米の国々が清に阿片を売り込む「権利」を得た。つまりこの戦争以後清が国土の産物を売り渡す対価となったのは阿片であり、漢土の欧米や欧米人と接触する限りの国土と民族は、阿片の蔓延によって荒廃して行った。[96] やがて清、さらにその後の中華民国も欧米全体の従属国となる。[97]

漢土の南の東南アジアと南アジアでは、十九世紀後半から二十世紀初頭に掛けて英国、フランス、オランダが東南アジア支配体制を固め、西のインドでは英国が、宗教や民族等による対立・確執を利用して、[98] 少数の英国人によるインドとその富の直接の支配と収奪の体制を完成する。同時に英国はスエズ運河の取得等によって英本国からインドに至る海路を確保し、インドの富と市場を占有して世界の覇者となった。[99]

漢土の東に位置し阿片戦争の帰趨を学んだ日本は、まず東の米国に対して開国するとともに、[100] 清の惨状を免れるために国の体制と政策を一変させた。明治維新とその後の欧米化によって国民国家と国民軍を形成し、これを当時の日本人は「文明開化」と呼んだ。現代の日本人も多くこの歴史と日本の「近代化」を誇りと感ずるが、今では歴史の裏に英国の金融界の動きを見る人もある。[101]

客観的に見れば欧米人が「近代」と呼ぶ時代は、日本が世界で活動するには難しい時代だった。日本人は白人ではない有色人として、当時の世界の常識だった差別の対象とされながら、世界を支配する西ヨーロッパの、日本人にとって異質な文化に適応しなければならなかった。日本の知的階層の一部の、西ヨーロッパの文化を自らに取り込もうと努力した人たちは、自らの内部や周囲の伝統文化との齟齬確執に苦しんだ。(102)

西暦二十世紀半ば頃の日本が、西ヨーロッパの内紛に乗じ、旧勢力の英国とフランスに対抗したドイツと結んで、(103)アメリカと戦ったのは、日本人にとって難しい時代を身を屈して生きたことへの怒りと、それにも拘らず「帝国主義」の一端に加担した矛盾とが噴出したものである。「アジア民族の解放」を掲げて参戦した日本は、敗北して原爆を投下されたが、非欧米の日本の第二次大戦参戦は世界史を大きく変えた。

日本の真珠湾攻撃の翌朝アメリカ各紙は挙って、ドイツ人飛行士がハワイに飛来した日本空軍機を操縦していたと報ずる。フィリピンの航空兵力を潰滅させた日本空軍の爆撃をフィリピンの米軍司令官マッカーサーは、「ドイツ人飛行士の操縦する日本空軍機の攻撃」と報告した。この頃まで欧米の白人はマッカーサーのような知日家でさえ、猿並の知能しかない日本人等の有色人に、航空機の上手な操縦などできないと本当に信じていた。(104)第二次大戦の日本軍の奮戦はアメリカ軍人の日本人への見方を換えさせたが、西ヨーロッパ人の大多数は長い間、日本が生産できるのは粗悪品だけだとの考えを墨守していた。(105)

西暦二十世紀後半以後の世界では、経済統計が示すように、欧米による世界の富の独占体制が緩慢ながら弱まった。第二次大戦における日本の参戦が投げた波紋を見た米国と、「社会主義」の理念に賭けたロシアによって、欧米の旧植民地の独立が推進された。アジアの国々が次々と独立を果たし、独立の連鎖はアフリカにまで及び、ただ一国抵抗したフランスは、アルジェリア戦争とヴェトナム戦争の惨禍を惹き起こした。ただアルジェリアにおけるフランスの敗北は、ヴェトナムにおける米国の敗戦とともに、フランス人のイスラム理解等、欧米人の非欧米世界理解を格段に進めることになる。[106]

インドネシアのスカルノが招集したアジア・アフリカ会議は、アジアの二大国、中国とインドの将来の世界の指導国としての自負を強め、[107]また国連における国の地下資源に対する主権の論議は、一九七〇年代の西アジアのアラブ石油生産国による石油戦略発動とイラン革命、さらには石油収入の流入によるアジアの経済発展をもたらした。[108]

二十世紀末期にロシアの東ヨーロッパ従属国の維持が不能になり、これが国際ジャーナリズムによって「冷戦」における西側の勝利、「社会主義」理念の破綻と報道された。[109]そのことは西ヨーロッパの意気を高め、西ヨーロッパと米国の連携を強化したが、ほぼ同時期に日本の第二次大戦敗北以来の意欲が破壊され、[110]所謂「グローバリズム」の時代が始まって現代に続く。[111]

現在、政治力・軍事力では、米国が依然として世界第一且つ唯一の軍事大国である。その力に守られてヨーロッパの国々と西アジアのイスラエルは安全を享受する。紛争が絶えない西アジアとアフリカ、それに朝鮮半島を除いて、太平洋周辺からインド洋東部に掛けても、テロはあっても一応の平和が保たれる。

西ヨーロッパの「近代」は世界中に広がった。欧米式の政治形態としてアメリカは「民主主義」と選挙の制度に固執する。その結果として選挙に基づく「民主主義」を多くの国が取り入れたが、運用は国によって異なる。[112]「啓蒙思想」の唱導した公正、法治、「人権」等の価値、あるいはフランス革命が掲げた「自由、平等、友愛」等は、今では世界中の人々が建前として尊重する。ただそれらの理念が現実の世界で実現されると思う人は少数でしかない。大多数の欧米人はそれを知りながら口先で空しく繰り返す。

欧米人、特に西ヨーロッパ人たちは、表にこれらの理念を掲げながら「近代」の百年以上に亙ってそれらを無視する行動を採って来た。自分たちには適用しても非欧米人には適用しない二重規準とそれに反する事実の隠蔽、あるいは隠蔽さえしない開き直りが非欧米世界では毎日のことだった。[113] 稀に非欧米人側が公正を求めて欧米人と戦う時の武器となることはあったが、その有効性は保証されなかった。

われわれ非欧米人から見れば、西ヨーロッパから始まった「近代」が世界にもたらしたものは、差別と暴力と破壊と欺瞞でしかない。人種と文化による差別は世界の富の白人による独占を、際限のない暴力は累次の戦争と広島・長崎を、根こそぎの破壊は稀少動植物や少数民族・言語の絶滅を、厚顔な欺瞞は偽善と二重規準と事実の隠蔽を生んだ。それら凡ての底流にあったのは欧米人の強烈な自我中心思考ではなかったか。

こうした非欧米人の見方に対して欧米人はもちろん、「近代」の成果を挙げて反論する。科学技術の発展により飢えと貧困が解消に向かっていること、自由と公正と「民主主義」のため、欧米人を先頭として人類全体が努力していること、世界の人々の活発な交流が行われていること等を強調するだろう。しかしそれらには皆負の一面がある。[114] 欧米人たちが非欧米世界の者に「近代」の負の側面を隠し、欧米の行動への反省なく語っても説得力はない。

といってもまだ世界の誰も、非欧米人の側も、まして欧米人たちも、確たる自信を以て世界中の異なった文化や風土の人々の心を掴み、明日の人類を惹き付ける理念を説くことはできない。その代わり西ヨーロッパを起源とする政治・経済制度と欧米的な商業文化が世界中に浸透し、欧米の国際ジャーナリズムは衰えながらも浸透力を保ち、さらに近年では欧米の巨大情報企業が影響力を増して、依然として欧米的理念を説き続ける。

しかしながら「現代」の世界のものを考える人の一部、ほんの少数者に過ぎないけれども、欧米の言語と文化以外の自らの言語と文化を堅く身に着けた非欧米人や、例外的に欧米人的な自己中心的偏向から脱却した欧米人たちに、漸く多くの人が納得できる真実を語ることのできる人が現れ始めた[115]。

現在の世界を浮遊する国際ジャーナリズムや商業文化とは無縁に、世界の各地域のそれぞれの人の心に深く根差し、土地土地に長く承け継がれてきた文化伝統を綜合する明日の理念の形成は、そうした人たちに期待しよう。現在の世界の欧米中心文化と、欧米人の思う方向へ向けての感性・思考の誘導が世界を何処へ導いて行くかは、世界史を忌憚なく見る者の眼に疑いの余地がない[116]。暴力と差別と欺瞞の連鎖を避け、世界の全ての人が真の自由を獲得するには、まだまだ負の歴史を克服するための多くの戦いが必要である。

むすび

昭和二十年代初め多くの日本人は占領軍に誘導されて、日本の「近代」は始まったばかりであり、それをもっと進展させなければならないと考えていた。そのとき世界史の「近代」といわれた時代が始まった西ヨーロッパと欧米で人々は、已に「近代」の終焉を感じていた。それは歴史の皮肉である。しかし歴史的に「近代」の終焉をもたらす役割をかなりの程度担ったのは日本であり、この国の始めた戦争に生命を捧げた日本の多くの若い人だったことを考えれば[117]、無残な行き違いだった。

西ヨーロッパが世界の征服を開始した西暦十六世紀以来初めて、西ヨーロッパと欧米の世界制覇に真正面から挑んだ日本は、核兵器までを使って国土と国民の生命を破壊された。それだけではなく降伏して生き残った日本人は、やがて占領軍によってものを感じたり考えたりする自由を奪われた。六十年余りの月日が経ち、長い長い眠りから覚めたかのように、今漸く日本人は、感性の自由と思考の自由を取り戻し始めているかに見える[118]。

日本は、遥かな古い昔から今の日本列島に住んで来た人たちが、このユーラシア大陸東端の島々に移住して来た人々や動植物と平和裡に共に暮らしながら造った国である[119]。長い歴史の過程で、無数の小石を丹念に積み上げるようにして特色ある文化を形成して来たが、比較的新しい時代の幕末・明治以降、ユーラシア大陸の西の端の人々の、我々自身の文化とは対極に立つ攻撃的、差別的文化に生存を脅かされ、自らを守るためにその文化に学び、却ってその人々と戦うことになって敗れ、自らを失った。

しかし漸くそんなわれわれにも本来の感性と思考を回復できる時代が訪れた。現下のわれわれ日本人の急務は、敗戦以来弊履の如く棄てて顧みず、明治以来でも大方は軽視して来た日本の文化伝統をもう一度見直し、長い時間を掛けてでも、日本人本来の感性と思考を回復する以外にあるまい。それらは短時日の間に拙速に形成されたものではなく、長い年月の間に日本列島に渡来して来たさまざまな人々の叡知が蓄積された上に、多くの人々の真摯な努力によって築き上げられたものだから[120]、日本人本来の感性と思考の回復は、長い時間と弛みない努力を必要とする。

われわれ日本人が自らの伝統と文化を研鑽し、その精髄を世界に向けて語りかけるならば、それは日本の文化とほぼ対極に立つ文化の西ヨーロッパの「近代」が世界を荒廃させ、なおも荒廃させ続けようとしている現代の世界に、一陣の清涼の気をもたらすと期待しよう。

注

（1）今でも日本人で、敗戦後のアメリカ軍による日本占領時代に行われた検閲と言論統制の実態について正確に知る人は少ない。しかし評論家の江藤淳が当時のアメリカ側の資料を克明に調べた『閉ざされた言語空間―占領軍の検閲と戦後日本』等の著書によれば、日本の歴史においてあるいは世界の他の国であっても、このように徹底的で例外を許さず且つ広範囲に亙って全面的な検閲と言論統制が行われたことは曾て一度もないと思われる。これに比べれば第二次大戦前及び戦中の日本の、原文を伏せ字に置き換えたことで原文が類推可能だった検閲などは児戯に類するものに過ぎない。「日本の歴史上未曾有」とする所以である。

（2）「あの戦争」、つまり日本が中国との戦争の間何としても避けたかったアメリカ、イギリスとの戦争を開戦したのは、綿密に歴史を検証すればそのように追い込まれたからだといってよい。その意味で日本の対英米戦争は当時の日本の政府指導者たちが感じたように「自衛戦争」であり、ここにあるような見方は全く事実に反することは言うまでもない。

（3）日本の歴史は「奈良時代」、「平安時代」、「江戸時代」のように、政治の中心がどこにあったかの時代区分によって見るのが自然である。「古代」、「中世」、「近代」等の時代区分は明治時代になって欧米から導入されたが、国史教科書に取り入れられたのは第二次大戦敗戦後のことである。ただ一部の知識人は、大正時代からマルクス主義思想の影響下にこのように歴史の見方をするようになった。

（4）カール・マルクス等『ドイツ・イデオロギー』、『経済学批判』、『資本制生産に先行する諸形態』等。

（5）上の（4）等のカール・マルクス（西暦一八一八―一八八三）はユダヤ系のドイツ人であり、当然のことながらこの人の知見には地理的、歴史的限界がある。

（6）「古典」とは英語の classic の訳語である。原語は字義通りには「学校で教えられる」の意味であり、日本語の「古典」とは大分意味が異なる。

（7）日本共産党創設者の一人である片山潜（安政六・西暦一八五九―昭和八・西暦一九三三）は、日本とアメリカでの労働運動からロシア革命後の国際共産主義運動、即ちコミンテルンの活動に従事したが、若い頃アメリカに渡ってキリスト教の洗礼を受け、キリスト教神学を学び、キリスト教伝道師となることを志望していた。

（8）日本では現在に至るまで、キリスト教徒には共産党と社会党・社会民主党の支持者が多い。

（9）概括的にいえば、日本の封建制度が西ヨーロッパ中世の封建制度に似ていることが、日本の学者の唯物史観に惹かれた大きな理由だろう。そのことは欧米の学者も気付き、例えばマックス・ウェーバー（西暦一八六四－一九二〇）は両者が本質的に異なることを立証しようとしている。日本の高等教育機関は欧米の事物の学習のために設立されたものであり、高等教育機関で欧米の学習に没頭した人たちには、欧米の歴史に詳しくとも日本の現実に疎い嫌いがあって、そのために欧米の歴史を根拠とした唯物史観を日本の歴史に当てはめることに疑いをいだかなかったのだろう。

（10）「日本資本主義発達史講座」の刊行において中心的役割を担い、後に日本共産党の幹部となったのは経済学者の野呂榮太郎（明治三十三・西暦一九〇〇－昭和九・西暦一九三四）である。この人は学力優秀で天才と言われるほどだったが身体障害者として差別され、志望する学校に進学できなかった。後に慶応義塾大学に学び、先輩の、後の日本共産党幹部、野坂参三の影響を受けて共産党に入党したが、年少時に差別を受けた屈折から日本の国を貶め、「近代」以前の遅れた国と見ることになったかと思われる。野呂はキリスト教とは関係がないが、先輩の野坂はキリスト教労働組合の「友愛会」に勤め、友愛会から英国に派遣されたから、この頃にもキリスト教と共産主義との親近性は続いていた。

（11）新憲法公布、東京裁判、諸制度改革等は周知のことであるが、占領軍が最も重視したのは日本人の意識の根本的変改である。このため占領軍は日本の降伏条件である「ポツダム宣言」の「言論の自由」を無視して全面的検閲を実施し、日本の全報道機関を直接指導下に置いて、War Guilt Information Program（ＷＧＩＰ、戦争罪障化計画）、即ち日本人に対して先の戦争が罪悪であると思わせる計画等によって徹底的に日本人を洗脳した。この洗脳は長く続き、近年少しずつ解けて来たもののまだ完全には解けていない。現在の世界で日本は世界の大多数の欧米白人以外の人たちから、先の戦争をしたことによって重視・尊敬されているが、多くの日本人が今も尚そのことをよく理解できない。ＷＧＩＰによる洗脳が強い影響を今に及ぼしているからである。

（12）アメリカの日本占領軍は、日本の降伏条件であった「ポツダム宣言」を一応は守るものの、その一方で日本側の抵抗を見ながら「ポツダム宣言」の諸条項を無視して日本を直接に統治しようとした。敗戦直後以外は日本側が十分な抵抗をしなかったため六年半の占領期の間日本はアメリカの植民地のような状態に置かれた。

（13）ダグラス・マッカーサー（西暦一八八〇－一九六四）は本来保守的な共和党系の軍人であるが、第二次大戦後早くから大統領選挙への出馬を考え、選挙に当選するには民主党系のリベラル票を獲得する必要があったため、日本の統治では職業軍人ではないリベラル派の将校を下の（14）のGSに配置して重用した。アメリカの外交政策は一九四六年後半頃からヨーロッパ情勢の推移に応じて変わり、マッカーサーに対しても占領政策の基本方針を変更するよう指示が来たが、自我と自信の強いマッカーサーは軽蔑していたトルーマン大統領の政府の指示には長く従わなかった。

（14）このGovernment SectionはGHQの指示によってか日本側の意図だったのか「民生局」と訳されたが、字義通りに翻訳すれば「統治局」である。つまり当時の日本人に対しては言葉がごまかされ、日本の統治がGHQの業務の一つである事実は隠されていた。このような言葉による事実の隠蔽とごまかしは今に至るまで続いて、日本人の眼を眩ませている。

（15）当時のGHQと頻繁に接触していた人たちによれば、GHQ、特にGSの軍人たちは極めて腐敗しており、「お土産」や賄賂は常習的であり、時には女性の提供すら公然と要求することがあったとのことである。

（16）昭和二十七年四月の日本再独立の時点で当時の「日本政府」は祝典に類する催しを考えていたようである。しかし実際には民間の行事はともかく政府の主催した行事は今日から見てそれほど目立ったものではなかった。多くの他の国では主権回復とか再独立の日であればもっと大々的に祝われ、例えばその日は毎年祝祭日となっているかも知れない。それなのに日本ではいつのことだったかさえ余り記憶されていないのは、当時の首相だった吉田茂（明治十一・西暦一八七八－昭和四十二・西暦一九六七）の意向によるものだったと思われる。もし主権回復や再独立の意義が大きく報道されたとすれば、当然「国権の最高機関」である国会を解散して再選挙をしなければならない。しかし再選挙をすれば吉田を党首とする自由党が政権を失う恐れがあったから吉田はそれを恐れ、占領期のような占領軍の力を背景とした政治を続けるために主権回復や再独立を目立たないようにするのが吉田の意向だったと推測される。この推測を立証する資料はほとんどないが、吉田と同じ外務省に務めていた筆者が吉田に親しく仕えた人の話、省内における風評等の情報から行った推測である。

（17）アメリカの政策そのものは既に一九四六年ころからゆっくりと転換していたが、この転換は上の（13）の通りマッカーサーの存在によって日本占領政策に関する限り浸透が遅れた。

（18）アメリカの日本占領期の検閲は、新聞・放送・雑誌・出版物・映画・演芸の全部と私信の一部にまで及ぶ空前の規模、一切の妥協・見落としを許さず検閲の存在そのものを完全に秘匿した徹底性から見て世界に他に類例がない。検閲では占領軍軍人の行動と欧米連合国の過去の行動、特に植民地支配に対する批判、日本の歴史・文化と過去の行動の賛美、日本とアジアの親近性の強調等は一切許されず、新聞では書き換えが間に合わなければ白紙のまま発刊させられ、雑誌・出版物等については検閲方針に違反する部分の削除または全面書き換えを命令された。こうした検閲が恒常化されるうちに多くの日本人が自分の言説や思考を自己検閲し、占領軍の意向に反することは自然に考えないようになった。その絶大な威力は敢えて言うまでもない。秘匿された検閲の存在を白日の下にさらしたのは評論家の江藤淳（昭和七・西暦一九三二－平成十一・西暦一九九九）であり、渡米しての調査により『閉ざされた言語空間―占領軍の検閲と戦後日本』、『忘れたことと忘れさせられたこと』等の著書を著したが、そのため昭和五十年代の日本の言論界から村八分同然の扱いを受けたという。

（19）エドガートン・ハーバート・ノーマン（西暦一九〇九－一九五七）はカナダ人宣教師の子として日本に生まれ、カナダの外交官として、第二次大戦前の日本で南原繁（明治二十二・西暦一八八九－昭和四十九・西暦一九七四）や丸山眞男（大正三・西暦一九一四－平成八・西暦一九九六）のいた東大法学部に学んだ。日本敗戦後のGHQはその点に着目してハーバート・ノーマンのGHQ情報部への出向をカナダ外務省に要請した。この人はこの頃既にアメリカ共産党の秘密党員になっており、GHQでは牢獄にいた日本共産党幹部の釈放、上の（10）のWar Guilt Information Program（WGIP）の策定・実施等を行って、GHQの日本共産党への支援と日本人の洗脳工作に従事した。当時ロシアのスパイだったかも知れず、後年アメリカでそのことを非難され、カナダの大使として赴任していたエジプトで自殺した。南原がGHQに協力したのはキリスト教徒だったからであり、南原の弟子の丸山はキリスト教徒ではないが、戦時中に一兵卒として徴募された軍隊での経験が学者としての丸山の厳しい反日思想を生んだといわれる。

（20）洗脳の技術はまず頭の中を空白にし、入ってくる情報を制限して一定の方向の情報だけを注ぎ込むことである。敗戦直後の日本人はこうした洗脳を受けやすい状態にあったため占領軍の洗脳が見事に成功し、現在に至るまで効果が続いている。

（21）第二次大戦前から戦中のアメリカにはマルクス主義の影響が強く、政府内にも秘密の共産党員がかなりいたといわれる。その影響下に策定されたアメリカ政府の日本占領政策も当初は天皇を温存し、次の革命で天皇制を倒す二段階の革命を考えていたという。

（22）宮澤俊義「八月革命と國民主權主義」、『世界文化』昭和二十一年五月號所載。

（23）丸山はもともと東京の山の手の西洋化された家庭に育った人であり、日本の文化や社会との接点は比較的限られたものである。江戸時代の思想家の漢文の文献なども論考に取り上げているが、この人の漢文読解能力には疑問が呈せられている。欧米人の日本研究者はそうしたことまでは理解できず、自分たちの浅い、偏見も含んだ日本理解を肯定されることによって丸山の研究に共感するのだろう。

(24) 南原の指揮した敗戦後の日本の学制改変は、第一に小学校六(五)年・中学校五(四)年・旧制高校三(二)年・大学三年の過程を小学校六年・中学三年・高校三年・大学四年に変更し、括弧内の短縮、則ち学力優秀者の飛び級を認めないこととしたこと、第二に旧制の中学校五(四)年を中学三年・高校三年に延長し、今の大学教養課程に当たった旧制高校を廃止したこと、第三に小中学校教師養成のために設けられ、学生が特別に優遇された師範学校・高等師範学校を廃止したことが主眼であり、第二と第三は南原が決定したと伝えられる。この学制改変は、第三の師範・高等師範の廃止が学校教員から専門性と職業的使命感を奪い、第一の教育課程変更が中学・高校の中等教育だけを延長し、高等教育の六(五)年を四年に縮めて高等教育を軽視し、特に第二の旧制高校の廃止が学力優秀者の飛び級禁止とともに、日本の社会から若き俊秀を優遇する気風を失わせることになった。このように占領期の学制改変の弊害は明らかである。

(25) 日本の敗戦後の米国占領軍による日本占領は昭和二十七年四月まで六年半以上に及び、その間日本の総ての出版物は占領軍の全面的且つ徹底した検閲を受けた。この時期に丸山が論文の執筆等の言論活動を精力的に行っていたこと自体、丸山が占領軍の支援を受けていたことを推測させる。なお占領軍の検閲には常時五千名、全占領期間では恐らく一万名を下らない数の、相当の教育程度の日本人が新聞雑誌に始まる全出版物と映画・演劇・演芸の台本の総てから私信の一部までの邦文から英語への翻訳に当たっていた。この人たちは当時の日本としては最高の収入を得ており、占領中も占領期間が終わってからも米国留学等の便宜を与えられ、学界や言論界で優遇されたらしい。ところがこの人たちの中で、後年になって占領軍に協力したことを認めた人は十名にもならない。それほどこの人たちは、この時自分たちが占領軍の検閲活動に従事したことを恥じて世間に隠していた。戦争に至る日本の行動を忌憚なく批判し、ある意味でこの人たちの占領軍に協力した行動を正当化する丸山の学問や言論は、この人たちによって強く支持されたと思われる。

(26) 日本の再独立は昭和二十七年四月二十八日のことであるが、その後も上の(16)にあるように吉田茂の政権下で占領時代の延長のような時代が続いた。その時代が終わって真に独立した日本の時代が始まったのは、吉田が選挙に破れ鳩山内閣が成立した昭和二十九年十一月のことである。

(27) 敗戦後の日本の学制改変は上の(24)の通り日本の教育全体の質を低下させ、若き俊秀を冷遇させて、当時の占領政策の狙いどおりに日本の国力を削ぎ、日本を弱体国にするためのものだった。かなり多くの人がそのことに気付いていたにも拘らずこの学制が未だに続いていることによって日本が被った害は量り知れない。

(28) 日本の社会全体を見れば丸山の影響力はもともと一部の知識人の見るほど強くはなく、強かった時代があったとしてもそれは意外に短かかった。占領期はともかく日本再独立後は、さして日本の現実を知らずに恰も欧米人のするように一方的に日本を批判する丸山の思想には反感が強かった。一九六〇年代の大学紛争において丸山のさまざまな言説が指弾された背景にはそうした広い社会からの反感があった。

(29) 上の(23)のように丸山の思想の性格と来歴から見て欧米人から共感されるのは当然であり、そのことが何でも欧米を至上視する一部の日本人の間に丸山の思想をいつまでも過去のものとしない理由となっている。

(30) ジョン・フォスター・ダレス(西暦一八八〇―一九五九)の覚書は機密指定を解かれてアメリカ国会資料に収められているから今では見ることができる。

(31) ある時期から日本の公式文書にはまずアメリカ、後には西ヨーロッパのいくつかの国とも日本が「価値観を共有」すると記載されるようになった。日本側の解釈ではこの「価値観」とは民主主義と市場経済くらいのことを意味するが、欧米人、特に西ヨーロッパ人は「価値観」という言葉にもっと深い思想的意味を付しており、日本が欧米と「価値観を共有」すると盛んに言明することに、下の(36)のように違和感を感ずるようである。国際会議などで日本の外交官は時として、「我々西側の国は(we, Western countries,…)」と発言する。そんなとき英国やフランスの代表が議事録を、「我々と西側の国は(we and Western countries,…)」と訂正させたとよく聞く。つまり今の日本人が今の日本は欧米と同じ文化や価値観をもつに至ったと考えているのに対し、欧米人、特に西ヨーロッパ人は必ずしもそうは思っていないことを示す。

(32) 戦時中の昭和十八年に日本はアジアの独立国を集めて東京で「大東亜会議」を開催し、まだ独立していなかったインドネシアから日本軍とともに独立の準備をしていたスカルノ(西暦一九〇一―一九七〇)が出席した。東京に赴く途次スカルノは既に独立したフィリピンの実情を見て涙が止まらなかったという。日本の敗戦後、残留日本兵の協力も得て旧植民国と戦い独立を達成したスカルノには、敗北した日本の事業を続ける意図があったと思われる。

(33) 一九五五年に開催されたアジア・アフリカ会議は、十年後の一九六五年にアルジェリアのアルジェで開催することになったが、恐らくアメリカとフランスの工作によってアルジェリアの軍部がクーデターを起こし、第二回アジア・アフリカ会議は無期延期となり、その後アジア・アフリカ会議が開催されることは二度となかった。

(34)アメリカはスカルノを敵視しＣＩＡの反スカルノ工作が関係者の自白によって明らかになったこともある。スカルノは共産党と中国に近づいたが中国は文化革命が起こって頼りにならず、恐らくアメリカの工作が成功して一九六七年の九・三〇事件以後インドネシア全土で共産党員が大虐殺され、スカルノは政権を失った。

(35)国際的な経済交渉の場は、「先進国」と対峙する途上国側の要求に対し「先進国」側がどこまで値切り、どこまで受け入れるかの折衝となるが、「先進国」グループに入れられてもまだ経済力がそれに伴わなかった日本は、途上国側の要求を受け入れることができず、アジア・アフリカ諸国の「先進国」攻撃の矢面に立つこととなった。

(36)アメリカは石油危機後の世界の運営を考え、欧米諸国に日本を加えた会議の開催を計画したが、上の(31)のように欧米とは文化と価値観の異なる日本を参加させることに強硬に反対するフランスを、アメリカは第一回の会議のフランス開催を認めることによって何とか説得し、開催に漕ぎつけた。

(37)第二次大戦の敗戦国になり、完全な破壊の中から発展して「先進国」と認められことは、日本人に大きな満足を与えた。そのため今の日本人は日本が「先進国」であることを強く意識し、学校でもそのことは強調して教えられるらしい。このため多くの大学生が、「先進国」民である日本人は近隣のアジア諸国人より上であると考えて、アジア人留学生を下に見たりする。「先進国」を英語でいえば advanced country となるが、この言葉も反対語の backward country、則ち「後進国」も差別語であり、今は国際的には使われない。それなのに今の日本では、英語で単に industrialized country というサミット参加国を、「先進工業国」と言う。残念ながらこうした呼称が現在の日本人の国際社会の見方の偏向を示している。

(38)このような無意識の欧米至上視こそ、多くの日本人が未だに占領期に行われた洗脳から脱していない証左である。

(39)第二章で詳述するが、マルクス主義の「唯物史観」は一七八九年の「フランス革命」によって「近代」が開始したと考える。日本のマルクス主義者は上述したように明治維新を「フランス革命」と同様の「市民革命」、あるいは「ブルジョア革命」であると見るかどうかによって、「講座派」と「労農派」が対立した。「フランス革命」ではパリの市民、則ちブルジョアたちが監獄を襲撃したり、パリ郊外ヴェルサイユの王宮に押しかけて行ったりの実際行動によって国王から実権を奪うが、日本の明治維新では江戸の町民がそんな実際行動をした訳ではないから明治維新が「ブルジョア革命」かどうかを論ずるのは意味がなく、日本の学者がいかに現実離れのした空理空論に耽っていたかを示すものである。今の日本の教科書は、西ヨーロッパの歴史には言及せず、明治時代からを日本の「近代」としており、その意味で労農派の立場に立っているといえる。

(40)日本の敗戦と占領期の洗脳によって、日本人の潜在意識の奥底にまで浸透した欧米と欧米人に対する劣等感はなかなか消えない。そのことにアジアの人たちはすぐに気付き、筆者もよくアジアの人たちから、どうして日本人はそうなのかを聞かれる。ただ日本人の中で個人を見ると、欧米や欧米人に対する劣等感の強い人はほとんど必ずアジアやアフリカや有色人に対する優越感や蔑視も強い。両者が共存していないことは稀である。

(41)欧米白人には頭が上がらず自然に迎合してしまう一方で、アジア人その他の非欧米人には上から目線で対応し、時に押し付けがましく命令するような態度をとる日本人が少なくないのは事実であるが、残念ながらそのことに気付く日本人は少ない。国際社会における日本の行動はそうしたことによって動かされる。

(42)詳しくは『地域文化研究』一九号所載拙稿「どうして西ヨーロッパは世界を征服したか―その経済的背景と文化的意義」参照。

(43)所謂「近代哲学」を創始したルネ・デカルト(西暦一五九六―一六五〇)と「自然科学」を大成したアイザック・ニュートン(西暦一六四二/四三―一七二七)が挙げられる。

(44)この時代の少し前までの西ヨーロッパ人は、モンゴル人やシナ大帝国の人々を上に見て尊敬していたが、この時代以降その人たちをも「インディオ」と呼んで軽蔑するようになる。

(45)西ヨーロッパは社会階層が「階級」と呼ばれる程に厳しい構造の社会である。そのことは現代の西ヨーロッパの社会と世界の他の地域の社会構造を比較して見てもある程度見て取ることができる。この西ヨーロッパ社会特有の構造が定着した理由は、恐らく東北からのゲルマン民族等の諸民族の侵入の時代の西ヨーロッパに探らなければならないと思われるが、筆者は寡聞にしてその理由につき説得力のある説明を聞いたことがない。しかし現代の世界を見る上で、西ヨーロッパ人マルクスが強引にも西ヨーロッパ特有の「階級」の観念を世界の他の地域にも存在すると決めつけたことにより、世界の歴史や歴史解釈を歪めたことは銘記しておかなければならない。

(46)大西洋の奴隷貿易については下の(48)参照。なお欧米人には、例えば英国人の宣教師の探検家リビングストン(西暦一八一三―一八七三)のように大西洋の奴隷貿易や奴隷制度を世界の他地域の奴隷制度・貿易と同一視することが多いが、それは明らかな間違いである。

(47)この時代の「啓蒙思想」、即ち当時の西ヨーロッパ人が「理性の光で人の心を照らす(enlighten)」と見た思想の代表的思想家として、英国のジョン・ロック（西暦一六三二―一七〇四）、デイヴィッド・ヒューム（西暦一七一一―一七七六）、アダム・スミス（西暦一七二三―一七九〇）、フランスのシャルル・ルイ・ド・モンテスキュー（西暦一六八九―一七五五）、ヴォルテール（西暦一六九四―一七七八）、ジャン・ジャック・ルソー（西暦一七一二―一七七八）を挙げておこう。

（48）三角貿易とは、西ヨーロッパのガラス玉、酒類、鉄砲と交換に、西アフリカのアフリカ人諸王国で黒人奴隷を調達、奴隷輸送船で大西洋を運んだ奴隷をカリブ海やアメリカ大陸で高く売った資金で、新世界の農園で生産された砂糖、綿花、煙草等を買い付けてヨーロッパへ運んだ貿易をいう。砂糖はヨーロッパで金に比較されるほどの価格で売れたから利潤は巨額だった。

（49）「啓蒙思想」は西暦十八世紀には、西ヨーロッパ以外のヨーロッパの国王や貴族の間にも広がり、プロシア王フリードリヒ二世（西暦一七一二―一七八六）、ハプスブルグ家のオーストリア女帝マリア・テレジア（西暦一七一七―一七八〇）、ロシアの女帝エカチェリーナ二世（西暦一七二九―一七九六）等は専制君主ではあるが「啓蒙思想」に関心を持ち、国内の改革を行って「啓蒙専制君主」と呼ばれた。

（50）国王と大商人が大きな利潤を得た上の（48）の三角貿易等の大西洋の通商活動を重視する政策は「重商主義」と呼ばれる。

（51）海外の通商活動、あるいはそれ以前の海外の海賊行為によって大きな収益を収めた国王が、国内の農地からの収入に依存する地主貴族の力を遥かに凌駕して、政治的独裁権を握ったことを「絶対王制」という。

（52）アメリカ各地の植民地は西ヨーロッパの「啓蒙思想」の影響を受けてそれぞれが「人民共有の財産」の意のCommonwealth（ラテン語のRes publicaは英語等のヨーロッパ語のRepublicになったが、その字義通りの英語訳）などと名乗りながら連合、則ちUnited States of Americaを結成した。但し当時の貧しいアメリカ植民者たちの軍は武器も貧弱であり、海軍はなく、フランス軍、特に海軍の介入があって英国の正規軍との戦争に勝利し得た。

（53）周知のように独立宣言を起草したのは、フランスに遊学して「啓蒙思想」に私淑したトマス・ジェファーソン（西暦一七四三―一八〇九）である。

（54）この時代には貴族の間にも、フランスのラファイエット侯爵のように米国独立戦争に自費で船を調達して参加したり、一七八九年には革命の発端となったパリの監獄襲撃後自らパリ市民軍を編成したりする跳ねっ返りの人物がいた。

（55）クリストファー・コロンブス（西暦一四五一?―一五〇六）がエスパニョーラ島、即ち「スペインの島」と名付けたカリブ海の島は先住民が絶滅し、フランスが占領してアフリカから連れて来られた黒人奴隷を使って砂糖を生産していたが、フランス革命とともにその理念に共鳴した奴隷の子孫の黒人たちがフランス人を追い出し、島の本来の名のハイチとして独立した。但しこの国は独立後周囲の白人支配国から徹底的に疎外され、中南米で最も貧しい国となっている。

(56) 現代の英国人は、西暦十九世紀前半に奴隷貿易と奴隷制度を終結させたことを英国が達成した歴史上最大の功績であると誇る。但しカリブ海域出身の著名な黒人学者で、政治家でもあったEric Williams（西暦一九一一—一九八一）によれば、英国の奴隷廃止が行われたのは、西半球の砂糖生産がヨーロッパの甜菜糖生産との競争により、十分な収益を挙げることができなくなったからであるとのことである。

(57) 西暦十六世紀のポーランドの聖職者コペルニクス（西暦一四七三—一五四三）がラテン語で発表した地動説が、瞬く間に共通の宗教と言語を持つヨーロッパ中に広がり、多大の反響を呼んだのは、十六世紀のヨーロッパ・カトリック世界に文化的一体性があったことを示す。

(58) この時代のヨーロッパでは、「国」というより「王家」が互いに抗争し、例えばフランスはスコットランドと結んでイングランドと対立、イングランドはフランスに対抗するためにスペイン（ハプスブルグ家）と結ぶ、といった具合の「遠交近攻」を行っていた。フランス王家にとって西暦十六・十七世紀はハプスブルグ家が仇敵であり、例えば所謂「三十年戦争」ではフランス王家が金銭によって北欧の王たちを雇い、ハプスブルグ家潰しのために北ドイツに侵入させた。

(59) 上の（48）参照。

(60) 絶対王政下のフランスが「防衛し易い国境」のライン河までを自国領としてフランス語以外の言語を母語とする人たちを領土内に取り込んだのは、後の「国民国家」の理念とは全く異なるものであり、このときフランス領とされたアルサス・ロレーヌ地方は後年長らくフランスとドイツとの係争地域となる。

(61) 英国では西暦十七世紀には王権がイングランドの王家からスコットランドの王家に移り、このため大ブリテン島は政治的には統一されたが王家は経済力を握ることができず、経済力と政治的実権を握ったのはイングランドの議会だった。

(62) 西暦十七世紀末以降のフランスはヨーロッパ第一の大国として経済的にも軍事的にも文化的にも隆盛を極め、フランス語はラテン語に代わってヨーロッパ全体の共通語になってヨーロッパの中心と仰がれながら、王室が海外よりヨーロッパにおける覇権に固執したため海外で英国に敗退し、革命を招き寄せることとなった。

(63)若いドイツ人、例えば哲学者のフリードリヒ・ヘーゲル(西暦一七七〇－一八三一)や音楽家のルートヴィヒ・ヴァン・ベートーヴェン(西暦一七七〇－一八二七)がフランス革命やナポレオン(一世、西暦一七六九－一八二一)を讃美したことはよく知られている。

(64)「国民軍」の士官も兵も平素の「国民教育」を通じて「国民国家」への確固とした帰属意識と強い愛国心を持ち、「国旗」と「国歌」によって愛国心を掻き立てられ、国のために自らを捧げようと一心同体で戦った。旧来の軍事貴族が名誉欲や昇進願望から利潤目的の傭兵たちを指揮し、命令した軍とは戦力に大きな違いがあった。

(65)「国民国家」とは同一の言語・同一の文化を持つnation(日本語では「国民」または「民族」)の人たちが「国」を形成するとの理念であり、その理念に基づいて成立した国である。但し上の(60)の問題等のあるフランスも、言語・宗教の異なるアイルランド人等を領土内に抱えた英国も、同じ言葉・同じ文化の同じ民族が形成する「国民国家」の理念通りの国だった訳ではない。

(66)「国民国家」は本来ヨーロッパの文化伝統に反する国家形態であるが、この国家形態を西暦十九世紀のヨーロッパに成立させた理由は上の(64)のフランスの「国民軍」の強さだった。

(67)industrial revolutionは今の日本では通常「産業革命」と訳されるが、「革命」と呼ばれるような変革は工業の分野で起きたので、本稿では以下「工業革命」とする。

(68)人類の歴史を振り返ると、経済の分野で何回か「革命」といえるような経済の変革が行われ、生産が増大して人口が増えた。定住農業の開始はその一つの例であり、これを「農業革命」と呼ぶことがある。また欧米人はほぼ無視するが西暦十三、十四世紀のモンゴル帝国の領域から領域外にまで広がった新しい大規模商業も「商業革命」と呼んでよいかも知れない。「工業革命」もこうした経済の「革命」の一つと見ることができる。ただこの「工業革命」が「農業革命」、「商業革命」と異なるのは、西暦二十世紀前半までは日本だけを例外として「革命」の恩恵を受けたのが欧米の白人国だけであり、そのため欧米と非欧米、白人と有色人の貧富の差と差別意識を強めてしまったことである。

(69)工業革命は政治的にも影響を及ぼし、北フランスとベルギーの国境地帯の工業革命はベルギーという国を独立させ、またドイツ西部の工業革命によってドイツは英国に拮抗する大国になった。

(70)ベンガル地方は今は宗教上の理由からヒンズー教のインドのベンガル州とイスラムの独立国バングラデシュに分かれてい

る。英国が来る前にはここには繊維工業が栄え、ここの製品は例えば日本で「インド更紗」と呼ばれて珍重された。工業の栄えた地方だったためこの地には大人口が集積し、繊維工業が英国によって潰滅させられた後は定期的に大飢饉が襲う世界でも最も悲惨な地方となった。そのため英国の植民統治に対する抵抗運動も激しく行われ、現在この地の住民がヒンズー教とイスラムに分かれているのは英国の常套手段である「分割統治」の成功を物語るものであろう。

(71) この事実は現地に行けば誰も知っている周知の事実であるが、筆者の限られた知見では英語で印刷刊行された資料に、例えばジャワハルラル・ネルーの著書であってもこのことは明示されていない。英国の言論統制と事実の隠蔽が如何に徹底していたかを示すものである。

(72) 新しく機械を設置して工業生産を始めるために最初に投下する巨額の資金をマルクス主義の用語では「資本」という。マルクスはこの「資本」の重要性に着目し、「工業革命」後の新しい機械制工業を「資本主義工業」、こうした工業が経済活動の中核となった経済を「資本主義経済」、この経済が主導する時代を「資本主義の時代」と呼び、また「資本論」の表題の大著を著してこの経済の本質と原理を研究した。現在は「資本主義」という言葉はあまり使われなくなり、「資本主義経済」は「市場経済」と呼ばれることが多い。なお「資本主義工業」は単に「工業」、「資本主義の時代」は単に「近代」と呼ばれる。

(73) 「資本主義工業」のこの投資時点での将来の予測の困難と不確実性の弱点は今の市場経済の時代でも基本的には変わらない。

(74) 商品売却と新規投資のための市場を不断に増大させようとして種々様々な市場拡大策が講じられる。巨大宣伝、ファッション化、早期の陳腐化、商品の差別化、過大消費への誘導、奢侈の推奨、戦争による大量破壊等々である。

(75) 前代とは事代わり工業国だけが世界の富裕国となった。

(76) 軍事大国も工業国に限られることとなり、阿片戦争後の清もその後の中華民国も、大国であっても工業が発達していなかったために勝手放題の収奪の対象とされた。

(77) 西暦十九世紀初めのナポレオン戦争の時点では海軍力で英国に対抗できないフランスが「大陸封鎖」によって英国の工業製品を大陸から締め出そうとした。この頃英国は「世界の工場」と呼ばれており、ヨーロッパ全域で英国の工業製品が求められていたため締め出しは成功しなかった。ナポレオン戦争の経緯はこの時代以後の政治と経済とが関連する戦争のあり方を示している。

(78) 上の（4）、（5）等のマルクスは母国ドイツからフランスや英国等に移り住んで「工業革命」後の「資本主義経済」を研究した。この人の経済学的研究は現代の経済の研究にも資する優れたものであるが、この人は天才的研究者である反面、現実を無視した独特の理論癖、体系化癖があり、その性癖が露呈した「唯物史観」、あるいは「史的唯物論」などと呼ばれる歴史研究には荒唐無稽と形容せざるを得ない面がある。

（79）現代フランスの所謂「近代」に批判的な思想家たちは第二次大戦後の一九五〇年頃から「近代」の次の時代が始まるとする。われわれ多くの日本人にとっては昭和二十年の敗戦が明治維新以来の画期であることに疑問はないが、今の日本の学界にはそうでなく例えば三谷太一郎『日本の近代とは何であったか』のように第二次大戦の戦前と戦後を一続きの「近代」とする見方もあるようである。

（80）OECD Development Cenre: Monitoring the World Economy 1820-1992、アンガス・マディソン（公財）政治経済研究所監訳『世界経済史概観　紀元一年—二〇三〇年』。

（81）世界は欧米とアジア・アフリカ以外にロシア・東ヨーロッパと中南米の二つの地域がある。何れも経済史的に見ると欧米とアジア・アフリカの中間の、どちらかといえば欧米に近い発展をした。ロシア・東ヨーロッパの住民は全員白人であり、中南米は上層に白人、最下層に先住民や奴隷としてアフリカから連れて来られた黒人、上層の白人と下層の有色人との混血人が中間層を形成する階層社会である。下の（86）、（88）参照。

（82）西暦十九世紀初めの、清の盛期の去った後とはいえ世界の富の三分の一を保有する富裕国だった漢土が、僅か百三十年の間に人口は多くとも極貧の大国にまで落ちた歴史は、世界史に他に類例がない。一方インドは同じ時期に人口が世界の二〇パーセントから一九パーセントに下がったのに対し、ＧＤＰは一六パーセントから五パーセントに落ちた。

（83）上の（80）のアンガス・マディソンの書による。

（84）現在では多くの国にほぼ国民軍といってよい軍があり「近代」以前の傭兵はほぼ過去のものとなっている。ただしフランスの「外人部隊」はよく知られた例外であり、国民からの徴募兵より戦闘能力は高いといわれる。また現代のアフリカの内戦にも傭兵の参戦が常例となっているようである。

（85）日本が開国した西暦十九世紀後半は西ヨーロッパで国民軍と国民国家が「国」というものの標準と考えられていた時代だったから、日本はその中でも新興のドイツ帝国を模範として日本という国を造り上げた。

（86）「クレオール」とは西半球の植民地生まれのフランス人を表すフランス語であり、スペイン語とポルトガル語にも同種の言葉がある。十九世紀初めに独立した中南米の国は米国と同様に現地の白人たち、即ち「クレオール」が母国に反抗して独立した国々であり、ベネディクト・アンダーソンが白石さや・白石隆訳『想像の共同体』で言う「クレオール国家」の言葉が当てはまる。

(87) ここでは「帝国主義」の語を、漠然とホブソン（西暦一八五八―一九四〇）やレーニン（西暦一八七〇―一九二四）に従い、西暦十九世紀後半の高度工業諸国の自国外に輸出市場や投資市場を求めて植民地を占領する行動と政策の意味に用いる。

(88) 西ヨーロッパとの関係が稀薄だったキリスト教正教の国ロシアは西ヨーロッパの勃興とともに西暦十八世紀頃から西ヨーロッパ諸国に近づき、白人国・キリスト教国としてヨーロッパの一員として認められるようになっていた。

(89) アメリカの学者大統領で現実の国際政治に疎いウィルソンが主導した第一次大戦後の戦後処理は、ドイツに苛酷な条件を課して後に禍根を残したほか、東ヨーロッパと西アジアの敵方の大規模国家を解体した後は、現実を顧慮せずに英国とフランスの意向に従っただけの極めて拙劣なものだった。東ヨーロッパでは「民族自決」なる国民国家の理念を掲げたが、結局は英国とフランスに従属する弱体国を創設しただけに終わった。西アジアではもっとひどく、英国・フランスの利益と都合に従って恣意的に国境線を引き、何の正当性もない領域の国を誕生させ、その後長期に亙ってこの地域の政治情勢を不安定にした。

(90) 第二次大戦後の戦後処理ではヨーロッパにおいてドイツが連合国による分割占領、日本が米国軍主体の占領を受け、勝者による軍事裁判が行われた。ヨーロッパでは「冷戦」と呼ばれた米国とロシアの対立が、アジアでは旧植民地の独立戦争が続いて情勢が大きく変換したのは本文の通りである。

(91) 一九九一年からほぼ十年間断続的に続いたユーゴスラヴィア内戦は「国民国家」あるいは「民族自決」の原則が現実に実行し難いことを立証するに終わった。

(92) アメリカ政府は経済大恐慌への対策として市場の閉鎖や大規模公共事業等の対策を採ったが、結局不況が克服されたのは第二次大戦の勃発によってである。

(93) 西暦十九世紀初頭のヨーロッパでは英国が「世界の工場」と呼ばれていたが、二百年経った二十一世紀初頭世界の人が「世界の工場」と呼んだのは中国であった。

(94) 今の世界では国際機関等の国際的組織には規制を行う力がなく、その力をもつのは国家以外にないが、巨大国際企業は国境の外に本拠を移して規制を逃れている。

(95)現代の世界の常識から見て「阿片戦争」の際の英国の行動は倫理的に弁護できるものではない。ところが近年の日本の歴史書などでは英国の歴史書の引き写しによるのかそれとも昨今の日本の反中的・親欧的気分の反映なのか、時折英国が「貿易自由の原則を清に守らせるため」などとして英国の行動を是認するかのような記述を見る。この「(第一次)阿片戦争」の後、英国は清から得た貿易上の特権を拡大するため「アロー号事件」という小事件を口実としてフランスとともに「第二次阿片戦争」を仕掛けた。清が蒙った実際の戦禍も国としての実際の損害も、この戦争の方が第一次の戦争より遥かに大きい。

(96)欧米との直接的・間接的接触が広まるにつれて、漢土の上海や広州、長江流域や北京、天津等の都市に阿片吸引の習慣が蔓延して行った。後年の中国の共産党が主導する革命がマルクス主義の一般的理解とは異なり、都市ではなく農村を中心に起こったのは、中国の国土と民族の荒廃が農村では都市ほど進んではいなかったからだったと見ることができるだろう。

(97)第二次阿片戦争において英国は単に英国一国のためだけではなく已に西ヨーロッパあるいは欧米全体の主導国としての意識を持って欧米全体の利益のために行動している。このため清は、この時期以前に欧米に征服された国が一植民国の植民地とされたのと異なり、欧米全体の組織的で効率的な収奪を受けることとなった。

(98)南アジアには限らないが英国が自国より遥かに人口の多い地域を植民地として支配できたのは宗教・民族等の対立・確執を徹底的に利用したからであり、その効果は現代でも、例えば曾てのインドのヒンズー教主体のインドとイスラムのパキスタンとバングラデシュへの分裂やスリランカにおけるシンハラ人とタミール人との多年の抗争に見る通りである。

(99)英国人の歴史家や学者等はできるだけ軽視しようとするが、英国の繁栄と世界制覇はかなり大きくインドの植民地としての保有によることは英国人でも否定できないだろう。

(100)この時期の日本が地理的位置によって受けた恩恵を列挙すれば、①西ヨーロッパから東廻りでも西廻りでも最も遠かったため欧米との接触が最も遅れたこと、②すぐ西に英国等の西ヨーロッパの国から見て垂涎の的である富裕国の清があり、英国等が清の収奪体制を確立するのに長い時間がかかって日本への到来が遅れたこと、③清における英国等の行動とその危険について十分な情報と知識を得てそれに備えることができたこと、④最初に日本が開国したのが南北戦争前のまだ建国の理念に忠実で危険の少ない時期の米国だったこと、⑤しかもその米国が南北戦争後急速に強大化し、その米国との緊密な関係が西ヨーロッパ諸国の進出を牽制したこと等である。

（101）最近の日本では、明治維新とその後の日本の欧米化による急速な発展の背後に英国とその金融界の動きを示唆する情報が多く出廻っている。

（102）森鴎外（文久二・西暦一八六二―大正十一・西暦一九二二）、夏目漱石（慶應三・西暦一八六七―大正五・西暦一九一六）、永井荷風（明治十二・西暦一八七九―昭和三十四・西暦一九五九）等の文学はそうした苦悩から生まれた。

（103）ドイツのヒトラー政権の行動は第一次大戦後の英国とフランスの復仇心から発した苛酷な講和条件に対する反発として見れば理解できるものであるが、欧米の世論が今もなおアドルフ・ヒトラー（西暦一八八九―一九四五）を責めて已まないのはヒトラーの始めた戦争によって西ヨーロッパの覇権が終わったことへの怨念によるところが大きい。

（104）当時の欧米の白人は自分たち白人だけが知的能力が高く有色人種は能力が劣っていると本気で信じており、それを立証したと称する学問的研究も多数発表されていた。欧米人は植民地等における観察等からこうした知見を得ており、第二次大戦前はそれを疑う欧米人はほとんどいなかったといってよい。現に大東亜戦争勃発時の英国極東艦隊司令長官はマレー半島北部に上陸した日本軍攻撃のためシンガポールから出撃したとき、幕僚からの空軍機による護衛の提言を「猿に航空機の操縦ができるはずはない」と断ったため、日本空軍機から旗艦を撃沈されて戦死した。

（105）筆者が最初に西ヨーロッパに在勤したのは西暦一九五〇年代後半であるが、そのころの西ヨーロッパ人は日本は粗悪品しか作れないと考え、そのことをどこでも公然と語っていた。

（106）フランスがアルジェリアの独立を認めなかったアルジェリア戦争は一九五四年から六二年まで続いた苛烈な戦争であり、ヴェトナム戦争は一九四六年から五四年までのヴェトナム・ラオス・カンボジアの独立戦争だったインドシナ戦争に続いて、一九五八年頃から七五年までの長期に亙ってアメリカがフランスの代わりにヴェトナムと戦った戦争だった。アルジェリア人とヴェトナム人にとっては苦しい戦争だったが、何れも第二次大戦の日本の戦争とともに欧米の軍事力の絶対優位を崩壊させ、欧米人の自己中心思考を是正させた。特にアルジェリア戦争の敗北によってアルジェリアを追われたユダヤ系フランス人の中から、イスラムに通じて独善的なフランスの思想伝統を批判的に見る下の（115）のデリダ等の思想家が現れ、「ポストモダン」の思想家などと呼ばれて現代の欧米人のものの考え方に多大の影響を及ぼした。

（107）アジア・アフリカ会議では中国の周恩来（西暦一八九八―一九七六）とインドのジャワハルラル・ネルー（西暦一八八九―一九六四）が活躍し、中国とインドがアジアと将来の世界の指導国となることを印象づけた。

(108)アジア・アフリカ会議はアジア・アフリカの新興国の自信と共通の問題意識を強め、この会議から国連での国の地下資源への主権の確認、一九七三年のアラブ石油生産国の石油戦略発動、一九七九年のイラン革命、西アジアの産油国の石油収入のアジアへの流入とそれによるアジアの経済発展へは一直線に繋がる。従って当時の西ヨーロッパ諸国とアメリカのこの会議に対する敵意は激しいものだった。

(109)もともと経済力に劣るロシアが世界の最強国である米国と西ヨーロッパの連合に対抗して東ヨーロッパの国々を従属させて対抗するのは無理なことであり、結局ロシアはそれができず東ヨーロッパ諸国を維持することを断念した。それは国際ジャーナリズムのようにヨーロッパの「冷戦」における西側の勝利とはいえるとしても「社会主義」理念の破綻とまで言うのは行き過ぎである。

(110)この時期即ち一九八〇／九〇年代にそれまで発展を続けて来た日本の活力が急に低下して日本が長期停滞の時代に入った。それがなぜこの時期に起こったかは今後われわれ日本人が真剣に考えなければならない課題である。

(111)欧米、特に西ヨーロッパで起こったことが世界を動かすと錯覚し勝ちな欧米人は、一九八九年にロシアが東ヨーロッパの支配を断念したことを世界規模の所謂「冷戦」における「西側」、即ち米国と西ヨーロッパの勝利、さらには上の(109)のように「社会主義」の敗北と考えた。そのため欧米人は、これからは米国や西ヨーロッパの理念や制度を世界中に拡大して行くことが世界の人々のためであると信じ、実際にそのために欧米のみならず欧米人が実質的に支配する国際ジャーナリズム、国際組織、国際機関等が行動した。そのことを「グローバリズム」という。

(112)現在の世界ではアメリカの影響下に、選挙に基づく「民主主義」がほぼ政治制度の世界標準となっている。そのこと自体当然多くの国の例を見て検証する必要があるが、それとともに「民主主義」といっても国による実際の運用の違いを見なければ「民主主義」の実態を知ることはできない。

(113)一般的に旧植民国では二重規準は日常茶飯事だったが、二重規準に対する対応は英国とフランスでは違いがあった。英国は表向きの建前に反する事実を隠蔽することが多く、それをフランス人は英国人の偽善として攻撃するのに対し、英国人は不都合な事実を突き付けられたときのフランス人の開き直りをフランス人の cynicism といって嫌う。

(114)技術の発展には自然環境の破壊等、自由と公正と「民主主義」には欧米の白人キリスト教徒以外はそこから疎外されていること、世界の人々の交流の活発化にはそれによる文化の一元化圧力等の弊害が直ちに指摘されよう。

（115）西ヨーロッパでは第二次大戦後のフランスで、第二次大戦やアルジェリア戦争の敗戦の影響があると思われるが、文化人類学者のクロード・レヴィ・ストロース（西暦一九〇八—二〇〇九）が「構造主義」、つまり一つの文化には必ず一定の「構造」があるとの立場から欧米人がそれを無視して断片的に異文化を見ることを批判したり、「ポストモダン」と呼ばれる哲学者の一人でアルジェリア生まれのジャック・デリダ（西暦一九三〇—二〇〇四）が西ヨーロッパ固有の論理だけに固執してものを見ることを避けようとしたり、一定の観念だけに囚われずに広く西ヨーロッパ的思考や感性を見ようとする傾向が生まれている。

（116）西暦十六／十七世紀以降の西ヨーロッパ人の「自我」とか「個人」とか、「自然」に対峙する「人間」とかに、過度に固執する差別的・自己中心的思考は非欧米の人たちだけではなく人類全般にとって不毛な思考と感性しか生まないことに今や疑問の余地はあるまい。

（117）日本の戦争のため生命を捧げた若い日本人たちの凄絶な姿は、この戦争が生んだ最高の戦争文学である吉田満（大正十二・西暦一九二三—昭和五十四・西暦一九七九）の『戦艦大和ノ最期』に活写されている。

（118）日本の敗戦後も昭和の時代には日本人の間に未だ第二次大戦前の日本人としての教育を受けた人たちが相当数残っていた。平成の時代に入るとその人たちは死に絶え、あるいは年老いて活力を失った。平成の時代が終わろうとする今になって漸く敗戦後の占領軍による教育歪曲の悪影響は弱まり始めている。

（119）今から約四万年前に日本列島に人が移住して来て以来今のように海によって外の世界から隔てられるまで時に外部から人が移住して来た。しかもこの列島は地震や火山爆発や津波がよく起こり、寒暖の差は激しく嵐が頻繁に襲来する生活環境の厳しい島だった。しかし島の住民たちが外から来た人たちと激しく戦ったことはほとんどなく、大体は外部からの移住者を平和裡に受け入れて共生した。

（120）前の（119）のように長い間外からの移住者を受け入れて人々が共生して来た歴史から、日本では移住者を異質なものとして差別したり攻撃したりするのではなく移住者の利点を認めて融和的に受け入れ、でき得る限り互いに協力する和やかな文化が形成されて来た。そうした日本文化の特性を三つ挙げるとすれば、第一は万世一系の皇室が示す継続性と一貫性の重視、第二はともに住む人々が互いに感謝し合い、思いやりと気遣いを尽くす豊かな「和」の人間関係と社会、第三は自然災害が少なくない島に生き、厳しい自然環境に堪える人々の我慢強く真剣な生き方になるだろうか。

ロバート・ベラー再訪
――アメリカ社会における個人主義の諸問題――

奥田和彦

現代世界に生きる私たちがみなたがいに依存しあって生存を続けえていることは、どんなに居心地が悪いことであっても否定しようがない。経済の存続も、核による破壊の回避も相互依存のなかでのみ可能である。この微妙な依存関係を仲立ちしているのは強力な諸政府である。これら強力な政府がなくなることはないだろう。それらを人間の手に取り戻すか、それともそれらが私たちを圧倒的に支配するかである。私たち市民が行動を起こすことで、管理的専制を選ぶか、それとも責任ある血の通った国家を選ぶか、自ら決める余地はまだ残されている（ベラー他『心の習慣』：二五六：*Habits of the Heart*：211）。

はじめに

ロバート　N・ベラー（1927－2013）は米国の著名な宗教社会学者であり、日本研究者としては彼の学位論文（ハーヴァード大学）をまとめた『徳川時代の宗教』（一九五七年：邦訳一九九六年）とその増補版『日本近代化と宗教倫理』（一九六一年：邦訳一九六六年）をはじめ、彼の日本研究の一連の論稿と解釈は国内外で注目を集めてきた（近著に *Imagining Japan*, 2003）。一九七〇年（改訂版一九九一年）に出版した *Beyond Belief*（『信条を越えて』）は、宗教と社会の「相互作用」を中国、日本、中東、合衆国などの具体的文脈の中で、それぞれ伝統社会の近代化の文化的意味について「比較宗教」の視座から興味ある解釈を提示している。この著作には彼が宗教研究に終生保持してきた理論的基盤である「宗教的進化」論（一九六四年）も含まれており「現代の古典」と評価されている。彼は「宗教的進化」を五つの段階（原始的、古代的、歴史的、近代的、現代的）に分類し、その分析カテゴリーとして宗教的象徴体系、宗教行為、宗教組織、その政治・社会的意義を歴史・比較的に解釈するという「象徴的実在論」に依拠している（拙稿二〇一四年）。その間ベラーはアメリカ研究に転じて、「アメリカにおける市民宗教」の論文（一九六七年）を発表し大きな反響を呼ぶことになるが、彼の主張するところは、従来の宗教理解には「宗教の積極的制度化」、つまり宗教の政治的合理化や正当性の問題の観点と分析が欠如しているとし、アメリカ建国以来の伝統には聖書的宗教とジェファーソンらの市民的共和主義を融合した「市民宗教」が存在しており、それはアメリカ独立期の試練、また国家分裂の危機（南北戦争）の試練を乗り越えるのに多大な役割を演じたのであり、その伝統は今日も存続していると論じるのである（新装版『破られた契約』二〇一八；拙稿二〇一五年）。

その後、ベラーは彼の研究仲間と *Habits of the Heart*（1985；邦訳『心の習慣』、一九九一年）を著した。本書は、現代アメリカ人の性格（国民性）と社会との関係をめぐる議論で中心的位置を占める個人主義の問題に焦点を当てたものである。かつてフランスの社会哲学者トクヴィル（Alexis de Tocqueville, 1805-59）はその名著『アメリカの民主主義』でアメリカ人のモーレス（ときに心の習慣と彼が呼んだ）について論じ、それが「アメリカ人の国民性の形成にどう関わっているか描出」するなかで「アメリカ人の家族生活と宗教的伝統と地域の政治への参加を取り出して、それが大きな政治共同体への関わりを保つことのできる人間、究極的には自由な諸制度の維持に貢献することのできる人間の創造に資している」と論じた。彼はまたアメリカ人の国民性の諸側面、それを「個人主義」と呼んだが、それが将来「アメリカ人を互いに孤立させることになり、それによって自由の条件を掘り崩すことになるかもしれないとも警告した」のであった（『心の習慣』：ix）。トクヴィルはアメリカの個人主義を「賛嘆と不安」を混ぜ合わせながら描写し、アメリカ史を強固に貫いているものは「平等性」と見ていたが、ベラーらにはそれは個人主義であるように思われるのだ。ベラーらは世紀末のアメリカ社会において「この個人主義が癌的な増殖を遂げているのではないかという懸念を」もっているのである（同上）。ベラーらはその共同研究のなかで、中産階級（「合衆国では、誰もが概ね中産階級的なカテゴリーで、たとえそれが不適当である場合でも、ものを考えている」）に属する二〇〇人と二つの研究所の活動家たちとのインタヴュー、参与観察などを通して意見聴取を行い、「アメリカ人は自分の人生に意味を見出すのにどのような文化的資源をもっているか、彼らは自分と自分の社会とをどのように考えているのか、彼らが考えていることは彼らの行動にどう結びついているか」などを知りたかったのである。そして、「個々のチャレンジと闘っている個人の各々が、私たちの文化的伝統の可能性と限界とを明らかにしてゆくのを見守るようにした」と冒頭述べている（同上：x, xi)[1]。

一　アメリカの市民宗教とその曖昧性

「市民宗教」の概念は、J・J・ルソー（Rousseau, 1844－1910）のそれをベラーは借用している[2]。他の宗教の歴史的段階にはほとんど見られないが、キリスト教は国家との緊張を和らげる道を開いた。すなわち、教会と国家の機能的分化、両領域の分割である。それでも、聖アウグスティヌスやルソーが描いたように、基本的な緊張の解消策は見いだせなかった。解消策のすべては、宗教が国家の奉仕者あるいは国家が宗教の奉仕者であると両者を分割する傾向が続いた。それでも、西洋史には周期的に宗教と国家の分裂を克服しようとする切望にかられ、キリスト教徒と市民の間の魂に分裂のない社会を創造する実験も行われた。それが「キリスト教共和国」建設の夢と実験であった。最終的には不安定な結果を生んだが、一五世紀フローレンスのサヴァナローラ、一六世紀ドイツのアナバプティスト、一六世紀英国の内戦の中で、いくつかの宗派による運動などの例である。そして、J・カルヴァン（Calvin, 1509－64, ルソーの共和制の理論化に影響した）は一六世紀ジュネーヴにおいて、ほとんど前例のないキリスト教と共和制を有機的に結んだ都市を建設した。そこでは、教会と国家は融合することなく各々の相違は厳格に維持された。しかし、キリスト教徒と市民たちは、いわば「一つの事柄を二つの言い方」で生活することができたのである（Bellah, 1980: 5；拙稿：二〇一五年）。

この「生活世界」は、一七世紀ニューイングランドの植民地におけるキリスト教共和制の下でのそれに類似していた。例えばマサチューセッツではキリスト教のみが市民であり、教会は邦（州の前身）を制御するでもなく、教会と邦の双方は彼ら成員たちで統治されていたからである。この実験は一八世紀初頭までには消滅するが、ベラーによれば、この「記憶」はアメリカ建国の父祖たちに強く残ったのであり、彼らの手によるアメリカの国家建設に多大に寄与した（*ibid.*）。実に、アメリカの独立革命は、建国の父祖たちがピューリタン的契約の様式と共和制における宗教の位置（神を国家主権の上部）を結びつけて決行された。

ジェファーソンの「独立宣言」は宗教の上部構造を指している。彼は言う。「われわれは、次のような真理をごく当たり前のことだと考えている。つまり、すべての人間は神によって平等に造られ、一定の譲り渡すことのできない権利を与えられており、その権利のなかには生命、自由、幸福の追求が含まれている。政府の権利は被統治者たちの同意によって彼らの権利を確保するために設けられた。政府がそれらの目的に反して破壊的になるときはいつでも、人民は政府を替え、廃止する権利を有している」（*ibid.*: 11）。この宣言で彼が意味するのは、主権が国家主権の上部に位置しているということである。人間の平等と基本的権利を与えるのは聖書的神であり、神を超国家的主権に位置づけている。神は国家の上に位置し、その目的は国家を審判する基準であり、実にその術語によってのみ国家の存在は正当化されるという信念である。共和制の政治生活における宗教的シンボルが最上のレベルに存在していることは、アメリカに一つの市民宗教が存在するという主張を正当化できるものであり、この信念がその後、アメリカの政治生活の恒久的特徴の一つになった、とベラーは強調する。そのように、建国の父祖たちは「聖書的」宗教と共和制の政治理念とを融合させ、それを「合衆国憲法」（一七八七年）と「外的契約」を結ぶことで共和制国家を樹立したのであった。ジェファーソンら建国の父祖たちは、すでにヨーロッパにおける共和制の理念や政治体制については精通しており、キリスト教の教義である「神の摂理」や神の超越性への信念の下、共和制理念と結びつけ「独立宣言」を起草し革命を決行した。ジェファーソンはピューリタン的契約の様式とモンテスキュー的共和制の様式とを結合させたのである。前者は特にニューイングランドによって代表され、後者はヴァージニアにより代表されているが、双方の様式は当時の植民地の人々の意識の中に広く行き渡っていた。ベラーはその意義を次のようにいう。「前者は回心を通じ、後者は共和制的徳性を通して、成員が社会に深い内的献身を示すことが、いずれの場合も社会の成り立つ要件であった。両者とも、政府は法の上に成立し、その法は具体的な形としては、それに従う者の積極的参加によって創られるものであったが、究極的には、神あるいは大自然といった何らかの高い根源に由来されるものであるとされていた。独立宣言の冒頭においてジェファーソンが『『自然および自然の神の法』と記したとき、双方の究極的な正当化の原理を融合させることができたのであった。また独立宣言を締めくくりに当たって彼が『この宣言の支持のために、われわれは聖なる摂理の保護を固く信頼しつつ、またわれわれの生命、財産および聖なる名誉を相互に保証し合うことを誓う』と記したとき、彼は市民契約を成立させるために、単に共和制的様式に訴えているだけではなく、ピューリタン的契約の様式をもこだまさせているのである。この二つの結びつきを通して、はじめてわれわれは、独立革命のドラマの主人公たちをかくも一貫して動かしめた、あの情熱と理性の融合を理解することができるのである」(『破られた契約』:六五;Bellah, 2006: Chapter 10))。また、ジェファーソンは共和制の下、住民の民主的政治参加に強い関心を持ち、「個人の自律性と、最底辺ですべての個人が積極的な参加をするという形を含んだ真正な政治共同体とを、相関的なものとして強調した。この点において、ジェファーソンは、個人的なものと社会的なものというアメリカ的理想の二側面を両方とも、依然として保持していた。この二つの側面は彼の死後一世紀の間に次第に分離してゆくのである」(『破られた契約』：二一七）。つまり、アメリカの市民宗教は確かに制度化したとはいえ、「諸教義の抽象とまばらさ」のために形式的に留まっている。

合衆国憲法には神および市民宗教についての言及はなく、法的・秩序に公式の支えはなく、市民宗教の諸教義の法的存在者もいなければ、市民神学の解釈者もいない。アメリカ人は建国以来今日まで、自分たちの国の歴史を宗教的に意味づけるもとに解釈してきた。アメリカの歴史は、その起源神話である古典的・聖書的ことばで語られる「第一言語」になった。ところが、その歴史の歩みの初めから、アメリカ人は、その「選民思想」が働き先住民やメキシコ人を追放、土地の略奪やアフリカ黒人の奴隷化などの悪行に走り、市民宗教と憲法の契約は、「結ばれるとほとんど同時に破り棄てられてしまった」。そして、彼らはその事実から目をそらし契約の破棄をも否定もしてきたのである。アメリカの市民宗教は、もともと外的な契約で成立したが、ベラーが言うように、「それ自体決して悪いことではない。外的契約も必要なのである。われわれが皆天子のようにならない限り、外的な規則や抑制はどのような社会的存在にも絶対必要なのである。しかしながら、共和国の場合、外的契約だけでは十分ではない。共和国の本性からいって市民は単に国に従うだけでなく、国を愛さなくてはならないのである。したがって外的契約は内的契約にならなければならない。これは、われわれの歴史の中で、何度か起って来たことである。一連の宗教道徳的リバイバルの中で、外的契約は、意味と献身とに満たされてきたのであった。その内的意味と献身がしばしば裏切られることもあったが、それでも真正の成果が残されて来た。奴隷制が廃止されたのは、それでないよりもよいことであったし、女性に参政権が与えられたのも同様であった。しかし内的契約は、制度によって完全に得られるものではない。内的契約の生命は精神的なものであって独特のリズムをもっているのである」、とベラーは繰り返し主張する（『破られた契約』：二五〇―二五一、二五五―二五六)。そして、ニューイングランドのピューリタンたちは、「契約破棄が罰せられずにはすまないこと」を確信していたし、「A・リンカーンは、第二期就任演説の中で、奴隷制の故にアメリカが負いつつある罰について述べている。たしかに神の摂理の業は、容易に識別できるものではない。少なくとも、アメリカ国家が分裂の危機的時期(南北戦争)に偉大な市民神学者、リンカーン大統領が現れたのであった(Bellah, 1980: 12)。リンカーンはゲティスバーグでの演説でとりわけ「独立宣言」の出だし文句に基礎を置きながら、「われわれに課せられた偉大な任務は自由の新しい誕生であり、この共和国を基礎づけている信念をわれわれ全ての市民に対し現実なものにするのだ」と表明した。彼の二期目の大統領演説では、歴史上、それ以前また以後にも為されることがなかった仕方で、「聖書的象徴性を市民宗教の中核に組み入れ暗く陰気な国民にはとりわけ神の自愛と正義が必要である」と説いたのであった(Bellah, 2006: 257)。

アメリカの市民宗教がまばらで曖昧な存在理由は、もう一つの政治思想の遺産であるリベラリズム(自由主義)の側、その最も重要な表現が合衆国憲法と綿密に連結しているからである。リベラルの政治観念では市民宗教の存在を否定するのみならず、在ってはならないと拒否する。国家は純粋に没価値中立的な法的機構であり、その唯一の機能は個人の諸権利、つまり自由を擁護することであると規定する。アメリカのリベラル体制はすでに「独立宣言」に盛り込まれた市民宗教を決して否認したのではなく、合衆国憲法はそれについて沈黙したが、アメリカの政治生活ではその生命力を保っていたのである。法律体制の見解では、宗教的象徴を純粋に私的な事柄に留めている。だが、国民的共同体の見解では、その象徴はいまも自己意識の中では主として宗教的であり、それを詳述することは法律的地位に欠けるとはいえ、公共的なのである、とベラーは論ずる(『破られた契約』)。

共和制は高い倫理的・精神的参与の必要性を強調したが、それと同時に市民に対してそれらの倫理的・精神的信条を教化、社会化する必要を説いたのである。そうすることで市民は、共和制の徳性を内面化するのである。この領域でもリベラル立憲体制には「完全な空白」が見られる。「徳の学校」としての国家は、リベラル体制はほとんど目を向けないと自己規定している。この点は連邦制度では、州や自治体のローカル・レベルでなされてきた。公立学校はその点、重要であるが、アメリカの真の共和制の徳を教える学校は、トクヴィルが正しく見たように教会であった。ベラーはトクヴィルの主旨を次のように解説する。「トクヴィルが言ったのは、宗教はわれわれ『最初の』政治制度である。共和制や民主制の宗教は、共和制の諸価値を教え込むだけでなく、公共生活の参与についての最初のレッスンを与えた。国の法律や物理的状況についてよりも、それはアメリカの民主主義の成功に寄与した『モーレス』（習慣）であり、習慣は宗教に根差していた。共和制政府の古典的理論家としてトクヴィルは、赤裸々な自己利益は共和制体制を最も確実に消滅させる溶剤であると見たし、抑制されない自己利益の追求の可能性をけしかけるアメリカ人の商業的傾向も見たのである。しかし、彼は偉大な自己抑制の要素として、宗教が赤裸々な自己利益を『正しく認識された自己利益』と称した公共精神に富み、そして自己犠牲のできる自己利益を見ていたのである。彼は、いかにして宗教がアメリカのリベラリズムの影響を軽減し、共和制の諸制度を存続させ得るかを示したのであった。彼は後年そのような妥協は結局うまくいかないと疑ったし、彼の疑惑はわれわれの近年の歴史で完全に確認されたのである」（Bellah, 1980: 16-17; Bellah, 2006: 258-9）。ベラーはいう。「トクヴィルの時代と場所を鑑みると、彼の分析は疑いもなく正しく、われわれにこの奇妙で、ユニークで、つじつまの合わないわれわれのアメリカ社会を理解するために本質的な糸口を与えてくれたのである。トクヴィルがわれわれの社会で宗教の役割について見たことは、共和国の父祖たちには十分に理解されていたのである。その一方で、アメリカの新しい国家の特徴は、共和制とリベラル体制の『不安定な妥協』を表しており、また建国の父祖たちは住民の生活様式と政治組織の形態の関係を十全に認識していたことを示唆するのである」。このことは、合衆国憲法起草の主導者、J・アダムズが新しいリベラル立憲体制下、初の副大統領としての初年のスピーチにも語られていた。つまり、「われわれは、道徳や情熱によって抑えのきかない人間の情熱に対処することのできる力を武装した政府を有していない。われわれの憲法は道徳的・宗教的人々のためだけに作られたのだ。この政府はそれらの人々以外には全く不適当である」と。そして、G・ワシントン大統領はその「告別の辞」に次のように書き残した。「全ての仮説や習慣の中で政治的繁栄を導くには、宗教と道徳の支えは不可欠である。この人間の幸福の偉大な支柱、人間と市民の義務である最も堅固な支柱を破壊しようとする虚しく愛国主義を賞賛する政治家は、等しく敬虔な人と共にそれを尊敬し大事にすべきである」と。共和国を成功させるためには宗教と道徳の必要性、市民の習慣と宗教的信条における基盤を認識していた初代と二代目の大統領であったが、ベラーによると、彼らの表現は否定的、回りくどい、ほとんど弁明的な用語法であり、共和主義とリベラル体制の「不安定な妥協」を表現しているものので、それは新しい国家の特質を現しているのである。とはいえ、建国の父祖たちは、住民の生活様式と彼らの政治組織の関係を十全に理解していたともいえる（Bellah, 1980: 17）。共和国建国の父祖たちはすべて、政治体制は住民の全体の生活様式、その経済、習慣、宗教を表現したものであると信じていた。つまり、生活様式は社会が生み出す人物タイプとその人物に付随する政治的能力と相互に関連しているということである。

他方、一八世紀初頭にはもう一つの政治思想、「哲学的リベラリズム」の伝統がアメリカ植民地に定着し始めていた。その思想的代表者がホッブス（Thomas Hobbes, 1588－1679）と彼の信奉者であり同時に批評家であり、またアメリカで最も影響力をもったロック（John Locke, 1632－1704）である。両者とも国家の成立要件として政府と市民による契約を主張する。彼らの理論的出発点は「自然状態」に在る人間というものは「本来利己的かつ貪欲であり、己の要求を満足させるのに熱心で、それを邪魔するものはこれを統御したり破壊しようとしている」と想定して、特にホッブスは自然状態を「万人の万人に対する戦い」であると描写した（*ibid*.: 62）。とはいえ、ホッブスの「万人の万人に対する戦い」は一つの境界的事例であり人間性について何らかの真理を説明するものであるが、ベラーが解説するように、「ごくまれな人間の挫折状態を除いては、正常な人間存在を実際に描写したものではない」。ホッブスは、「万人の万人に対する戦い」という境界的場合を避けることができるのは、「社会契約」を結ぶからこそ避け得るのである。「不安・恐怖・苦悩などの自然的状態から逃れるために、人々は自らの上に君主を定め、平和や安全と引きかえに自然状態における自由を譲渡するのである」。そのようにホッブスの政治論は、イギリスの内戦状態の中、社会秩序の構築のために「絶対君主制」（レヴァイアサン）を正当化すると同時に、公衆の君主に対する「政治的義務」を課したのである。

ロックの思想はアメリカで圧倒的な影響力をもった。彼の立場の本質は、「ほとんど存在論的といってもよい個人主義である。個人は社会に先行する。社会は諸個人が自らの利益を最大化すべく自発的に契約を結ぶところに出現する。この立場こそ、アメリカの功利的個人主義の源泉であった（『心の習慣』：一七五）。ロックの最初の教義によると、諸個人は創造主によるのではなく、彼らがまったく生物学上の類似で平等であるという。よって最初の関係は諸個人の間ではなく、個人と自然の間の関係である。「社会に優先してまず経済が存在する」。われわれが所有物を手にいれることが、論理的に政治社会に入ることに先行している。だから、われわれが政治社会に入る目的は「われわれの所有物を保護すること」である。したがって、「社会は神または神が創造した宇宙に埋め込まれた有機的統一ではなく、むしろ大人の諸個人の意識的でかれらの利益を相互に保護する合理的目的のために計画されたのだ」と。彼の『政府論』の全部を通して「道徳的」とか「道徳」のことばの姿が現れていないのは「重大」である。哲学的リベラリズムが含意するのは、宗教的・道徳的信条のすべては「純粋に私的」な事柄であり、共通の信念や実践をはっきり述べることは個人の自由に対する侵害である。結果的に、社会の諸個人は共通の信条や道徳、もし在るとすれば共通の利益によって結ばれてはいないのである。近代の平等主義は近代の世俗的哲学およびキリスト教に負うているが、近代の世俗的個人主義と平等主義の概念的基盤を見ると、キリスト教の信条と価値の客観的セットの階層的な形はほとんど見られないのである。

ロックはその『政府論』でホッブス思想の急進主義を覆い隠して、彼は聖書について言及するのである。しかし、様々な理由でその隠し布は、近年のアメリカ史において破れてきており、急進的な世俗の個人主義が代わりに現出して社会的結びつきに険悪な影響を及ぼすのである（Bellah, 1980: 35）。ロックは「利益の自然的調和」を語ったが、その調和は今日、実に疑わしくなった。共通の価値や共通の宗教的信条は締め出され、利益の自然的調和が幻想だと証明された所ではただ赤裸々な利益だけが残り、富と権力の大きな格差が存在する社会となる。開放の偉大な哲学である古典的リベラリズムは方向を変えて、強者の支配を正当化してしまうであろう（*ibid.*）。政治的自由の故国アメリカは「平等主義的個人主義」を後戻りのきかないほど強引に推し進めてきた。トクヴィルが非常に分かりやすく指摘してくれたように、「倫理的・道徳的抑制のきかない個人の利益を強調すれば、個々人は孤独な自己の心に閉じこもり新しい独裁支配、恐らく伝統的権威主義よりも残酷な道へ足を踏み入れることになるだろう」と、トクヴィルと共にベラーは懸念する（*ibid.*: 38）。

すでに見たように、アメリカの革命運動はピューリタン的契約とモンテスキュー的共和制との結合によるところが大きく、それは新しい市民社会秩序の構築へと結実した。一七七五年当時、「自由」はアメリカ独立革命の情熱を支配し、それは英国の専制と国王のアメリカ統治からの解放を意味していたし、独立戦争当時は植民地群に「至福一千年への期待」を奮い立たせるように「自発的な一致の機運がみなぎっていた」。しかし、一七七七年、七八年という多難な年には人々の精神は「大分変節し、疑いをもつようになり、かたくな」になってしまうのである。すでに一七世紀において人々が主の道ではなく、自分勝手な道を歩もうとする傾向、全体善ではなく、自分たちの個人的利益を考えるような傾向が顕在化したのである。この公的目的への関心と利己的利益への関心との間の緊張関係は、理論的レベルにおいては、功利主義者たちと伝統的な宗教的哲学的立場の人々との緊張関係をある程度反映している」（『破られた契約』：六七―六九）。ベラーによると、一七七〇年代においての社会的発言はほとんど徳性を選んでいたが、一七九〇年代までには、これとは全く異なる意見が広まり始めていた。「アメリカ人が公共善よりも幸福の追求にかまけている事実を非難するどころか、むしろその原理こそ新しいアメリカ体制の基盤であると論じ始めたのである。新憲法は公共秩序のため個人の欲望を利用するのだ、と考えられた」のである（同上：七一―七二）。建国の父祖たちは英国の圧政からの自由解放という英雄的行動からその自由を憲法の中に規定する作業へ移った時、「独立革命の情熱を市民的責務の基盤として保持することが如何に困難であるかを意識していた」のであった（同上：七三）。

ベラーの類比的分析による独立革命（回心）と憲法は必然的に相互関係を保っていたが、同時に両者の間の緊張関係はいずれの場合も避けがたいものであった。つまり、憲法は「市民のすべてが市民的徳性を動機として行動することを前提にはできなかったのである。それ故アメリカの憲法は、確信に満ちた共和主義者となまぬるい人々とを合わせる一種の『外面的契約』であったし、またそうあらざるをえなかったのである」。またそれ故に、ジェファーソンや福音主義者たちは、「自由解放の要素が制度制定の行為の中で失われてはならぬということに」、腐心したのであった。ベラーがいうように、「彼らからすれば、憲法の制定は、闘争の終わりではなくむしろ始まりにすぎなかった」。また、彼らにしてみれば、「憲法はあまりにも早く冷えて外面的なものとなりやすく、それは公共の利益のために自由が自発的行為を行う場というより、むしろ自己利益追求のための殻になってしまいがちなのであった」(同上：七六―七七)。この「不安定な妥協」(Bellah, 1980: 17)により、「アメリカの宗教生活の中で永らく働いていた緊張が、アメリカの政治生活へと移行」したのである。合衆国憲法の制定はアメリカに「リベラル立憲主義」を現出させたのであり、ベラーのいう「真の共和制」とは異なるものであった。そのように、アメリカの国家は共和制国家とリベラル立憲国家の二つの混合で構成されており、その間のバランスは不安定なのである。換言すれば、そこに市民宗教の「曖昧さ」が露呈しているのである。二〇世紀のアメリカ社会は、一九世紀後半から産業資本主義を背景にした近代化の過程でこのバランスが崩れ始め、「公共善」を追及する共和制民主政治は後退し、哲学的リベラリズムに由来する「功利主義」思潮が社会を席巻するまでになり、二〇世紀後半から共和制民主政治は危機的状況を顕わにしてきた。ベラーはその状況を市民宗教と憲法の間の「破られた契約」と表現したのであった。共和制国家とリベラル立憲国家のバランスは、ジェファーソンらが危惧したように後者へと傾斜した。後者の政治社会では、従来のアメリカの市民宗教は「ぬけ殻、空白の状態」を露呈しているのである。アメリカの生活における市民宗教の位置は、アメリカの政治体制の本質についての深い曖昧性を反映しており、その緊張は今日まで未解決なのである(『破られた契約』：二五五；Bellah, 2006: 221-2)。

二　個人主義文化と政治

もともとアメリカの個人主義は二〇世紀より遥か以前に、プロテスタント主義とリベラリズム間の結びつき、事実、それらは相互に構成して生起した。アメリカ建国の初期においてはバプティスト、その後一九世紀の初頭までには、アメリカのプロテスタントが多数派を占めるメソジスト教会が世俗化する理神論者のジェファーソン（自身はユニテリアン）らと結束してニューイングランド・組合教会員体制の観念に異議を唱え、代わりにリベラル共和国の創造を主張したのであった。彼らは、「政教分離」の重要性および個人の信条と尊厳に同意した。双方とも中心的価値として個人の自律性に深くコミットしており国家に対しては疑い深く、官僚あるいは政府の指示よりも市民の領域における自発的団体活動や個人が起業家であることに信頼を置いた。双方とも「強い社会と弱い国家」の観念を信じたのである。この「古典的リベラル」の立場は、アメリカ文化の主要な遺産の一つである（Bellah, 2006: 369）。そのように、個人主義はアメリカ社会史に深く根差すことになる。当時、個人主義は植民地の生活の市民的・宗教的構造体に深く埋め込まれていたので、ロックのリベラル、個人的自律の思想が広く知られていたにも拘わらず、まだ個人主義を表すことばは存在していなかった（『心の習慣』：一七五）。新しい国家は、特に一八〇〇年以後、地理的・経済的膨張とともに、「物質的生活の改善の飽くことなき探究が始まり」、トクヴィルは彼が目にした状況を表すために「個人主義」なる言葉を使ったのであった。『強くて自立的な』小さな町での、社会的・経済的・政治的に相互に絡み合った生活にコミットするためのもろもろの実践によって培われていた。そこでは、仕事、家族、地域共同体が相互に絡み合った地域の生活様式に根差していたのであった（『心の習慣』：ix；二〇四、二一五）。

しかし、ベラーたちのいう「功利的個人主義」が市民的・宗教的な生活形態からの相対的独立を果たして、自らに固有な傾向を展開することになったのは、一九世紀の終わりごろから都市化と産業化という新しい社会的・経済的状況への変貌のおかげだった。そして、それ以来、アメリカの「社会的景観」は、都市化と産業化によって不断に変わり続けることになり、「現代の大都市における団体生活の経験は、『強くて自立的な町』での団体生活に見られたような社会的責任についての言語や公益のためのコミットメントの実践を生み出してはいない」のである。「大都市は、仕事、家族、共同体からの要請がひどく分離し、両立が無理なこともよくあるような世界である。ここではさまざまな集団が相互に対立しあっているが、しばしばどんな個人にも見通せないような形で、複雑な相互依存の関係を作っている」。その現状は、「大都市の住民が働いているのは全国的・国際的な市場に向けて生産を行う大企業か、または、たがいに競って圧力をかける各種利益団体への対応を次々とこなしてさまざまなサービスを提供する役所の大官僚機構かである。一方、都市における家族的・共同体的な人間関係は、たがいの信条や価値や生活様式の類似に親近感を覚える者どうしが集まってつくる、『ライフスタイルの飛び地』で均質的な仲間の集まりという形をとるのである」（同上：二一五、二一七）。そこでベラーらが本書で問うのは、「こういった環境で、私的な個人にとって公共的な生活に積極的な意味があるとすれば、それはいったいどのような意味だろう。人々は、自分が行っている仕事が社会に及ぼす長期的な影響について、いかなる責任をもちうるだろうか。個人的に知っている家族や友人仲間の外側にいる無数の匿名の人々に対して、個人はいかなる義務を負うべきなのだろうか。非人格的大都市は、いったい記憶の共同体となりうるのだろうか」という問題提起である。つまり、「このように世紀の変わり目には、アメリカ社会は経済的・社会的に相互依存的であるような国民社会へと変容したが、それに応じて、かつてマジソンが言った国民社会の『永続的で集合的な利益』を培うような新しい政治制度が生まれるということはなかった。かくして商業主義的な共和国において、有効な民主的市民精神を育てるという国家の創設者たちの懸念は、未解決のまま今日まで持ち越されたのである」（同上：三一〇）。約言すると、「独立独行の競争的企業と市民的共和主義者の奉ずる公共的な連帯の理念――この両者の間にある緊張は、アメリカ史における最重要の未決問題である」（同上）。

周知のように、個人主義的な成功追及に内在する自己利益への専心と、共同体の生活における喜びや公共の事柄への参加の喜びを得るための他者への心遣いとの間のバランスを保つことは、決して容易なことではない。アメリカには人々の心が最も開放的な時には、そこに形と方向性を与えるいくつかの理念の伝統が生きてきたのだが、「これらの理念は経済的成功の追及による破壊的帰結を抑えるための指針として、もはや十分に機能しなくなっている。ここに根本的な問題がある」というベラーたちの共通認識がある。そこには今日のアメリカ人はかつての寛大な心を失ってきていると社会評論家たちが主張しているが、それが原因なのではない。ベラーたちが面接、対話した人々の大半は、まったく個人的な成功を追及するような利己的な人間は良い生活を送ることなどできないと信じている。むしろ、彼らの寛大な心を示す際には、「地域的でスケールの小さな活動に自発的に参加することを考えるに留まり」、それは家族や近隣のクラブであったり、彼らの行動がすぐにでも繋がるような理想化された共同体であったりする。しかし、問題は、「彼らにとってこの理想的イメージを自分たちの暮らしを枠づけている大きなスケールの力や制度と結びつけて考えるのが困難なのだ」。ベラーらに話したアメリカ人たちは、「社会全体の見取り図を組み立て、社会における自らの位置を理解するのにほんとうに苦労していた」のである。「大都会で暮らすアメリカ人の多くは、『汝の隣人を愛せ』という命令を果たそうとするとき、郊外に住む自分の属するライフスタイルの飛び地の仲間たちを愛しさえすれば、もう責任は果たされたと考える。その外側の世界は、カオスのまま、訳のわからないままに放っておかれる」(同上：二一六、二四〇―二四一、二五二)。彼らの関心は、他人と親しく付き合いつつ、自らを表現することに専念しようとする。彼らの抱くこの種の「指導的倫理は、功利主義というよりも表現主義である」(同上：二一八)。しかし、公共的世界の諸問題からの私的避難所(住居を変える)という手段に出ることは困難になってきた。自分たちの家の近所が質的に悪化してより高級な地域に移ろうとしても、住宅の価格の上昇、交通の便を考えると簡単には引っ越せないのだ。それに州や連邦政府は、「都心部の施設や公共サービスを維持するために、郊外の住民にもっと税金を出させようとしている」。多くの場合、このような人々は「自分たちの私的な聖域が脅かされてはじめて政治に参加する必要を感じる」のである(同上：二一八―二一九)。それに、彼らの語る政治とか市民的義務という言葉も、次に見るように、さまざまな意味合いを含んでいる。

個人主義の文化と政治の関係には少なくとも三種の概念が存在し、市民的義務の意味もそれに伴い分化しているのが見出される。一つは「共同体の政治」と呼ばれるもので、ニューイングランドで展開された町、小さな自治の町(タウン・ミーティング)がその典型として語られる。そこでは政治とは、顔と顔を突き合わせ自由な討論で得られた道徳的なコンセンサスを現実化していく過程を指しており、アメリカでは「民主的」という言葉の意味の「中心的要素」の一つである。この考えでは個人主義については何ら懸念もなく理想的なものと受け取られる。政治の第二の捉え方は、第一のイメージとは対照的に、政治はすでに合意された中立的ルールに従って、各々がさまざまな利益を追及しあう「利害の政治」と呼ばれるものである。そこでは利害の一致する集団と利害の対立する集団の闘争の世界であり、「職業的政治家」が仲介者、利害の間に立つブローカーの政治である。利害の政治は、多様な利害を内包する巨大な社会での政治であり「必要悪」であり、それは、合意形成の民主主義で得られないから人々は「次善の策」を選んでいるにすぎないと見られている。利害の政治に人々が関わるようになるのは、「親近観を覚える他者との自発的な交わりのためというよりも、むしろ功利性のため、つまり自分や自分の属する集団の必要や要求を満たすためである…その限りでは政治は、道徳的に見て十分に正当とは見なしえないものと考えられていた」(同上：二四二)。さらに、集団の功利を満たすための政治は市場と比べてみて下位に置かれる。なぜならば、市場は、諸個人の利害に対して公平な競争のもとで差別なく報われると信じられているからである。地域、州や連邦レベルにおける交渉の政治では、それが功利的であることは市場の場合と変わりなくとも、「政治においては、諸集団の権力や影響力や道徳的高潔さなどの違いが競争の結果を歴然と左右している」。さらに利害の政治について留意すべきは、「利害自体の闘いと妥協以外には問題討議のための枠組みをもっていない」という点である(同上：二四三)。利害の政治の市民的義務は、共同体のコンセンサス形成の理想のもとでのそれと比べて、「敵と闘い、味方と手を結び、相互の利害に応じて取得するといった複雑にして職業的でありながら、かつ非常に人格的な業務に携わることを意味する」ので「個人にとってもっと呑みこみにくく、居心地の悪いものとなっている」。ほとんどの人は、よほどの緊急の利害がかかわっているのでない限りは、このような仕事に日常的に関わることはない。彼らの政治的行為の意志表示は、選挙の際に自分が支持する候補者に投票することである。

とはいえ、アメリカ人は伝統的に議員や被選挙公務員を通じて、「地域や社会階級や宗教や人種や性の違いを越えて十分に共有された利害を見つけ出し、巨大産業社会の諸問題を、秩序づけ調整するという作業をこなしてきた」。そのような仕事をこなす媒体を演じるのが全国的政党であり、政党は利害により連合したものであり、「指導者には大統領候補者となるにふさわしく利害のブローカーとしての熟練を積んできた人物が任に就く」（同上）。ひとたび選ばれて公職につくと、大統領は、従来の党派的利害のブローカー役から「国民の統合の象徴かつその効果的な創造者となる」超党派の政治家である。また上院議員や最高裁判事も党派ではなく国家の秩序と目的を代表する役割を分け持つのである（同上）。

ここにきて、ベラーたちがいう「国民の政治」と呼ぶ政治の第三の捉え方が登場する。この政治は、「個々の利害を超えて全国民の生活に関わる高度な問題を扱う政治的手腕の領域へと高められる。共同体の政治が『自然な』参加の世界であり、利害の政治がやや正当性の落ちる取引の世界であるとすれば、『国民の政治』は法による公平な統治の世界であり、とりわけばらばらな人々にまとまった行動をとらせるという意味で、『リーダーシップ』の世界である。第二の利害の政治では、政治は『可能性の技術』であるのに対し、国民の政治は、時にそれとは非常に異なった言語で、すなわち『国家目標』（national purpose）なる言語で表現される」（同上：二四四）。ほとんどのアメリカ人は国民の政治については肯定的なイメージをもっており、それは功利的な利害取引の現実を飛び越え、コンセンサス（合意形成）の共同体のヴィジョンから正当性を引き出している。しかし、「コンセンサスの政治でさえ（例えば、地域の教育委員会でカリキュラムの内容に関しての意見対立、町議会で開発業者の認可の是非を決定するといった時など）の現実においては、地域の役人までが『政治的に立ちまわっている』利害の政治が姿を見せている。また大統領のような全国民的政治家に対して彼がやっていることは『党派政治』にすぎないとか、告発された人物は公職の特権を自分の党利の利益を増すことに利用しているなどの告発や侮辱的な悪口の意味は、雄々しく『政治を越えた』立場に立って社会全体の利益を見出そうという精神には反している」ということである（同上：二四五）。しかし、F・D・ローズヴェルト大統領のように、大連合を組み政治を越えて大恐慌と第二次世界大戦という挑戦に答えるため、国家目標を体現するのに無類の政治手腕を見せることができた。その理由は、彼が「国民的共同体の精神を体現する者」だと見なされたからである。アメリカ人の多くが納税や軍役の奉仕を厭わない理由は、「国民の政治をコンセンサスによる共同体の政治」と見るこの考え方からすると理解し易い。また、政治についてのこの考え方からすれば、アメリカでなぜ「公共的道徳の水準の向上を主張する社会運動」(例えば、奴隷廃止運動から公民権運動、ヴェトナム反戦運動)が繰り返し起こってくるかも理解できる(同上)。

ベラーらは以上のアメリカ政治の三つの類型の描写から一つの逆説を見る。それは、アメリカの個人主義文化において多様性や多元主義の価値は高く評価されるなか「コンセンサス」は評価されているが、「利害の対立は怪しまれている」ということである。もともと多様性がわれわれを分離対立させている現実の相違においては、この態度は不可解に映るのである。なぜそうなのかを解明するには、その文化的背景を見る必要がある(同上)。われわれは、セラピー的考え方(表現的個人主義)をとる人々は「価値観の違う者どうしで議論をしてみてもたいてい無駄骨に終わるものだと信じる傾向」があることを見てきた。道徳的見解の根底にあるのは主観的選択にすぎないと考えれば、「価値観の異なるどうしでひとつの決定を下すことは、強制か操作によるのでなければ無理だということになる」。コンセンサスの政治のように互恵的目的のための調整、あるいは個人的価値観から引き出される責任関係や合意事項などには、いっさい信頼をおいていない。このような文化的背景を持つ者は、政治の働く余地はひどく限定され異なる利害どうしが「たがいに共通基盤に立ちあえない…利害の政治は必然的に強制か詐術かにまで落ちてしまうに違いない」と恐れるのである(同上:二四五―二四六)。つまり、「個人主義の文化は、それぞれの価値観やライフスタイルの相対的な良さ悪さについて議論したり評価する手だてをもっていない。だから、ここで望みうる最善の策は、手続き上の規則だけは厳密に守ることにして、あとはすべてに対して寛容に処するというのがせいぜいである」という「手続き的正義」に終始する。ベラーらが論じるように、「個人主義的政治観は、そもそもどうして利害の対立が生じたのかを説明することはほとんどできない。地域、職業集団、人種、宗教集団、性にもとづく利害の違いが実際どのようにして生じているのか、またこれらの集団は自分たちの意志を通すためにひどく不揃いな力を傾けて競わなければならないのか、一般的に理解できる説明はない」（同上：二四六）。個人主義の言語には「個人的選択・意志の統制下にない出来事はいっさい道徳的な勘定から抜け落ちてしまう」。つまり、「個人が自らの社会的な地位や相対的権力を獲得したり割り当てられたりしているこのアメリカ社会における相互依存的な政治・経済のからくりについて、ほとんどと言わぬまでも多くの部分を、道徳的に一貫した視点をもって理解することはできないということになる」。そして、アメリカの近代社会を特徴づけている「大規模な組織的・制度的構造体について意味ある把握ができない」ままである。要するに個人主義の言説には「構造的な要因が個人的な事柄に影響をおよぼすことについて理解が欠けているのである」（同上：二四七―二四八）。そこで、彼らは「かわりに目を小さな町へと転じ、それをたんに理想として持ち出すばかりでなく、小さな町こそ私たちが現在直面している政治的難題に対する解決法であると見なすようになる。小さな町への郷愁、あるいは政治的議論に小さな町のイメージを持ち込むことは、政治的見解の如何を問わず広く見られる…アメリカ人にとっていちばんわかりやすい政治の捉え方は、自律的ではあるが本質的にはたがいによく似た諸個人が集まってつくるコンセンサスによる共同体という形であるらしい…そして、現在の病状を癒そうというときにアメリカ人が頼ろうとするのは、この手の政治の概念なのだ。文化の多様性なるものを誉めそやすわりには、アメリカ人には文化的、社会的、経済的にまったく異なる集団の間の関係について考えるための素地が欠けているようである」(同上：二四七、二四九)。もし個人主義文化が真の文化的・社会的な相違に対処することが困難だとしたら、それが大規模な非人格的組織や制度に対処するのはさらに困難である(同上：二五〇)。

大規模な社会をどう理解したらよいものか？ 大抵のアメリカ人にとって社会は概ね平等な者どうしが集まって公平に競争する市場のようなものだというイメージをもっており、それは、コンセンサス型の自発的共同体のイメージと対になって道徳的バランスを取っている。しかし、また彼らは、この市場モデルが今日の現実とはほど遠い描写であることも知っている。例を上げると、「市場の全分野を支配している大企業。消費者の選択を左右するための大がかりな広告戦略。農業などさまざまな分野に補助金を出そうという政府の計画。合理的なコスト計算からはずれた防衛産業との契約。資金、生産、販売の集中管理を広げ、強化するテクノロジー」(同上：二五二)、などなどである。

そのような事実に対するおざなりな反応の一つは、市場の原理から逃れるほどの力を持つ諸集団に嫌疑をかけることである。過去二〇年間、政府、大企業や労働組合に対する信頼にかげりがさしてきたのである。大規模な組織が二〇世紀後半の社会の現実の一部となった。しかし、彼らは「トラストや組合や政府の統制機関を解体することはほんとうは望ましくないとも承知している…そんな次第で、当惑は深まりリーダーシップへの期待が高まる。専門家の意見によって支えられたすぐれたリーダーシップのみが『見えない複雑さ』という問題に対処することができる、という考え方が力を増すのである」。そして、一九世紀の初めころから、「見えない複雑さが増すにつれ、それを解明する専門職が生み出され、同時にその運営を事とする行政官僚、経営管理者、さまざまな分野の専門技術者と応用科学者もまた繁栄の時代を迎えた」のである(同上)。国家計画の理想は、専門的訓練を積んだ集団によって推進されたニューディール時代である。彼らは「無秩序な企業経済がもたらした惨状を克服するために大規模な行政管理国家を創ろうとした。こうした国家こそ、大規模な経済生活のなかにある程度の秩序と同情を持ち込む責任を引き受けようとするべきものであったが、しかし、それは部分的にしか成功しなかった」。彼らは、「政治をより合理的なものにすることによって民主的な市民精神を高めていく可能性を探っていたことは注意してよい。しかし、彼らは共同善という道徳的見地から自らの努力を正当化し、個人主義文化に代わるものをもたらしてくれるような国家のあり方のヴィジョンをはっきり打ち出すことはけっしてできなかったのである」（同上：二五四）。行政の集中に伴い、高等教育を受けた知的専門職の共同体験といえば通常、地域共同体におけるものではないので、彼らの世界観はコスモポリタン的なもので、彼らの市民的義務の感覚は都市や町へ向けられていない、よく似た他者とのネットワークの中で維持されている。「彼らは企業や政府の世界での価値の優先順位にきっちり組み込まれており、そこにおいて専門的知識を用いて、競合する諸要素を掌握しながら解決策を探るという仕事をこなす」。彼らの描く社会のヴィジョンは、職場での功利的な効率を追及することと、私的なライフスタイルの飛び地内で個人の表現的自由の間で均衡をとることを前提にしている。「皮肉なことに、そんな彼ら自身、自分は『自由な社会』のために働いているのだという幻影を抱きつつ、現実にはまさしく管理的専制のなかを生きている」。しかしそれは、かつてトクヴィルが警告したように、「公共的世界を専制に売り渡すことで贖った私的な自由など本当は自由でもなんでもないというのは自明なことである」。トクヴィルが考えたように、「近代社会が自由の喪失へ向かうとすれば、その道筋の一つとなるのが『管理的専制』――ときに彼はこれを『民主的専制』という逆説的用語で呼んでいる――の出現であろう（同上：二五三）。それゆえ、アメリカ社会にかなり進行している専制の形態から自らを護りたいのであれば、どうしたらいいのかという問題にわれわれは直面する。ベラーらが唱道するところは、「その第一歩として、私たちは自分たち自身にいったい何が生じてきたかを分析し、それを批判しなければならない。しかし第二歩は、自動的反作用のごとく『大きな政府の荷降ろしをする』ことを主張したり、『経済を分散させよう』と立ち上がることではない。そのどちらも起こりそうもないことだ」（同上：二五五）。ここでベラーらが意味するところは、公共善（共通善）を追及する市民宗教的な「市民の政治」である。

市民運動が育んだ市民政治という考えは、「地域的な参加が国民的な対話につながってはじめて十全なものとなる」というものである。つまり、「政治とは共同体の政治、利害の政治、国民の政治が新しいひとつの場へ迎え入れられ、それぞれが適応と刷新の大きな可能性を見出すような公開討議場」のことである。この政治的見解は、功利的個人主義の見解とは重要な点で異なっており、「個人は公共的対話を通じて組織された社会のなかで、他者との関係のなかにおいてのみ自己達成を実現できる。必要な対話は、宗教的なものであれ世俗的なものであれ記憶の共同体のみが支えることができる」。「記憶と希望の共同体」というヴィジョンは、散在的、概ね地域的なものにとどまっているのがアメリカ社会の現状である。そのような状況の中で、ベラーらは次のような展望を抱いている。「しかし、こういった地域的な動きは、来るべき広範な社会運動の先駆けなのかもしれない。そうした運動の登場のときこそ、ふたたび反省と参加と、そしてわが国の諸制度の変容のためのさまざまな空間が切り拓かれるだろう」と（同上：二六五；Bellah *et al.*, *The Good Society* : 3-18）

市民政治の顕著な例は「中間集団」の存在である。それは「個人の私的野心という孤立的傾向を和らげる」一方、他方では「政府の専制的傾向を抑制」すると考えた社会運動の市民精神の形態である。市民精神（citizenship）はアメリカ史上、重要な役割を演じてきた。アメリカの社会運動は奴隷廃止運動、禁酒運動、また労働組合運動や公民権運動など多様なタイプのものがある。それらの運動の指導者や支持は教会や既成の集団から引き出されたものも少なくないが、結果的には強力な運動から「新しい公共的制度が生み出されることも多く、ときには国民生活の流れを強力に変更させることもあった」（『心の習慣』：二五七）。今日のアメリカが直面している難題、それは財界人による支配や技術専門家による支配の状態に取って代わるものとして、社会運動の歴史から導出されるのは「民主主義的改革の伝統」である。それら改革運動の動機は「一つの根本的に類似した政治的理解であった…これらの運動は、自律的な市民活動の基盤を掘り崩すような私企業の巨大な力と国民の統制を離れた政府の両方に疑いの目を向けた。そして、全レベルにおける政府・自治体に働きかけて新しい技術とそれが生み出す富に対して、いっそうの公共的責任を課すような道を探った。彼らは民主主義的な市民精神を尊ぶジェファーソン的な共和主義の意識を二〇世紀の状況に適用させようと努めたのである」（同上：二五八）。

これら初期の政治的遺産は、一九五〇年代、六〇年代に公民権運動として甦り、「公民権をめぐる格闘は、特殊利益団体のロビー活動以上のものであったことは、以前の運動と同様である。マーティン・ルーサー・キング・ジュニアの指導のもとで、それははっきり国民共同体の構成員の力を拡張し、強化するという目標を掲げていた。それは聖書的・共和主義的なテーマを喚起し、十全な市民的義務は、経済的にも社会的にも国家レベルばかりでなく国際レベルにもかかわるものであると強調した。この運動の影響力は相当な範囲に（とくに大学の若者たちのあいだに）及び、社会のさまざまな領域の改革を目指す広範な政治行動がよび醒まされた」（同上）。公民権運動がもたらした政治的関心は、今日でも完全に失われてはいない。ベラーらの観察によると、七〇年代では地域レベルの民主的改革をめざす新しい種類の政治的活動の展開を見たが、今日の運動は主として「地域に焦点がおかれ地理的に散在したものなので、目的は類似していても初期の運動に典型的だった地域から国家へと及ぶ関心の連鎖が示されてはいない」のだ（同上）。

ベラーらが話した人々の多くは、「競争的な奮闘の場である公共的な世界と、意味と愛とを供給することによってその競争的な努力を耐えられるものにするとされた私的な世界との、二つの世界の狭間に捉えられていた」が、その裂け目を乗り越えるべく、「公共的世界と私的世界とを相互にまとまりあるものにすべく——つまり私たちの社会的エコロジーを回復すべく——努力する者もあった」人々を忘れてはならない。例えば、セシリア・ダウティーは、「持たざる者」が発言し、参加できるような社会、彼女の子どもや孫が安全に暮らせるような社会を目指して働く。メアリー・テイラーは、多くの政治家が囚われている一、二年のスパンではなく、少なくとも今後二五年間の長期的視野に立ってものを考えるように努めている。彼女の関心は、自然のエコロジーと社会的エコロジーの両方が受けた損害の修復に注がれている。エド・シュウォーツは、労働の組織化における非人間的な側面に注目し、聖書的・共和主義的伝統に含まれる道徳的な関心を私たちの経済構造体に持ち込もうと努力している。ポール・モリソン牧師は彼の教会員たちが自らの天職を現世で実行しながら影響力ある強力な教区生活の活性化を目指している。これらの人々はみな、共和主義的伝統と聖書的伝統に依拠することで第二言語となっていたものを、ふたたび第一の言語にしようと努力している。教育界においては科学技術的な業績とキャリアのための技能を求める圧力が激しくなっている一方では、教育のもつ古典的役割を再確認しようという声も聞かれる。「すなわち教育は、私的な願望を共有の文化的意味とつなげることによって個々人がより十全に発達した人間であると同時に自由な社会の市民でもあることができるようにする役割をもつということである（『心の習慣』：三五一）。

ベラーらが「カリフォルニア経済民主主義運動」やペンシルヴェニア州の「市民的価値研究所」の活動家たちにインタヴューを行い学んだことは、それは容易なことではないとはいえ、「どちらのグループも、責任ある市民精神についてのはっきりした意識を第二のタイプの政治――利害の政治――へと持ち込もうとしており、それを第一と第三のタイプの政治――地域共同体の政治と国民の政治――に対して人々が抱いている積極的なイメージに結びつけようとしている」のである（同上：二五九）。アメリカ市民がとるべき道は、「トクヴィルの議論に沿って考えるならば、政府の権力に市民自らが影響を及ぼし、それを和らげるためのルートとなるようなすべての団体の運動を強化することであり、またこのようにして管理的専制からの引力によく対抗できるようなタイプの政治を活性化することである」（同上：二五四―二五六）。そのためには、ベラーらが繰り返し述べるように、「伝統を生かし直すこと（reappropriation of traditions）、すなわち、伝統のなかに糧となるものを見つけそれを今日のわたしたちの現実に、能動的に、創造的に適用すること、つまり諸伝統を批判的に継承していくこと」であろう。われわれの過去を結びつける「記憶の共同体」は、また私たちに未来へと目を向けさせる「希望の共同体」でもある。希望の共同体は、「わたしたちが自分や自分に身近な者のために抱いた願いを広い全体の願いへと結びつけることを可能にし、自分の努力をいくらかは共同善への貢献という視点から見ることを可能にするような、意味の文脈を用意する」のである（同上：二八八、三〇一、三〇二、三〇五、三三九：Bellah, 1988: 274-6）。そのような意味で記憶の共同体は同時に希望の共同体なのである。

注

（1）ベラーらは、個人主義の意味をアメリカの四つの伝統で説明し、市民宗教（聖書的伝統と共和主義的伝統の融合）を支持する立場を採る。個人主義は「さまざまな、ときに相矛盾した意味に用いられる言葉」であり、彼らは主に次の二つの意味で用いる。一つは「個人の人格の生来的な尊厳、さらにはその聖性に対する信念であり、この意味では個人主義は本書で記述してきたアメリカの四つの伝統（聖書的伝統、共和主義的伝統、功利的個人主義の伝統、表現的個人主義の伝統）のすべてに含まれている。二つ目は、「社会が二次的な実在、派生的、人工的な構成物であるのに対して、個人は本来的な実在性を有しているという信念である。ベラーらはこの見解を存在論的個人主義（ontological individualism）と呼ぶ。功利的個人主義と表現的個人主義はともにこの見解を採っている。この定義と対比して、「社会もまた個人と同じように現実的であるとする、社会実在論（social realism）」と呼んでいる立場であり、「この見解は聖書的伝統と共和主義的伝統とに共通している」と見る（Bellah *et al., Habits of the Heart,* 1985; 邦訳『心の習慣』一九九一年、一八〇、三九二頁）。本書は、ベラーと研究仲間が五年間、アメリカ全土で中産階級に属する人々二〇〇人および二つの研究機関に携わる活動家などとの面接、対話を通じて彼らの語る言語に表象される政治観、宗教観、人生観などを理解しながらアメリカの個人主義の諸相を言説分析しその意義について解釈している。ここでは紙幅の都合もあり本稿は、問題の本質に関わる個人主義文化と政治の在り方に焦点を絞って、現代アメリカ社会が直面する個人主義の諸問題、またそれを越える条件などをベラーらの議論に沿って再構成する試みである。

（2）ルソーはその著『社会契約論』で「人間の宗教」と「市民の宗教」とを区別して、「人間の宗教」はキリスト教徒を不幸に陥れるもので、「わたしがキリスト教共和国といったのはまちがいである。これらの二つの言葉は、互いに相いれない。キリスト教は、服従と依存だけしか説かぬ。その精神は圧政にとても好都合なので、圧政はつねに、これを利用せずにはすませない。まことのキリスト教徒は、ドレイになるようにつくられている。彼らは、それを知っていながら、心を動かそうともしない。この短い人生は、彼らの眼には、あまりにも値打ちのないものと映じるのである」と判断して、人民はキリスト教共和国ではなく「市民の宗教」の共和国が必要であると唱道したのであった（Bellah, 2006: 247; 邦訳『社会契約論』、一八九、一九二頁）。

参考文献

Robert Bellah, *The Broken Covenant*, The Seabury Press, 1975; 松本・中川共訳『新装版　破られた契約』、未来社、一九九八年。

Robert Bellah, *Varieties of Civil Religion*, WIPF & STOCK, 1980.

Robert Bellah *et al., Habits of the Heart*, 1985; 島薗・中村共訳『心の習慣』、みすず書房、一九九一年。

Robert Bellah, "A Response," in *Community in America: The Challenge of Habits of the Heart*, eds., C.H. Reynolds and R.V. Norman, University of California Press, 1988, pp. 269-288.

Robert Bellah *et al., The Good Society*, Alfred Knopt, 1992.

Robert Bellah and Steven Tipton, eds., *The Robert Bellah Reader*, Duke University Press, 2006.

ルソー、桑原・前川共訳『社会契約論』、岩波文庫、二〇一三年［一九五四］。

拙稿「ロバート・ベラーを読む（Ⅰ）宗教社会学の成立」、地域文化学会『地域文化研究』第一四号、二〇一四年、五九—八八頁。

拙稿「ロバート・ベラーを読む（Ⅱ）アメリカの市民宗教」、地域文化学会『地域文化研究』第一五号、二〇一五年、三七—七〇頁。

拙稿「日本の市民宗教—R・ベラーの比較宗教の視座」、『リーラー』Vol. 9、特集『戦後70年と宗教』、二〇一五年、一三〇—一六一頁。

拙稿「権力と文明—聖徳太子の市民宗教」、フェリス女学院大学国際交流学部紀要『国際交流研究』第二〇号、二〇一八年、一六九—二〇五頁。

ウブントゥと欧米的近代
――グローバル化時代における分離主義――

松本祥志

一　はじめに

グローバル化の一方で分離主義が軋轢を生んでいる。ブレグジットおよびカタルーニャやカメルーンの独立運動は氷山の一角に過ぎない。拡がりつつある分離主義は、自己との差異を不純な外部と認識し、外部から自己の純粋性を守るため他者との結び付きを切ろうとする。

だが、内部も外部も客観的に存在するのではない。自意識において何が差異、外部、他者とされるかに応じ、自分、家族、民族、地域、国家などが内部とされ、逆に、分離主義はついには自己の内部でさえ切り分け、外部化する。なぜなら、自己は他者から誕生し、他者に育まれ、自己のすべてが他者由来だからである。

他者から誕生したにも拘らず、生来の自我は飲み食いにしか関心がなく、他者の声を聞こうとせず、同一性にまどろむ。ところが、そもそも意味が成り立つには差異が不可欠なので(1)、自己は他者の差異を迎え入れて自ら差異化しなければ人生に意味がなくなる。それでは、分離主義は果たしてグローバル化からの差異化なのだろうか。分離主義がグローバル化という同一化の潮流において現れるのは何故か。

それを解くには、ある起点から地球全体に拡散し、他者の差異を同一化するグローバル化とは何なのかが自他関係の視点から問われなければならない。グローバル化とは何かは、ウブントゥ（*ubuntu*）の自他関係をグローバル化された自他関係に照射することで浮かび上がってくる。

ウブ（*ubu*）を自己とすれば、ントゥ（*ntu*）は他者となり、それらが結び付いたウブントゥは自己他者、つまり自他不二となるが、他者はどこから現れるのか。隣人との争いで自己と認識された家族も家族喧嘩では他者とされるように、他者は自意識において生み出される。その自意識は外的刺激への反応として現れ、自己は外的刺激を制御できないので、他者はどこからともなく不意に到来することになる。他者についての自意識の反射として自己が規定されるので、「自己とは何か」は宙ぶらりんなままである。それでは、自己と他者は何が違うのか。

「自分が間違っているのでは」と問いただすことがないという意味で純粋無垢な自意識は感情であり、理性は先天的に自己に備わっているものではない。また高齢になって痛感するように、理性は後天的に蓄積できるものでもない。理性は他者にしかない。

ウブントゥの由来として、始まりも終わりもない沼のようなヌン（*Nun*）が、その上を浮遊していたマート（*Maat*）によって、瞬時に今日の宇宙に凝結したとする古代エジプトの創世神話がある。前三五世紀からの加持祈祷のためのピラミッド文書に「マートをカオスの中に入れた」と記されている。(2) イスラーム教、ユダヤ教、ヒンドゥー教、仏教、道教などに、ウブントゥ哲学・倫理と通低するところがあるのは、それがマートに由来するというその歴史性のせいかもしれない。

ウブントゥ思想はアフリカ全体に浸透しているが、[3] 浸透の仕方は押し売りのようなグローバル化とは異なる。グローバル化は自意識において差異を同一化しようとするが、ウブントゥは自意識の手前で差異を受動的に迎え入れる。差異との向き合い方の違いは他者との関係に違いをもたらし、ウブントゥは生贄的関係を開く。

生贄的関係は、羊や鶏を捧げる供犠によってではなく、他者性を迎え入れる無起源的な「責任を超えた責任」の受難によって開かれる。それが無起源的なのは、法、道徳、原罪など何の起源もないからである。[4] 超責任とされるのは、自意識において能動的にではなく、あかちゃんの離乳のように自意識の手前で、あたかも責任でなかったかのように被られるからである。[5] また、関係でなければならないのは、贖罪符取得や供犠のような一回的行為ではウブントゥの自他関係を保てず、しかも理性は蓄積できず、絶えず超責任が被られなければならないからである。それによって開かれる生贄的関係が、グローバル化を消滅させ、世界を開く。

一つしかない世界に外部はなく、自他不二とされる。外部のない世界を開くには、見知らぬ他者にまで生贄的関係が拡げられなければならない。一方、分離主義は外部を求めており、世界を開けない。また、主権国家からなる国際社会と区別される世界は、主権を集中させる世界政府によっては開かれない。さらに、家族間の生贄的関係を万人に拡げることは、寿命が限られている自己にとって現実的でない。世界が開かれるのは、見ず知らずの他者を迎え入れ、縁もゆかりもない問題に自ら巻き込まれ、自己を非対象化し、当事者よりも当事者的に関わる奇跡の瞬間である。その瞬間、外部がなくなり、内部と外部の二項対立が消滅し、自他不二となる。[6] ここで他者がいなくなるのは、同一化や排除によってではなく、他者の差異である他者性の迎え入れによってである。

グローバル化は他者性の排斥において分離主義と共鳴しており、その温床にさえなっている。何故そうなるのかは、他者性の視点からグローバル化を問うことで解明される。

二　グローバル化の問題点

グローバル化に問われるべきは、何がどうグローバル化されてきたかである。

第一に、何がグローバル化されてきたかについて、欧米が起点となってグローバル化されてきたのは、政治・経済を含む衣食住など欲求充足の作法という意味での文化であり、その一つが民主主義や平等な自由の原則である[7]。民主主義や平等自由原則そのものは無料であるが、情報関連費用などそれらに付随する経費は高くつき、それが投機を刺激してきた。グローバル化は、その起点に利益を吸い上げることにより生活を困難にする程の格差をもたらし、膨大な移民・難民を生み出す結果となった。

グローバル化を自己と他者の関係から見ると、グローバル化されているのは自他等価主義である。それは他者を自己の延長と捉える点で、自己も他者も宇宙に唯一無二と捉えるウブントゥとは異なる。等価性は不等価性の危機感に下支えされており、他者との等価性についての被害妄想的な自意識において自らのみを思いやる生来の自己中心主義が強められる。自己はつねに他者に優位していなければ不安になる。

他者は、自己との等価性を算出する方程式に代入される数値に無機化される。実際、欧米的近代において、人間は国民として民主主義や平等自由原則を保障されるのと引き換えに人格を剥がし取られ、同一化され[8]、自己は他者と無差異（in-difference）にされ、関心事は数量だけとなり、互いに無関心（indifference）になった[9]。

自他等価主義は、一人一票制のように人間を数量化するという脱人格化の反面、差別などと闘う武器としての役割も果たしてきた。例えば、多数決原理は組織の決定による少数派の統治において時には抑圧的になるが、それをもたらした民主主義や平等自由原則は反転して抑圧に抵抗してきた。実際、国際刑事裁判所は人道に対する罪や集団殺害罪などの容疑で政治指導者を審理してきた。だが、少数派と意識する時点で既に外部化が始まっている。また、そもそも虐殺の発火点は、自他等価主義の下での他者への不信感にあり、先に攻撃しなければ取り返しがつかなくなると妄想する疑心暗鬼にある。

一方、ウブントゥの視点から自他等価主義を見直すと、それによって人間は法外な対価を支払わされてきたことがあぶり出される。自己が他者と等価であるためには他者に劣ることは絶対にあってはならないとされ、「私の意見が正しい。なぜなら私が主張しているのだから」となる。[10] 自己は過ちや不正の自覚によってしか改心できないのに、法違反を非難されるのは他者だけとなり、自己責任でさえ他者にしか問われない。人権は私利私欲の隠れ蓑にされ、「人道を口にする者は皆騙そうとしている」と戒められた。[11]

フランス人権宣言は「人間は自由かつ権利において平等なものとして生まれ」と定め、平等な自由を生得とすることにより、後天的に獲得する必要をなくし、他者を不要にした。それにより、他者性を迎え入れ、倫理を受肉する道が閉ざされた。そして、世界人権宣言において「すべての人間は、生まれながらにして自由」がグローバル化され、倫理はもはや実践されるものではなく、クイズにして学習される教養となった。

グローバル化された民主主義や平等自由原則の下で多元主義が肯定されてきたが、「多」は二や三に限定されてきた。実際、かつて国際社会は東西に二元化されていたが、その相互関係においても東西それぞれの内部関係においても、他者性が迎え入れられることはなく、自己中心主義は少しも損なわれなかった。

欧米的近代のグローバル化において、地域文化も、自己中心主義を脅かさない限り、存続を許されてきた。それを脅かすのは倫理である。サウジアラビアや日本などの異文化がグローバル化との共存を許されてきた理由の一つは、自己中心主義との親和性にある[12]。

地域文化には、ウブントゥのように欧米的近代に挑戦する文化もあるが、それは今日の生活と関係のない過去の遺物として囲い込まれ、「オリエンタリズム」と呼ばれる西洋の威圧的な様式によって表象され、「物言わぬ他者」として封印されてきた[13]。それにより、欧米的近代の文明は窮地に陥っている。

文明とは異文化との融合と捉えられ[14]、非文明は化石燃料を浪費しないからではなく、異文化と融合しないからとなる。かくして、グローバル化という一方通行によって欧米は非文明的となった。

それでは、グローバル化は完結したのか。グローバル化は、分離主義や自国第一主義などむき出しの自己中心主義に姿を変えて一層露骨になっているのではないか。その一方で、家族関係の数量化は決して成功しえない。かくして、まだグローバル化されていない空間が残されており、それは地域と呼ばれうる。ここで地域とは、自我と世界の間にあり、自己がグローバル化される空間であると同時に、世界に結び付く空間でもある。かかる緊張関係にある地域の文化の一つであるウブントゥがグローバル化を消滅させるかどうかは、どうグローバル化されてきたかという第二の問題に絡んでおり、自由意思と責任の関係から考察される。この考察は文明論から始められなければならない。

三　自由意思と責任

コロンブスの新大陸発見による先住民との出会いは最初から失敗する運命にあった。というのは、欧州は同一化か征服かという自己中心的な二者択一に呪縛されていたからである、欧州は、先住民を自己と「平等それゆえ同一」とみなす自他等価主義において世界を同一化しようとしていた。「世界は一つだという確信の下に、自己の価値と価値一般とを、すなわち自分たちの自己と宇宙とを同一視している」[15]。だが、自他不二となるのは他者の差異を迎え入れる超責任の受難においてであり、他者を自己と同一視することによってではない。この全体主義により欧州は、軍事的な勝利と引き換えに、他者性を迎え入れられないという取り返しのつかない歴史的な大敗北を喫した。事実、その後の欧米は植民地支配や二度の世界大戦に象徴される非文明化に突き進んだ。他者性の迎え入れの拒絶は、文明の衝突ではなく消失、そして歴史の終焉をもたらす[16]。

文明的であるには異文化と融合しなければならず、文明がなければ歴史は終わる。ヘーゲルは、「アフリカは歴史的世界には属さず、したがってそこには運動と発展とは見出せない」と講じたが[17]、アフリカに文明や歴史がないとするのは疑問である。欧米が自らの文明の原点としてきたギリシア文明そのものが、古代エジプトやフェニキアの文明によって誕生したものである[18]。ヘーゲルはエジプトを欧州的と釈明したが、エジプト文明はナイル川文明であり、その源流や支流はアフリカ大陸の奥深くに繋がっていた。それはアフリカの文明であり、その歴史は欧米を何千年も遡る。

ルネサンスにおいて、キリスト教会による束縛から人間を解放するため、人間は宇宙の中心に立ち、自ら選択することは何でも実現する潜在能力をもち、宿命でさえ自己決定できるとされた。[19]他者の不要性が再確認されたことによって、欧州文明の終焉が決定的となった。この終焉を正当化しようとしたのが、民主主義と平等自由原則の普遍的妥当性の主張であった。[20]だが普遍主義は、事物の本質についての抽象観念を具体的事物に当てはめる主観的なものであり、普遍的法則に愛着心を抱くベーコン・ニュートン的パラダイムに根ざしている。[21]そもそも普遍性とは時空を超越することであり、空間は宇宙に、時間は死後に及ぶ。もし民主主義や平等自由原則を宗教化させず、世俗的に適用するのであれば、それらは普遍的ではありえない。

しかも、民主主義や平等自由原則が前提にしている自他関係にはもっと重大な問題がある。それらの妥当性の根拠は社会契約説によって説明されてきたが、それは利益の相反するリバイアサン的な自他関係を成立させる意思の自由の下で、[22]契約の拘束力を神聖視する。その一方で、相手方の意思の自由を踏みにじる強制や征服の方は、相手方の意思の弱さの問題にすりかえられてきた。

自らの意思決定に責任を負うべきとするグロティウスは、「自ら奴隷になるのは適法である」とし、[23]それは、奴隷貿易に関与していたホッブズなどの社会契約説における意思の自由に引き継がれていった。[24]契約自由の原則においては、自己の欲望を満たさない契約に同意しない利己的な意思の自由も尊重される。

契約自由の原則は、等価交換の同時履行を典型契約とし、等価の算定のため喜び、悲しみ、欲望も無理やり数量化され、数量的な等価での同時的な交換が基本とされる。数量化できないとされた他者は「物言わぬ他者」とされてきた。契約自由の原則に正義が現れえないことは、正義の女神が着けている眼帯についての寓話で説明されている。なぜテミスは目隠しをしているのか。超人的能力をもつ神は目を隠さなくても公平かつ公正な判断ができるはずであり、古代エジプトのアヌビスは目隠ししなかった。寓話によれば、眼帯を着けているのは、隣人だった不正義に誘われた寺参りの帰路、食べ物がなくなった正義が不正義に食べ物を所望すると対価として目玉を請求され、正義は餓死して正義が失われるよりましだと判断し、両目を差し出したからだという。[25]その後、正義は砂漠をさ迷っており、目を奪った契約自由の原則には戻らないというが、今日この原則がグローバル化されている。

グローバル化される側は差異化を余儀なくされるが、グローバル化は一方通行なので、発信側は差異化しない。分離主義は内向きになった欧米で始まるが、それも非欧米にグローバル化され、分離主義が蔓延する。その一方で、欧米は自己の延長として同一化できない「物言わぬ他者」には無関心である。無関心の自由は不同意の自由から派生し、その下で自己は、消化できない他者性に背を向け、ますます内向きになる。その内向性において自己だけが思いやられ、民主主義や平等自由原則を含め、どんな原理、原則も私利私欲のために利用される。ウブントゥも例外ではないが、[26]その思想は利己主義に挑戦する。

ウブントゥは、利己的な自由意思が契約自由の原則を介して利己主義に回収される循環に挑戦し、「契約は守られなければならない」という命題の妥当性を疑う。契約の拘束力の根拠について、ケルゼンは、何らかの命題を根本規範として仮定しなければ説明できないとし、その一例が「契約は守られなければならない」という命題そのものだと論じた。いかなる社会も、法秩序の妥当性を根拠づけるには、法的であれ非法的であれ、何らかの根本規範を大前提として仮定せざるをえない。[27]何を仮定するかは、何の仮定が社会的に望ましいかについての判断によるべきである。「契約は守られなければならない」という根本規範が契約を成立・不成立させる利己的な意思の自由を肯定しているのに対し、ウブントゥは自己の超責任を意思の自由に優先させ、責任が規範を生み、規範が自由の形骸化を未然に防ぐとみる。

四　ウブントゥにおける存在

ウブントゥという言葉が入れられている最初の文献が公刊されたのは一八四六年とされているが、[28]その思想は一九二〇年代に欧米的近代から伝統文化を守るためズールー族が始めたインカタ文化運動によって復興させられ、[29]南アフリカ共和国（以下、「南ア」）暫定憲法に「ウブントゥの必要性」が明記された。アパルトヘイトの下での膨大な暴力事件は、ウブントゥの精神に基き真実和解委員会によって和解が試みられた。新憲法にはウブントゥという言葉はないが、判例で受け継がれ、「わが憲法文化にとって本来的かつ本質的」とされた。[30]

ウブントゥを敢えて解析すれば、ウブは「存在している」（being）、ントゥは「生成している」（becoming）であるが、ヌンの凝結以来、宇宙のすべてが差異化しながら関連し合い、連続している。ウブとントゥは、分離不能な一体であるウブントゥの存在論的および認識論的な側面とも捉えられている。[31]この一体性において、ントゥしないウブはありえない。一体性におけるウブとントゥの結び付きは、結び付くという一点だけで、宇宙は中心をもたず、すべてが差異化しながら絡み合い、絶えず変容しているという宇宙観を表している。この宇宙観の下で自己は他者から分離できない。

ウブントゥは、動きのない名詞を主語にする馴染み深い文章構造ではなく、「…している」（-ing）のように動きのある言葉だけからなる流体言語になっている。[32]かくして、ズールー族は、果てしない変容、つまり自己の無限な差異化を人生の目的とし、[33]差異で多面化した心がなければ人間的でありえないとする。[34]ここで人間的とは、自分らしさへの固執からの超脱、つまり自己の絶えざる差異化の形容とされ、それがウブントゥ倫理の核心とされる。それゆえ、他者性を嫌悪する分離主義は人間性を育めない。

哲学原理でもあるウブントゥを意訳すると「存在が…になる」（Being becoming …）となる。それゆえ、「存在が花する」、「存在が石する」と捉えるヒクマ存在論と同様に、「存在が人間する」[35]。存在が人間として現れるということなので、人間は、存在そのものと区別された一つの存在者なのではなく、存在の一形態、一態様ということになる。「存在が人間として現れている」のであり、存在の一態様に過ぎない「人間が存在する」とはされない。そもそも「人間が存在する」における存在とは何かを欧米的近代はなかなか説明できない[36]。「存在する」とは何かを解明するため、「人間が存在する」から「人間が」を取り除くと何もなくなり、存在は不存在と差異がなくなり、存在に意味がなくなる。存在とは何かは難問とされてきた[37]。

ウブはントゥして顕在化するので、ントゥする前のウブは潜在性であり、潜在性と不潜在性との間、それゆえ存在と不存在との間に外見上の差異はない。存在と不存在との差異は可視的ではないが、ウブはつねにントゥして顕在化する。ウブがントゥするのは気紛れでも特権でもなく、むしろ摂理のようなものである。この摂理は、存在が負う超責任についての法則であり、存在が超責任を負っていることは、ントゥしないウブがありえないことで既に示唆されているが、存在と意味との関係からさらに説き明かされる。

存在が意味をもつべきことは、「存在とは何か」という問いそのものに含意されている。ある事物に意味の同一性が成り立つにはそれと不同一なものが先になければならず、差異がなければ意味がなくなる[38]。意味の意味とは差異を迎え入れる超責任の受難のことであり、存在はその意味が無意味にならないよう不同一を迎え入れる超責任を負っている。それゆえ、存在と不同一なものがなければ、存在の意味がなくなる。どうしたら存在と不同一なものが現れるか。

存在はその原初性の故に、自ら差異化する以外、つまりその潜在性が顕在化する以外、不同一を出現させえない。南アの高裁判決において、ウブントゥとは絡み合いから生じるお互いの責任であるとされた[39]。存在がそれだけでは意味をもてないように、ウブもそれだけでは意味をもてず、ントゥすることで初めて意味をもてるが、ウブは、法、道徳、宗教の手前で宇宙に顕在化した。ウブは、意味をもつべきとされる限り、顕在化する責任を負う。ウブが超責任を履行してントゥすることによって、ウブとの不同一が初めて現れる。それが責任とされるのは、存在によってそれが履行されなければ存在そのものの意味がなくなるからである。

原初的なウブとそれがントゥされた態様との間には差異があり、ウブントゥにおいてウブという存在は不存在の力を借りることなく意味を獲得する。ウブが変幻自在に差異化する超責任を負ってきた結果、その態様として宇宙や人間などが出現したのであった。ウブントゥという言葉においてウブが述語ではなく主語にされていることで、自ら超責任を履行することが想定されている。かくしてウブントゥにおいて存在がその一態様として自己や他者になって現れるが、自己が他者に先行することはありえない。それは何故か。

五　他者の先行

ウブントゥにおいては「我思う故に我あり」ではなく、「我々あり故に我あり」とされる[40]。「我々」から「我」を差引くと他者となるので、それは「他者あり故に我あり」と同義であり、他者が自己に先行する。それがウブントゥと欧米的近代との違いの一つであり、自由や権利についても他者が先行する。「他者を敬うことで自らが敬われ、他者を力づけることで自らが力づけられ、他者の人権を保障することで自らの人権が保障される[41]」。

つまり、自己が他者の人権を保障することで人権が社会的に共有され、社会の一部として自己の人権が保障されるとされる。欧米的近代の自由や権利の保障がその逆であることをツツは、「犬の群れに骨を放り投げてみなさい。どの犬が『お先に』と吠えますか」と皮肉っている。[42] ウブントゥにおいて自己と他者の関係がコペルニクス的に転回され、他者が自己に先行する。

「人間は他者を通じて人となる」という箴言について、南アの高裁判決は他者と関わる具体的な行為なしに自己の潜在能力を発揮することができないという意味だとした。[43] 自我の隅から隅まで感情が粘りついており、自己が倫理的に成熟できるのは他者によってであり、他者なしに善をなしえず、しかも善人として現れるのは、他者の理性の光を浴びた一瞬に過ぎない。

自己は他者に出会い、その善や理性の光の強さに目が眩む感覚麻痺において理性的になるが、成熟し尽して自己完結することはない。というのは、感情の粘り気に妨げられ、理性は自我に蓄積されえないからである。自己の内部に理性が蓄積されるのは死後であり、死後、祖先となり神仏となる。

欧米的近代において、欲望の充足に狂喜乱舞する自己中心主義が肯定、奨励、祝福されてきた。従って、自己は私利私欲にとって無益なことに無関心である。無関心を無関心の自由で制御することはできないが、無関心も一つの自由として保障されてきた。その一方で、欲望に際限はなく、自己は飽くことなく他者を糧としてむさぼり続ける。貪欲の歯止めは自己に内蔵されていないが、それを抑えられなければ、他者との確執は悪化の一途を辿る。しかも、確執の原因が専ら自己にあることにさえ気付かない。それは、他者に出会うことなく他者を自意識するからである。

純粋無垢な自己が他者を自らの延長として同一化してしまうと、まるで天動説のように、他者は自己を中心に公転させせられ、公転しない他者はゴミ、つまり無益な逸脱として外部化され、封印される。そうすると、自己は他者に出会えなくなる。他者に出会えない自己は、成熟できないばかりではなく、間違いに気付かされる機会も得られなくなる。

時間、死、神のように、どうしても所有も管理もできない差異は絶対的差異となり、他者を自己の延長として同一化できないことの否定できない基点となっている。絶対的差異は、「世間のことは何でもわかっている」と慢心している自己を裏切る。裏切り者は排除されることもあるが、逆に、驚愕のなかで自己に迎え入れられる奇跡ともなりうる。どうしたら奇跡が起こるか。

感情は感情で制御されえないが、強欲や傲慢が招く他者との軋轢において、「このままでいいのか」と自問する瞬間がやってくる。感情は制御困難で厄介な悩みの種ではあるが、感情を問いただす衝動でさえ感情から現れる。だが、この衝動は安心・安全において生じるものではない。意外な出来事に遭遇し、その意外さに驚愕したとき初めて問題意識が噴出する。実際には、身震いするほどの絶対的差異によって自己は四方八方囲まれている。驚愕において自らを問いただす瞬間、自己は他者の理性の光を浴び、感情で曇らされていた問いが照らし出される。

この問いはクイズではなく、問いのための問いとしての自省である。自省の瞬間、自己は倫理的に成熟するが、理性は蓄積されないので、自省の念に駆られた瞬間しか理性的になれない。自己が他者の理性の光を浴びることは、ウブが負うントゥ責任のように、回避も転嫁もできない解約不能な「責任を超えた責任」である。

ウブが負う超責任の故に、ウブントゥはウブがントゥする実践においてでなければ意味をもちえない。それが知識、教養または教訓として記憶や記録されるだけでは実践とはされず、忘却されるか否かを問わず、他者性を迎え入れる超責任の受難の実践だけがウブントゥとされる。実際、ウブントゥという言葉そのものについての伝承はほとんどなく、伝えられてきたのはその実践のための格言である[44]。ウブントゥの実践とは、自己が敬意をもって他者性を迎え入れ、あらゆる他者との間に生贄的関係を開く驚異である。

六　贈与・歓待からわからなさへ

他者のなかには親密な他者と疎遠な他者がいる。家族、親族、同僚や友人は親密な他者とされ、二者間に対話的な関係が開かれている。それに対し、会ったことも会うこともない疎遠な他者に自己は無関心である。親密な他者には、表面的なことでわかるところも少なくないが、どんなに親密でも、わからない他者性もある。その他者性は封印されたり、裏切りとされたりもするが、大概、わからなさとして温かく迎え入れられている。

他者性は感情に呪縛されている自己によって主観的に生み出されたものなので、親密な他者と疎遠な他者との違いは、接触の頻度や物理的な距離のような客観的な違いではなく、自己の主観における違いである。親密さはわかるところまたはそう確信しているところへの愛着によって誘発され、疎遠さは無関心によって生み出される。どの他者にも自己にはわからない他者性があるが、疎遠な他者に愛は感じられない。

グローバル化された欧米的近代の宗教における愛が、隣人や汝の敵など親密な他者との二者間に封じ込められ、特権化されているのに対し、疎遠な他者は二者間の愛から閉め出され、自己が親密な他者を愛すれば愛するほど疎遠な他者から遠ざかることの自覚の高まりが、宗教の危機の淵源になっていると憂慮されてきた[45]。この憂慮は、疎遠な他者にも愛をもてるよう婚姻を忌避したとしても、他者のなかにわかるところを見つけ出すのが難しいことを告げている。また、もしわかるところをいくつか見つけ出したとしても、他者のわからなさは無限である。それでは、愛からではなく、わからなさから出発したらどうなるか。実際、家族の基礎となる婚姻関係は、疎遠なわからなさとの出会いから始まる。

ウブントゥにおいて、他者のわからなさへの関心を惹起するため、プライバシーがわからなさとして尊重されてきた。[46] プライバシーの尊重とは情報秘匿や隔離ではなく、情報をえて意識する前に、あるがままの他者をわからなさとして迎え入れる所作とされる。ズールー族の神でもあるウ・ンクル・ンクル（*u-nkuru-nkuru*）は、その意味がわらないままに保たれるという意味で、[47] ウブントゥも定義できないとされ、[48]「ウブントゥとは何か」という問いかけは、クイズではなく、倫理の喚起とされる。

「人はゴミのように捨てられない」という教えは、他者性のわからなさに起因する裏切りのせいで、自ら愛を感じられない他者をも、寛容、思いやり、赦しで迎え入れるべきとする教えとされる。[49] ここで迎え入れとは、自己が他者に同一化されることではない。それはありえず、アラビア語を話す人の他者性を迎え入れてもアラビア語を話せるようにはならない。考えの違う人の他者性を迎え入れてもその思想の理解も習得も保証されない。他者性を迎え入れるとは、賛成や反対の手前、あるいはその遥か彼方で、自己と異次元にあるわからなさとして他者を受動することである。それが受動なのは、自意識において自ら生み出した他者性を自ら待ち伏せる奇襲ではなく、自我を遺棄する受難だからである。

もし他者性が自己との同一次元における物理的な程度の差異に過ぎなかったとしたら、自己は如何なる他者とも時間も空間も共有でき、他者を管理、所有、摂取、破壊できることになるが、他者性は自意識において生み出される超物理的（metaphysical）、形而上学的な観念である。形而上学的な他者性は、いわば奇跡を予感させるような意外性でどこからともなく不意に到来する。どんなに追いかけても、それに追い着くことはない。それゆえ他者との出会いとは、他者を自己の理解を遥かに超える異次元のわからなさとして仰ぎ見る畏敬の念の発揚である。

他者性がわからなさとして迎え入れられると、自己発信は、誰にも受け取られなくてもよいものとしての投げ捨て、つまり万人に向けた遺棄となる。それは欧米的近代における目的と手段の二者択一が消滅した手段性において、贈与の手前で投げ出される。[50] その無目的性は、等価交換の円環を破断する。

グローバル化の場合と異なり、遺棄という自己発信はおせっかいではなく、神との約束である祈りに近い。祈りとは本来、おねだりする祈願ではなく、神に約束する祈念であり[51]、他者性の迎え入れの約束である。感情の遺棄による自我の空きに他者性を迎え入れる超責任の受難によって生贄的関係が開かれるが、迎え入れられた他者性は他者の退出とともに消え去り、自己は完結しえず、他者性が不要になることはない。

生贄的関係は、純粋無垢な自意識から生じるものではない。「自分が間違っているのでは」と問いただすことのない自意識は私利私欲の損得勘定に呪縛されているが、生贄的関係は自意識の手前において、如何なる予測や予知にも先立つ不意打ちとして始まる。そのとき生贄として捧げられるのは、自己中心的な自意識である。供犠が始まるのは、「自分が間違っているのでは」と問いただし、自らの感情を無化する瞬間である。

自我には感情しかないので、感情の遺棄は自我の遺棄であり、それが遺棄された瞬間、万人からセリティ(*seriti*)と言われる聖性ないし敬意を受け取る。[52] セリティを受肉した自我は、再び感情的な自己に回帰するが、再帰、再々帰した自己は、他者性を迎え入れる感受性において遺棄以前とは全く異なる次元に成熟する。

自己中心主義がグローバル化された欧米的近代においてウブントゥの実践はますます困難になったが、レソトのソト族は、人間にそれを成す潜在能力のあることを「象はその重さに耐える」と表現し、その潜在能力を顕在化させ自ら進んで責任を負う人を「人びとのための人」と呼んで賞賛してきた。(53)

七　世界化

お歳暮やお中元のような贈与でさえ、間接的、遠回りに私利私欲に結び付けられる。生得の私利私欲は、幼年期には鬼退治や恩返しの昔話によって、その後は制裁からの逆算を命じる法制度によって、社会貢献も勉強も法遵守も、廻り回って「自分のためだから」と言い聞かせられ、育くまれる。「自分のため」なので、誰も見ていないと近道される。問題は、その間接性や迂回をどう見るかである。それは偽善と揶揄されうる反面、仏教における末法時代の「名ばかりの僧侶」に「この世の宝」を見るように、(54)生贄的関係の兆しと見ることもできる。

差出人と受取人が書き込まれた贈与にはハイリターンが期待されているのにそれが贈与と呼ばれるのは、同時履行の原則を超え、お返しの履行期日に猶予が与えられているからである。それでは、お返しの期日延長が生贄的関係を開くのか。

お返しの履行期日延長の実例は、アフリカで伝統的に行われてきたお返しの世代間履行に見られる。ズールー族は、何か貰っても「ありがとう」とは言わず、「永久に立っていられますように」と言う。(55)それは、自己の存命中にはお返しできないが、後の世代がお返しできるかもしれないということの相互了解である。一方、欧米的近代における贈与は、自己の存命中にできるだけ早くお返しが履行されることを請求している。お返しも贈与の一形態であるが、それが世界化に向かう生贄的関係を開くのか。

送受信者が記載された贈与は先行投資の色合いが濃い。贈与が生贄的関係を開くのは、等価交換を超える超加によって、部分的にでも自我が遺棄されたときに限られる。ところが、それができたとしても、贈与には受取人とそれ以外の者との切り離しが伴う。受取人との関係では自我の一部が切り取られ遺棄されるが、それ以外の者との関係では自我は純粋無垢なままである。どうしたら万人との間に生贄的関係が開かれ、世界化が始まるのか。万人からなる世界には外部がなく、世界は唯一である。一方、内部と外部の二項対立は「一-性」としての世界を開きえない[56]。同一化できない他者を排除する欧米的近代の自意識における内なる境界線からは、世界化は始まらない。世界を開くのはもちろん主権国家ではなく、一人ひとりの内なる他者性認識である。世界化においては、自己の感情が瞬時に剥がし取られ、万人に向けて遺棄され、絶対的差異をも迎え入れる超責任の受難において全てが結び付く。

たしかに、親密な他者の拡大によってでも地域までは届く。アフリカの伝統的共同体では、そのための信仰、儀式、格言、伝説、慣習などが伝承され、地域内のすべての他者と生贄的関係を開けるよう「生ける死者」に供え物が捧げられてきた[57]。「生ける死者」は、生きている者と祖先との間に位置し、自己と世界の間にある地域の時間バージョンである。それは伝統的共同体の維持に寄与しうるが、それだけでは世界を開けない。

万人の他者性を迎え入れて世界を開くための鍵は、わからなさである。自己は他者を理解しようとしなければならないが[58]、他者のすべてが理解されることはありえない。わからなさがわかろうとする関心の原動力となり、他者性に対する関心の門出となる。他方、「わかった」という自己認識は関心の消滅を記す。

疎遠な他者を含む万人の他者性の迎え入れとは、誰にも向けられていない感情の遺棄であり、それは自意識の手前、つまり贈与の手前における、それとは異次元の超贈与としての、わからなさによる感情の無化である。実際、わからないことには、喜びも悲しみも欲望も伴わない。

他者性を他者に起因するものと勘違いし、憎しみの感情を他者に向けるのではなく、自己に起因するわからなさとして自我に引き戻すことは、途方もない難行苦行である。それは結果的には感情を感情で抑制するという矛盾となるが、わからなさへの転換そのものは、喜び、悲しみ、欲望を無化する脱感情化となる。

自我には感情しかなく、感情を超脱するエネルギーでさえ感情起源である。その意味では感情も理性的に作用しうる。だが、感情だけで感情を理性的に作用させることはできず、それをわからなさに転化しなければならない。それを可能にするのは、他者の理性の光である。感情の発散だけでは欲望を満たせないことに気付いた瞬間、自己は他者性を迎え入れる超責任を受け入れ、感情をわからなさに初期化する。それでは、他者性をわからなさとして迎え入れる超責任の受難はどう実践されてきたのか。

自意識の手前で自我を剥がし取る超責任の受難は、あかちゃんが母親以外の他者を迎え入れるため自ら離乳するときだけではなく、何歳になっても繰り返される後悔においても体験されている。また、寺社の賽銭箱への硬貨投入は匿名でなされ、しかも受任者が特定されておらず、投入の瞬間、自意識の手前で自我が剥がし取られ、何気なく超贈与が成し遂げられている。

ズールー語のウクーロニファ（*ukuhlonipha*）は見ず知らずの人に対する敬意をも意味し、ウブントゥの真髄とされてきた。(59) ウクーロニファに基づき万人に対する超責任が被られているか否かを判別する指標の一つは、移民・難民の受け入れであるが、南ア憲法裁判所は、よそからきた者は孤立無援なので、特権を与えて保護することを義務づける「足には鼻がない」という故事を引用し、難民を歓待するのがウブントゥであると判示した。[60] それは、将来同じ境遇に陥る可能性に対する利己的な懸念によっても説明されうるが、この故事は責任を課している。[61] かくして、アフリカの伝統的共同体では客人が歓待されてきた。

近年の欧米における難民・移民の排斥は、コロンブス以来の大失敗であり、文明の終焉を象徴する。排外主義は世界化に逆行する。世界は、「一‐性」を部分へと断片化して囲い込むイズム（-ism）とは異なり、一つの連続した「一‐性」というネス（-ness）である。[62] 世界が見えないと自己がどこにいるかわからない。どこにいるかわからないと、どっちに進んだらよいかもわからない。それがわかるのは、わからなさによって「一‐性」の入口に立ったときである。世界の入口に辿り着くには他者が要る。自己がそこに立てるのは、「このままでいいのか」、「自分が間違っているのでは」と問いただし、他者性を自己自身のわからなさとして迎え入れる超責任を被った衝撃の瞬間である。

八　おわりに

ウブントゥにおいて、人間が存在の一態様であるのと相似に、自己は他者の一態様とされ、他者が自己に先行する。それに対し欧米的近代においては、他者は自己によって糧として摂取されるか、または排斥されるかの何れかである。欧米的近代のなかで感情的に生きている自己が、他者の理性の光を浴びて自我から感情を剥がし取り、他者性を自らのわからなさとして迎え入れる超責任を被ることは奇跡である。この奇跡を起こすため、アフリカの伝統的共同体では、格言、神話、儀式、慣習などが継承され、幼少期から他者の迎え入れが教え込まれてきた。それとは逆に、欧米的近代のグローバル化は自己中心主義をますます深く根付かせ、主観的に自己決定された私利私欲が人生の唯一の目標あるいは幼少期からの夢にされてしまった。このグローバル化において分離主義が噴出するのは不思議なことではなく、他者性の排斥という公約数が通有されている故に、むしろ自然なことである。

しかし、グローバル化の時代においても、家族関係には自己中心主義を浸透させにくい。そこでは、自我の一部の遺棄による等価交換の超加が日常的に実践されている。だが、この超加は自我の一部の遺棄によってだけではなく、万人の他者性を自らのわからなさに転換することによっても等しく実践されうる。しかも、他者性が自らのわからなさに転換されると、家族の間だけではなく、疎遠な他者との間にも生贄的関係が開かれる。

一方、自我と世界との間にある家族以外の地域では、自我から出発して親密な他者との二者間関係を徐々に拡げるベクトルと、それとは異なり、見ず知らずの他者をも含む万人の他者性を自らのわからなさとして迎え入れるベクトルとが交差している。

ウブントゥが欧米的近代において果たしうる最大の役割は自己中心主義の超脱であるが、そのためのウブントゥの実践を妨げるのも自己中心主義である。ウブントゥの実践は困難であるが、自己は万人の他者性を自らのわからなさとして非対象化することにより、ウブントゥに飛び込むことができる。この跳躍は、それ以前と同じ次元において欧米的近代から方向転換するに過ぎない文化的ナルシズムではなく、如何なる方向・反方向の形式、記号、論理にも従わないアップグレードである。[63] 他者との出会いに驚愕した瞬間の痙攣、麻痺において、瞬時に感情すべてを凍結させ、万人の他者性を自らのわからなさへと次元転換することは、千差万別に誰もが経験してきたことである。

たしかに、どんなに外国語を学習してもネイティヴ・スピーカーにはなれないが、一瞬、片言だけネイティヴ・スピーカーのように話すことはできる。そのとき自己の関心はネイティヴ・スピーカーの他者性にあり、それをわからなさとして敬意をもって迎え入れている。だが、どんなに感情を剥がし取ったり遺棄したりしても、自我から感情がなくなることはない。自我のすべてが感情であり、理性は自我に付着せず蓄積されえない。それでも理性の光は感情を瞬時に麻痺させ、機能不全にする。自我から溢れんばかりの感情を遺棄し、セリティを受肉し、自己に再帰、再々帰した自我による他者性の迎え入れ方は、その分だけ成熟してくる。

自己に無関係な問題に自ら当事者的に巻き込まれ、万人の他者性を自らのわからなさとして迎え入れた瞬間、内部と外部の二項対立は解消され、一方通行のグローバル化は消滅し、自他不二とされる無限な世界が開かれる。そこでは、一人ひとりが宇宙に唯一の特異な存在形態となる。つまり、他者性の迎え入れにおいて自他不二となると同時に、迎え入れられた自己の他者性において唯一無二とされるのである。

かくの如く、ウブントゥの下で他者の差異を自らのわからなさとして迎え入れる超責任の受難は、グローバル化と分離主義との通有性を暴き出し、それとあらがう。

注

（1）Saussure, *Culture in General Linguistics*, Duckworth, 1983, 116.
（2）Karenga, *Maat*, Routledge, 2004, 181.
（3）Obenga, "Egypt," in *A Companion to African Philosophy*, ed., Wiredu, Blackwell, 2006, 48.
（4）Levinas, *Otherwise than Being*, Duquesne Univ. Press, 2006, 10.
（5）デリダ『触覚』青土社、二〇〇六年、六四頁。
（6）黒田寿郎「『滑らかな空間』の論理とその射程」『地域文化研究』第一九号、二〇一八年、一一頁。
（7）ダルマイヤー『オリエンタリズムを超えて』新評論、二〇〇一年、二〇〇〜〇一頁。

（8）Agamben, *Homo Sacer*, Stanford Univ. Press, 1998, 126-35.
（9）レヴィナス『存在の彼方へ』講談社、一九九九年、三四頁。
（10）Benoist, *Beyond Human Rights*, Arktos, 2011, 21-22.
（11）Schmitt, *The Concept of the Political*, Univ. of Chicago Press, 2007, 54.
（12）*Official Journal of the EC: Debates of the European Parliament*, vols. 432-36, 1993, 258.
（13）サイード『オリエンタリズム　上』平凡社、一九九三年、二〇～五二七頁。
（14）Blyden, *African Life & Customs*, Black Classic Press, 1908, 30-31.
（15）Todorov, *The Conquest of America*, Harper & Row, 1984, 30, 42-43.
（16）Fukuyama, "The End of History?," *The National Interest*, Summer 1989, 1-18.
（17）ヘーゲル『歴史哲学講義（上）』岩波書店、一九九四年、一五七～五八頁。
（18）バナール『ブラック・アテナ』新評論、二〇〇七年、四八二～五二七頁。
（19）Cassirer, *The Individual and Cosmos in Renaissance Philosophy*, Univ. of Pennsylvania Press, 1972, 86.
（20）フクヤマ『歴史の終わり　第一巻』三笠書房、一九九二年、九七頁。
（21）Wallerstein, *Geopolitics and Geoculture*, Cambridge Univ. Press, 1991, 186-87, 217.
（22）Hobbs, *Leviathan*, Cambridge Univ. Press, 1991, 91.
（23）Grotius, *De jure Belle et Pacis*, quoted in Blackburn, *The Making of the New World Slavery*, Verso, 1997, 193.
（24）Addison, *We Hold These Truths to be Self-Evident*…, Univ. Press of America, 2009, 46.
（25）Rosen, *The Anthropology of Justice*, Cambridge Univ. Press, 1989, 75.
（26）Praeg, "From ubuntu to Ubuntu," in *Ubuntu*, eds., Praeg & Magadla, Univ. of KwaZulu-Natal Press, 2014, 106.
（27）Kelsen, *General Theory of Law and State*, Harvard Univ. Press, 1945, 369-70.
（28）Gade, *A Discourse on African Philosophy*, Lexington Books, 2017, 5.
（29）Bennet, "Ubuntu," *PER/PELJ* vol. 14, 2011, 32.
（30）*Port Elizabeth v Various Occupiers* 2004（12）BCLR 1268（CC）para 37.

（31）Ramose, "The Philosophy of *Ubuntu and Ubuntu* as a Philosophy," in *The African Philosophy Reader*, eds., Coetzee & Roux, Routledge, 2003, 236-37.
（32）Bohm, *Wholeness and the Implicate Order*, Routledge & Kegan Paul, 1980, 30.
（33）Bhengu, *Ubuntu*, Novalis, 1996, 2.
（34）*Ibid.*, 3.
（35）アッ＝タバータバーイー著、黒田寿郎訳・解説『現代イスラーム哲学』書肆心水、二〇一〇年、三〇頁。
（36）ダルマイヤー、『前掲書』、一八八頁。
（37）Ahumad, *A History of Western Ontology*, Univ. Press of America, 1978.
（38）Derrida, *Margins of Philosophy*, Univ. of Chicago Press, 1982, 3-27.
（39）*Johannesburg v Rand Properties Ltd* 2006 (2) All SA 240 (W) para 63.
（40）Dube, "I Am Because We Are," in *African Ethics*, ed., Murove, Univ. of Kwazulu-Natal Press, 2009, 202.
（41）Bhengu, *op. cit.*, 3.
（42）Tutu, "Human Rights in South Africa," cited in Battle, *Reconciliation*, Pilgrim Press, 2009, 35.
（43）*MEC for Education* 2006 (10) BCLR 1237 (N) para 53.
（44）Nyembezi, *Zulu Proverbs*, Univ. of Witwatersrand Press, 1974, 46-48.
（45）レヴィナス『レヴィナス・コレクション』筑摩書房、一九九九年、三九四～四〇九頁。
（46）*Tshabalala-Msimang* 2008 (3) BCLR 338 (W) paras 2, 31.
（47）Ramose, *loc. cit.*, *supra* n 31, 236-37.
（48）Bowler, "Concluding Reflections," in Praeg & Magadla, *op. cit.*, 209.
（49）Bhengu, *op. cit.*, 5.
（50）アガンベン『人権の彼方に』以文社、二〇〇〇年、六一～六六頁。
（51）黒田寿郎「イスラームの祈り」『平和のための宗教』リーラー「遊」第二号、二〇〇八年、二四～四五頁。
（52）*Shutte*, *Ubuntu*, Cluster, 2001, 21.

(53) Mokitimi, *The Voice of the People*, UNISA, 1997, 21, 43.
(54) 北島義信「戦後七〇年と親鸞の思想」『戦後七〇年と宗教』文理閣、二〇一五年、二〇～二四頁。
(55) Ngubane, *Conflict of Minds*, Book in Focus, 1979, 86.
(56) ナンシー『世界の創造あるいは世界化』現代企画室、二〇〇三年、九～五三頁。
(57) Gyekye, *An Essay on African Philosophical Thought*, Temple Univ. Press, 1995, 123-28.
(58) Gadamar, "Hermeneutics and Deconstruction," in *Dialogue and Deconstruction*, eds. Michelfelder & Palmer, State Univ. of New York, 1989, 119.
(59) Ndluli, "Ubuntu-Botho," *Transformation* vol. 5, 1987, 67-68.
(60) *Union of Refugee Women v Director* 2007 (4) BCLR 339 (CC) paras 145-47.
(61) Munyaka & Motlhabi,"Ubuntu and its Socio-moral Significance," in Murove, *op. cit.*, 76.
(62) Ramose, "The Ethics of Ubuntu,"in Coetzee & Roux, *op. cit.*, 325-26.
(63) Derrida, *The Other Heading*, Indiana Univ. Press, 1992, 14-15.

近代を超える試み
——イラン革命再考——

櫻井秀子

崩れゆく近代的平等

経済と安全をめぐる格差は日増しに広がり、他人の窮状を顧慮する余裕のない日々が続く。ポピュリズムに傾倒する各国の指導者たち、彼らが繰り広げるヘイトスピーチまがいの言動、人種や性、宗派、民族をめぐる差別は、日増しに顕著となり、全体主義の台頭が頭をよぎる。近代が掲げる平等は、またもや崩れようとしている。裸の王様の衣服のような近代的平等は、もはや人々の目には見えることなく、いま「王様は裸だ！」「平等は偽りだ！」という糾弾にさらされている。

西欧近代においてめざましく拡張した理知主義は、理性を駆使して「認識上の平等」とそれにもとづく「自由」を打ち立てた。近代における理性的存在者は、人格という仮面を与えられ誕生し、現在それは、「国民」と名付けられ、人々は国家に属する国民というカプセルの中にいる限りにおいては、平等と自由を基本的人権として保証されることとなっている。しかし他方、「認識上の平等」の確立には、その平等の根拠となる同一性を認識するための異質性を必要とする。異質な彼らなくしては同一的なわれわれを認識することはできない。国民概念にもとづく認識上の平等の保証には、A国民、B国民という相違ではなく、国民という同一性では括られない、別の異質な存在者たちを不可欠とする。

国民国家発祥のヨーロッパでは、このような国民の同一性を際立たせるために、外部においては植民地の住民たちが、内部においてはロマやユダヤ教徒などが、その機能を担わされた。米国においては、先住民と黒人が外部へ追いたてられた。しかし第二次世界大戦中の全体主義の反省と戦後の植民地の独立により、その差異の対立軸は、次なる二項対立へと移行し、同・異の境界は、東西の差異によって築かれることとなる。ここではイデオロギーの問題に焦点が当てられ、同じ名称の国民であっても似て非なるもので、東西では本質的に異なることが強調された。しかし一九九〇年代初頭のソ連崩壊に続く新自由主義的なグローバリズムによって、またもや対立軸が消滅する事態に陥り、それまでと同様の方法で国民としての同一性を認識することが困難となる。特に、旧ソ連圏の東欧諸国や東西関係の前線であった第三世界諸国は、ソ連崩壊後に民族紛争の嵐に見舞われたが、それは国民としての新たな同一性の確立のために、排除すべき他者を模索するプロセスであったといえる。

湾岸戦争と東欧諸国の紛争を経て、資本主義の単一体制の中に旧ソ連陣営下の国々が再配置されると、同時に差異的な外部は消滅し、国民国家の同一性を保証するものも一掃される。このような状況において、国民国家のイメージの輪郭は不鮮明となり、新自由主義政策の台頭による市場優位の中で「国家の退場」が現実味を帯びた。だが二〇〇一年の九・一一同時多発テロを経て掲げられた「テロとの戦い」のスローガンは、国家が国民をテロリストから守るという明確な対抗軸を提示し、国民の同一性とテロリストという他者の異質性との対比によって、米国民のみならず世界の人々を国民単位で団結させることとなった。他方では、それはヨーロッパ諸国を中心に難民が押し寄せる結果を招いた。テロリストについては、テロの現場に居合わせない限りは、それが自国で起こったことであろうとも、報道を通じてイメージするのみである。しかし難民は、イメージではない。自らの生活圏に現実に流入する人々である。彼らは、理性が思い描き心を寄せる、どこかに漂着した難民ではなく、現実に隣に住みつく異質な存在者として、突如、国民の生活圏にあらわれたのである。

難民は、国民という格をもち合わせないことから、外国人ですらない。このきわめて具体的、現実的で、かつ大勢の難民に対して、彼らを共に生きる人々、いずれは平等な国民として包摂していく他者として認識することは困難をきわめる。さらに難民を受け入れる先進国においては、新自由主義政策による格差が定着しており、国民間ですら社会的弱者となると排除されるのが常態化している。したがって、このような状況においては、異分子の難民を排除することによって国民の団結は起死回生し、国民間の不平等な現実は表面上、かき消される。しかし同時に、平等であるはずの国民の格差の現実は依然として解消されないことから、それぞれの不満は深化し、そのはけ口は難民へと向けられるという悪循環となる。

「テロとの戦い」後の難民排斥。さらには「米国民ファースト」にならう「自国民ファースト」のスローガン。これは、近代が前提とする平等な自他関係を瞬く間に粉砕し、政治リーダーがむき出しの権力を用いて差別と排除を公言することを可能としている。ここで明らかなのは、近代が掲げた「平等」がいかに脆く、いったん認識上の合意が崩れると、すさまじい勢いで選別と差別に転化することである。選別と差別は、排除による同質化の過程と表裏一体であり、その勢いはとどまるところを知らない。近代の平等は、人間の多様性を覆うカプセルなしでは成立しない。しかしそのカプセルは、もはや世界中すべての人を覆うことができるほど弾力的ではないのである。世界のいたるところで、異質性の排除に向かって日常レベルにおいても暴力の横行がまかりとおっている。このような近代を超えるためには、認識レベルの平等と異なる次元の実在へ通じる道を模索する必要がある。

近代システムの生みの親である西欧の思想家はもちろんのこと、日本も含め諸地域の思想家は近代を超えるために、近代的自己から外へ自らを解放する道を模索し、知的奮闘を重ねている。また経済の分野では、地域通貨やコミュニティ・キャピタル、マイクロ・ファイナンスなど、国家の経済権力の外へ向かう試みがなされている。しかし反国家的な知的活動は、反知性主義にのみこまれ、地域主体の経済活動は、商業主義や資本主義経済によって破壊された経済を立て直すための補完機能に再編される場合も少なくない。さらに法の領域では、国民国家とそれを支える法システムに立ち向かう運動は、植民地独立運動の最中にすでに吸収され、近代国家の法システムの採用を余儀なくされた。近代的な法治国家の他には居場所が与えられないのが第二次大戦後の世界体制であったからである。ただし、一例のみこの近代国家を超えることに挑んだ事例がある。それは、一九七九年のイラン革命である。

フーコーのイラン・ルポルタージュ

イラン革命における民衆の蜂起は、近代史観で説明のつくものではなかった。欧米のメディアは、人々が辻々から続々とあらわれ集結し、シャー政権の打倒を連呼している状況を理解不能な不気味なものとして、恐怖をあらわに報道した。近代史観にもとづく革命理論に依拠して考えれば、二〇世紀初頭に立憲革命を経験し、その後、立憲君主制と名ばかりの専制君主体制において近代化を進めていたイランに革命が起こるとすれば、それは民主化革命かプロレタリア革命かのいずれかであったはずだ。しかしそれが掲げるスローガンは「西でも東でもないイスラーム」というものであった。それは近代的観点からすれば中世帰りと表現する他ないもので、革命とは程遠いものであった。

ところがイランの民衆蜂起においては、マルクス主義者からイスラーム回帰支持者に至るまで、いわば水と油の関係の人々が一体化した。このような一体化は、単にシャー政権を倒すためという烏合の衆だけでは実現されるものではない。秘密警察ＳＡＶＡＫによる取り締まりも米国のＣＩＡの工作も、さらには軍部による弾圧も、反体制運動に結集する人々を分断することはできなかった。そこには「民衆の一性」というべきものがあり、国家権力に抗する人々すべてが、個別の思想や利益に還元されない一つの力によって蜂起していた。

この事態に注目したヨーロッパの思想家の一人に、Ｍ・フーコーがいた。彼は反体制運動の最中の一九七八年九月にイランを訪れている。彼の興味はひとえに「民衆の一性」であり、近代を超える可能性をそこに見出していたといえる。彼は民衆蜂起を目の当たりにして「体制の拒絶は、イランにおいては一枚づくりの社会現象である。」、「……いかなる政党も、いかなる人も、いかなる政治的イデオロギーも、この運動を代表するものとは主張できていない。誰も、その先頭に立っているとは主張できない。政治秩序にはいかなる通信員もいかなる表現もない。……にもかかわらずこの運動が、完全に一つのものとなった集団的な意志を構成しているということである。(1)」、「これは、政治的組織を欠いた自発的蜂起などではない。これは外からの支配と内の政治とから同時に脱しようという運動なのだ(2)」と評している。そしてイスラームが、中でもシーア派的な抵抗の宗派が「数世紀を通じて、民衆の根底から、国家権力に対立しうるものすべてに、還元不可能な一つの力を絶えず与えてきた。」[3]と述べている。

フーコーは、イランの民衆蜂起のルポルタージュのために、H・コルバンによるシーア派思想とA・シャリーアティーのイスラーム社会学を事前に参照していたといわれる。[4]特にシャリーアティーについては、「今日のイランの政治的、宗教的な生のすべてに取り憑いている人影」[5]と位置づけ、政治的な生に精神的な次元を導入し、「政治的な意志」をもたらした人物とみなした。さらにシャリーアティーが傍観者ではなく、自ら国家に抗する思想家であったことに加え、弾圧と投獄の果てに一九七七年に亡命先の英国に到着して間もなく謎の死を遂げたことが、人々を反体制運動に駆り立てた一つの要因としてあげている。

一九七九年にイラン・イスラーム共和国が樹立され、法学者の統治がその政治体制となると、フーコーが驚愕のまなざしでとらえた民衆の一性は分裂した。新政権に対する反革命グループがさまざまな運動、主張を展開する一方、それに対する処罰も厳罰化していく。フーコー自身、当時のバーザルガーン首相にその事態に対する懸念を示したが、[6]イラン革命を中世帰りと揶揄していたフランスの思想界からは、それ見たことかとばかりに批判を受けることとなる。フーコーのイラン革命の評価に対する批判は、今なお続いている。[7]しかしフーコーは、もともとイランの反体制運動を「革命」と呼ぶこと自体に疑問を呈していた。フーコーは「蜂起は無駄なのか」というイラン革命に関する最後の論考において、「革命は、蜂起を合理的で制御可能な歴史の内部に順応させるべく、甚大な努力を払ってきた。革命は蜂起に正当性を付与し、良い形式のそれと悪い形式のそれを選び分け、それがどのように展開するかという諸法則を定義づけてきた。革命は蜂起に対して、完了するにあたってのあらかじめの条件、目標、あり方の数々を固着してきた。……蜂起が現実政策の中に植民地化された、と言う人たちもいるだろう。[8]……蜂起に合理的な歴史という次元が開かれた、と言う人たちもいるだろう。……」

と述べ、蜂起を合理的に制御し歴史に収める革命の本質にふれ、イラン民衆の蜂起にあえて「革命」のタイトルを付与することはなかったのである。そして「人は蜂起する。これは一つの事実だ。そのことによってこそ、主体性（偉人のではなく、誰でもいい人間の主体性）が歴史に導入され、歴史に息吹をもたらす[9]」と述べているが、ここからはイラン民衆の蜂起そのものを「歴史」に服することへの拒絶、体制側の目的に沿った恣意的な解釈にもとづく連続性や意味の付与に対する抵抗と、とらえていたと読み取ることができる。

このようにフーコーは、民衆が変革への意志をもって主体的に歴史を創り出している現場を目撃した。そして上述したように、その場にシャリーアティーの影を見たのである。シャリーアティーも、権力によって構築された「歴史」を、人間が脱するべき牢獄の一つとして位置づけている。彼は現代の人間が囚われている牢獄は四つあり、それらは「自然」「歴史」「社会」「自己」である[10]。第二の牢獄「歴史」は、まさにフーコーによる批判と同様、権力によって提示された歴史を無批判に受容し、その歴史観を従順に受け入れることに他ならない。シャリーアティーは、人間がこの四つの牢獄に囚われていることを自覚し、そこから自由になることを選択して、新たな歴史を創造することを解放の道として示した。

近代史観を超えた民衆蜂起

シャリーアティーは民衆を前にして、イスラーム初期の忘れ去られた歴史を語った。そこでは預言者をアリーとともに支えたアブー・ザッル、サルマン、ビラールといった信者たち、中でもアブー・ザッルの苦闘が中心を占める。アリーは預言者の従弟で男性の第一信者、後の娘婿であるが、彼が信仰心、クルアーン理解、人格、知識、統率力において預言者の後継者と目されていたことは、スンニー派も認める正伝のハディース（伝承）において示されている。それにもかかわらず、アリーやアブー・ザッルをはじめとする教友の研究が進んでいない。このような状況をシャリーアティーは、誠にゆゆしきことと嘆いた(11)。

預言者の死の直後、いまだ埋葬の準備の最中に、イスラーム共同体が分裂の兆しをみせる中、その鎮圧も含めカリフに推挙されたのは、預言者の教友で年長者のアブー・バクルであった。しかしその場には、預言者が生前もっとも信頼を寄せその後を託したと伝えられるアリーは、預言者の埋葬のため不在であった。カリフの指名は、きわめて政治的な決断によりなされた。そして、アブー・バクルをカリフとして認めなかったアブー・ザッルたちは、イスラーム史という大文字の歴史に書き記されることはなかったのである(12)。

アブー・ザッルはイスラームへの入信は早く、四、五番目だが有力部族のクライシュ族出身ではなく、サルマンはエチオピア出身の奴隷で、ビラールは解放奴隷のペルシア人というように、彼らは預言者没後のカリフたちのようなアラビア半島の裕福なエリートの出自にはない。彼らは正義感に満ちた勇猛果敢な篤信者で、預言者がイスラーム共同体を築く上で重要な役割を果たしたが、何の社会的な地位もない信者たちであった。それゆえに歴史は彼らを書き留めることはなく、人々の関心も向けられていない。しかしだからこそ、彼らが主体的に創った歴史を知らねばならないと、シャリーアティーは呼びかけたのである。これはフーコーのいう、「偉人ではない主体性を歴史に導入し、歴史に息吹をもたらす(13)」ことと符合する。

『アブー・ザッル』においてシャリーアティーは、アブー・ザッルの不屈の精神と正義のための闘いを語っている(14)。アブー・ザッルは、第三代カリフ、ウスマーンとシリアの総督ムアーウィア（後のウマイヤ朝初代カリフ）の治政を徹底的に糾弾し、最後には、不毛の地である故郷ラバザに追放され衰弱死した。預言者やアリーが慎ましい生活を貫き、少しでも余剰があれば必要とする者に分け与えていたのに対し、もとより裕福な商人の出自であるウスマーンは、莫大な資産を形成し、ザカート（喜捨）を収めたので問題なしという立場を取っていた。また同じくウマイヤ家出身のムアーウィアは、ダマスカスに「緑の館」と呼ばれる豪奢な宮殿を建設し、その主となり権勢を誇っていた。アブー・ザッルはダマスカスにおいて、その緑の館がイスラームの教えに反することを人々に説き、ムアーウィアに対しても、「もしこの宮殿を自費で建設したならば、それは浪費であり、もし人々から集めたもので建てたならば大罪だ」と直言して憚らなかった。

このような集中的な資産の蓄積は、他者への配慮を欠く証、つまりは神の忘却の証である。それは財貨を人々に公正に配分するイスラーム共同体の社会経済システムの土台をゆるがし、すぐにも共同体を瓦解に導く危険性をはらんでいる。それゆえに、アブー・ザッルは、人々を前にして抗議の弁をふるう。ウスマーンの金銭による懐柔策にも応じなかった彼は、ついに放逐され、非業の死を遂げる。カリフであるウスマーンは、アリーがアブー・ザッルをラバザまで見送ることさえ禁じたが、アリーはそれをものともせず同行する。そしてアブー・ザッルに、「真理だけが君を惹きつけ、過ちは君を遠ざける。君が彼らの現世的な誘惑を受け入れていたならば、彼らは君を愛し、君がそれを共有したならば、彼らは君に隠れ家を提供していたことだろう」［説教一三〇］[15]と語りかけたのであった。さらに自らに対し忠実な教友たちについて「君たちは真理の助力者であり、宗教の兄弟、苦難の時の盾、他の人々の中で信頼に足りるともがらである。君たちの助力によって私は後ろを見せるものと戦い、向かってくる者の忠誠を期待することができる。それゆえ裏切りもなく、疑いの雲一つない助力によって私を力づけて欲しい。なぜならば私は、神かけて、人々の中で最も彼らにふさわしいものなのだから」［説教一一七］[16]と讃えた。

シャリーアティーは、ウスマーンやムアーウィアを貴族化した逸脱者、貧しき者をさらに貧しくする為政者たちとして厳しく批判する一方、無官のアブー・ザッルがイスラームの教えの形骸化に身を挺して抵抗する生きざまを滔々と語った。シャリーアティーの語りには、いつも聴衆の身体に浸潤する美しい音律の流れがある。「アブー・ザッルよ、ふたたび！」という語りかけも、アブー・ザッルの生を聴衆の生に繰り込むものであっただろう。それは、繰り込むものというよりは、聴衆それぞれの中に生きるアブー・ザッルに導く語りであったに違いない。アブー・ザッルと自己の間にはもはや溝はない。同じ存在を共有し神の息吹によって同じく創造された人間なのだ。このようにシャリーアティーは、誰しもが備えているアブー・ザッル的な正義への意志を目覚めさせた。これがフーコーのいうシャリーアティーの影なのである。

自己の中にアブー・ザッルを発見することは、ウスマーンやムアーウィアも発見することに等しい。後者の彼らも、神の創造物であることに変わりなく、その存在を共有し息吹を受けた者たちである。存在という同じ天賦の素材にありながら、その形成過程の相違が、一方ではアブー・ザッルへ、他方ではウスマーンやムアーウィアへと分化させる。シャリーアティーは、ウスマーンたちはイスラームの教えを実践することなく貴族的な生活に溺れて蓄積に勤しみ、イスラーム共同体を資産の多寡や出自（クライシュ族か否か、奴隷か否か）、民族（アラブか非アラブ）などによって信者を分裂させ、イスラームを形骸化させたと訴えた。(17)

当時のイランの状況においては、ウスマーンやムアーウィアはシャーに、ムアーウィアの緑の館はシャーのニアバラン宮殿に容易に重なるが、打倒シャーの蜂起を促す原動力は、対象化された悪を倒すというような単純な善悪二元論、勧善懲悪論に終わるものではなかった。むしろそれは、自己の中にあるウスマーンやムアーウィアの偽善的な性向を、アブー・ザッルの善のそれへ転換するエネルギーそのものであった。さらにアブー・

ザッル性の重要な点は、勝ち馬に乗るがごとく安易に体制側につかないことにもある。アリーは、ムアーウィアの離反と妨害により、カリフとしてのリーダーシップを十全に発揮することなく、それを不満とする信者に最後は殺害される。だがこれはムアーウィアだけの問題ではない。むしろアリーを孤立へと追いやった人々、それを見て見ぬふりをした人々の問題である。シャリーアティーは、後に殉教するフセイン（アリーの息子）のおかれた状況も合わせて、不正から目をそらす人々の姿勢を批判している。

ウスマーンやムアーウィアではなく、アリーやアブー・ザッルを選択せよというのがシャリーアティーの強いメッセージであった。自ら正義のために立ち上がる者、そのリーダーを支える者のいずれであれ、日和見の傍観者であることなかれ、と人々に訴えたのであった。これは一見スンニー派に対するシーア派の構図にも見えるが、シャリーアティーが問題とするのは、むしろ宗派による自己規定に満足する信者である。アリー的な資質を自己の中で養うこととは無縁であるにもかかわらず、ただシーア派に属することを自称することにより、アリーに自己同一させるような仕方である。このようなシーア派を脱し、アリーの教えの道を進むことが、彼のいう「革命的自己形成」である。この点に関しては、『アリーのシーア、サファヴィー朝のシーア』において詳述されている[18]。これは、アリーの教えの道を歩むのか、サファヴィー朝の官製シーア派に追従するのかを問うたものである。

アリーの教えに続くという意味においては、シーア派もスンニー派もない。アリーは自ら信者の長として範を示す一方、神の教えを敬神の念をもって実践するか否かによって、現世を歩む道は二手に分かれ、それは軌道を変えることなく来世においても二つの道（天国と地獄）へと通じると説いた。シャリーアティーが力説したのは、政治化された宗派からとらえたアリーではなく、預言者の伝えた神の啓示を行為としてあらわしたアリーに続くことである。

彼は、サファヴィー朝のシーアは王朝の正統性に利用されたシーア派であるという。この点は、かつては預言者ムハンマドの教友として側近くにいたムアーウィアがウマイヤ朝を築き、イスラームによる統治を王朝のそれに転換したことと重なる。またシャリーアティーは、それを可能とした宗教学者たちの支持と彼らが特権化した知識階層を形成したことを問題視した。アブー・ザッルの逸話では、経済的な蓄積と独占が中心として取り上げられたが、ここでは知識の蓄積と独占が抑圧的権力の源となることに焦点が当てられている。

知識の分配は権威的な知識の一方的な流れではなく、信者の疑問に対する真摯な回答によって双方向になされるべきものである。しかしシャリーアティーによれば、サファヴィー朝の知的権威者たちは、疑問や異論に耳を傾ける忍耐力、理解力に欠け、議論を避けて、ひたすら形式的な知識の提供に終始したという。革命当時の宗教指導者たちの中には、このような知的権威に対する批判を自らに向けられたとみなす者もいた。さらに彼は、歴史に名を留める哲学者たちを崇めるエリート学者たちの理知主義や、ひたすら内面の純化に没頭し社会を顧みない神秘主義に対しても批判の矛先を向けた。そして知識人は、アリーのように叡智（ヒクマ）と知性（イルム）を備えたアーリム（賢者）として、知識を社会的公正のために用いなければならないと説いた。そのために求められるのは、特権的な知識階層が築いた権威的知識の牙城ではなく、賢者による清流のごとき知的贈与である。

シャリーアティーの著作集は、アラブ、トルコ、インドネシアの各国語に翻訳される一方、イラン国内では宗教指導者からは「イスラーム理解が正しくない」と批判され、哲学者たちからは、「庶民向けにはいいが、哲学がまったくわかっていない」と蔑まれ、その評価は芳しくない。そして、現在の経済制裁に疲れた人々からは、「あの時、シャリーアティーによって正義心に火がつかなければ、こんな事態にもならなかったろうに」という声すら聞こえる。しかし翻ってこれは、個々人の行為の結集によって近代を超え、新たな歴史を創ることがいかに困難であるかを物語るものではないだろうか。

民衆の一性とイラン革命

認識的に構成された、張り子の虎にすぎない国家機構、その中で権力を死守するために監視網をめぐらすシャーとそれを支える世界システム。これらに対する強い拒絶がイランの反体制運動の根幹をなした。虚構性の糾弾という点では、冒頭に述べた現在の潮流と似ているが、イラン革命と現在の世界情勢との間には本質的な相違が横たわっている。イラン革命は、虚構でありながら実在する国家を支える近代的システムそのものに抗したのに対し、現在の糾弾は虚構の世界そのものからの脱出ではなく、新たな自己中心的な世界の構築とその主導権をめぐる争いの一端である。いまだに新たな虚構の世界を目指すことが主流である現在にあっては、後述するイラン・イスラーム共和国の現状も相まって、イラン革命が近代を超えるための民衆蜂起であったという観点は、忘却の彼方に追いやられている。

イランの民衆蜂起は「われを忘れた興奮が渦巻く宗教的熱狂」として説明されるのがお決まりであったが、むしろ「われに返った覚醒」がもたらす熱情にあふれた状況であったというべきであろう。市中を埋め尽くした人々の様態は、メッカ巡礼のそれにも似て、異質な他者を自己に繰り込むことによって互いに融合した「われわれ」であった。それは存在のマグマを実感し、それにつき動かされる状態に等しい。人々は近代的に認識優位に再編され虚構化されていく社会に、大いなる違和感を覚えるばかりでなく、それを国家体制として実現するためには強権発動をもためらわないシャーの体制に対して、拒否の意志を蜂起というかたちであらわしたのである。この「われわれ」「民衆の一性」こそが、イスラームの存在論のタウヒード（一化）のあらわれである。[19]

上述したフーコーは、このタウヒードに言及することはなかったが、一九八〇年代の彼の論考の中心を占める「自己への配慮」は、彼が霊性と呼んだ「主体に変容をもたらす真理のはたらき」について論じられており、この点はイランにおける経験が強く影響したと指摘されている。[20] さらには「変革への民衆の意志」が自己形成のレベルにおいて大きく作用している点が重要であった。つまり自分自身に対して行う変革、シャリーアティーのいう「革命的自己形成」のためには、「他者の現前、他者の組み込みを、他者の介入を確かに要請する」[21]とフーコーは確信している。それは「他者の姿をとってあらわれる真理、存在」といえよう。

イラン革命における「民衆の一性」の本源には、イスラームのタウヒードの存在論がある。前出のシャリーアティーは、タウヒードについて、神の唯一性の証明という下から上のまなざしでなく、俯瞰的な観点からの重要性を説く。[22] 彼によれば、あるものを不可視で奇跡に属するもの、またあるものを科学的で認知可能なものと分離して考えることは、物事を下から眺めた際の分類にすぎない。もしもそれらを上から眺めればすべてがアーヤであり、一つの意味をあらわしていることが明らかとなるという。アーヤとは存在を指し示す徴であり、被造物すべてがそれに相当する。昆虫や人間といった生物も、大地や海原という自然、昼夜、雨、光といった自然現象、さらにはクルアーンという奇跡や、預言者モーゼやイエスがなした奇跡、これらすべてがアーヤ、すなわち神の存在のあらわれである。俯瞰的な観点が明らかにするのは個別的で差異的な存在者ばかりでなく、その根底にある唯一のリアリティーとしての存在なのである。

これはモッラー・サドラーの存在の優先論の流れをくむものである。シャリーアティーのいうアーヤは、井筒俊彦の次の説明を借りれば、「存在の無限な内的自己限定が現象したもの」となる。「存在は至るところにある。それは我々の世界をべた一面、ぎっしりと、一点の隙間もなく満たす。存在の全き充実、それがいわゆる世界として現象する。しかしこの充実は固定して動きのとれない充実ではなくて、常に、永遠に、それ自体の内部から生成し変易する充実である。それは無限に異なる形を取って現象する。あるところではそれは人であり、あるところでは石であり、またあるところでは花である。[23]」

シャリーアティーは、可視的な自然と不可視の超自然の間に断絶はなく、人間は自然を旅し、自然界から不可視の世界に開け放たれつつも隠されている扉を発見しなければならないという。それは現世と来世をつなぐ扉である。「現世は来世の耕作地である」といわれるように、来世的なものはすでに現世にあり、そこで育成されねばならない。しかし人間が理性的に把握するのは、存在の自己限定のあらわれとしての本質であり、それは能力や資質の相違、さらにはその結果として個々人の知識や資産、権力の多寡となって現出する。そしてこれらを他の存在者たちと分かち合っていくことが「一に化すという意味におけるタウヒード[24]」の実践であり、神のもとに還り往く道、存在への回帰の扉の発見の旅路であり、平たくいえば「生き方」なのである。

シャリーアティーは、「もしも世界のあらゆる現象とすべての事柄を、他の者から自分の方に自己中心的に引きつけるならば、これは現世的である。もしも万事を自分自身ではなく他の者の立場に立って解釈し感じとるならば、それは来世的なものである[25]」と述べている。来世的、すなわち存在の観点から他者をとらえるためには、現象として存在することは、「存在を他者と分かち合っている状態」に他ならないことを自覚しなければばならない。イスラームでは、これは行において経験される。シャリーアティーは『ハッジ（巡礼）』において、中でもタワーフの行（カーバ神殿の周りの巡行）を存在の分かち合いそのものを実感する身体表現として分析している[26]。またたとえ観察者としてでも、キブラ（カーバ神殿の方向）に向かっての跪拝やタワーフの行の映像や写真をみれば、「一なる多」「一即多、多即一」のタウヒードにおける関係性を見て取ることができる。

「分かち合う人間」は、イスラームの示す人間像である。分かち合いは、人間の本性、人間にとって内在的なものであり「分け合うべきだから」というような外在的、後付けのものではない。したがってシャリーア（イスラーム法）においては、分かち合いが命令・推奨されているが、それらは、なされるべき倫理規範としてではなく、人間の本源にある存在と不可分なものとして示されている。それに枚挙のいとまはないが、一例をあげれば五行はそのような人間の本性を思い起こさせる行である。礼拝は上述した巡礼と同様、存在そのものを身体動作によって再現・実感するものである一方、喜捨は財の分かち合い、断食ではひもじさ、空腹を分かち合い交感、共感する。そして日没後の断食明けには、持てる者は誰彼かまわず食事をふるまい、食を分かち合うのである。

シャリーアティーは、西欧近代化という激動の時代に、イラン、ならびにイスラーム社会が社会関係におけるタウヒードの実現に後れをとっていることを危機とみなした。当時は、他者と隔絶された近代的自己を形成するシステムが現実の生活領域に浸潤し、社会的諸問題が監視、疎外、社会的不正や弱者への無関心というかたちをとって噴出していた。それに立ち向かうために、タウヒードに立ち返ること、それぞれが分かち合う人間となって民衆の一性を実現することを、彼は訴えたのである。

イラン・イスラーム共和国の近代性

イランは一九七九年の革命を経たのち、イスラーム共和国を樹立した。短命政権に終わるであろうという世界の希望と予測をよそに、イランは二〇一九年に革命四〇周年を迎える。しかし現在、イランは、米国のトランプ政権による核合意の見直しによる経済制裁解除の見送りと新たな制裁により、これまでにない経済的窮地に立たされている。

さらにサウジアラビアとイランの政治的主導権をめぐる対立は、二国間の文脈ではなく、スンニー派とシーア派の対立の構図によってとらえられ、イスラーム世界に大きな亀裂をもたらしている。この構図においては、本来、個人の信仰のあり方の相違から生じたはずのスンニー派、シーア派という宗派の相違が、国民意識の成立要因に組み込まれてしまう。そこにおいては、国民への自己同定と宗派への自己同定が重ねられるため、現状にみられるような宗派マイノリティーの排除問題が発生する。しかし、すでに述べたように、イスラームの存在論によれば、スンニー派であれ、シーア派であれ、神の被造物であり、その存在を共有していることに変わりない。ところが現状においては、還り往く先が唯一なる神である信者同士が、存在より本質、すなわち認識優位な近代的な存在論にもとづき自己同定している。スンニー派信者はシーア派に対立する自己を、同様に、シーア派信者はスンニー派に対立する自己を主体の中核にすえる。そこでは両派の信者が互いに、対立的な自我を自覚するという、きわめて近代的な自己と他者の関係へと変化を遂げているのである。

イランの国内に目を向けても、多様なアイデンティティーのカプセルがある。国民国家の枠を乗り越えようとしても、次にはシーア派というカプセルが待ち構えている。そのいずれの自己同定からも逃れて、ペルシア・ナショナリズムを支持する若者たちもいる。となれば、アゼリー、クルド、アラブ、バルーチーも同様の動きを示すことは必至である。二〇一八年九月に起こったイラン南部アフワーズのテロ事件は、ペルシア対アラブの対立の構図を惹起させるものとなっている。

イランの民衆蜂起における近代を超えるための社会の躍動は、革命の達成をもって終息の道へと突入した。これは逆説的だが、上述したフーコーによる革命の説明のとおり、革命とは近代性の実現形態に他ならず、この点に照らせば民衆蜂起は政権の転覆時点で終結し、その後は革命の本質である近代性に取り込まれてしまう。事実、強烈な外圧としてのイラン・イラク戦争や経済制裁は、イランの民衆蜂起が国民を超える民衆運動へ発展する可能性を封じこめ、イランのイスラーム体制は国民国家体制の中に再び組み入れられたのである。

イランにおける近代化の流れをみると、その始まりはカージャール朝下の一九〇六年の立憲革命にあった。それまでのイランは、一九世紀にロシアとイギリスの強い影響下にあり半植民地状態にあったことから、立憲主義は大国の傀儡と化した君主の統治を憲法によって制限することを目指した。当然のことながら、この際の憲法が近代法なのかシャリーア（イスラーム法）であるのかについては、大論争と対立を生んだが、結果としては、近代法の制定がなされ、国民国家の法体制へと舵が切られた。

国民国家建設の定石として、かつて君主の統治の外にあった自律的な社会集団は、近代国家システムに組み込まれることとなった。具体的には、部族の首領やイスラーム共同体を指導する立場にあるウラマー（宗教指導者）の統率力と自立性を無力化することが図られた。ウラマーは、寄進財であるワクフ施設の収益を用いて、国家から自立した社会システムを稼働させてきた。近代化政策はそのワクフ施設を国家の管理においたのである。[27] 大規模寄進であるワクフは、上述したイスラームにおける「分かち合い」の実践であり、その寄進自体が富裕者の資産蓄積の縮小となることはもちろんのこと、そのワクフ財には、モスクのような宗教施設の他に、公共性の高い学校、図書館、病院、水場、商業施設、住宅地などが含まれる。[28] モスクは礼拝の場として神＝存在を実感するにとどまらず、宗教指導者たちの講義や信者の質疑が行われ議論が交わされる場として、学校や図書館とともに知識の分かち合いの場となっている。病院は知識と医療技術の分かち合いの場、水場は生存に欠くことのできない資源の分かち合いの場である。ここでは、「国家を社会から離床させない」「国家を社会に埋め込む」ことをワクフが行っているのである。ワクフが錨のような機能を果たしているわけだが、それはワクフの原義に含まれている意味でもある。

イランでは一九〇六年の立憲革命を経て、一九一〇年に民法が制定されると、ワクフ財に学校や図書館等の教育関連施設が多く含まれたことから、ワクフに関する法律は教育法の中に定められた。[29] さらに本格的な近代化による中央集権化を目指したパフラヴィー朝レザー・シャーの治政（一九二五年～一九四一年）においては、ワクフ施設は教育省管轄となり、ウラマーの財政的自立性は大きな打撃を受けることとなる。一九二七年には、国家システムの一部としての裁判所が設立され、裁判官と検察官は役人となり、国家から自立していた社会的領域の法はそのシステムと共に国家に掌握される。

それでもなお、結婚、離婚、相続などを定める家族法の領域は、イスラーム法が適用され、国家の法の管理下にはおかれていなかった。しかし一九三七年の結婚法を手始めに、相続・贈与の領域も国家の法律に組み入れられ（一九三五年）、一九七五年の家族保護法においては、シャリーアにおける離婚（タラーク：夫のみが有する離婚権）に関する法が廃止されるに至ったのである。[30] ここではタラークに関する個別的な賛否が問題なのではない。むしろ、シャリーアに最後に残された私的な領域にまで、国家が介入し、事実上、シャリーアにもとづく人間関係を解体したことが問題であった。ワクフ施設の管理が国家に編入されて民衆の自律性が削がれたばかりか、さらには国家が家庭や心の問題にまで介入してきたことは、人々による国家の管理ではなく、国家による人々の管理、国家の社会からの離床が完成したことを意味したのである。

これはイスラーム社会でなくとも、本来、大問題である。しかし現代社会は、防犯と安全との引き換えに国家の監視網が張り巡らされており、一挙手一投足が記録されることに馴らされ人々は、際限のない国家の管理に対して無抵抗であり、その問題性を自覚することが困難である。国家による管理の手法は、コーポレート・ガバナンスによって企業内へと展開し、さらに昨今の日本において顕著なように、ガバナンスは家庭内に拡大し、最終的には個人の心の中に入る勢いである。このような状況においては、イラン革命期の民衆蜂起、それ以降、世界で拡大したイスラームへの回帰の意味が理解されることはきわめて困難である。だからこそ、一九七〇年代後半におけるイランの民衆蜂起の意味について考えることは、イスラーム社会を知ること以上に、近代を超える観点を得るために重要なのである。

再び本題に戻すと、イラン革命前夜に人々が口にした「イスラームによる統治」においては、国家による統治ではなく、国家もその指導者もシャリーアに服すことが当然のこととされた。そしてイラン・イスラーム共和国体制の樹立にあたっては、そのような国家が念頭におかれていた。ところが一九七九年に制定されたイラン・イスラーム共和国憲法においては「法学者の統治理論」が国家の骨格に位置づけられ、その理論を提唱したR・ホメイニー自身が最高指導者となり、シャリーアの位置づけは反転する。イラン・イスラーム共和国憲法をシャリーアの観点から検証したW・ハッラークは、この憲法においてはパフラヴィー朝以上に近代国家化が強化されたと指摘している[31]。

一二イマーム・シーア派によれば、現在は「イマームの大隠蔽時代」にあるが、この法学者の統治理論では、一二代目イマームが再臨するまで、イマームの宗教的、政治・社会的リーダーシップの機能は、マルジャイッ＝タクリードと呼ばれる高位の法学者にゆだねられる。その法学者、ないしは法学者グループは、シャリーア（イスラーム法）解釈を演繹的に行う（イジュティハード）ことが可能な高度な学識・知見・精神性と豊かな経験を備えていなければならない。イスラームのスンニー派、シーア派のいずれの宗派においても共通なのは、法学者自身も天啓のシャリーアにある永遠の原則に拘束を受け、その範囲内において解釈を行うことであった。ところがイラン・イスラーム共和国においては、これが大きく転換された。一九八八年一月、最高指導者ホメイニーは、大統領の質問に回答するかたちでイスラーム政府の有する権限に関する見解を明らかにした。それはイスラーム政府の権限を、シャリーアよりも上に位置づけるものであった。その回答は、「イスラームは法を手段とみなしており、それ自体、目的ではない。法は社会に政治を打ち立てるための道具、手段であり、人間の知的、道徳的修正、自己の純化のための手段である[32]」というものであった。

ハッラークは、このようなホメイニーの見解こそ近代国家の精神を踏襲するものであると指摘する。「（近代国家の精神は）自身が確立した規範から逸脱せんとするものを修正する目的のために、規律を創り強制する機能を有するシステムとして自らをみなし、それに沿って行動する。ホメイニーは完全に近代主義者の法機能の認識に準じたのである。彼は、前近代的なイスラーム法学者たちが近代主義者の政治的意味合いにおいて知る由もなかった見解を取り入れたのである[33]」。

この結果、最高指導者の法学者（たち）は何が「国家のマスラハ（公益）」であるかを見きわめ、そのマスラハのためならば、シャリーアの法令も無効にすることが可能となる。さらに国家の法システムとしての一貫性が優先される結果、シャリーア解釈の複数性も消滅し、裁判の始まる前から量刑が予測可能となるように制御される。もはやシャリーアが国家を超える領域を含むことはないのである。これは、まさに近代法の性質を共有するものとなる。G・トイプナーは近代法の本質について、「法システムの内部の首尾一貫性を保とうとする努力や法の環境にある重要事項を法内部に取り込むと、もはや正義の挑戦にこたえることはできない。正義は必然的に法に（非宗教的な）自己超越を強いるような自己記述というかたちをとり、しかもこのこと自体、法システムの諸制約に服することとなる」[34]と述べているが、イラン・イスラーム共和国も建国以来、この事態を回避するのが困難な状況におかれているのである。

ただし一点指摘すべきことは、現政権に不満な人々も喜捨をし続けている。彼らは時には宗教色の強い喜捨という言葉を嫌うが、寄付、チャリティーと言葉は変わっても、分かち合いを続けている。それは他人のためというより、自らが生きるために分かち合いが欠かせないかのように映るほどである。

近代を超えるとは容易いことではない。イランのように国家に抗して民衆が蜂起しても、それが革命に取り込まれたとたん、近代国家への道が方向づけられる。さらには隣国との戦争や国際的な経済制裁によって、国家を超えるイスラーム的な統治機能の封鎖が徹底された。一国の国民によってのみ近代国家、ましてや近代が超えられるものではないことを、イラン革命のその後が示している。最高指導者ホメイニー師は、一九八八年七月に、イラン・イラク戦争の停戦受入の際に「毒杯を仰ぐがごとき」と心境を吐露したが、まさにそれは近代システムに生きつつそれを超える挑戦の困難さを語るものであった。

近代を超える社会

近代システムは変幻自在である。それは人間の認識機能が創り出す世界を実在するものとへと転換する。たとえ理知的にそれが虚構の世界であると理解し乗り越えようとしても、その理解の実践のレベルが認識にとどまっている限りにおいては堂々巡りである。行きつく先は、また別の虚構の世界。そこには、私が理解する世界がすべてであるというゆるぎない確信のもと、世界のあり方が決定される。国民概念による差別化が有効ではないとなれば、人種、宗派、右派・左派という新たなカテゴリーによって別の差別化と選別が進んでいく。

グローバル化においては、世界全体が自分にとって理解可能で受容可能な他者によってのみ構成される。そのような積み木の世界像は、近代科学の発達によって飛躍的に定着し、いまや世界の人々によって共有されている。科学の発達によって、それまで人間にとって不可知であったものが理解可能となったのだが、他方では、知識が深まれば深まるほど、未知の領域がさらに深まっていることを同時に知るという側面は忘れられ、知識の総体は人間にとって既知の知識によってのみ構成されるようになる。近代の理知主義においては、〈私〉が理解していることにもとづいて未知の世界が切り拓かれるようになった。昨今では、理知主義を否定する反知性主義が取り沙汰され、実際に、世界の至るところで理解可能な他者の領域は、日増しに縮小する一方である。だが理知主義が知の総体を人間レベルの既知の知識に限定している限り、理知主義も反知性主義と同じ部類にとどまっているのではないだろうか。

他者の眼から世界を見ることのない〈私〉は、世界の全貌をみることは不可能である。それは自分の眼で自らの顔や全身をみることができないのと同様である。鏡に映る自分の姿は反転している。さらに最近の変身アプリを用いれば、鏡の〈私〉は百変化であり、生まれながらに特殊な鏡を見せられ続ければ、それが〈私〉となるようなSFの世界が実在する。自分の全貌を見ることすら不可能な眼が、いかにして自らが属する世界全体を見渡すことができよう。〈私〉の眼と〈他者〉の眼を介したまなざしが焦点を合わせることによってはじめて、《私》の姿は明らかになるはずだ。しかし近代的生活においては視野狭窄が蔓延し、自然や共同体、家庭という自己を取り巻く外部が縮小している。さらに自己中心的な市場システムによって生活が再編され、一方的にインターネット空間を覗き見る日々が続く。その環境における人々は、〈私〉の眼のみを有することで十分事足りるようになるのである。むしろ他者の眼を通してみることは、近代的効率性に照らして非効率に生きることに他ならない。

以上については、黒田壽郎の次のような説明によって一層明快となろう。「真の他者認識は、私の限界を超えた場における交渉によってしか成立せず、そのようなかたちで初めて私は無限の相の下にある他者と交わることが可能なのである。……要するに私に理解可能な他者は、真の意味では他者ではない。他者は私の認識の可能性を超えたものとして、予想外の重みを持って私に迫ってくる。他者の認識とは〈私から……〉というヴェクトルと〈他者から……〉という二つの異なったヴェクトルが交差することによって初めて成立するものである[35]……」。

近代を超えるためには、複眼的な世界認識が不可欠である。一と多を同時に成立させる認識とそのような複眼的知を実在へと導く行動実践が求められる。しかし近代システムがグローバル化する中、人々のまなざしは、〈私〉の単眼的なものに収斂していく。その単眼がとらえる一方的な情報と知識は、猛烈な勢いで増えている。

既存のデータにもとづいて人々が感動したり受容したりするパターンを導き、小説も絵画も音楽も創作される。対話型ロボットも登場している。芸術やコミュニケーションは予測と制御の内に収められ、宗教的現実は儀式と内面化によってのみ経験されようになる。単眼のもつ単性はますます先鋭化されている。そこには「予想外の重みを持って私に迫ってくる他者」はいない。眼前は予想外も予想の内にあるような他者であふれかえっているのである。

それでもなお、近代を超えるためには複眼の養成が不可欠である。そのための実践は〈私からの〉と〈他者からの〉両ヴェクトルの交差するところを模索し、自分自身や自らの社会、文化の基層に同根を見出すことではないだろうか。イラン革命に学ぶ近代を超える実践は、国家と市場を社会に埋め戻すことに他ならず、そのためには傍観者、観客ではなく、分かち合いの実践者を目指すことであろう。そこで求められるのは、異質性にもとづく共通性、同一性であり、それは分かち合いを通じての交感、共感へとつながるものである。それはまた、シャリーアティーがイランの民衆に問うたアブー・ザッル性の回復と同じく、近代国家の歴史に埋もれた各文化・社会の「分かち合いの人」の発見とその実践でもあるだろう。

注

（1）ミッシェル・フーコー「反抗の神話的指導者」（高桑和巳訳）『ミッシェル・フーコー思考集成Ⅶ　知／身体』（筑摩書房、二〇〇二年）三五八頁。
（2）同右、三五九頁。
（3）ミッシェル・フーコー「テヘラン―シャーに抗する信仰」（高桑和巳訳）『ミッシェル・フーコー思考集成Ⅶ　知／身体』（筑摩書房、二〇〇二年）三一七頁。
（4）Behrooz Ghamari-Tabrizi, *Foucault in Iran: Islamic Revolution after the Enlightenment*, （University of Minnesota

Press, 2016), p65.

（5）ミッシェル・フーコー「イラン人は何を考えているのか」（高桑和巳訳）『ミッシェル・フーコー思考集成Ⅶ　知／身体』（筑摩書房、二〇〇二年）三二四頁。

（6）ミッシェル・フーコー「メフディー・バーザルガーンへの書簡」（高桑和巳訳）『ミッシェル・フーコー思考集成Ⅷ　政治／友愛』（筑摩書房、二〇〇一年）七五—七九頁。

（7）Janet Afary and Kevin B. Anderson, *Foucault and the Iranian Revolution: Gender and the Seductions of Islamism* (The university of Chicago press, 2005).

（8）ミッシェル・フーコー「蜂起は無駄なのか」（高桑和巳訳）『ミッシェル・フーコー思考集成Ⅷ　政治／友愛』（筑摩書房、二〇〇一年）九五頁。

（9）同右、九八頁。

（10）Ali Sharīʻati, *insān bi khod*［自己なき人間全集25］(enteshārāt-e qalam, 1983); insān［人間、著作集24］、(enteshārāt-e ilhām, 1984)。

（11）アリー・シャリーアティー『イスラーム再構築の思想—新たな社会へのまなざし』（櫻井秀子訳）（大村書店、一九九七年）六九頁。

（12）Ali Sharīʻati, *abu dharr ghifārī*［アブー・ザッル・ギッファーリー　著作集3］(chap khān-e tūs)。

（13）フーコー「蜂起は無駄なのか」九八頁。

（14）Sharīʻati, abū dharr ghifārī.

（15）アリー・イブン・アビー・ターリブ『雄弁の道—アリー説教集』（黒田壽郎訳）（書肆心水、二〇一七年）二二三頁。

（16）同右、二〇四頁。

（17）Sharīʻati, *abū dharr ghifārī.*

（18）Ali Sharīʻati, *Tashayʻo Alavi wa Tashayʻo Safavi.*［アリーのシーア、サファヴィー朝のシーア、著作集9］、n.d.

（19）黒田壽郎『イスラームの構造—タウヒード・シャリーア・ウンマ（増補新版）』（書肆心水、二〇一六年）。

（20）箱田徹『フーコーの闘争—〈統治する主体〉の誕生』（慶応義塾大学出版会、二〇一三年）一六四頁。

（21）ミシェル・フーコー『講義集成〈11〉主体の解釈学　（コレージュ・ド・フランス講義1981-82）』（廣瀬浩司・原和之訳）（筑摩書房、二〇〇四年）一五六―一五七頁。
（22）シャリーアティー『イスラーム再構築の思想』二八八―二八九頁。
（23）井筒俊彦「解説」『存在認識の道』（モッラー・サドラー著、井筒俊彦訳・解説）（岩波書店、一九七八年）二三九頁。
（24）黒田『イスラームの構造』　六七―六八頁。
（25）シャリーアティー『イスラーム再構築の思想』二八四頁。
（26）Alī Sharī'atī, *hājj*［巡礼、著作集6］（enteshārāt-e ilhām.1984）。
（27）Wael B. Hallaq, *Sharīa: theory, practice, transformation*（NY: Cambridge university press, 2009）, p. 486.
（28）櫻井秀子「イスラームにおける贈与とワクフ」『リーラー「遊」欧米的近代の終焉と宗教』第一〇号、四〇―六四頁。
（29）Murat Çizakça, *A History of Philanthropic Foundations: The Islamic world from the seventh century to the present*,（Boğaziçi university press, 2000）.
（30）Hallaq, *Sharīa*, p. 487.
（31）*ibid.*, p.492.
（32）*Ettelāt* 1366/10/16（1988/1/6）
（33）Hallaq, *Sharīa*, p. 492.
（34）グンター・トイプナー「デリダとルーマンの遺産」『デリダ、ルーマン後の正義論―正義は〈不〉可能か』（土方透監訳）（新泉社、二〇一四年）一二頁。
（35）黒田壽郎『格差と文明―イスラーム。仏教・現代の危機』（書肆心水、二〇一六年）一六八―一六九頁。

欧米的近代を超える平和的近代への道

—親鸞の『顕浄土真実教行証文類』「化身土文類」を中心に—

北島義信

はじめに

一九七〇年代における「途上国」世界の社会政治変革運動において、従来の社会主義・民族主義を基軸とした闘いとは異なる特徴が共時的に現れてきた。それは民衆の生活と密接に結びついた土着文化としての宗教が、闘いの前面に現れたことである。「途上国」は、一九七〇年代には、欧米の政治・経済・文化の一体的支配の下にあったが、その根幹はケニヤのグギ・ワ・ジオンゴやイランのアリー・シャリーアティーが指摘しているように、「文化支配」にあった。それに抗するため、民衆に最も親しみのある生活文化としての宗教が闘いの思想的基軸になったのは不思議なことではない。なぜなら、宗教には本来的に、欧米的近代に固有の、「途上国」支配を合理化する自己中心主義的「二分法」を克服する「相互関係性」「外部性としての他者の承認」「精神と社会の非分離性」「人間の平等性」「差異と平等の併存」「非暴力」等の概念が存在し、これらの自覚化とそれに基づく社会変革の実践を呼び起こす「霊性」のはたらき、が内在しているからである。

南アフリカにおいては、黒人の八割がキリスト教徒であるという現実に基づいた、一九七〇年代の「黒人意識運動（Black Consciousness Movement）」、ラテンアメリカにおける「解放の神学（Liberation Theology）」による社会変革運動、一九七九年のイラン・イスラーム革命、――これらは共通に、その地域に根ざした宗教の現代化を通じて展開された、非暴力による民衆の主体的な社会政治変革運動であった。南アフリカの黒人意識運動は一九八〇年代以降、黒人という枠組みを超えて「状況神学（Contextual Theology）」へと発展し、相互関係性を基軸とする土着の「ウブントゥ（Ubuntu）」思想と結合して、白人を含む全人種の心を捉え、一九九四年には、非暴力によるアパルトヘイト体制を平和的に廃棄させるに至った。

これらの宗教を基軸にした運動に共通するのは、「相互関係性の重視」、「自我とは異なる外部性としての他者の優先性」（黒田壽郎国際大学名誉教授）であり、それによって欧米的近代の価値観の普遍化や欧米的近代の価値観に基づく社会体制の絶対化が否定され、非暴力共生（相生）による社会の実現の方向性が示されている。とりわけ、そのような変革の行動を可能ならしめたのは、「このままでいいのか」と人間に揺さぶりをかける、自己の外部からの超越的な「はたらきかけ」による「意識変革」である。人間に「めざめ」をもたらす、この「はたらきかけ」を「霊性」のはたらきと呼ぶことができる。この「はたらきかけ」によって、自己が孤立しているのではなく、他者との無限の繋がりの中に位置づけられていることが明確になり、社会的正義を非暴力によって、実現せんとする意欲が生み出される。

「相互関係性」「外部性としての他者優先」「非暴力主義」とこれらの意識を生み出す「霊性」のはたらき、――この一体化は、単に「欧米的近代」を乗り超えるものであるばかりでなく、「欧米的近代」の「病《やまい》」をも治癒・救済するものである。またこのような概念を基軸にした取り組みは、「七世紀近代」（板垣雄三東京大学名誉教授）の「ルネサンス」的取り組みの具体例でもある。このような取り組みは、二〇世紀に初めて起こったものではなく、抑圧に対する抵抗の歴史の中で常に生まれるものである。日本においてそのような「近代」復興の試みは、一三世紀の「鎌倉新仏教」に見ることができる。この小論において、このような「ルネサンス」的取り組みの具体例として、一三世紀の親鸞の思想をとり上げ、現代的意義を考えたい。

一　親鸞とその時代

日本の「鎌倉新仏教」は、一一世紀中期に確立された世俗権力と仏教勢力（南都六宗と比叡山延暦寺・高野山金剛峰寺）の連合体としての「顕密体制」に対する批判に基づく、仏教の自立・確立を通した人間の平等化・主体化を目指したものであった。とりわけ、「顕密体制」が最も恐れを感じたのは、専修念仏者集団であった。「顕密体制」の本質は、興福寺の貞慶が起草した、「興福寺奏上」（一二〇五年）の専修念仏に対する「九箇条の失（九点に渡る専修念仏の誤り）」に明確に現れている。その「第一の誤り」は、「新宗を建つるの失」であり、これは法然が国家の許可を得ずに専修念仏を建てたという法律違反の指摘である。日本においては、八世紀の「養老僧尼令」以来、国家権力は仏教統制権を持っていた。これを根拠にして、〝仏教は「国家」安泰を祈ることが前提であり、仏教は国法に従わねばならぬ〟と興福寺の貞慶は述べている。ここには、世俗権力と一体化した仏教勢力の、国家体制擁護の姿がみられる。結論部分となる「第九の誤り」では、「国土を乱るの失」が述べられている。ここでは、専修念仏は「顕密体制」の破壊、「国家転覆」を引き起こすという主張が述べられており、世俗国家の絶対化の視点が明確にみられる。
この専修念仏の弾圧を三五歳のときに直接体験した親鸞は、『顕浄土真実教行証』（教行信証）の「後序」（あとがき）で次のように述べている。

「わたしなりに考えてみると、聖道門のそれぞれの教えは、行を修めさとりを開くことがすたれて久しく、浄土真実の教えは、さとりを開く道として今盛んである。しかし、諸寺の僧侶たちは、教えに暗く、何が真実で何が方便であるかを知らない。朝廷に仕えている学者たちも、行の見分けがつかず、よこしまな教えと正しい教えの区別をわきまえない。このようなわけで、興福寺の学僧（貞慶）たちは、後鳥羽上皇・土御門天皇の時代、承元元年二月上旬、朝廷に専修念仏の禁止を訴えたのである。天皇も臣下のものも、法に背き道理に外れ、怒りと怨みの心をいだいた。そこで浄土真実の一宗を興された祖師源空上人（法然）をはじめ、その門下の数人について、罪の内容を問うことなく、不当にも死罪に処し、あるいは僧侶の身分を奪って俗名を与え、遠く離れた土地に流罪に処した。わたしもその一人である。だから、もはや僧侶でもなく俗人でもない。このようなわけで、禿の字をもって自らの姓としたのである」（『浄土真実教行信証文類（現代語版）』本願寺出版社、六四一－六四二頁、二〇〇〇年）。

法然や親鸞は、国家権力によって、僧侶の身分をはく奪され、流刑に処せられ、西意、性願、住蓮、安楽は斬首された。世俗法によって僧侶であることを認めたり、還俗させたりすることは、世俗権力が「絶対性・不可侵性」をもち、仏教は相対的価値しか持ち得ないことを示すものである。また当時の宗教勢力が、国家権力と一体化して、専修念仏者集団を弾圧するということが、末法の世であることの証であった。末法の世は、「僧侶の多くは子どもをもち」「出家のものも在家のものも仏弟子でありながら、殺生をするようになり」、僧侶同士が殺し合うような時代であり、「ただ仏の説かれた言葉だけが残っているだけで、行もなくさとりもない」時代である。

仏教には時代観をあらわす三つの言葉があり、それは、「正法」（釈迦入滅後五〇〇年あるいは一〇〇〇年間で、教・行・証が存在する時代）、「像法」（「正法」後の一〇〇〇年、教・行は存在するが、証、さとりを開くものはいない時代）と、この二つの時代の後に現れる「末法」の時代で、仏の教えしか存在しないこの時代は一万年続くと言われている。この「三時」思想は、時代の変遷とともに仏教の世俗化と形骸化が進むことを表わしている。日本では平安時代以後は「正法」一〇〇〇年・「像法」一〇〇〇年説が一般化し、「末法」の始まりを、一一世紀中期の「顕密体制」が確固たるものになった時代に見た。

このような末法の時代には、唯一「残された仏の言葉」を「人間救済」「現実変革」の観点に立って、経典の中から取り出すことが求められる。それは、「仏の説かれた言葉」をそのまま逐語解釈するのではなく、この言葉の指し示す現代的意味を把握することを意味する。それによって、仏法による救済は可能となるのである。そのような把握を行うためには、経典の二重化、つまり表面に現れた意味（顕彰）は内面に込められた意味（隠密）を把握するための手段であるという立場に立って、経典の現代化をおこなうことが必要である。それを実行できるのは、民衆とは分断された、権力と一体化した高位の僧侶ではなく、高度な学問の力を身に着け、かつ民衆とともに暮らす、「名ばかりの僧」であった。

これこそが、末法時代の理想的僧侶であった。はからずも、国家権力の弾圧が親鸞を真実の僧に鍛え上げたのである。親鸞が『顕浄土真実教行証文類』の「後序」で述べているように、「国家によって認定された僧侶」ではなく、国家とは一線を画した、仏法による人間救済を説く「名ばかりの僧」であるという自己主張は、「国王に向かいて礼拝せず」（「化身土文類」）という、仏法第一主義・世俗権力相対化という立場に立った、末法時代における真実の仏法者としての名乗りである。

「顕密体制」にとって、現実世界は自己中心主義的支配構造が投影化された、一切の批判を許さない絶対的世界であった。そこには、支配者の自己中心主義的な歪みを糺す、外部性としての「他者」は存在せず、相互関係性の中に自己を位置づける視点も存在せず、また、世俗権力と一体化した仏教勢力は、本来の世俗的価値を相対化する視点を失っていた。

しかしながら、現実世界はそのような、不変の絶対的なものではなかった。親鸞は浄土経典やインド・中国・韓半島のすぐれた浄土教の注釈書の中に、現実変革と人間の主体化の道を読みぬいた。親鸞は、絶望的に見える末法の世において、現実世界そのものが「二重構造」化されており、現実世界を「目に見えるもの」と「目に見えないもの」の相互関係的一体性として捉えた。彼は否定的な現実にみえるものを打ち破るものが内包化され、また、その内包化されたものの認識に満足することなく、それをこえる、真実世界への方向性がそこに存在すること、それを示し導いてくれるのが、阿弥陀仏の本願力という霊性の「はたらき」であることを明らかにしようとした。現実世界とは、すべての相矛盾するものが有機的に無限に繋がり合って「一としての総体」としての構造をもった、真実に向かう躍動的世界である。そのような世界認識の構造を明らかにしたのが、『顕浄土真実教行証文類』の「化身土文類（化身土巻）」である。

二　『顕浄土真実教行証文類』における「化身土文類（化身土巻）」

親鸞の『顕浄土真実教行証文類』（教行信証）は、「総序」のあとに、「教文類（教巻）」「行文類（行巻）」「信文類（信巻）」「証文類（証巻）」「真仏土文類（真仏土巻）」の五部と「化身土文類（化身土巻）」の計六部から構成されている。「化身土文類（化身土巻）」以前の部分は、浄土真宗の内容を明らかにしたものであり、「化身土文類（化身土巻）」は、真実の仏教でないものを明確化していると同時に、顕密体制を突き破る、浄土真宗の主体的把握を可能ならしめる世界認識の構造のありかた、浄土真宗の「教」「行」「信」「証」が具体的に展開される現実世界のあり方が基軸となっており、「真仏土」は「化身土」を根底において有機的に支えるものとして捉えることができる。したがって、「化身土文類（化身土巻）」には、社会性をもつ、きわめて体系的な親鸞の世界認識の展開がみられる。

「化身土」とは、「感覚器官の対象となる具体性をもつところの、真実ではないが、真実化されていくべき」である「土」（Bhuumi, 大地・世界）である。その世界とそこに暮らす人々を真実化させようとする「はたらき」をおこなうのが、方便法身としての仏（われわれ人間にとって具体性をもって、はたらきかける仏）である。現代語で言えば、「化身土」とは、われわれがその中に暮らしている現実世界であり、人間によって「意識化された世界」である。そこには真実は直接的には存在しないが、その世界は真実化されるべき道筋を内包する、「二重化された世界」である。このような「化身土」として捉えられた現実世界こそが、親鸞が把握した「教（仏の教え）」「行（教に沿った実践）」「信（めざめ）」「証（さとり）」が具体的に展開される世界なのである。

「化身土」を成立させるためには、「真仏土」が前提となる。「真如・真実」は超越的世界にあり、不動である「真如」が衆生救済のためにはたらくためには、時空間を突き破って、現実世界において具体的な姿をとらねばならない。「真仏土」は真実の存在であり、「化身土」はその存在がはたらく場である。この関係は「法性法身」と「方便法身」の不二の関係、「存在」と「はたらき」という一体性の関係である。親鸞は、仏と浄土にも、真実の浄土としての「真仏土」（絶対的存在としての浄土と仏）と方便の浄土（衆生救済のはたらきが行われる現場としての浄土と仏）を意味する「化身土」があること、浄土の「二重化」を次のように示している。

「さて、報ということを考えると、如来が因位（法蔵菩薩としての修行中）においておこされた願の果報として浄土は成就されたのである。だから報というのである。ところで、如来の願に真実（真）と方便（仮）とがある。だから、成就された仏と浄土にも真実と方便がある。第十八願（念仏往生の願）を因として、真実の仏と浄土（真仏土）が成就されたのである。真実の仏（真仏）とは、『無量寿経』には、「無辺光仏、無礙光仏」と説かれ、…真実の浄土（真土）とは、『平等覚経』には「限りない光明の世界（無量光明土）」と説かれている。…方便の仏と浄土（仮の仏土）とは、次の「化身土文類」に示すので、そこで知るがよい。すでに述べてきたように、真実も方便も、どちらも如来の大いなる慈悲の願の果報として成就されたものであるから、報仏であり報土であると知ることができる。方便の浄土に往生する因は、人によってそれぞれみな異なるから、往生する浄土もそれぞれに異なるのである。これを方便の化身・方便の化土という。如来の願に真実と方便とがあることを知らないから、如来の広大な恩徳を正しく受け取ることができないのである」（『顕浄土真実教行証文類（現代語版）』四四六－四四九頁）。

浄土は、阿弥陀仏が法蔵菩薩として修行中に建てた誓願の果報として成就したものであるが、「その誓願に真実（真）と権仮（仮、方便）」があり、「その仏身と仏土についても真実と権仮がある」（信楽峻麿『真宗聖典学③教行証文類』三二〇頁）。「真仏と真土とは、第十八願を因として成立した」ものであり、真仏は諸仏の中で最も優れた無礙光仏であり、真土は無量光明土である。仮の仏身・仏土についても、阿弥陀仏の誓願の果報として成就したものである。

煩悩具足（自己中心主義）のわれわれは、色も形もない超越的真実世界と真仏（法性法身）そのものを捉えることはできない。真仏（法性法身）は、われわれを救済するために、方便法身となって時空間的世界（化身土）に現れる。法性法身は方便法身となることによって、衆生救済が可能となるが、方便法身は法性法身がなければ衆生救済活動はおこなうことができない。両者は不二一体の関係にある。この両者の関係は「広略相入」と呼ばれる。「真仏土」と「化身土」の関係もこれと同じであって、両者は不二一体の関係にある。

「化身土文類」の冒頭で、親鸞は方便の誓願によって仮に施設された「方便の仏と浄土」について次のように述べている。

「つつしんで、方便の仏と浄土を顕せば、仏は『観無量寿経』に説かれている真身観の仏であり、浄土（土）は『観無量寿経』に説かれている浄土である。また『菩薩処胎経』などに説かれている疑城胎宮である」（『顕浄土真実教行証文類（現代語版）』四五三頁）。

化身土の仏は、視覚の対象になる具体的姿をもつ仏であり、その土も視覚の対象となる具体的世界である。ここには、現実を突き破る超越性は見えず、自分を取り巻く有限的世界しか存在しない。しかしそれを、絶対的世界と錯覚しているのである。この世界は、自己閉鎖的・有限的な「子宮内的世界」を意味する「疑城胎宮」と呼ばれる。この世界に安住することは、われわれが現実に取り囲まれている世界をそのまま肯定することを意味する。しかし、その現実世界には、基底において浄土世界の部分が入り込んでおり、二重化されているのである（図1参照）。この「二重化」の認識をわれわれにはたらきかけるのが、方便法身としての仏であり、その仏は具体的人間に「二重化」された形で現れる。「教文類」において、阿難（アーナンダ）が人間釈尊に仏を見たという描写はそれを示している。木から落下するリンゴをみて、万有引力を認識したり、個々の具体的人物に、目には見えない「人間」を見出したりするのと同じ論理構造である。

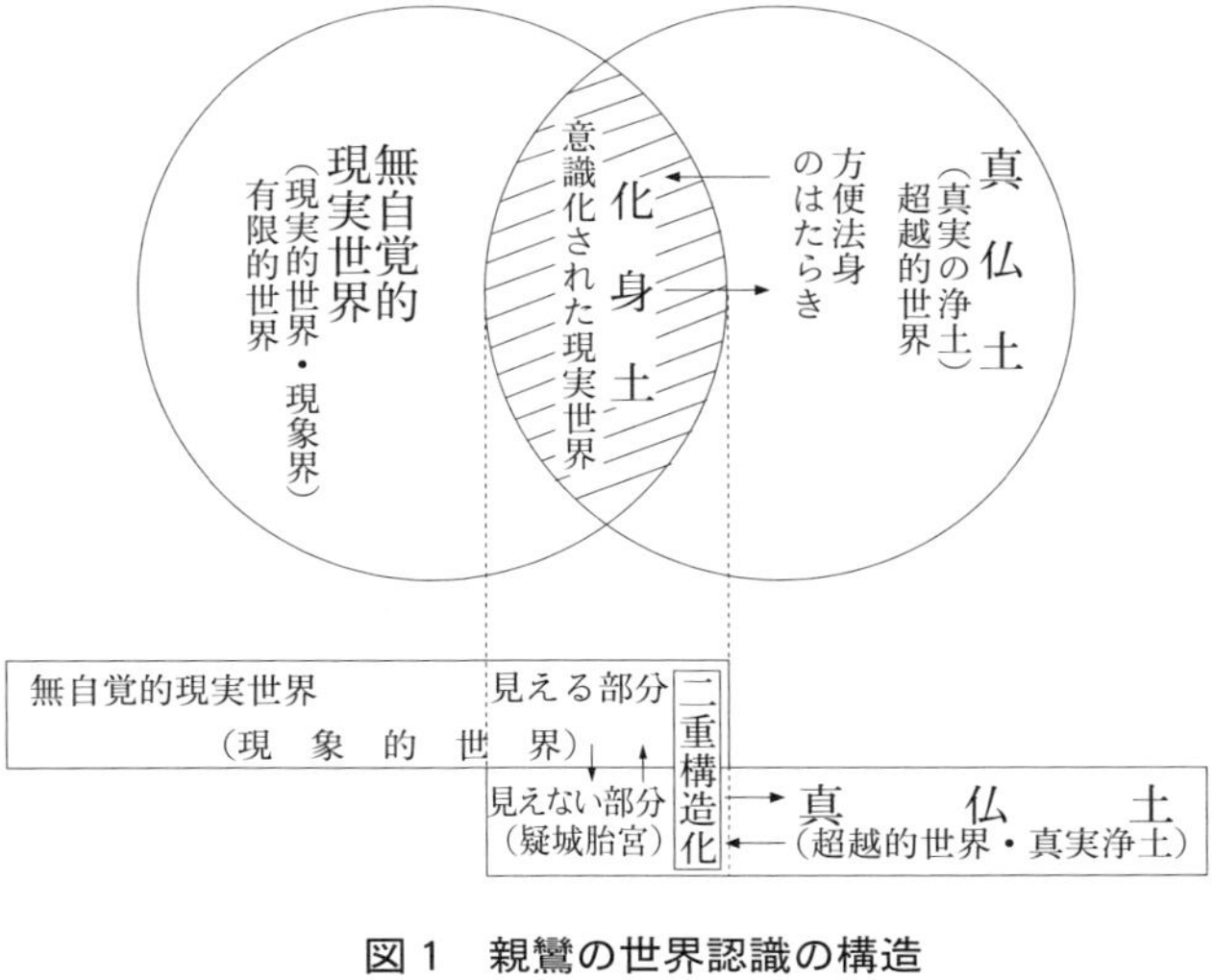

図1　親鸞の世界認識の構造

現実世界、とりわけ末法五濁の世界において、「群生」（まよいの世界にいる一切衆生）が真実を直接に把握することは困難である。それゆえ、釈尊は方便によって、理解しやすい、さまざまな自力の善を修めて浄土に往生する教えを説いて、その方法の不可能性を自覚させつつ、人々を真実へと導くのである。化身土とは、実体ではなく仮に施設された世界であり、その世界において方便法身としての仏が、総ての人々を真実へと導く世界なのである。

「化身土文類（化身土文類）」において重要なのは、「化」の意味である。「化」はわれわれの目に見えることができることを意味する。それは第一に、われわれの感覚器官の対象になることを意味する。第二は、「教化させる」という意味である。化身・化土については、信楽峻麿名誉教授は次のように述べている。

「…化身とは、究極的な真実、法身が、人人を真実にまで育てるために示現したところの、方便としての仏身をいうわけです。…また化土については…化身の仏が依るところの場所、仏国土を化土というわけです。そこでここでいう化土とは…教化の化の意味、そしてまた化現の化の意味をもつもので、人人をして真実なる浄土、真実にまで教化し、導き入れるために、方便として仮現された浄土のことにほかなりません」（信楽峻麿『真宗聖典学③教行証文類』三三四頁）。

化身土における「化」のはたらきは、「二重化」としての「顕彰隠密」というかたちをとってあらわれる。

三　「化身土文類（化身土巻）」における「顕彰隠密《けんしょうおんみつ》」の意味

（1）『仏説観無量寿経』における「顕彰隠密」

親鸞は浄土三部経のひとつである『仏説観無量寿経』における、「表にあらわれたもの」と「内部に秘められたもの」との関係を示す「顕彰隠密」について、次のように述べている。

「善導大師の解釈された意向にしたがって『観無量寿経』をうかがうと、顕彰隠密の義がある。その顕とは、定善・散善のさまざまな善を顕すものであり、往生するものについて上・中・下の三輩の区別をし、至誠心・深心・回向発願心の三心を示している。しかし、定善・散善の二善、世福・戒福・行福の三福は、報土に生まれるまことの因ではない。三輩のそれぞれがおこす三心は、それぞれの能力に応じておこす自力の心であって、他力の一心ではない。これは釈尊が弘願（十方衆生を救済しようと誓った第十八願）とは異なる方便の法として説かれたものであり、浄土往生を願わせるために示された善である。これが『観無量寿経』の表に説かれている意味であり、すなわち顕の義である。

その彰（隠された意味をあらわすこと）とは、阿弥陀仏の弘願を彰《あらわ》すものであり、すべてのものが等しく往生する他力の一心を説きあらわしている。提婆達多《ダイバダッタ》や阿闍世《アジャセ》のおこした悪事を縁として、浄土の教えを説くという、釈尊がこの世にお出ましになった本意を彰《あらわ》し、韋提希《イダイケ》（アジャセの母）がとくに阿弥陀仏の浄土を選んだ真意を因として、阿弥陀仏の大いなる慈悲の本願を説き明かされたのである。これが『観無量寿経』の底に流れる穏彰の義である」（『顕浄土真実教行証文類（現代語版）』、四六四―四六五頁）。

『仏説観無量寿経』は、表面上は自力による浄土往生を願わせている。表面上説かれている「定散諸善」は「方便の教」であり、隠されているのは、その無効性を自覚させ、他力の念仏による浄土往生へと転じさせる道筋の提示である。『仏説観無量寿経』において、釈尊は、阿闍世《アジャセ》によって苦しめられた母・韋定希《イダイケ》に、雑念を払い心を凝らして阿弥陀仏とその浄土を見る方法を説く。しかし、その不可能性を自覚させられた彼女に対して、人間を「上品上生」から「下品下生」の九種類にわけ、それぞれの救済の内容を釈尊から聞くうちに、自分が最悪最低の「下品下生」にほかならず、口称念仏によってしか救われないことが自覚される。このように、自力を勧めつつその無効性を自覚させ、他力へと転じさせる「二重の構造」は、「真仏土」（超越的真実世界）と「化身土」（有限的現実世界）の相互関係性を示すものである。有限的世界としての「化身土」は、法性法身が方便法身となって衆生救済をおこなう場である。この両者は、不二一体の関係にある。『仏説観無量寿経』における、阿弥陀仏の色身の観想を説く「真身観」は、具体的感覚的である点で、有限的存在である。

現実世界としての「化身土」も浄土の一部であるということは、現実世界は浄土世界と底辺において重なり合う部分があるという意味である。煩悩を具足した自己中心主義的衆生は、とりわけ末法の世においては、「仏智疑惑」（絶対者である阿弥陀仏の智慧に対する疑い）をもつがゆえに、直接的に「真仏土」（真実の浄土世界）に向かうことはできない。ゆえに、真実の浄土世界とつながり合う方便の浄土を阿弥陀仏は設けたのである。

現実世界に非人間的なものを見出したとき、それを除き、そこを「浄土化」しようとする意欲が生まれるのは不思議なことではないし、その取り組みは尊いものである。そのような取り組みの賛同者が増加すれば、現実世界の非人間的なものは、大きく減少するであろう。しかし、この方向性が完成に向かって連続するためには、自己の絶対化を問うこと、現世の絶対化をのり超えることが必要である。なぜなら、われわれ人間は、自己中心の世界の「改善」、「改善化された」世界にいつしか満足して、そこに留まろうとするからである。その象徴が「懈慢界《けまんがい》」「疑城胎宮《ぎじょうたいぐ》」である。自己および現代社会の絶対化に対する疑問は、自己自身の力では解決不可能であり、自己を超えたはたらき（霊性のはたらき）が必要である。そのはたらきかけは、方便法身の仏によってなされる。

(2)『仏説阿弥陀経』における「顕彰隠密」

「顕彰隠密」は、『仏説阿弥陀経』においても存在する。ここでは、「自力の念仏」から「他力の念仏」への転入が課題であるが、このテーマは『仏説観無量寿経』の隠された意味としての、念仏への衆生の導きを継承・深化させたものである。念仏の方便としてのあり方は、自力の念仏の勧めである。これは表面にあらわれているものであるが、その背後には他力真実の念仏が存在している。「自力」の念仏は、おのずから本願力（霊性）のはたらきによって、他力の念仏に転入するのである。それは、自分の称える念仏に阿弥陀如来の呼び声――、「あなたは自己中心主義の塊ですね。それがあなたの苦悩の原因なのです。その愚かさにめざめなさい」――が聞こえることによって可能となる。『仏説観無量寿経』から『仏説阿弥陀経』への「念仏」の展開の示唆は、次の親鸞の言葉に見ることができる。

「『観無量寿経』に説かれている。『釈尊が阿難に仰せになった。〈そなたはこの言葉をしっかりと心にとどめるがよい。〉この言葉を心にとどめよというのは、すなわち無量寿仏の名号をしっかりと心にとどめよということである』。『阿弥陀経』に説かれている。『わずかな功徳しか自力の行によって、浄土に生まれることはできない。阿弥陀仏について説かれるのを聞き、その名号をしっかりと心にとどめよ』」（『顕浄土真実教行証文類（現代語版）』五〇四－五〇五頁）。

『仏説阿弥陀経』は、表面的には自力の念仏を勧めている。念仏を称えることは、現象的には「自分が称えること」から始まる。しかし、その念仏が二重化されて、その念仏に「阿弥陀仏を説くを聞く」、すなわち阿弥陀仏の救済の呼び声（慈悲）を聞くときに、「自力の念仏」は「他力の念仏」へと、おのずから転入するのである。これが「難信」である理由は、自己の信仰体験が問われているからである。自分の称える念仏に阿弥陀如来の呼び声を聞くという信仰体験は、自己客体化が可能となったこと、主体化を成し遂げたことを意味する。

化身土世界における人間は、自己中心主義から逃れることはできない。この現実を超える手立ては、二重化としての「顕彰隠密」の提起であるが、それも諸行往生から念仏往生へと転化し、その念仏往生も「自力の念仏」から「他力の念仏」への転入という道筋をたどる。この道筋が「方便の要門を出て方便の真門に入り、その真門を出て、選択本願の大海に入り、難思議往生を遂げる」という、親鸞が体験した「三願転入」の道筋であり、また誰もが辿る道筋でもある。これは、他者としての方便法身の仏による衆生への霊性的はたらきかけによるものである。

わたしの外部にある「他者」としての方便法身の仏のはたらきを通じて、衆生は自己が存在しているこの現実世界が、真実世界とつながり合っていることがわかり、真実浄土へと向かうことが可能となるのである。この立場に立つということが、「即得往生・住不退転」の意味である。
では、このような仏の「はたらき」は、「末法時代」において唯一残されている「仏の教え」とはどのような関係があるであろうか。また、「顕彰隠密」と「仏の教え」とは、どのような関係があるのであろうか。

四 『大智度論《だいちどろん》』の「四依」と「顕彰隠密」

親鸞は末法時代における「教」（仏の教え）の把握を、真実の経典としての浄土三部経の中に現代的課題を主体的に掴み取ることにみている。もし、末法の時代に釈尊が生きておられたら、どのようなことを申されるかを経典の中に読み取ることである。「顕彰隠密」はその結果生まれた浄土経典の把握の仕方によるものである。ここでは、「顕彰隠密」の根拠になる経典把握の方法について、龍樹の作とされる『大智度論《だいちどろん》』の「四依《しえ》」についてみてみたい。親鸞は「四依」について、次のように引用している。

『大智度論』に、四つの依りどころ（四依）についてつぎのようにいわれている。『釈尊がまさにこの世から去ろうとなさるとき、比丘（出家した二〇歳以上の男性）たちに仰せになった。〈今日からは、教えを依りどころとし、説く人に依ってはならない。教えの内容を依りどころとし、言葉に依ってはならない。真実の智慧を依りどころとし、人間の分別（はからい、わけへだてをする心）に依ってはならない。仏のおこころが完全に説き示された経典を依りどころとし、仏のおこころが十分に説き示されていない経典に依ってはならない。…言葉は教えの内容を表わしているものであって、教えの内容が言葉そのものなのではない。言葉に依って教えの内容に依らないのは、人が月を指さして教えようとするときに、指ばかりを見て月を見ないようなものである。…このようなわけで、言葉に依ってはならないのである。真実の智慧を依りどころとするとは、真実の智慧に依れば善と悪とをよく考えてその違いを知ることができるが、人間の分別は常に楽しみを求め、さとりへ向かう正しい道に入ることができないということである。…真実を完全に説き示した経典に依りどころとするとは、智慧あるものすべての中で仏を第一とし、すべての教えの中で仏の教えを第一とし、教えを受けるものすべての中で出家のものを第一とするということである〉と』」（『顕浄土真実教行証文類（現代語版）』、三五一―三五二頁）。

四依とは、次の四つである。①仏の教えを依りどころとし、人間を依りどころとしてはならない。②教えの内容に依拠し、語（言葉）そのものを依りどころとしてはならない。③真実の智慧を依りどころとして、人間の「はからい」を依りどころとしてはならない。④仏の心が完全に説き示された経典を依りどころとしなければならない。

ここで興味深いのは、「月と指」の関係で示されているように、経典の「言葉」は教えの根本内容の方向性を示すものであって、経典の言葉そのものが真実だという意味ではないのである。ここでは、「原理主義的」に経典の言葉を絶対化するのではなく、その言葉が指し示す方向性（角度）、すなわち目には見えないが、現在の自己を含めた世界の根本的課題解決の道を経典に見出すことの必要性が指摘されている。この指摘から、「顕彰隠密」という経典の「二重化」が導き出される。表面上現れた「教え」は、そこに留まらずその隠された真実の内面把握へ向かう方向性をもつ。この「二重化」は、現実世界に暮らし、その制約を受けている「自己中心主義的」な衆生が救済されるためには、どうしても必要な手立てである。衆生にとっては、まず自分に関心のある、自己願望実現の道を求める。この願望に対して、方便法身の仏は応えつつ、しだいにその願望自体の自己中心主義性にめざめさせ、それを超える道を把握させるのである。これこそが「真実の智慧」を依りどころとして、人間の「はからい」を依りどころとしないことによってえられる道なのである。これが末法の時代における、唯一残された「教え」の把握方法である。その「教え」が述べられている、末法時代に最もふさわしい「仏の心が完全に説き示された経典」を親鸞は浄土三部経に見た。その「教え」を受ける者が僧侶であり、僧侶はその「教え」を人々に伝えなければならない。末法の世において、それを実行できる僧侶とはどのような人物であろうか。

五　末法の世における僧侶の役割

親鸞における時代認識の基盤になっている「末法の世」とは、どのようなものであったのか。その時代における僧侶の役割とは、何であろうか。このことについて述べなければならないのは、「四依」の中に仏の教えを第一に受けとめなければならない対象者として、僧侶は位置づけられており、当然のことながら、僧侶はその教えを人々に説く役割を果たさなければならないからである。

親鸞が「化身土文類」で引用する『末法灯明記』の末法史観は、時代の変遷による仏教の世俗化を指摘している。その世俗化の第一の問題点は、①僧侶の「官僧化」と、②「世俗政治権力」と宗教勢力との連合化、である。この連合化は「顕密体制」と呼ばれるものである。もう一つの世俗化は、諸々の僧尼は子どもを持ち、僧侶同士が論争して殺し合ったり、財物を売り払ったりすることにも現れている。親鸞は宗教基軸の生活とは、ほど遠いこの現実に抗した。第二点は、積極面としての仏教の民衆化であり、民衆に人間的めざめをもたらす仏教浸透のあり方が問われていることである。その役割を担うのが、「名字の比丘」、すなわち「名ばかりの僧侶」である。

『大集経《だいじつきよう》』によれば、正法時代の最も尊い宝は、「如来、縁覚、阿羅漢、阿羅漢に達する前の聖者」であり、像法時代は「禅定を得た凡夫、戒律をたもつ比丘、戒律を破る比丘」である。末法時代は、「無戒の名ばかりの比丘」である。この比丘（僧侶）は、髪をそり袈裟を身に着けただけの、民衆と同じ生活を送る、権力とは無縁の「在家型」の宗教者である。この「名ばかりの僧侶」を「悪を犯して人生を踏み外す」衆生は恐れ敬うと『末法灯明記』に述べられている。このような「名ばかりの僧侶」が恐れ敬われるのは、末法時代に唯一残された仏の「教え」を語る僧侶としての本質的な力をもっているからである。源為憲は、すでに仏教説話集『三宝絵』（九八四年）において、『大方広十輪経』等を引用して、「名ばかりの僧侶」の意義について次のように述べている。

「…また戒をやぶれる僧をも、我れおなじくうやまふ。経（『大方広十輪経』）にの給はく、『たとひ戒をやぶれども、なを輪王（転輪聖王）にすぐれたり。たとひ悪道にをつれども、その所の王となる。せむふくの花はしぼみたれども、よろづの花のあざやかなるにはすぐれたり。栴檀の香のもえうせぬれど、もろもろの衣にほへるがごとし。…かう（香）をつつめし袋は香失せぬれども、なをかうばし。…』との給へり。…経（『阿育王伝』）にのたまはく、『龍の子はちゐさけれども、かろむべからず。雲をうごかして雨をくだす。沙弥はいときなけれどもあなづらず。道をえて人をわたす』との給へり。…（『大智度論』によれば）『孔雀はうるはしうかざれる色なれども、かりのつばさのとをく（遠く）とぶにはしかず。…』との給へり。…さとり深きをもさとりあさきをも、仏のつかひ（使い）と思うべし。…おほよそ、凡夫の心をもちて賢聖のみちをはかるべからず。彼の倶婆羅比丘はあし人なりき。見しものたれも過去の如来としらざりき。…古のかしこき人みな仏の御弟子をたうとびき」（源為憲『三宝絵』平凡社東洋文庫五一三、一一二─一一三頁、一九九三年）。

世俗権力とは無縁の「名ばかりの僧侶」には、優れた僧侶に具わるのと同じ力が内面に存在している。それは龍の子が、大人の龍と同じ力を持っているのと同じである。また、孔雀は見た目には立派な羽根を身につけており、雁とくらべれば、外見は遥かに美しい。ところが、遠くまで飛ぶという、本来、鳥の持つ根本的能力、内面的力においては、孔雀は足元にも及ばない。「孔雀」とは体制擁護のエリート「官僧」であり、真実を語る能力は持っておらず、社会的に高い地位にあるという「外見」で判断してはならない。「名ばかりの僧侶」は、仏弟子として、表面には見えない秘められた力を持つが故に、尊敬しなければならないのである。そのような人物として挙げられるのは、人夫仕事をして妻と子どもを養い、人々に念仏を勧めた教信沙弥（八六六年没）であり、『今昔物語集』にも取り上げられている。「名ばかりの僧侶」に秘められた力とは、末法の時代に、唯一残された仏の教えを人々に説く力であり、その力とは経典の言葉が指し示す方向性を捉え、経典の二重化によって、そこに隠された真実の、時代の要請にこたえる意味を把握し、そのことを説くことによって、民衆の主体化をはかる力である。現実世界を二重化できるのは、権力を相対化できる位置に身を置く、「名ばかりの僧侶」である。親鸞は、教信沙弥を自己の理想とした。「名ばかりの僧侶」にも、「外面」と「内面」の二重化が存在するのも興味深い点である。

結論

「化身土文類」に貫かれているのは、すべてのものは「表面にあらわれたもの（顕彰）」と「内部に秘められたもの（隠密）」の「二重構造」によって「一つの全体が構成されている」という捉え方である。「顕彰」から「隠密」へと向かう経典分析の方法によって、外部性としての「他者」承認に基づく相互関係性、自我の絶対性の拒否、社会的なるものと精神的なるものの非分離性、化身土（現実世界、方便浄土）から真仏土（真実浄土）への展開の道筋を親鸞は明らかにした。このような二重構造への「めざめ」を生み出すのは、現実世界に現れる「方便法身」としての仏の「呼び声」、「仏を基準とし、自己中心主義のおろかさにめざめよ」（南無阿弥陀仏）である。この「呼び声」を受け止めて初めて、自己中心主義的価値観の崩壊は生まれる。この「呼び声」を霊性のはたらきとして捉えることができる。この「呼び声」は「このままでいいのか」とわれわれに揺さぶりをかけ、態度決定をせまるものである。このような方向性への「めざめ」とその筋道の主体的把握によって、ひるむことなく人々に末法時代を生き抜く道を語り続けた人物が親鸞であった。

非暴力による世界の平和的共生を実現するためには、欧米中心主義的近代の思考を払拭することが求められる。一九世紀中期の「東学」創始者・崔済愚、二〇世紀七〇年代アフリカのスティーブ・ビコ、イランのアリー・

シャリーアティーが宗教に見たものは、欧米的近代の根幹に存在する「自我の絶対化」「二項対立的思考」を打破する「相互関係性」、「非暴力」、「外部性としての他者」であった。かれらが共通に宗教を基盤としているのは、これらの認識が現実的な社会をうごかす力となるためには、霊性の「はたらき」が不可欠と考えたからである。これは親鸞においても同じことが言える。

親鸞は、化身土文類の「まとめ」でもあり、『顕浄土真実教行証文類』全体の結論でもある「後序」（あとがき）において、法然上人をはじめとする門下数名に対する不当な国家の弾圧を糾弾し、僧籍を剥奪された自己を、国家認定の僧侶でもなく俗人でもない、「名ばかりの僧侶」として捉えた。「名ばかりの僧侶」とは、国家によって「認定」された「僧侶」＝「鎮護国家の僧侶」の拒否ばかりでなく、そこには民衆に仏の教えを語ることができるようになった、末法の世にふさわしい仏教者としての名乗りでもある喜びが表現されている。それは国家の弾圧が皮肉にも生み出したものであった。

親鸞は、結びの言葉に『華厳経入法界品』を、『往生要集』における源信の読み方に従った形で引用し、敵対者との非暴力共生を次のように説いている。「『華厳経』の偈に説かれている通りである。『さまざまな行を修める菩薩を見て、善い心をおこしたり善くない心をおこしたりすることがあっても、菩薩はみな摂《おさ》め取って救うであろう。（もし菩薩、種々の行を修行するを見て、善・不善の心を起こすことありとも、菩薩みな摂取せん）」（『顕浄土真実教行証文類（現代語版）』六四六頁）。本来は、引用文に続く後半部分、すなわち、「謗をなすもまた結縁なり。われもし道を得ば、願わくば彼を引摂せん。彼もし道を得ば、願わくばわれを引摂せよ。すなはち菩提に至るまでたがひに師弟とならん」（『浄土真宗聖典（七祖篇）』本願寺出版社、一一七八頁）が省略されている。これは、その直前に「信順を因とし、疑謗を縁として」がすでに述べられているからであろう。

化身土文類は、親鸞の世界認識と、現実世界にありつつ、そこを突き破る道筋を示したものである。そこには「西洋近代」を超える方向性と同じものを見出すことができる。末法の世である現実世界の非人間性は、自己中心主義的社会体制としての「顕密体制」が生み出したものである。現代社会の問題点も、欧米的近代の基底に「自我の絶対性」「相互関係性の否定」「外部性としての他者の否定」が存在し、そのような「絶対的自我」がつくりあげた「世界」を「真実世界」と錯覚することから生まれる。

ここから「グローバリゼーション＝アメリカ・ファースト」というアメリカ中心主義的世界のあり方が、普遍的価値として強制される。「化身土」と「真仏土」の不二の関係はこの錯覚を解き、人類共生の世界への道を示すものである。「化身土文類」は、世界の構造認識を示すだけではなく、人間の自己中心主義からの解放の道を示している点においても、西洋近代を超える現代的意義があるといえよう。

親鸞は一三世紀の「顕密体制」をのりこえ、平和的共生（相生）社会実現の道を、仏教という「土着文化」に依拠しつつ、浄土経典の「状況化（Contextualization）」によって切り開き、その取り組みを通じて人間社会にとって依拠すべき普遍的価値を甦らせた。その普遍的価値の再生こそが、「七世紀近代」（板垣雄三名誉教授）の具体的展開であるといえる。親鸞の提起は、今日の「ゆがんだ近代」を正常化させる示唆を与えてくれるものである。親鸞の取り組みは、「土着の宗教」を基軸にした、「近代」の提起を意味し、「土着的近代」の取り組みと呼ぶことができよう。またそこにおいて、「自我」中心主義と結合した「理性」とは異なる、宗教と結合した霊性のはたらきが主体形成において重要な役割を果たしているがゆえに、「霊性的近代」（趙晟桓博士）の取り組みと呼ぶこともできよう。このような「西洋近代」を超える「土着的近代」の取り組みは、今後も世界で継続して現れるであろう。

付記

この小論は、『高田学報』第百六輯（二〇一八年三月三一日）に掲載された「『顕浄土真実教行証文類』「化身土文類」における親鸞の世界認識」を大幅に縮小改稿したものである。図1は、第百六輯掲載のものを使用した。

東アジア近代性回顧と平和実現の課題(1)

——近代韓国民衆宗教の「土着的近代化」と解冤相生思想を中心に——

朴《パク》　光《クアン》　洙《ス》

柳生　真　訳

一　序論

現代社会は、近代化・文明化して生活が便利になっているにもかかわらず、様々な政治的・社会的諸問題を抱えている。地域社会のみならず世界各地で国家間の対立葛藤と緊張関係、文明の衝突現象が続いている。現在のさまざまな問題は過去の歴史的な過誤によるものであり、その延長線上にある。

東アジアに限ってみても、韓国・日本・中国は歴史的に緊密な文化的疎通を追求してきたにもかかわらず、政治的・軍事的・経済的関係においては協力と対立の二元的構図を有してきた。特に、十九世紀後半から二十世紀初め、西ヨーロッパとアメリカのアジア大陸侵略と植民地政策が世界を支配するようになり、東アジア三国の国際情勢も急変した。韓国・中国・日本は社会と制度の革新によって世界情勢の変化と対内外的危機状況を克服しようとしたが、対処する方法は明確に異なっていた。

この過程で、韓国・日本・中国には過去の歴史的な深い傷痕が現代にも残っている。韓国と中国の、過去の日本の歴史的過誤に対する嫌日デモや、日本の韓国と中国に対する嫌悪《ヘイト》デモと政治的攻勢は、民族主体性を強調して民衆を結束させる効果を持ったが、一方、排他的愛国主義や閉鎖的民族主義を形成するばかりである。東アジア三国共同の相生の哲学文化を通じて平和共同体を実現することは可能だろうか？

これと関連して、近代韓国の新しい民衆宗教運動がどのようにして弱肉強食の「文明化」や「植民地的近代化」に対応しようとしたかという点で、宗教思想の次元から解寃相生思想を照明したい。東アジアの平和実現の共同体を作るためには、現在の様々な社会的諸問題が過去の誤った歴史から生じたことを直視して、歴史的傷痕をいかにして根本的に治癒するかという歴史的な問題と繫がっている。韓国の民衆宗教の解寃相生思想は、個人と社会集団の怨恨による殺傷から悲劇の歴史がはじまったとみて、過去の歴史的な傷痕に対する望ましい癒しと解寃の実践が、未来の相生の世界を実現する道であることを示している。

二　東アジア平和実現の課題　―韓国の民衆宗教を中心に

（1）西欧的「文明化」に対応した開闢宗教の「土着的近代化」

朝鮮王朝後期、韓国は近代社会へと移行する過程を経て国難期を克服するべく登場したさまざまな思想的潮流の中で、後期実学思想と、新しい民衆宗教運動は民中心の平等社会を目指している。朝鮮後期実学思想は、朝鮮の王政を認めた上で民を重視する制度的な限界を脱し得なかったが、奴婢制度に対する批判や、男女と階級の平等を追求し、専制国家社会の支配層と被支配階層の階級間の縦的関係を清算して、民本を重視する水平的な関係を志向した。そのため、文化出版を積極的に推進して民衆を啓蒙する努力を傾けた。日本の植民地時代の宗教政策の一環として嘱託研究された資料は、総督府の指示による資料であるため韓国宗教の原型を歪曲した場合が多かったが、近代韓国民族宗教の初期教書および定期刊行物は、西欧近代文化の流入および日帝侵略に対する韓国人の認識と対応、既成宗教に対する批判的認識と技術革新、民族精神の鼓吹と教育運動などの実状を把握するうえで非常に重要な史料である。定期刊行物の場合、天道教は一九〇六年六月に『万歳報』を発行して以来、『天道教会月報』（創刊号—三九八号）、『新人間』（創刊号—一八六号、解放前まで）を機関誌として発行し、天道教青年会は大衆雑誌『開闢』（創刊号—七二号）[2]などを発行した。また『オリニ（子供）』は一九二三年三月二〇日に創刊して日本植民地時代に一二二号（一九三四年七月）まで発行され、解放後復刊されて一五号（一九四八・五—一九四九・一二）まで通巻一三七号を発行した。『オリニ』の意義としては、まず子供に対する認識の転換、第二に民族主義子供運動における中心的役割、第三に子供のための教育機能、第四に韓国児童文学の形成と発展への寄与などが挙げられる[3]。円仏教は『月末通信』『月報』『会報』などの定期刊行物を発行しており、一九三五年に発刊された『朝鮮仏教革新論』からは円仏教と仏教との関係、円仏教の時代認識と宗教の革新思想などの重要な内容が発見できる。甑山教系の普天教では、『普天教報』『普光』『研真』『普化教誌』などを発刊した。これらの定期刊行物によって開闢思想を表明し、民衆を啓発する努力を傾けた。これは「土着的近代化」または「自生的近代化」の代表例と見ることができる。西欧中心の「オリエンタリズム」や帝国的「植民地主義」からどうやって脱出するかという問題と直結している。

韓国の新しい民衆宗教運動は、開闢思想によって新しい後天の理想的時代が開かれることを予告し、人間の尊厳の平等な価値を制度の根本とする革新がなされなければならないと強調してきた。人間の尊厳性についての民衆宗教の思想的・制度的革新は、これから未来社会の人類が求め、実践すべき理想的な方向性を提示している。韓国民衆の中から起こった宗教指導者たちの宗教改革や社会革新運動は、土着的な伝統を批判しながらも主体的に近代化を成し遂げようとした。

尹承容《ユン・スンヨン》は、韓国社会の近代化への態度を四つの類型に区分している。伝統と近代の妥協を試みて近代的宗教を指向した東道西器派、近代に抵抗して伝統を固守しようとした東道東器派、西欧のキリスト教を積極的に受け入れなければならないとする西道西器派、最後に、東道の改革を通して近代を主体的に受容、融合して旧時代を清算し、新しい世界を作るために開闢を主張する民衆宗教の開闢派[4]というように、近代化に対する多様な努力を類型化した。このうち民衆宗教の開闢派に注目して、民衆が主体的に集まり、動き、無批判的な受容でもなく、かといって無条件の排斥でもない温故知新の精神で近代化を成し遂げた過程ととらえた。こうした観点は北島義信の、「西欧的近代化」を越えて土着文化を継承発展させる「土着的近代化[5]」の類型とも一脈通じる。

尹承容は、韓国の民衆宗教運動が、社会が歴史的変遷を遂げる過程で民衆の生を代弁する開闢宗教に発展したとみる。朝鮮後期の開港期には、封建的社会差別に抵抗して社会変革を図る役割をし、文明開花期には西欧列強の侵略主義と文明宗教に抵抗しながら西欧近代文明を批判的に受容しようとし、日本帝国主義の侵略と植民地化の時代には、韓民族の精神文化を守りつつ、日本の弾圧と収奪に抵抗する抵抗的民族主義の器となる役割を果たしたと述べる。彼は開闢宗教が「近代の民衆文化と思想を代表する『総体的な近代精神文化』」であると同時に、「韓国人の独創的な『第三の土着的近代宗教』」であると評価している。

近代民衆宗教の開闢思想は、過去と未来の世界を先天と後天に分けて、主に後天五万年大運に言及している。

これは著者が言及したように、東洋の伝統的な宇宙万物の生成・変化・消滅・再生の運数論がその思想的背景となっている。特に、邵康節の元会運世説と徐敬徳《ソ・ギョンドク》の象数学、および『鄭鑑録』と金恒《キム・ハン》の『正易』などが宇宙の循環原理の基本的な思想的背景となって、民衆宗教の先天と後天の開闢思想として確立されたことが思想史的観点から明らかになっている。民衆宗教では概ね伏羲八卦、文王八卦、周易八卦などを先天時代の度数とみて、その後の後天開闢時代には、正易八卦の新しい度数による理想世界が到来すると予見している[6]。先天は古びて老朽化し、不平等・不合理などが横行して怨恨に満ちた世界だが、後天は明るく平等と公明正大さに満ちた仙境であり、地上の楽園の世界を意味する。時間次元の後天開闢は、宇宙の進級と降級を繰り返す円環的時間観に基づくものであり、後天開闢の時代を原始反本の時代と設定している。これは先天と後天が変化しながら、古くなった時代が去り、新しい世界が来るというものである。原始反本は太初の時期と同じ古代の理想的な世界を設定して、根本に戻ろうとするものである[7]。

研究者が見逃しがちな部分は、開闢の主体は何かについての議論である。つまり、宇宙の循環論的な開闢か？　あるいはカリスマを持った宗教指導者たちによって後天がもたらされるのか？　または大多数の民衆の自覚によるものか？　について議論する必要がある。チャン・ソクマンは西欧の近代化と東洋の近代化の中心軸は違うとみた。彼は、東アジア近代性は個人の中心性が成立し得ない構造を持っていると述べた[8]。これに対して、チョ・ヒョンボムは「韓国の近代性が個人ではなく集団を主体として受容されたということは、正常からの逸脱ではなく、自然な過程と見なければならない[9]」と主張している。こうした視点は、東アジアの王権中心の権力と、身分社会体系の集団の倫理を強調した伝統を受容する立場から出てきたものである。これとは異なり、韓国民衆宗教の指導者たちは、社会全体の公共の価値と倫理を強調しつつも、個人の自覚を通した民中心の新しい市民社会を導こうとした点を見落としてはならないだろう。

近代期の韓国社会では弥勒信仰と鄭道令《チョン・ドリョン》信仰が力強く広まり、民衆を救う救世主が出てくるという思想が蔓延した。こうした民衆信仰は当時の新宗教思想に影響を及ぼし、民衆宗教の創始者は自らが弥勒、鄭道令、または上帝であると主張するに至った。東学を創始した崔済愚《チェ・ジェウ》はハヌルニム（天・天主・上帝—訳注）の意思を伝えるメシアとされ、甑山教を創始した姜一淳《カン・イルスン》は自ら上帝・弥勒仏と称して上帝信仰を急速に普及させた。このような状況で、既存の宗教思想家とは異なり、円仏教を創始した朴重彬《パク・チュンビン》は従来の弥勒仏と鄭道令についての新しい解釈を提示した。それは、「チョン・ドリョン」の「チョン」とは「鄭《チョン》」という姓の人ではなく、正しいの「正《チョン》」を意味すると解釈し、弥勒仏時代の龍華会上の最初の主人も「一つ一つ先に悟る人」のことであると説いた。つまり、個人の自覚と尊重がなければ、社会集団全体の平等性を追求することはできないととらえたのである。民衆宗教の開闢思想は、宇宙の循環論的時間観とカリスマ的宗教指導者と主体的に意識した大衆が開闢の主体となることを複合的に示したと考えられる。後天開闢の仙境は、民衆の生活とかけ離れた世界ではなく、哀歓と抑圧の苦しい生活の現場において実現されるべき世界である。

韓国民衆宗教の開闢思想は、天権または神権中心の世界観ではなく、人間を中心とした人権の時代が到来していることを予め示して、一般大衆の主体的な自覚を強調している。これは民衆の懐願を込めた革世思想が発展して形成されたものである。したがって歴史的には、支配階級に抑圧された被支配民衆を代弁し、外勢の侵略と植民地支配という国家と民族の危機的状況において概ね独立運動と民族抗争を主導した。西欧文明の宗教と衝突し、交渉する過程で、民族の伝統的宗教文化を新しい宗教運動として展開したのである。近・現代韓国社会の精神と価値観は、過去百六十年間の民衆宗教運動と、その文化・思想を度外視しては把握しにくい。民衆宗教の開闢思想と救世理念は、新しい社会を渇望して大多数の民草たちの希望を代弁した。また、当時の倫理意識をはじめとして、価値観と民族観、さらには社会の変化に対する認識と世界に対する認識などが凝縮されている。民衆宗教運動は韓国社会において、宗教文化の限られた領域だけでなく、社会・文化領域全体に有機的な影響力を及ぼしてきた。急激な時代の変化の中で、韓国の民衆宗教に発生・成長・分派・消滅などの変化が起こり、民衆宗教または市民宗教として、社会に対してどのような意味を持ち、役割を果たしてきたかについて歴史的に洞察することは重要な課題である。

（2）歴史的傷痕に対する解冤と相生の治癒哲学

人類社会の歴史的過誤は、現代社会においても個人または民族次元の「怨恨」として残っており、これに対する根本的な治癒なくして、現在および将来の社会、または古傷に起因する病理的現象を克服するのは困難である。

現代が抱えるさまざまな問題が、個人的・局地的な問題から世界的な問題に拡散し、人類共同体が皆ともに解かなければならない課題として迫ってきて、世界普遍倫理の必要性が持ち上がっている。人類共同体が抱える危機を克服するための一つの努力が、宗教界と国連（UN）とNGO（Non-Government Organizations）などの機構で活発に展開されている。解冤相生思想は、宇宙のあらゆる存在的な関係において、神明と神明、神明と人間、人間と人間、国と国、人と自然との関係を、対立の構図ではなく調和的関係、相克的関係ではなく相生的な関係として定立する哲学であり、世界普遍実践倫理の特徴を持っている。(10) 韓国民衆宗教の創始者は、先・後天の交代期に「冤」「相剋」「病劫」による人類の危機現象と原因を癒す作業が必要であると見ている。

水雲《スウン》崔済愚《チエ・ジエウ》は、不平等な社会を平等な社会にするため「人に天の如く仕えよ」という事人如天の思想を主唱し、現在の天道教の中心思想である「人すなわち天」（人乃天）思想として確立された。天道教は人乃天の宗旨のもとで精神的・物質的開闢を遂げ、新しい社会、すなわち輔国安民・広済蒼生・布徳天下・地上天国建設を成し遂げようとした。特に、水雲の侍天主《シチヨンジユ》思想は、身分階級が明らかだった封建社会において「皆が平等である」と主張したために民衆から注目されてきた。これは貧富・貴賤・両班常民の区別なく誰でも自身の内にハヌルニムが内在しており、ハヌルニムを覚えることができる故にすべての人は「平等」であるということを物語っている。すなわち、「ハヌルニムを奉じている民衆」自ら新しい宇宙的秩序である後天開闢を展開していく力の素材があることに目覚めさせようとした(11)とみられる。したがって侍天主思想は、封建社会の身分差別制度を乗り越える近代的平等主義を開く大変重要な概念として理解できる。

甑山姜一淳《チュンサンカン・イルスン》は「先天」時代を「相克之理(12)」すなわち人間・事物がすべて相克に支配された世界と設定して、それによって生じた怨恨を除去すべき対象ととらえた。甑山は「ひとりが冤を懐いても天地の気運が塞がる(13)」と述べて、丹朱（古代の聖人堯の子―訳注）の冤だけでなく、一人一人皆が持っている冤を解く努力の必要性を強調した。解冤を根源的に行うために、他人の恨みを買わないこと、心の修練、言語、恩を仇で返さずに恩返しすること、犠牲儀礼の施行など多様な内容を説いている。彼は「解冤時代にあっては悪を善で返さなければならぬのに、もし汝らがこの心を捨てなければ、後天に再び悪の種をまくことになる(14)」と戒めて心の重要性を明らかに示した。

少太山朴重彬《ソテサンパク・チュンビン》が追求した理想的未来社会は「開闢」時代の新しい文明社会である。開闢時代は時間的次元では天地の進級と降級の激しい変化の時期であり、空間的次元では物質文明と精神文明が調和する真の楽園世界であり、あらゆる存在が互いになくてはならない、恩恵が充満した世の中である。少太山は宇宙の究極的真理である「一円相の真理」を中心に、他力に重心をおく四恩信仰と自力に重心をおく三学修行の二つの側面から明らかにしている。特に謝恩はすべての存在が「なくては生きられない関係」として絡まり合っており、その関係を因果報応の原理で説明している。少太山の恩思想は韓国伝来の解冤思想と仏教の縁起的世界観にもとづいて発展した思想である。[15] 解冤相生の恩世界は宇宙内の一切の生霊だけでなく、宇宙自体が総体的に縁起的恩恵の関係を持っていると設定する。すべての存在がなくてはならない必然的であり原初的恩恵であることを強調している。[16] 近代宗教の役割は、病んだ社会を診断し、真理的宗教によって処方する作業ととらえ、教育と経済の自立に努めて開闢運動を現実の生活の中で誠実に実践しようとした。

解冤相生の生命尊重思想は、世界の宗教界が指向する普遍的倫理と一脈通じている。ハンス・キュングは「わたしたちの地球の全体生命・岩石・水、そして原子の世界のための総体的な責任意識を持って行動」すべきだと強調して、人間の自由とともに自然を畏敬する新しい倫理として人間の自己統制も伴わなければならないとみている。[17] 何のための世界普遍倫理なのかという質問から、世界普遍倫理が何を中心軸として倫理の基準をたてるかという問題に直面する。ハンス・キュングは「人間は常に主体にならなければならない。決して客体になってはならない」[18]と強調する。これは人間を普遍倫理の中心軸として、すべての生命に対する畏敬と責任を併せて強調したものとみられる。一九九三年の世界の宗教界代表が参加したアメリカ・シカゴ世界宗教会議一〇〇周年記念大会で採択された「地球倫理宣言（A Global Ethic）」は、人間中心・実践中心の宗教多元主義社会を実現する方向を設定しており、[19] 生命の重要性を明示している。[20]

世界宗教家平和会議（World Conference on Religion and Peace 以下ＷＣＲＰ。現在は Religions for Peace と

いう名称を用いる）の集会にも表れている。[21] 一九七〇年に日本の東京で開かれたＷＣＲＰ創立総会で採択された宣言文で、人権と環境問題などに基本的な倫理的枠組が提示された。生命尊重と関連して、人類だけでなく自然との「相互依存性（Co-Dependence）」の重要性を「人々は、肯定的または否定的影響を共に持った世界化のダイナミズムによって経済的・環境的実在の網の目に組み込まれた世界の中で、相互依存的である」[22]と提示している。資源を枯渇させる開発形態は、未来世代において地球を滅亡させはしないまでも環境的体制を脅かすだけでなく、人類に苦境と苦痛を増幅させる結果を招くことになると警告している。

韓国民衆宗教の解冤相生思想は、過去の歴史的怨恨の関係を解きほぐすために解冤の過程が必要であるということと、相生の未来社会を開く人類の普遍的倫理を提示したのである。解冤相生は個人的な問題にとどまらず、民族集団と社会構造的差別の問題を解決する時に可能になる。社会階級差別・地域差別・男女差別・貧富の差別・種族の差別などは不公平な社会を作る構造的な問題である。

水雲・甑山・少太山は、韓国社会の大きな弊害であった男女の性差別、嫡子と庶子の差別、両班と賤民の階級差別を当然なくすべき障害物と見た。不平等な社会構造問題を改革して、平等な社会、お互いが尊重される時代になる時に、抑圧された怨恨を除去しようとした。富者と貧者、抑圧者と被抑圧者、両班と賤民などを身分と貧富の差による相対的存在ではなく、相互依存的存在ととらえたのが特徴である。このような思想と運動についてチャン・ビョンギルは、解冤相生、報恩相生思想はシャーマンのウォンプリ（亡者の怨恨を解く儀式―訳注）的解釈を越えて、現代社会の問題の要請に積極的に対応した教理を説いていると肯定的にとらえた。[23] ノ・キルミョンは、解冤思想を調和思想および統一思想とともに韓国民衆宗教の重要な思想であるとして、新しい社会を建設しようとする彼らの念願が含まれていると評価する。[24]

解冤相生とは、歴史的な戦争と植民地侵奪による傷痕のみならず、個人や家庭は言うまでもなく社会・国家・世界の構造的問題までも解決することによって凝り固まった冤を解き、相生の関係、恩恵の関係を根本的に回復することである。解冤相生は治癒の哲学であり、サリム（生活／活かし－訳注）の哲学であり、平和の哲学であり実践倫理である。日帝時代に抑圧された民衆宗教の開闢思想は、過去の暗鬱で不平等な先天時代を清算して、新しい文明時代を迎えるためのものである。先天時代が強者と統治者中心の時代だったとすれば、後天時代には弱者や被抑圧者も強者とともに等しく遇される解冤相生の時代をひらくためである。戦争による怨恨もまた、他の戦争を防止して平和を成就するための根本的な哲学を含んでいるのが解冤相生思想である。解冤の過程は歴史的過誤に対する一時の懺悔でなく、怨恨が完全に解ける時まで最善をつくして進行されるべき現在型というわけである。反面、辛い歴史的傷痕を背負った国家と民族の場合には、過去の傷痕に留まらず、未来指向的な相生の関係を積極的に繰り広げる努力が同時に成立する時、東アジアの平和が実現されうるとみる。また、人類の戦争の歴史に残った傷を癒し、南北の葛藤、宗教的葛藤などに対する解決の糸口を見つけ出して実質的に適用する普遍倫理として、解冤相生の対社会的運動が共に実現されなければならないだろう。

社会的矛盾の構造を根本的に変化させるためには、主体的自我の覚醒を通して市民社会が「真我」を発現して、すべての存在が相互生命的関係であることを自覚して、社会的に不合理な思想と不平等な差別制度など、不当な要素を革新する顕在的進行形にならなければならないだろう。個体的存在の尊貴さを明らかにすることは、人権平等および社会平等の思想を大きく振興させるうえで重要な役割を果たした。人間本性に対して深く自覚した民衆は、朝鮮王朝儒教社会の階級差別と身分差別の社会不平等制度を打破して、人権平等の思想と制度を実現させる主体になった。人間本性、人心の主体の問題は、公共性の重要な価値を提供している。開闢思想の主体は自覚した一般大衆であり、彼らが人間中心の思惟体系を成立させる。開闢思想は天権中心の思惟体系に代わって、人間を中心にした人権時代が到来すると説くが、これが成立するには、一般大衆が主体的に自覚することが前提になる。先天時代が強者と統治者中心だとすれば、後天時代は弱者や被抑圧者も強者と共に等しく遇される時代である。陰と陽、神と人間、強者と弱者、男と女、貴族と賎視された人々の関係が、互いに対立的・上下従属的な関係ではなく、相互依存的で調和的な関係を成立させることになる。

三　結　論

西欧の近代化の過程と、十九〜二十世紀にかけての西欧中心の近代産業化、および世界の植民地建設の過程で、多様な文明の対立と衝突、安全に対する脅威と葛藤の現象が世界のあちこちで起きた。ヨーロッパの経済的成長と産業革命による軍事力拡充という「近代化」の成功は、世界の強大国に成長する契機となった。これと共に「西欧ヨーロッパ＝文明＝近代化」の図式に対比される「アジア・アフリカなど未知の世界＝野蛮＝非近代」の図式を設定して、世界の文明化のための侵略として植民地建設を合理化し、正当性を付与した。

人類史の大小の侵略戦争と植民地化と収奪は、限定された自他の観念と自民族中心主義に基づいて、自民族と自国の利益を前提として起こった場合が大部分である。現代の人類社会の構造的問題は、人間と自然と宗教の間の、強・弱の構造の中で相克と対立の構図を抜け出せずにいることに起因する。最近急速に展開されている世界化（globalization）過程においては、地域性（locality）が消失するだけでなく、新しい形態の植民地従属化現象がみられる。強大国と弱小国、裕福な集団と貧しい集団の間の経済的・軍事的・文化的従属化などを現代社会がいかに解くかが大きな課題である。

国家と民族の危機感の高潮は、民族主体性を強調して結束させる効果を持つが、反面で排他的かつ閉鎖的な民族主義を形成することにもなる。東アジア共同の相生的公共性の価値実現は可能だろうか？　限定された地域主義と閉鎖的民族主義では、民族の安全と主体性は確保できても、世界市民の普遍的価値を提供することはできない。東洋の西洋オリエンタリズムに対する対抗的オクシデンタリズム、中華主義、東道西器といった主義主張では、また別の次元の民族主義的であって、地域主義的な、自民族中心主義を脱することができず、西洋の歪曲されたオリエンタリズムに対抗する、東洋の歪曲された西洋に対する認識範疇を脱せなくなるおそれもある。他方、歪曲された西洋のオリエンタリズムと侵略的専制主義と抑圧的植民政策に対する、無力な人々の生命を辞さない犠牲的闘争があったからこそ、逆説的に西洋自らの内の自由と人権と平等に対する認識の転換を促す結果をもたらすことができた。

ヨーロッパ―アメリカ中心の覇権的従属主義、中国の一帯一路政策と経済大国への成長による米・中貿易戦争、中東をはじめとする世界のあちこちで起こる文明の衝突と強弱の対立的構図を克服する、新しい世界普遍倫理の実践がなされなければならない。新しい相生の公共社会を基盤とした調和の文明が成立してこそ真の平和と自由の人類社会が可能になると考える。

注

（1）本稿は東北大学で開催された二〇一八年度日韓共同学術セミナーの発表論文である（二〇一八年一二月二四～二五日）。

（2）侍天教もまた『侍天教月報』などの機関紙を発行した。特に、天道教青年会で天道教の大衆化のために発行した『開闢』は、一九二〇年六月に創刊し、七十二号を発行して、日帝によって強制廃刊された。『開闢』は宗教・思想・政治・経済・産業・歴史・天文・地理・文学・美術・音楽・制度・技術・風俗・風物・人物・時事などを含んでいる総合誌で、一九二〇年代植民地期当時の思想的流れと変化を確認することができる代表的な時事誌として評価をうけている。

（3）チョン・ヨンスク（정용숙）「아동잡지의 근대주체 형상화에 관한 연구:『어린이』를 중심으로」『우리말글』69, 우리말글학회, 2016.6.

（4）ユン・スンヨン（윤승용）『한국 신종교와 개벽사상』모시는 사람들, 2017, p. 230.

（5）'서구적 근대, 넘어설 '토착적 근대,에 주목해야, 한겨레, 2018년 8월 16일.

（6）朴光洙「홍암（弘巖）나철（羅喆）의 단군신앙운동 연구」『종교연구』53집, 한국종교학회, 2008.

（7）朴光洙「원불교의 후천개벽（後天開闢）세계관」『원불교사상과 종교문화』44집, 원불교사상연구원, 2010.

（8）チャン・ソクマン（장석만）『개항기 한국사회의 '종교,개념 형성에 관한 연구』（서울대학교 박사학위논문, 1992）우리말글학회, 2016.6.〝東アジアでの近代性は、個人の中心性が成立し得ない構造を持っている。王室や国家または民族、あるいは人種の中心軸の周囲で、その軸のために投入されるものがすなわち西欧近代性だったからである。〟

（9）チョ・ヒョンボム（조현범）「'종교와 근대성,연구의 성과와 과제」『근대 한국종교문화의 재구성』（한국학중앙연구원, 2006）, p. 47.

（10）朴光洙「한국 신종교（천도교, 원불교, 증산교）에 나타난 신화, 상징, 의례 체계의 상관성에 관한 비교연구」『종교연구』26집（한국종교학회, 2002 봄）, pp. 89–114.

（11）天道教中央総部『천도교경전』（천도교 중앙총부출판부, 2001）; ユン・ソクサン（윤석산）「동학 설화와 동학의 역사: 수운 최제우의 출생과 성장을 중심으로」『비교민속학』19, 비교민속학회, 2000, pp. 403–404.

（12）『典經』教法 三章 三四。

（13）『典經』公事 三章 二九。

（14）『典經』教法 三章 一五。

（15）朴光洙「원불교의 후천개벽 세계관」『원불교사상과 종교문화』44집, 円仏教思想研究院, 2010, p. 91.

（16）『正典』第二教義篇、第二謝恩、二七-三九（원불교 정화사『원불교전서』익산: 원불교출판사, 1999（초판 1977））.

（17）한스 큉（Hans Küng）『세계윤리구상（Projekt Weltethos）』, 안명옥 번역（서울 분도출판사, 1992）pp. 74-76.

（18）한스 큉『세계윤리구상』p. 78.

（19）한국종교인평화회의/아시아종교인평화회의 서울평화교육센터『21세기를 향한 종교간 이해와 지구윤리: 한국종교의 대응』(서울, 1993) pp. 88- 89.

（20）〝我々は皆相互に依存し合っている。我々は各々全地球の福祉に依存しており、故に我々は諸生命体の共同体・人類・動物・植物、そして地球・空気・火・土に対して畏敬の念を持たねばならない。我々は「我々」がおこなうあらゆる行為に対して、各個人が責任を感じなければならない。我々のあらゆる決定、失敗、行為には果報があるからである。〟「シカゴ世界宗教会議一〇〇周年記念大会宣言文」（一九九三年九月四日）（韓国宗教人平和会議／アジア宗教者平和会議、ソウル平和教育センター、前掲書、八八－八九）

（21）世界宗教者平和会議（Religions for Peace）は一九六八年、インドのニューデリーで開催された「平和に対する国際諸宗教会議」に参加した宗教者たちが提案して結成された、宗教間対話と協力の組織である。この会議に参加したアメリカの代表十八人と日本の諸宗教の代表が中心となり、一九六八年一月二二日に「日米諸宗教者京都会議」を開催して、宗教間の国際的紐帯を強化し、相互協力を通した世界の平和を実現するために組織を結成することで合意した。一九七〇年十月、日本の京都国際会館で世界宗教者平和会議第一回世界大会が開催され、三十九カ国、三〇〇人余りが参加した。

（22）これ以外にも「共同の安全（Common Security）」「共同の未来（Common Future）」「共同の生（Common Living）」「包括的教育（Comprehensive Education）」「希望と献身（Hope and Commitment）」などによって、人類共同の平和な生を希望し、分かち合おうとする望みを込めている。筆者はＷＣＲＰ第七回総会に参加し、宣言文の全文の内容を筆者が簡単に要約したものである(朴光洙「종교 협력운동의 세계적 동향과 과제」『종교연구』31집（한국종교학회, 2003夏), pp. 1-28.)

（23）국종교문화연구소 엮음; 前掲書, p. 546.

（24）노길명,『한국신흥종교연구』, pp. 52- 62.

参考文献

조선총독부『시정연보』, 1914년 3월, 89-90.

대순진리회 교무부 『전경 (典經)』, 서울: 대순진리회출판부, 1989 (초판 1974).

원불교 정화사 『원불교전서』, 익산 : 원불교출판사, 1999 (초판 1977).

천도교 중앙총부 『천도교경전』, 천도교 중앙총부출판부, 2001.

가쓰라지마 노부히로 외 『종교와 식민지 근대 - 한국 종교의 내면화, 정치화는 어떻게 진행되었나』, 윤해동 외 엮음, 서울 : 책과함께, 2013.

강위조 『일본통치하 한국의 종교와 정치』, 대한기독교서회, 1977.

고야스 노부쿠니, 이승연 옮김 『동아, 대동아, 동아시아』, 역사비평사, 2006.

기독교역사연구소 『한국기독교의 역사』 (I, II), 기독교문사, 199.

기타지마 기신 (北島義信)「일본근대 신종교의 사조와 공공성」, 박광수 외, 『근대 한국과 일본의 공공성 구상 1』, 성남 : 한국학중앙연구원출판부, 2015.

김경재 「한국 근대화를 관통하는 변혁운동의 주악상 (主樂想) 성찰- 공동체 삶, 우주- 신- 인적 영성, 사회정치적 개혁을 중심으로-」, 『한국종교』 제43집, 2018, pp.3-37.

김홍철 『한국 신종교 사상의 연구』, 집문당, 1989.

노길명 『한국의 신흥종교』, 가톨릭출판사, 1987.

대순진리회 교무부 『전경 (典經) 』, 서울: 대순진리회출판부, 1989 초판 (1974).

민경배 『한국기독교회사』 (신개정판), 연세대출판부, 1993.

박광수 「원불교의 후천개벽 (後天開闢) 세계관」, 『원불교사상과 종교문화』 44집, 원불교사상연구원, 2010.

______ 「종교 협력운동의 세계적 동향과 과제」, 『종교연구』 31집, 한국종교학회, 2003 여름, pp. 1-28.

______ 「한국 신종교 (천도교, 원불교, 증산교) 에 나타난 신화, 상징, 의례 체계의 상관성에 관한 비교연구」, 『종교연구』 26집 (한국종교학회, 2002 봄), pp. 89-114.

______ 「홍암 (弘巖) 나철 (羅喆) 의 단군신앙운동 연구」, 『종교연구』 53집, 한국종교학회, 2008.

______ 『한국신종교의 사상과 종교문화』, 집문당, 2012.

박광수. 이부용. 외 3인 『조선총독부 공문서: 사사 (社寺) 종교 (1911)』 (원광대학교 종교문제연구소 자료집총서

4), 집문당, 2018.

박광수. 조성환「근대 일본의 '종교' 개념과 종교정책- 근대 한국의 신종교지형에 끼친 영향을 중심으로-」, 『신종교연구』 34집, 한국신종교학회 (2016. 4), pp. 207-234.

박광수 외 공역『대한제국시기 한국통감부 공문서-국역 종교에 관한 잡건철(1906-1909)』, 집문당, 2016.

박광수 외『사상휘보 민족종교 관련 기사-조선총독부 고등법원 (1934-43년)』, 집문당, 2016.

박승길「일제 무단통치시대의 종교정책과 그 영향」, 『사회와 역사』 35, 1992.

______「일제무단통치시대의 종교정책과 그 영향」, 『한국사회사연구논문집』 제35집, 문학과지성사, 1992.

사무엘 헌팅턴 (Samuel P. Huntington)『문명의 충돌』, 이희재 옮김, 김영사, 1997.

삿사 미츠아키(佐々充昭)「한국 근대에 있어서의 신종교와 국가신도와의 상극-식민지기의 공공권(公共圈)을 중심으로」, < 원광대학교 종교문제연구소 한일국제학술대회> 발표문, 2013년 7월 26일.

새뮤얼 헌팅턴 (Samuel P. Huntington)『문명의 충돌』, 이희재 옮김, 김영사, 1997.

성주현『식민지시기 종교와 민족운동』, 서울: 선인, 2013.

쓰치다 겐지로『북송도학사』, 성현창 옮김, 서울: 예문서원, 2006.

앤거스 그레이엄, 나성 옮김『도의 논쟁자들』, 새물결, 2003

에드워드 사이드 (Edward W. Said), 박홍규 역『오리엔탈리즘』, 교보문고, 1991.

유동식 외『한국종교사상사』, 연세대학교 출판부, 1998.

윤승용『한국 신종교와 개벽사상』, 모시는사람들, 2017.

______『현대 한국종교문화의 이해』, 1997, 한울

이강오『한국신흥종교총람』, 대흥기획, 1992.

이능화 (李能和)『百敎會通』「百敎會通序」, 서울: 보연각, 1973.

이시이 쓰요시「메이지 체제 하의 공공성, 상상에 있어서 유교의 질곡 : 우치무라 간조의 비판을 중심으로」, 『조선조 후기 한국의 실학사상과 민족종교 운동의 공공성 연구』. 원광대학교 종교문제연구소 글로벌 시대 한국적 가치와 문명연구 한일국제학술대회 발표집, 2013년 9월 27일.

이홍범「한국에 행하여진 일본의 식민지 종교정책」, 김지견 외편, 『신라불교의 연구』, 동경, 산희방불서림: 1973.

임혜봉『친일불교론』(상, 하), 민족사, 1993.

장석만『개항기 한국사회의 '종교' 개념 형성에 관한 연구』, 서울대학교 박사학위논문, 1992.

전홍석『문명 담론을 말하다』, 푸른역사, 2012.

정광호「일제의 종교정책과 식민지불교」, 『한국사학』 3, 한국정신문화연구원, 1980.

정정호「오리엔탈리즘, 탈식민주의, 타자의 문화윤리학-21세기 한국지식인을 위한 추방자 지식인 에드워드 사이드 다시 읽기」, 한국영미어문학회, 『영미어문학(TAEGU REVIEW)』 제65호, 2002.10, pp. 189-211.

조현범「종교와 근대성 연구의 성과와 과제」, 『근대 한국종교문화의 재구성』, 한국학중앙연구원, 2006, pp. 11-52.

한국종교인평화회의/아시아종교인평화회의 서울평화교육센터 『21세기를 향한 종교간 이해와 지구윤리: 한국종교의 대응』, 서울, 1993.

한석희 (김승태 역)『일제의 종교침략사』, 기독교문사, 1990.

한스 큉 (Hans Küng)『세계윤리구상 (Projekt Weltethos)』, 안명옥 번역 (서울 분도출판사, 1992.

小林正美「三教交渉における「教」の観念」『六朝道教史研究』東京：創文社、一九九〇。

西山茂「近代仏教研究の宗教社会学的諸課題」『近代仏教』제5호、一九九八。

青野正明「植民地朝鮮における「類似宗教」概念」桃山学院大学 『国際文化論集』제43호, 2010년 12월.

村上重良『国家神道と民衆宗教』東京：吉川弘文館、一九八二。

村上重良『天皇制国家と宗教』東京：日本評論社、一九八六。

平山洋「朝鮮総督府の宗教政策」源了圓・玉懸博之編『国家と宗教』京都：思文閣出版、一九九二。

村山智順 《朝鮮の類似宗教（朝鮮總督府 第四十二輯）》京城：大海堂、昭和一〇年（一九三五）

村山智順 《朝鮮의類似宗教》최길성・장상언 공역, 계명대학교 출판부, 1991.

Immanuel Wallerstein, *Geopolitics and Geoculture: Essays on the Changing World System,* Cambridge Univ. Press, 1994.

Jason Ananda Josephson, *The Invention of Religion in Japan, Chicago:* The University of Chicago Press, 2012.

'Poverty & Equity Data Portal'

(http : // povertydata. worldbank. org / Poverty / Home ;

(https : // data.oecd. org / inequality / poverty-gap. htm # indicator-chart)

死、その生命的理解(*)

——永遠の平和を想像する——

李《イ》 贊《チャン》 洙《ス》

一　死を探る：死学略史

人は誰でも死ぬ。人は自分がいずれか死ぬという事実をすでに知っている。そしてその事実が生を変化させる。人生の秩序を正したり、もっと倫理的に生きられるよう導いてくれることもある。その変化を肯定的に呼び起こし、豊かな人生を送り、最後には品のある死を迎えられるよう導く学問が広い意味での「死学」(Thanatology)である。

死を探る歴史は、その起源が分からないほど長いが、「死学」の歴史自体はそれほど長くはない。西洋ではファイフェル(Herman Feifel)が編集した『死の意味』(The Meaning of Death, 1959)などが出版され、スイス出身の精神科医者エリザベス・キューブラー・ロス(Elisabeth Kübler-Ross)が臨終直前の患者たちの反応を研究しそれを記述した死に関する本を多数出版したことで二〇世紀中半以降「死学」が主要学問分野として位置づけられた。

それに比べて韓国では少し遅れて一九九一年にようやく「生と死を考える会」が創立され、引き続き「韓国葬墓《そうぼ》文化改革汎国民協議会」（一九九八）のような市民団体も設立された。死に対して学問的接近を試みた「韓国死学会」（二〇〇五）が創立されてからは、多くの人が死に対する学問的研究の可能性を実感できた訳である。翰林《ハンリム》大学では学内で「生死学研究所」を造り上げ、関連研究者たちが尊厳としての死の文化の拡散のため「治癒協同組合マウムエト（Maumaeter Cooporative）」を造り「生死学アカデミー」を運営しつつ、死に対した学問的研究がようやく活性化された程度である。

「死学」では、死に近づけた患者たちの生態や反応を研究しつつ、人間が品のある死を迎えられるように、各種の理論を定立・社会化することを目的としている。幸いなことに、こうした一連の流れによって国内の自治体でも専門家を招き大衆相手の死学教育を行うなど、死に関する社会的論議が拡大されている。二〇一〇年には韓国死学会で『韓国人のウェルダイイング（Well-Dying）ガイドライン』（対話文化アカデミー）を出版した。臨終の直前にはどういうことが起きて、患者本人とその保護者はどういう姿勢をとるべきか、そして患者が亡くなった後、遺族の喪失感はどう癒すべきかに関する、膨大ではないが具体的で実質的なガイドラインを提示した所で意味深い研究結果と言えるだろう。

二〇一一年にはソウルのセブランス病院で延命治療を行っていた通称「キム・ハルモニ（キムお婆さん）」のレスピレーターを外すか否かについて社会的論議が生まれたこともあった。無意味な延命治療を中断しレスピレーターを外すことが患者にとって尊厳たる死を迎えられることだという意見が増え、韓国社会にいわゆる「尊厳死」という表現が話題になった。多くの人々に「死」を省察させ、尊厳たるまたは品のある死に対した具体的自覚のきっかけという点では非常に意味深いことである。そのあと韓国国会で「尊厳死法（延命治療決定法）」が制定され、二〇一七年八月から施行するようになった。もう韓国でも死が生の一部として、そして学問の領域として受け入れられているという客観的証拠だと言えるだろう。

二　死も生命現象である：死と온《オン》生命

では死とは何か。普通死は、医学的な意味として心臓が止まり呼吸がなく、外部の刺激に対する反応もなくなる状態と規定している。国語辞典では死を生物の生命が無くなる現象、生物の生命過程が停止された状態などと幅広く定義する。

しかし、真剣に考えて見るとわかるように、個体生命の形態は変わっても生命現象自体が止まったり無くなることはない。生命現象が始まって以来そんなことは一切起きたことがない。小さい生命の形は変わっても、事実、像それはさらに大きい生命の中に編入され、続いていく。死を生物の生命が無くなる現象と規定するとしたら、それは基本的に個別生命体のみを前提とした狭義の定義である。しかし生命そのものは、目に見えたり観察できる個別生命体だけに限らない。それほど広くて深い。

ローウェ（G. W. Rowe）の生物学的定義は、生命を個別生命体を中心として規定してきた一般的見解をよく示している。彼によると、生命が可能であるためには「一つ、周りからエネルギーを吸い込みこれを自体維持のため使い［代謝］、第二に、個体の有限性を克服するために自己自身に対する複製能力を持ち［生殖］、第三に、変化する環境に向かって世代に渡って、変異と選択を通じて適応しなければならない［進化］[1]」。自己維持、自己増殖、自己変化の能力こそが、生命の条件であると同時に属性だということだ。

むろんこれは生命に対する有用な定義でもある。しかし個別生命体を中心とした定義だけに、その限界も明らかだ。個別生命現象だけでは全体生命を定義しづらいからだ。仮りに、ローウェの説明するように〝周辺からエネルギーを吸入し自体維持のために使用〟するとしても、その〝周辺のエネルギー〟はどこから来たのかもう一度考える必要がある。するとそのエネルギー自体も、広い意味では生命または生命現象の一部ということに気づくだろう。一本の木が土から吸収する栄養というのも微生物の生命体系である。日光や水はもちろん、微生物なしに木という個別生命体は説明できないという所で、つまり生命を説明するためにまた別の生命を説明せねばならない時点で、個別生命体を中心とした設定には限界が存在するしか考えられない。

物理学者〝張會翼《チャン・フエイック》〟はこうした問題意識からローウェの定義に「関係性」を加え新たな宇宙的生命概念を造り上げた。つまり、生命が可能であるためには［代謝］［生殖］［進化］の他にも個体間に「協同」が必要だという意味である。個体間の緊密な共同体系の中でこそ個別生命体たちが成立するわけだ。この共同体系自体が個別生命体を個別生命体にする一つの〝上位個体〟と見なされることができる。そうしてその上位個体を「온《オン》生命（全生命、Global life）」として、単位内の各個体たちを「個体生命」として枠づけている。

オン生命は生命の領域を三五億年前の地球誕生以来、現在まで続いている個別生命体たちの存続根拠ないし原理とも軌を共にしている。個体生命とオン生命の関係は例えると「本を始めて見た人が文章の一文字一文字の読み方だけを考えてはその意味が分からず、これらがどう繋がりどのような意味体系を作るのかを理解してはじめて、ようやくその意味も分かるのと同じだ」「地球上に現れる生命現象たちが、その特性を維持しながら存続できる最低限の条件が何かを私たちが把握したというとき、この条件を備えている全体の体系が、つまりオン生命となる[2]」。

チャン・フェイクは、このオン生命から個体生命を除いた部分を個体生命の「보《ボ》生命（co-life）」と呼ぶ。オン生命は広い意味で一種の〃環境〃に当たる概念だと言える。そして個体生命はオン生命的構造の中でボ生命との協同を通じて成立されると述べている[3]。オン生命の中で個体生命たちが維持されるだけでなく、個体生命はオン生命的構造を反映してくれるということだ。

オン生命は協同体系であるが、単純に関係性だけを意味する訳ではない。微視的次元で詳しく見れば、その共同体系自体が生命現象の構造と同じなのだ。一つの巨大な生命体系である。こうしたオン生命の次元で見ると、生命は消えたり無くなるものではない。あらゆる総体的関係性の中で全てが互いにエネルギーを交換しつつ様々な生命体の外的形態が変わっていくだけだ。その点で私たちの体が亡くなるとしても、心臓が止まるとしても、それで終りとは言えない。何か違う形で生命は続いていく。

三　さらに聞いて答える：臨死体験を超えて

前述したものと次元は異なるが、このような考え方は臨死体験（near death experience）者の証言とも繋がっている。医学的に死亡診断を受けた後、生き返った人たちの証言と彼らの証言を総合した研究結果によると、臨死体験者たちはいくつかの共通的な体験をする。代表的な死学者キューブラー・ロス（Elisabeth Kübler-Ross）によれば、臨死体験者たちはだいたい亡くなった場所で自分の体を見て、その場で起きた事件を覚えていて、障害者は障害がなくなるなど、死の後身体が完全な形に変わるという。また時空間概念がなくなり、トンネルや山道などを通った後まぶしい光を見たとも言う。その光と共に自分の生涯がパノラマのように目の前に広がり生前を反省したと言われる。この時のまぶしい光は無条件的な愛として自分を包む感じで、だから現実に戻った後、自己中心的だった人も他人思いの人に変わる傾向があるそうだ。(4) 臨死体験者たちはだいたい、全てが無に消えることはないと信じて、死を恐れることがなくなるという。繭から蝶になるように、胎児が母から生まれるように、死は新たな世界に入る一つの過程ということだ。

もちろん臨死体験だけでは、死が終わりではなく、死後また別の世界があるという事実の証拠にすることはできない。臨死体験者の見せる死後に対する一定なパターンは事実上死を安らかに迎えられるように脳神経から起こる幻覚作用に過ぎないという脳科学者たちの研究結果がそれを証明している。

しかし、だからと言って、上述した科学的説明だけで死と死後の問題が簡単に規定され、すっきりと終ってしまうわけではない。臨死体験を直接体験したことがないとしても、脳科学者ではなくても、よく考えて見れば死の前後に何が起きて、私たちの日常の中でどのようなことが起きるのか、または生まれる前には何が起きたのかを想像すること自体、全く不可能なことではない。むしろ脳科学者たちは考えたことのないことかも知らないが、実は誰でも考えて見ればすぐ分かることでもある。

例えばご飯ができるにはまずお米が必要となる。そのお米は初めからお米の形で存在していたわけではない。稲から始まりその稲が芽生えるためには空から太陽の光や雨、風、大地の栄養素、その稲を作る農家の方々の努力などが必要となる。こうした者たちが重なったからこそ数千数万倍の実りが出来て、また数えきれないほどの関係性の中で、私の食事として食卓に上がるようになる。太陽と雨と土の中のあらゆる栄養素がなければお米は一粒もできないわけで、お米一粒には全宇宙が入っているともいえるだろう。

その宇宙を受け入れることで人間の生命も育ち、維持され、変化する。そして人が老いて病気になり、火葬しようが地に埋めようが、結局一握りの土になってしまう。すると自然的に、その土を養分として草木が育ち牛などが草を食べ人がまたその牛を食べる。死者の体にあった水分は空中に気化した後雨となって再び地面に戻る。その水分と養分をもとに造られた稲は、お米となりまた私たちの体の中に入って体の一部になる。その姿と形が変わるだけで、生命はこうして循環する。

人間の生死がこのような原理から逃れることは不可能である。ここまで来たら、死をただ心臓や脳機能の停止程度と規定して終わらせられるはずがない。それにして人間の質問は物凄く深くて幅広い。「私」という存在は何か、どこから来ているのか、死とは一体何か、死ぬ直前に何が起きて死ねばどうなるのだろうか。古臭いほどよくあることだが、その分答えにくい質問でもある。それにもかかわらず、このような質問に対して多少は宗教哲学的な立場を堅持しつつ、特にキリスト教と仏教的知恵の深さを振り返ってみながら、死についてひとつずつ答えを見つけていきたいと思う。

四　どこからきてどこへ向かうか：個体生命を超えて

先の話の繰り返しになるかも知れないが、もう一度考えて見よう。「私」はどこから来て、またどこへ向かっていくのか。死とは何であり、死んだあとはどうなるだろうか。

よく見ると「私」という存在は母から生まれてきた途端に始まったわけでもないし、肉体的死を迎えたとしても終わりではない。その生物学の起源を遡ると、生まれる前の胎児状態も「私自身」あるいはせめて私の根源であり、卵子と精子が結合した受精体も「私」であり、少なくとも私の根源である。私の根源たるものはそれだけではない。卵子と精子を作り出した人たちがいなければそもそも「私」という存在は成立しないのだ。このような立場から見ると母や父も「私」、もしくは私の根源である。それだけではない。さらに遡れば、私の起源は祖父母・曾祖父母に繋がり、もっと遡れば人類の最初の先祖にたどり着くかもしれない。私の先祖となる数千万、数億の人々が今日の私を私としてくれる根源になるのだ。そのうちわずか一つが欠けていたら今日のような自分は存在しなかっただろう。

自分の起源というものは、必ず時代を遡らないと見つけられないわけではない。己が置かれた状況、その中の水平的関係網にも私の人生が含まれている。朝食べたご飯がなかったら今の私が生きていけるはずがない。ご飯一杯が私の食卓に上るには、上述したように、空の太陽と降る雨、土の中の栄養素が絶対不可欠で、私の生命の起源は自然そのものにまで広がる。それだけではない。母と父が育った環境、当時取っていた養分や学んだ知識や知恵は、あらゆる関係性の中で現在の私に影響を与えている。はるか昔の祖先を生かした宇宙的環境が無ければ果たして現在の私は存在できただろうか。数千年を黙々と流れ続けていた生命の川無くして今の私は存在できない。

考えてみれば、私を私としていられるようにするものは数え切れないほど多い。つまり無限であってその領域は宇宙にまで拡張される。宇宙のすべてのもの、宇宙そのものが私を私としてくれる根源になるのだ。キリスト教では全宇宙が現在の私を私らしくするということ、その根源に「神様」の存在を人格的に表現する。

また、私が死んだらどうなるか。死んでから火葬をすると一時間も経たずに私の肉体は一握りの灰になってしまう。埋葬するとしても十数年ほど過ぎると土の中に染み込んでいく。私の細胞を構成していたものがお墓の草に吸収されてその草の葉になったり、あるいは一輪のタンポポとして咲いたかも知れない。もしくはその野草を食べる牛の体の中にも入ることもあるだろう。風にそって流れるタンポポの胞子に、人の細胞やその細胞を構成していた素粒子があるかもしれないし、われわれの祖父と祖母の細胞が松の葉の姿に咲いているかもしれない。

一匹の牛が墓場の草を食べて太ってきたら、残念ながら、人はその牛を食べる。すると牛は人の体内で新しい生殖細胞を造り上げるエネルギー源として作用する。こうして私の体の一部がまた別の体の一部とできるし、その逆の状況も可能となるわけだ。

だから母の体内から私が始まったということも不完全な答えである。その以前からすでに私は別の形として存在していた。死んでから「無」に戻るということも不完全である。世の中に消えてしまうものはない。幼い頃遊んでいた小学校のどこかに私の手あかがついたまま残っているかもしれないし、体育の時間に流した汗が気化し、大気と混じり合って雨として降って来たかも知れない。消えるものは何一つもない。自然法則によってただ形が変わっただけだ。

仏教ではこれを輪廻と呼び、道家や儒教では氣の集まり（聚）と散らばり（散）で生死を説明した。キリスト教では生命の根源を神とよびながら、全てのものは神の元に戻ると主張している。彼らはひたすら死がただの終わりではないと言っている所で通じている。このように人でも動物でも、自然の順理から逃れることはできない。悪人であろうと善人であろうと宗教人であろうと非宗教人であろうと、どの宗派でも関係なくこの法則に例外はない。

五　死は新たな始まり：死の宗教性

以上を踏まえて死の問題に戻ってみよう。死とは何か。森羅万象に適用される自然法則を考えれば、死を単なる心臓や脳機能の停止など医療的定義で判断することはできないだろう。人間の疑問はそれより幅広くて深い。多少宗教的な定義をすると、死ぬということは「私」を前にして生きてきた全ての生をそのまま大自然の前に預ける行為である。キリスト教的言語に変えると、死とは人間一人一人の生と関係した全てのものを生命の根源たる存在、つまり神へと返す行為である。

子の根源を自然法則や宇宙的原理と置換しても変わらない。私の名で行ったすべての生き生きした実在、幼いころ、こけたためできた膝の傷で流した血の痕跡さえ自身のものではなく大自然のものとして返す行為、正確には返せざる負えない行為が死である。どうせ私の生の全ては私が創ってないという点で、私が食べたものやそれを消化させる消化器官も全部私が創造してないという点で、神に戻るということも大自然に戻るということも究極的には軌を一にする。全てのものは何かから与えられたものという所で共通点を持つ。だから宗教者は全てのものが貰い物、つまり恵みだと告白するわけだ。

実際に人間が作ったものは何もない。体も、所有物として考えていた全てのものも本来与えられていたものである。飛行機もパソコンもそしてお菓子とアイスクリームすらも全部本来あったものを加工して形や機能が変わったものに過ぎない。何もかもが与えられたものかそこから作られたものである。どれでも当初から現在の「私のもの」だったことがない。「私」を前にして自分の行為であったり自分のものだったように、自分は自分の人生の主人公だと、錯覚の中で生きてきた我々の無知の実装が明らかにされる事件でもある。その点で死は一種の「裁き」でもある。新約聖書学者ローフィンクも、キリスト教的言語ではあるが、全体的にこれと似たような分析的告白をしている。

われらが神に究極的に出会う時、神は我らを一生愛したその善心と愛の尺度を体験する中で、我々の目は我々自身に開かれるだろう。恐るべき驚きで我々の独善、無情さ、冷酷さ、利己主義に気づくことになるだろう。私たちが生涯をかけて積み上げた自己欺瞞と幻想が一瞬に崩壊するだろう。私たちが隠していた仮面は外れ、私たちは自分自身にまた他人に向けて演じていたすべてのことを中止しなければならない。これは果てしなく苦痛なことであり、まるで炎のように我らを貫くだろう。神が我々の前で燦然と輝く時、我々は我々の存在すべき姿と実際に存在した姿を同時に悟るだろう。まさしくこれが審判に他ならない。(5)

適切な「宗教的解釈」と思われる。常に神と出会っていながらも、よくわからなかったり意識してなかったことが、究極的そして決定的におのれの肉体を脱皮し、つまり神に出会うことで、自分の名で行った無知、貪欲、独善、利己主義に続々と気づかされる事件がまさに死である。

神に会うとはいえ、空の特定な空間にすんでいる「神霊」のような存在に出会うことではない。神に会うことは初めから大自然の中にいたのにもかかわらず気づくことなく、「私」という意識を押し立たせた過去の虚像が暴露される事態に対する隠喩的でまた人格的表現である。己の根源的実状が暴かれる事態に対する「神話的表現」なのだ。

そうして〝我々が実に存在すべき姿と実際に存在していた姿を同時に気づかされる〟という所で、そのように己の実装が暴露されるという点で、それは〝裁き〟なのだ。通り過ぎたと思った私のすべてのことが宇宙的生命の中でまともに生きていたということを実感する、まさしく裁きに他ならない。実感する主体は何かに関しては今後述べる予定だが、とにかく裁きの厳しさの程度は結局人間がどんな存在でいるべきか、または人間はどうやって生きているかを比べるとき思いつくその違いだと言える。だから現在の私の生が重要となる。現在の私の生きている一挙手一投足がすでに裁かれているのだ。

六　時間から永遠へ進む：永遠の哲学

この際、死・裁きなどに関して心掛けるべきことがある。それが、「時間」観念である。死んだら私たちの体は必ず消える。体がないというのは感覚器官がないことを意味する。感覚機関がなければ私たちのあらゆる体験がなくなってしまう。体験とは、見て聞いて嗅いで味わって感じる私たちの感覚器官によって、成立するからである。体験が消えたら決定的に時間が消える。時間とは、ある事実が継続されていることを感覚器官を通じて体験する一つの様式だからである。生涯私たちの体はある事実に対して一瞬一瞬反応するが、それが連続的に行われることを見て一般的に「時が流れる」という。

しかし肉体を脱皮したら当然流れるべき時間も消える。見て聞いて触るなどすべての感覚器官が停止するからだ。このとき人間は時間を超えられる。結局死は時間を超えた瞬間であり、そして永遠に加わる瞬間である。人間は〝死への存在（Sein zum Tode）〟と言ったマルティン・ハイデッガー（Martin Heidegger）の言葉を借りずとも、生きていることは死んでいくことでもある。死んでいく細胞もあり、生きている細胞もある。生の同時に死なのだ。死んで行くと同時に生きているのだ。死んで行くという点で、前述したように、私たちすべての存在と行為がオン生命の中で行われているという点で、そして時間は永遠に包まれてこそ時間という点で、我々はすでに永遠の世界に属しているのである。

が、実際この程度の意識をもって生きていくのはかなり難しい。人間が息絶えた瞬間決定的に永遠の世界に加わるという前述の言葉はこの制限的にならざるを得ない現実での「経験」とその経験に基づいた「希望」を反映した言葉でもある。しかし、永遠の世界に加わるということは一応希望の領域ではあるが、よく省察すると十分想像できる希望の領域である。

息が切れ全ての感覚器官が停止されると、その時はもう時間の中ではなく、時間の向こうへ実存するようになる。キリスト教徒はこれを永遠の神の中で宿るという風に表現する。神には「一日が千年のようで、千年が一日のようだ」（ペテロの第二の手紙、三、八）という聖書の一句もこのように解けるだろう。あっという間に未来から過去に移動できるだろう。正確には移動する時間というものが、そもそも存在しないだろう。それが永遠の世界だから。

したがってすべての人が全く違う時間に死んだとしても、全ての者が「永遠」に加わるのは同じであろう。永遠には過去、現在、未来という時間的図式がない。時間線では過去と未来を枠づけるが、過去に死んだ者も未来に死ぬはずの者も全員永遠に加わるわけだ。「永遠」と言いつつも、その永遠すら過去、現在、未来に分けて想像するなら、それは感覚器官をもっている存在の制限された想像に過ぎない。永遠には時間的断絶と違いがない。故に私が息絶えた瞬間、時間を超えて、全人類との出会いがかなえられるわけだ。肉体をもって生きてきた全ての者が永遠の世界に合流するという時、かくして合流された世界を永生（eternal life）という。永生は一方の側から見れば、希望と創造の世界であるが、よく考えると理解できないこともない世界である。

七　始まりであり終わりである：霊魂の哲学

問題は永遠に合流する者は何か、裁きの意識主体となるものは何か、である。死の以降と以前を繋ぐと思われるその根拠を人類は霊魂（soul）と呼んできた。宗教現象学者G・ファンデル・レーウ（G. Van der Leewu）は霊魂と呼ばれる東西古今の多様な概念をこう規定した。

（霊魂は）自分から出たもので自分以上のものだ。それは霊魂である。人間が己の肉体の持っている力を表現する方法にはいろいろな形があり、我らは「霊魂」という言葉の他にもっといい表現を見つけることはできないが、それらは全部同じ方向を指している。つまり、人間が己の中から見つけるある聖なるもの、人間にあり人間から現れながらも、人間を超え人間を脱する者である。(6)

広い意味での霊魂は自分の中にありながら自分を超えるある実在である。来世の私を現世の私とつなげる根拠であり、来世の私は現世の私の自己同一的持続という事実をいうための肉体的存在以上のあるものである。現世の中に宿りそれで終わりだと思われる制限的な肉体とは違って、現在を超えて永遠まで続けられる人間存在の根源的主体が霊魂なのだ。こうした想像の中でプラトンのような人は己の霊魂が肉体の束縛から逃れイデアの領域に存在する真の根源に戻ることを熱望していた。

プラトンは不滅の霊魂と可死的霊魂を枠づけていた。身体を動かす自然的原理である可死的霊魂は肉体が消えると共に消えるのに比べて、デミウルゴス（造物主、demiurge）によって人間に吹き込まれた不滅の霊魂は究極的にイデアの世界へ合流する人間の真の根源である（『ティマイオス』四四二）。物質的存在としての人間が永遠を認識できるプラトン的根拠もここにある。霊魂が肉体的現在を永遠たるイデアの世界のつながりとなることだ。これに関してファンデル・レーウは「霊魂は一種の自分の中の神、神は一種の外在的霊魂」と規定した(7)。

しかし、こうした霊魂概念は肉体に対して二元論的である実在という前提に使われる傾向がある。実際に霊魂と肉体を二元論的に受け入れる傾向が主流でもある。しかし霊魂を体と分離された一つの実在だと理解するには、現代科学で判明している身体の構成原理がそれほど単純ではない。おコメ一粒も宇宙的エネルギーの合作なだけに、個人の肉体も単純に個人のものではない。肉体も物理的で微視的次元で見てみると、ただのエネルギーで、そのエネルギーが宇宙的相互作用の中で形態を変えながら果て知らず変転して現在肉体の形として現れるわけだ。体自体がいわゆる霊魂の原理を反映している。体の中で霊魂を見つけられる別の空間は存在しない。体を人類の知っている最小単位までに解体したら、その世界は精神の世界とも繋がる。体は精神もしくは霊魂の世界と同じなのだ。霊魂は体と別々の実在ではなく、肉体の根源的作用と関連する体の現象でもある。

そう考えると、霊魂とは私の肉体の中に胚芽のように入っている一つの物質ではない。霊魂は、私が私の名で行ったすべての核心に対して人類が長い歴史の中でつけてきた名前ともいえる。私の霊魂とはその何かを受け入れられるように造られた本来的能力の上で、実際に外部の物事と事件を受け、また外部に影響を与えながら行ったすべての痕跡を雪玉のように丸め続けた結果、最後に残った物質以上の何かである。私の名で私の身を持って行った、数えきれないほどたくさんの者たちの塊につけられた名である。

霊魂は行為の結果だけではない。肉体が物事を受け入れ反応し影響を与えたとしたら、そうするようにする根源と見なされるところにつけられた名称である。名称とはいえ抽象的概念や単なる論理的要請ではない。それよりは肉体と肉体的行為の根源となるある力（power）に近い。宇宙の元は一種のエネルギーでもあり、切りのない運動力でもある。その動きが個人には個人的霊魂となり、宇宙的次元では宇宙意識となる。その意味での一体行為の根源なので、霊魂は肉体から逃れた後も、体の形が変わった後も続く。そしてその続く状態こそが〝永遠〟の世界である。すると霊魂は永遠の世界に合流する個人のエネルギーであり、その個人のエネルギーとかかわって起きた様々な影響力の核心につけられた名である。

八　人間が宇宙である：無我《むが》と梵我一如《ぼんがいちにょ》

この際もっと計算すべきことは霊魂と永生の論理的で存在論的関係である。つまり、霊魂が別のものとして永遠に合流するのか、霊魂は霊魂のままに永遠性を持つか、霊魂は永遠に対する想像の中で要求されたのかという疑問である。一般的には最初の立場をとることが多いが、今まで見たように霊魂は体と二分法のように分かれるものではない。霊魂は体と別ではない。霊魂は一種の状態でもあるが、物質ではないために、霊魂に境界と明確な形があるわけでもない。個体生命がすでにオン生命の中にありながらオン生命との関係の中で個体生命として存在しても、個人の肉体とその肉体をもって行うすべてのこともすでに永遠の世界の中にあり永遠の世界と通じ合っている。霊魂は個人の肉体とも、永遠の世界とも別のものではない。こうした世界観をうまく伝承してきた人類の歴史深き知恵が仏教哲学である。

しかし、周知のように仏教では、ある永続的実体を否定する。それが霊魂と言おうが自我と言おうがなんであれ、持続的実体があるという考え方を根源的に拒否する。もちろん自我や霊魂という言葉自体を否定するわけではない。日常的意思疎通として、さらには根気の弱い衆生を悟りの世界へ導くための方便として肯定することもある。そのような所で霊魂が人間の中にありながら人間を超えるものだとか、あるいは現生と来生のつながりを論ずる場で主に使われる用語という指摘は仏教の中でも適用される。宗教現象学的に見ると、一般の仏教信者たちに多様な佛菩薩と神霊、地獄、畜生、阿修羅、鬼神など超自然的世界に対する信仰及び世界観は頻繁に見られる社会現象でもある。こういうとき仏教徒たちは明らかに実体的で永続的な霊魂観による輪廻的世界観も持って生きていくように見られる。

しかし究極的には、その神たちの世界に対する執着からも自由になり、その神たちの世界も越えようとするのが仏教の核心である。さらに「無我」ないし「空」という、仏教の核心的教えを踏まえて考えると、来世にまで繋がる人間の内的自我もしくは根源的主体としての霊魂という言葉は矛盾してしまう。実体的、永続的霊魂概念は無我ないし空の悟りを求める仏教哲学とはなじめにくい側面を持っている。そして「一体衆生が仏性を持っている（一切衆生悉有佛性）」とか、「山川草木が皆仏性を備えている（山川草木悉皆成佛）」という「仏性論」または「禅宗」系の立場で見ると、来世に特別に叶えられることがあるわけでもない。神たちの世界が人間たちの世界より優越しているという立場も無意味になる。それよりは今のありのままで十分だという現在肯定的姿勢の方がもっと強力である。大衆的仏教伝統の中にそれぞれの「業」によってその「果」を受け成立される個別的霊魂の概念が全くないわけではないが、その個別的霊魂さえも、実は宇宙的次元の仏性が個別的霊魂の一つ一つの形として現れているという観点の方がもっと強力に存在しているのだ。

個人の内的主体はただ個人のものではなく、宇宙的本性と同じだということは仏教だけでなくインド哲学全般の古き知恵でもある。個人の内面が「アートマン（ātman）」なら宇宙的気性は「ブラフマン（Brahman）」である。アートマンとブラフマンは同一なのだ。ヒンズー教の経典である『バガヴァッド・ギーター』にはこう書かれている。「私は知識の対象を告げよう。それを知れば人が不死に達するところの。それは、無始なる最高のブラフマンである。それは有とも非有とも言われない。……それは諸々の光明のうちの光明であり、暗黒の彼方にあると言われる。それは知識（真知）であり知識の対象であり、知識のより到達されるべきものである。それはすべてのものの心に存在する[8]」

インド史上最古の古典である『ウパニシャッド』では宇宙的ブラフマンと個別的自我の関係性を蜘蛛と蜘蛛の糸、または火と火花のたとえで説明している。蜘蛛から蜘蛛の糸が出るように、火花がそのまま火であるように、多様な現象世界は全てブラフマンから出るか、もしくはブラフマンと同じだということだ。だから〝ブラフマンを分かることが永遠不滅の道である全てになる道〟であり、〝ブラフマンを分かるものブラフマンとなる〟と宣言するわけだ[9]。

インド思想によると、そうしてわかるようになる主体は個人の内的自我、つまりアートマンである。アートマンは究極的にブラフマンと合致するようになっている人間の内的主体なのだ。〝アートマンとブラフマンの合致（梵我一如）〟に対する悟りこそ、人間が得るべき最高の知識である。真の自己自身の他には欲しがるものも、恐ろしいものもないからだ。それが業からの自由、つまり「解脱」である。このような観点は衆生をそのまま仏とみる大乗仏教的観点にも反映されている。衆生がもともとそのまま仏だという源泉的次元で見ると、個人的で利己的な自我は本来から存在しない。だから「無我」なのだ。

九　霊魂も形成される：精神作用と霊魂

もう一度踏まえておきたいのは悟りの主体である。何が何を悟るか。悟りの主体を再び私たちの言語に帰ると霊魂となる。霊魂が霊魂の本質を体得するわけだ。前の霊魂が人間精神作用の主体であり個別的霊魂ならば、後の霊魂は精神作用の対象であり宇宙的次元の霊魂である。霊魂は人間精神作用の主客の構造と関わっている。

精神作用とは物事はもちろん自分自身すら感じて認識し判断できる能力である。精神作用は自己対象化行為から一番よく見つけられる。サルトル（Jean-Paul Sartre）が人間を「対自存在」と規定したように、人間は自ら対象化できる。自己を対象化する行為は人間意識の超越性を示す証拠でもある。精神作用を通じて私が私を超えるわけだ。私とは何かを考える反省の中で「想像された私」、つまり「対象化された私」は私の体の中から生まれるがその体に縛られることはない。そうしながら、人間はそうして「対象化された私」からまた影響を受ける。死んだこともないのに死に対する想像が現在の生を変えるのと同じである。「対象化された私」は肉体を超える別の私に対する想像へつながる。肉体を超えて私は一般化され、霊、魂、霊魂などに対する社会的談論も形成されるのだ。その点で霊魂は人間意識の超越性、自己対象化の状況を集約的に見せる人間の内的能力でもある。

自らを想像できる能力の中で実際に自己対象化が行われるという所で霊魂は想像する主体の側面もある。その主体に基いて実際に想像された実在がただの想像で終わることなく、再び主体に影響を与える力《ちから》の次元として展開されていく。「反省された私」は肉体を持った実体ではないが、体を持つ私を十分変えられる。「想像された私」が「想像する私」や「肉体としての私」より強力な実在なのだ。

この際私を「対象化する私」は、精神作用である同時に肉体の現象でもあるという所も重要となる。体は関係的で過程的である。あらゆる飲食を食べて息をして、体が成長し維持され変化していくという点で、体は終わりのない変化と関係性の中にある。それなのに精神作用が体の現象だとしたら、体が変わっていくたびに体によって造られる霊魂も変化・生成されていくと見た方が自然に見える。長い間、赤ん坊の霊魂と成人の霊魂、死ぬ直前までの霊魂は全部同じ実体だと思われていた。霊魂は肉体と分離される不変の実在という想像が支配的だったのだ。しかし今はそのような想像から先へ進む必要がある。

霊魂も体の成長と共に成長し変化する。私の体というものが古典的言語でいうと「四大」―地（養分）、水（水分）、火（太陽）、風（酸素）―つまりあらゆる要素の総合作用の結果であるように、私の霊魂も私だけに属する単一の個体ではない。私の霊魂も関係的で過程的である。霊魂が宿る場所は単純に体の中どこかではなく、「想像する私」と「想像される私」の「間（between）」である。その間とは単純な空間を意味するのではなく、関係性を意味する。霊魂は「想像される私」でもあるが、その「想像される私」が「想像する私」の延長線上にあるという点で「想像する私」と「想像される私」のどこか一カ所に宿るわけではない。その「間」こそが霊魂の住む場所なのだ。霊魂は体と共に成長し形成される。そして体が宇宙的協同作業や関係性の産物という点で霊魂も宇宙的生成変化と一緒に行われる。今こそ、霊魂を個体的、個別的にしか見ない観点を直すときだ。

一〇　死が最後の言葉ではない：復活、昇天、涅槃

近代以降には人間の外にある対象よりはその対象を接する主体に関心を持つようになった。超越中心の世界観が弱まり現実の物質中心的世界観が広まった。これによって欧米ではsoul、spirit等の概念が弱まり、mind、conscienceのような概念が浮かぶように至った。超越的霊魂、精神などによる形而上学的論議よりは内在的な心、意識など経験的論議が注視されている。「霊魂」よりは現実で直接作動する「心」の方が主に論議されている。

こうした状況で永遠の世界に合流するということは何か。ここには一つの仮定的説明が必要となる。宇宙は意識であり、「私」という個人の意識が宇宙意識に合流すると言ってもいい仮定である。川が海になるように、しかしその川も元は海の水だったように、本来一つだったものが別の様相となってまた本格的に一つとなるわけだ。そして蒸発した海の水が雨となり、川として流れていくように、宇宙意識が個人意識として現れる。換言すると、個人の意識が宇宙の意識に合流するのだ。個人の肉体も結局大自然の中に形を変えて戻るようになる。それをキリスト教的言語でいうと「復活」で、神話的言語では「昇天」である。そして仏教的言語でいうと「涅槃」なのだ。

キリスト教徒すら復活をただ肉体的蘇生と見なす人が多いが、復活の霊的意味は、霊魂という私たちの内密な生の全体を、神がどうしてでも永遠の世界にふさわしい形と変えてくれるだろうという希望につけられた名である。イエスが〝再び起きられたように〟復活は全ての人間が結局死で終わることなく、〝再び起きられる〟

という希望的信心の表現である。単純に肉体の生物学的蘇生を意味するのではなく、体をもって行ったすべての行為が結局は神と直接出会うある状況に至るまでの過程とも言えるだろう。

しかし大自然を意識する前すでに大自然の中に住んでいるように、人間は事実上神を常に出会っている。意識できないだけだ。だからこそ肉体が死んだあと霊魂が不滅するというよりは、厳密にいえば、生きてきた全てがもう永遠の世界へ合流し、つまり不滅する。不滅するから永遠の世界にいられるのだ。その永遠の中にある個人の生の核心を霊魂というのである。

キリスト教ではイエスが復活した後昇天したとも言う。これもやはりイエスが孫悟空のように雲に乗って空へ飛んで行った意味ではない。単純に言うとイエスが神の居所へ行ったということだ。空という空間的意味を神話的言語で強調しただけで、イエスが神的生命の中に入ったという力強い信仰の表現である。復活も昇天も結局同じ言葉になる。歴史的に見れば、こうした復活や昇天観念は原則的にイエスに対する信仰的照明の中でできている。イエスこそ人生全てを神の意志に依存し、その教えの通り生きた者として、神の存在方式である完全な生命の中に吸収された存在という後学たちの評価が反映された言葉である。換言すれば、復活はたとえ凄惨で残念だったからこそ逆説的にもちゃんとした死（well dying）に対する宗教的解釈なのだ。もちろんこのような解釈は死後世界に対する神話的表現を抜いた、つまり脱神話的解釈である。こうして脱神話的に解釈してみれば仏教的世界観も同じように展開される。

仏教的世界観によると、無数な輪廻のつながりを断ち切り涅槃の世界に入ることが人類最大の課題、究極的目的である。涅槃（nirvana）は燃えていた煩悩の炎（vana）が消えた（nir）状態を意味する。因果関係の苦しい循環の輪を断ち切ったとたんやってくる静かな安息と同じである。復活が永遠な神的世界との合流ならば、仏教の涅槃は全てのくるしみの痕跡から自由な安息の世界である。個別的自我と宇宙的自我が合致された梵我一如の状態に他ならない。復活以降の永生と涅槃の経験がキリスト教と仏教で語る人生最後の望みであり究極的経験というのは明らかである。

違いがあるとすれば、復活が復活以前既存の自我と何か目に見えぬつながりを前提とする傾向があるのに比べて、涅槃は全ての自我の解体を意味するので連続性ということがないことである。万物の究極的原因（造物主）を前提するか、それとも非人格的原理にそのまま従うかという違いもある。人間以前に先在しながら世の中の原理そのものを主管する何を一度前提して肯定するか、ないしは人間以前に先在する世の中の原理をそのままで重視するかが復活と涅槃の決定的違いとなるだろう。キリスト教徒なら神がその原理すら創造して、自らの理の下に置くと強調するはずだが、仏教徒なら人間である以上従うべき原理自体をもっと重視するはずだ。しかし根源的に見れば、どれも人間が経験し指向すべき究極的状態でまた世界という点では同じである。人間存在の根源や究極的目的と関した問いに対する各自の答えと解釈体系で、「正誤」や「優劣」の次元で普遍的に判断されることはない。全部長い歴史の中数えきれないほどに人々により受け入れられてきた一種の世界解釈である。そうして解釈された究極的状態が根本的にあまり違って見えない。

何より私たちの主題と関連付けると、体の死ですべてが終わることなく、制限的な躯体の状態では想像できなかったはずの新しい世界が広がるとみてきた事実のみが明らかになった。するとその新たな世界にふさわしいように生きていくことだけが残っているわけだ。個人の生は宇宙的生命の一部である、死はその生命原理に吸収される永遠な事件である。小さい霊魂が大きい霊魂に入り、宇宙意識が個人意識を自分の中に受け入れる。人間はそもそも大自然の中に入っていたという事実が確証できる物凄い経験を残しているのだ。だから死は人間の最後ではない。それはまるでファイトホールのように人間がいつしか行くべき宇宙的永遠な平和の始まりであろう。

注

（1）G.W.Rowe, *Theoretical Models in Biology* (Oxford : Oxford University Press, 1994), p.103; 張會翼『삶과온생명(生と온生命)』（ソウル：ソル出版社、一九九八）、二〇一、一七四—一七五頁から引用。

（2）張會翼『온생명과환경, 공동체적삶（온《オン》生命と環境、共同体的生き方）』（ソウル：생각의나무（センガギナム出版、二〇〇八）、一七—一八頁。

（3）張會翼『삶과온생명（生と온《オン》生命）』、一七七—七八、一九〇、一九五、二〇八頁。

（4）こうした内容及びキューブラー・ロスの来生観に関しては *On Life After Death*（一九九一）、『死後生』崔俊植（チェ・ジュンシック）翻訳（ソウル：對話出版社、二〇〇三）を読んで欲しい。

（5）G・ローフィンク『死が最後の言葉ではない』、신교선（シン、ギョソン）翻訳（ソウル：パウロ出版社、一九九八）、三五—三六頁。

（6）G・ファンデル・レーウ（G.Van der Leewu）『宗教現象学入門』孫鳳浩（ソン・ボンホ）翻訳（倭館：ブント出版社、一九九五）、一七三頁。

（7）G・ファンデル・レーウ（G.Van der Leewu）、前掲書、同項目。

（8）*Bhagavad Gītā*, 13.12・17（吉熙星翻訳『바가바드기타（バガヴァッド・ギーター）』（ソウル：玄音社（ヒョヌムサ）、一九八八）、一〇九、二〇一頁。引用は、上村勝彦訳『バガヴァッド・ギータ』（岩波文庫）一〇九~一一〇頁。

（9）*The Bṛhadāraṇyaka Upaniṣd*, (Commentary of Sankaracarya) tr. by Swami Madhavanada, Advaita Ashrama, Calcutta, 2.1.20 (p.202).

＊ This work was supported by the National Research Foundation of Korea Grant funded by the Korean government. (NRF-2010-361-A00017)

三・一独立運動を読み直す
——東学—天道教を中心に——

柳生　真

一　はじめに

三・一独立運動は近現代韓国の出発点と位置付けられるが、そのとき提示された「宣言書」（三・一独立宣言書）に署名した民族代表三十三人は全員が宗教者であり（天道教十五人、キリスト教十六人、仏教二人）、運動の計画・立案からその伝播・拡大に至るまで、とりわけ天道教とプロテスタントの組織が大きな役割を果たした。そのため三・一独立運動は、韓国史上最初の宗教連合運動としての側面も持っている。

しかし実際、その民族代表たちは当初予定していたパゴダ公園（現タプコル公園）に学生を中心とした群衆が終結するという計画を知るや、「警察や憲兵と群衆の衝突を避けるため」として急遽予定を変更し、料亭泰和館に代表たちだけで集まって宣言文を朗読して、万歳三唱の後、孫秉熙《ソンビョンヒ》が主人に警察に通報させ、民族代表たちは館を包囲した警官隊に車を呼んでこさせて無抵抗で連行されていった。なぜ民族代表たちはパゴダ公園の群衆の前で声高らかに独立を宣言し、大群衆を率いて朝鮮総督府に行進して朝鮮独立を叫ぶ、といった行動を起こさなかったのか？　その点、彼らはよく言えばあまりに理想主義的、悪く言えばあまりに弱腰で妥協的だった、という批判も少なくない。

その上、民族代表三十三人の筆頭たる孫秉熙《ソンビョンヒ》自身、一九〇一～一九〇六年まで日本に滞在しながら、日露戦争に際して一万円を寄付したり、東学教徒からなる進歩会員に指示して日本軍の鉄道敷設や労役に動員するなどの「親日」行為を行った経歴がある。そこで三・一運動、そしてその運動を実務レベルで推し進めた天道教の「政治的揺れ動き」をどう説明するかという難問が存在するとされる(1)。

しかし筆者はあえて、「親日／反日」という構図自体から離れて考えてみたい。少なくとも民族代表たちが署名した宣言文や逮捕後の供述・陳述をみると、民族主義やナショナリズムの文脈に回収しきれないものを感じる。本稿は三・一独立運動を、単なる日本帝国主義への抵抗運動にとどまるものでなく、東学の歴史的展開の中で育まれた「公共（する）宗教」としての性格が表出された「公共（する）宗教運動」としてとらえなおそうとするものである。

二　「公共（する）宗教」運動

三・一独立運動裁判の陳述で、宗教指導者として朝鮮独立という「政治」に参与することは、自らの思想に反する行いではないかという日本人判事の指摘を受けて、孫秉熙《ソンビョンヒ》が自らの「宗教」観を披歴している。

問　被告は天道教を生命として居るとの事であり人を薫化すべき地位にありながら政治の渦中に係り朝鮮の

独立を企てると云は被告の思想に反する事であると思はるるが如何

答　夫れは宗教が満足に行はれる様にする為めに朝鮮の独立を謀ったので宗教が満足に行かぬ間は如何しても宗教家が政治に関係する様な事になるに思ひます

問　然し歴史上真正なる宗教は政治と混済せざる様になって居た事は明かであるが天道教は政治に就ての秘密結社である為め今回朝鮮独立を企画した訳と思はれるか如何

答　国家が宗教を助けて行かず政治に関係なく自立する事が出来ますか左様で無い限りは宗教は政治に附いて行き其目的を達する為めに朝鮮の独立を企てたのです。私は朝鮮が独立国になっても官途に就く考はないのであります。私が独立後官途に就いたとすれば政治上の物心があったと云はれても致方ありませぬが私は宗教の目的を達すると云ふ事以外には何物もありませぬ[2]

「宗教が満足に行はれる様にする」「宗教の目的を達する」ために独立を企てたという彼の陳述は、ややもすると、孫秉熙《ソンビョンヒ》が自らの宗教活動を自由に行うために独立運動を行ったようにも聞こえる。しかしよく考えれば、当時自由に宗教活動を行いたければ、独立運動どころか朝鮮総督府の植民地支配に迎合することこそ最も近道だったはずだ。また、冒頭に述べた通り三・一独立運動は複数の宗教が参画した運動であったが、もし孫秉熙《ソンビョンヒ》のいう「宗教」が天道教という一教団だけを意味したなら、そもそも他宗教に呼びかける必要もなかったし、たとえ呼びかけても応じられなかっただろう。

同じ「宗教」という言葉を用いていても、質問者である日本の判事と孫秉熙《ソンビョンヒ》とでは、意味するところはまったく異なる。判事の考える「宗教」は政治に関わらず、もっぱら「人を薫化」すべきもの、各自の教義に沿って人々に安心立命を得させ、人心世態の改善をはかることにのみ専念すべきものであった。(3)だが孫秉熙《ソンビョンヒ》にとって「宗教」とはそのようなものではなかった。彼が信じてきた東学自体が「修心正気」と「輔国安民」を掲げ、自己修錬とともに社会の変革を目指してきた宗教だからである。次第に一教団の範囲を超えて一般民衆の利害を代弁するに至り、さらには他宗教とも積極的に連帯するに至る東学―天道教の展開は、まさに「公共（する）宗教」と呼ぶにふさわしいものである。ではその「公共（する）宗教」とは何か？

金泰昌《キムテチャン》は、ルソーが『社会契約論』の中で提起し、ロバート・ベラーがアメリカ社会を支えているものと指摘した「市民宗教」や「公共宗教」は結局体制（強化）の宗教に他ならないと指摘しつつ、それに「公共（する）宗教」を対置する。

私の観点から申せば、公共性という何か実体的なものが先にあって、そこから宗教が公共性をどのように実現するかという捉え方を取らないということだ。「公共（性）」というのをそのような既存（成）の概念・規範・準則として名詞的に認識するのではなく、私たちが日々の生活現場で直接参加・交渉・決定して行く持続的なプロセスとして動詞的に理解するものである。…（中略）…だから私が考える公共宗教は、公共性に基づいた・相応しい・忠実な宗教――「公共性の・公共の宗教」と称しておこう――というよりはむしろ「公共（する）宗教」なのである。宗教と宗教のあいだが編み出す公共（性）である。（一〇七頁）

宗教と宗教のあいだには何があるのか。私が注目したいのは憎悪・反目・対立・紛争の真っただ中で、それを通して、それに向き合いながら粘り強くつづけていく対話であり、共働であり、開新が生み出す現状

改善へのダイナミズムである。（一〇七―一〇八頁）

「公共（する）宗教」とは、宗教の他者（それは外部とも言えるもので、他宗教を含め政府と市場と市民社会を個別的にまたは包括的に意味する）との対話・共働・開新を継続することを通して、宗教自体と他者とが相互連動変革を目指す宗教のありかたとはたらきを指称するものである。（一〇八頁）(4)

この金泰昌《キムテチャン》の「公共（する）宗教」という概念を導入してこそ、宗教者が民族代表となって三・一独立運動を主導した真の意味が了解されるだろう。実際、天道教の元教主孫秉熙《ソンビョンヒ》自身も、その後の裁判の陳述において自らの「宗教」観を披歴している。

問　被告は天道教を生命として居るとの事であり人を薫化すべき地位にありながら政治の渦中に係り朝鮮の独立を企てると云は被告の思想に反する事であると思はるるが如何

答　夫れは宗教が満足に行はれる様にする為めに朝鮮の独立を謀ったので宗教が満足に行かぬ間は如何しても宗教家が政治に関係する様な事になるに思ひます

問　然し歴史上真正なる宗教は政治と混済せざる様になって居た事は明かであるが天道教は政治に就ての秘密結社である為め今回朝鮮独立を企画した訳と思はれるか如何

答　国家が宗教を助けて行かず政治に関係なく自立する事が出来ますか左様で無い限りは宗教は政治に附いて行き其目的を達する為めに朝鮮の独立を企てたのです。私は朝鮮が独立国になっても官途に就く考はないのであります。私が独立後官途に就いたとすれば政治上の物心があったと云はれても致方ありませぬが私は宗教の目的を達すると云ふ事以外には何物もありませぬ(2)

「宗教が満足に行はれる様にする為めに朝鮮の独立を謀った」「宗教の目的を達する」などの発言は、一見すると孫秉熙《ソンビョンヒ》が宗教活動を政治活動より上位に置き、自らの宗教活動が自由に行えさえすればよいとの考えだったかに見える。しかしよく考えれば、日本帝国支配下の当時自由に宗教活動を行いたければ、独立運動どころか、朝鮮総督府の植民地統治に迎合することこそ最も近道であったはずなのである。実際に、孫秉熙と袂を分かった李容九《イヨング》の侍天教などはそのような道を歩んだ。

また、三・一独立運動は複数の宗教が参画した運動であったが、もし孫秉熙《ソンビョンヒ》のいう「宗教」が天道教という一教団だけを意味するならば、他教に呼びかける必要もなかったし、たとえ呼びかけても相手が応じなかったであろう。

こうしてみると、質問者である日本の判事と孫秉熙《ソンビョンヒ》とでは、同じく「宗教」を語っていても、その意味するところは違っていたと考えざるを得ない。判事の考える「宗教」は、政治（植民地統治）に対しては文句を言わず、もっぱら「人を薫化」すべきものであった。言い換えれば、行政の枠内において教化や慈善活動などに当たり、行政の手の届かない部分をサポートするべき存在だったのである。

だが孫秉熙《ソンビョンヒ》の考えていた「宗教」はそのようなものではなく、まさに金泰昌《キムテチャン》が述べた「公共（する）宗教」としての宗教であった。そして、その根底には東学の歴史が横たわっていた。

三　東学における公共性の展開

（1）東学における公共性の萌芽

ここで、東学における新しい公共性の歴史を簡単に見ていきたい。

一八六〇年四月、崔済愚《チェジェウ》（水雲《スウン》、一八二四～一八六四）は謎の寒気におそわれ、「上帝＝天主＝ハヌルニム」の声を聞くという神秘体験をした。それから一年ほど修行を続けたのち、修錬のための呪文と心告文を作り、東学の布徳（布教）を開始した。以来、東学の教えは瞬く間に慶州《キョンジュ》を中心として慶尚道《キョンサンド》などに広まっていった。

崔済愚《チェジェウ》が説いた「さらなる開闢」と「侍天主」（何人も内面に天主をたてまつっている）の教え、そして「輔国安民」の思想の中に公共性の契機が含まれていたが、それも崔済愚《チェジェウ》の生前にはあくまで東学教団の内部に留まっていた。しかし当時の両班支配層は、その集団の性格と急速な勢力拡大を、体制に対する重大な脅威とみなした。以下の引用は、在地の両班が同じ両班層に回覧して東学への注意を促した文書の一部だが、それだけにかえって貴賤・男女の平等と、貧者と富者の相互扶助が行われていた東学教団の実態をよく伝えている。

（前略）…一つは、貴賤の区別がないので屠殺者や酒売りたちが出入りし、男女が入り混じって薄い帳を設けるだけなので寡婦や鰥夫が出かけ、貨財を好んで有無相資するので貧窮者が喜ぶからである。…（後略）[5]

このような東学の「接」内部のあり方は東学教徒たち、とりわけ朝鮮王朝時代の社会秩序において賤視されていた人々にとっては、「さらなる開闢」後の新時代の雛型として受け取られたと思われる。後に独立運動家になる金《キム》九《グ》（白凡《ペクポム》、一八七六〜一九四九）も、一八歳のとき（一八九三年）に東学教徒の呉氏の家を訪れて、入信を決意したときの感激を次のように述べている。

つつしんで門に至り、主人を呼ぶと、通天冠[4]〔王が政務をとる時の冠〕をかぶり、品のある青年が出てきて私を出迎えた。私が恭しく拝礼をすると、彼も恭しく答礼を返したので、私は恐れ多くて、自分の姓名と門閥を話して、私がたとえ成冠〔冠礼を済ませた成人〕になっても両班宅の若様である主人の対等な礼を受けることはできないのに、ましてや辮髪〔昔の未成年の髪型〕の子供にこのような待遇は分に過ぎます、というようなことを言った。

すると士人は感動した気色を見せて、自分は東学の道人なので、先生〔崔済愚〕の訓戒を守って貧富貴賤の差別なく誰にも平等に接するのだから申し訳なくはないと言い、私が訪ねてきた理由を尋ねた。私は、その言葉を聞いただけでも別世界に来たようだった。私が道について聞きに来たと告げると、彼は快く東学の来歴と道理の要領を説明してくれた。…（中略）…ハヌルニムを奉じて天の道を行うというのが最も胸に染みた。また、常奴（平民）になった恨《ハーン》が骨身にしみている私には、東学の平等主義がこの上なく有難かったし、また李氏朝鮮の運数が尽きたので新しい国を建てるというのも、海州《ヘジュ》の科挙でみたような政治の腐敗に失望した私には、適切に聞こえないわけがなかった。[6]

こうしたあり方は、当時の下層の人々にとっては「別世界」のように素晴らしく映ったとしても、既得権層の目から見れば、自らが拠所とする儒教的社会秩序への挑戦に他ならなかった。朝鮮政府も東学を体制秩序への脅威と見て、一八六四年一月一八日（陰暦一八六三年一二月一〇日）に崔済愚《チエジエウ》を逮捕して、四月一五日（陰暦一八六四年三月一〇日）には大邱《テグ》監営で「左道乱正之律」により処刑した。

（2）教祖伸冤運動——政府との対話に持ち込む

しかし、崔時亨《チエシヒョン》（海月《ヘウオル》、一八二七〜一八九八）が第二代の東学教主として官の迫害と捜索を避けながら師崔済愚《チエジエウ》の遺稿を『東経大全』と『龍潭遺書』として刊行し、教勢を拡大し、教団組織の再編成を行った。崔時亨《チエシヒョン》は独創的な思想家と優れた組織者の面を併せ持ち、崔済愚《チエジエウ》の思想を継承しながら、それを独自に発展させた。彼は崔済愚《チエジエウ》の「侍天主」を発展させて「人是天」を説いたが、のちに孫秉熙《ソンビヨンヒ》がこれをさらに「人乃天」〔人すなわち天〕と改めて、東学―天道教の核心的思想と見なされるようになった。また、「事人如天」〔人につかえること天につかえる如くせよ〕は彼の思想の中でも公共性の面から特に注目されるものの一つで、東学教団内部で行われていた平等と相互扶助、相互尊重を教理化したものといえる。

一八九二年から崔時亨《チエシヒョン》は教祖伸冤運動を展開した。これは、教祖崔済愚が邪道によって民を惑わしたというのは冤罪であるとして、官による東学取締の名を借りて恣に行われる不当逮捕や財産没収などの中止、斥倭洋〔外勢の排撃〕を国に訴えた運動である。崔時亨《チエシヒョン》は教徒を動員してソウル光化門前で伏閤上疏運動を展開し、また参礼《サムリエ》・報恩《ボウン》・金溝《クムグ》などで集会を開いた。これは朝鮮王朝の法で認められていた「伸冤」の形式を借りた東学の信教自由の要求であると同時に、社会悪の除去を求める非暴力デモでもあった。

一連の教祖伸冤運動では、朝廷に教祖の冤罪を認めさせることこそできなかったものの、ひとまず「官吏による侵奪は禁断するから、解散して各自生業に励むように」という回答を得た。教祖伸冤運動は、非暴力デモによって東学の組織力と統制力を誇示しつつ、東学を異端邪教視して迫害していた政府側を対話のテーブルに座らせ、ある程度の譲歩までも引き出した。と同時に、東学の存在と主張を広く朝鮮全土に知らせることもできた。この運動は、東学教団・教徒にとっては自らの社会的影響力や力量を自覚する契機ともなったのである。

（3）東学農民革命――民衆の代弁者としての自覚

ところが、政府側は東学側との約束を誠実に履行せず、東学教徒取締の名目による不当逮捕や民衆への侵奪はますますひどくなるばかりであった。そこで「道人たちは仕方なく、官吏への対抗策を考えざるをえないと考え、包ごと接ごとに互いに連係し、ある地方でことが起こったばあい、ただちに伝令をとばし、その付近の地方から続々捽抜《ソルバル》〔大鈴〕を打ち鳴らして決起し、捕えられてゆく人を奪いかえすようにした」[7] こうした状況が東学教徒の間に直接行動もやむなしという機運を醸成した点は見逃せない。

東学農民革命の指導者として知られる全琫準《チョンボンジュン》（明叔・緑豆将軍、一八五四〜一八九五）は、一八九二〜三年の教祖伸冤運動の時点で、すでに全羅道《チョルラド》の有力な地区代表者の一人として頭角を現していた。一八九四年一月、彼はさまざまな虐政を行っていた古阜《コブ》郡守趙秉甲《チョビョンガプ》を処断すべく郡民五〇〇名を率いて蜂起し、官衙が占領して無実の人々を牢獄から解放し、穀倉を開放して徴収された米一四〇〇石を民衆に分け与えた。さらに民衆の怨嗟の的になっていた萬石洑《マンソクボ》という堰を破壊し、不正な収奪を行っていた官吏を処断した。（古阜《コブ》蜂起）一番の標的だった趙秉甲《チョビョンガプ》が逃げ延びて益山《イクサン》郡守に転任した上、後任の郡守が蜂起した農民を説得したため全琫準《チョンボンジュン》は一旦農民軍を解散した。ところがその趙秉甲《チョビョンガプ》が古阜《コブ》郡守に返り咲いた上、ソウルから派遣された按覈使李容泰《イヨンテ》が東学教徒を弾圧したため、全琫準《チョンボンジュン》は五〇～六〇名の部下を率いて茂長に移り、孫化中《ソンファジュン》を説得して三月二〇日に再度蜂起した。[7] このとき全琫準《チョンボンジュン》は「茂長布告文」を発表して「輔国安民」の大義を明らかにした。東学農民軍は、全琫準《チョンボンジュン》を東道大将に推戴すると、同月二五日前後に扶安《プアン》の白山《ペクサン》城に布陣して、将兵に向けて「四大名義」と「十二箇条紀律」という行動規範を示した。

その後、東学農民軍は全羅道《チョルラド》西南海沿岸の集落を次々と占領していき、黄土峠《ファントジェ》の戦闘（四月七日）と黄龍村《ファンニョンチョン》の戦闘（四月二三日）ではそれぞれ全羅監営軍（地方軍）と京軍（中央軍）を撃破して、四月二七日には全羅道《チョルラド》の首府全州《チョンジュ》城を無血占領するに至った。[9]

全州《チョンジュ》城を奪還に来た官軍と東学軍との攻防戦が膠着状態に陥っていた最中、東学軍討伐を口実にして清と日本が朝鮮に派兵するという情報に接した両者は、全琫準《チョンボンジュン》と両湖招討使洪啓薫《ホンゲフン》の間で「全州和約」を結び、両者とも全州《チョンジュ》城を撤退して、弊政改革を行うことを約束した。

この過程で発表された「茂長布告文」「四大名義」「十二箇条紀律」から全州和約時の「弊政改革案」に至るまでを通してみても、民に対する害を除くという点で一貫しており、東学そのものへの言及はほとんど見当たらない点が注目される。[10] 教祖伸寃運動から東学革命の過程で、東学はすでに一教団の利害を超えて、一般農漁民の利害を代弁する公共性を獲得するに至ったことがうかがえる。

（4）農民革命の敗北と一進会

公州《コンジュ》の牛禁峙《ウグムチ》戦闘（一八九四年一一月二〇日～一二月一〇日）での敗北により、東学農民革命は失敗に終わった。全琫準《チョンボンジュン》は一八九五年四月二四日に処刑され、崔時亨《チエシヒョン》も一八九八年に逮捕・処刑されて、その他数多くの東学教徒たちも戦死・処刑・投獄・潜伏・亡命などの道をたどった。

その中で、捜索と弾圧を生き延びた孫秉熙《ソンビョンヒ》（義菴《ウィアム》、一八六一～一九二二）は「文明の大勢を観察」するためにアメリカに渡ろうとしたが旅費不足で果たせず、一旦上海に渡った後、一九〇一年に日本に渡航した。そして李祥憲の変名を用いて滞在しながら西洋近代化した日本の実情に触れた。さらに、国事犯として断罪されて亡命していた開化派の権東鎮《クオンドンジン》・呉世昌《オセチャン》・趙義淵《ソンヒヨン》・李軫鎬《イシンホ》・趙義聞《チエヒムン》・朴泳孝《パクヨンヒョ》らと接触して時局を議論し、彼らの一部を東学に入信させるに至った。さらに、東学教徒の青年たちを数十人日本に留学させた。

日露戦争中の一九〇四年、孫秉熙《ソンビョンヒ》は李容九《イヨング》（一八六八～一九一二）に命じて、韓国の近代化と弊政改革を推進する民会〔政党〕として進歩会を組織・主幹させた。しかし、会の内実が「東学党」であることを察知した韓国政府から弾圧を受けたので、進歩会は当時日本軍の保護下に辛うじて命脈を維持していた、独立協会の流れをくむ政治団体の一進会と合同した。

その合同一進会は「域内三百六十余郡に支会長を置き、大いに全国政界を占領して民瘼を除去した。すなわち管理の民財を奪取した者を査実して、大いに懲戒すると同時に一つ一つ返還せしめ、無名雑税を革破し、総代を定め、稗政を弾劾する等、大いに民権を振るった」(11) こうした活動は、東学農民革命当時、東学軍の占領地域に設けられた執綱所の再来といえるものだったが、これにより一進会員と官吏の対立が激化して死傷者を出すほどになった。そのうえ、一進会に対する内外の評判も次第に悪化していった。(12)

日露戦争で日本が勝利した後、李容九《イヨング》・宋秉畯《ソンビョンジュン》らが一進会名義で韓国を日本の保護国にするよう求める声明書を発表するに及んで、孫秉熙《ソンビョンヒ》は「天道教」の教名を掲げて天道教大憲を公布し、東学の組織を改編するとともに、日本から帰国するや李容九《イヨング》一派を問責して「保護を受ければ独立を捨てねばならず、独立すれば保護を捨てねばならないのに、どうやって保護の名の下に独立するというのか?」と保護国化論の矛盾を指摘し、李《イ》容九《ヨング》以下一進会員六二人に教団追放処分を下した(13)。

近代国家の原則としての「政教分離」を口実にして東学の政党もしくは政治部門であった一進会を切り離した孫秉熙《ソンビョンヒ》は、それに代わるものとして、教育と言論に注目した。彼は、準備時間と多額の費用を投じて学校を新設するよりも既設の私学を支援もしくは買収する方針をとった。また天道教教団として出版文化事業を推進し、一九〇六年二月に博文社を創立したのをはじめ、普文館・彰新社・普成社などの出版社を経営した。特に普成社は独立宣言書を印刷した出版社としてよく知られている。また天道教青年会機関紙以外に『万歳報』『大韓民報』などの新聞事業を推進した他、多くの文学者に作品発表の機会を提供したことでも知られる総合雑誌『開闢』などの雑誌の発行も行った。

四 「公共(する)宗教」運動としての三・一独立運動

日韓併合後の一九一〇年九月末から、天道教では東学革命の再現・継承のための多様な運動を展開していた。大韓帝国民力会(一九一二)、民族文化守護運動本部(一九一二)および天道救国団の結成(一九一四)などがそれである。

第一次世界大戦中の一九一六年頃、天道教内部から独立運動を起こそうという要求がおこり始め、一九一七年には宗教界では天道教・キリスト教・儒林の三教、在野では李商在《イサンジエ》・宋鎭宇《ソウジヌ》など、旧官僚系では尹用求《ユンヨング》・韓《ハン》圭卨《ギュソル》・朴泳孝《パクヨンヒョ》・金允植《キムユンシク》などの人士が連合し、一万人が署名した独立請願書をドイツ首脳部に提出して汎民族的独立運動を起こす計画まで持ち上がった。この案は孫秉熙《ソンビョンヒ》以下多くの東学教徒の賛同を得たものの、第一次世界大戦でのドイツ勝利を前提にした計画案だったため、その敗戦によって水泡に帰した。(14) とはいえ、この時点ですでに天道教内で宗教連合的な独立運動が計画されていた点は注目に値する。

一九一八年一月の世界大戦終結後にアメリカのウィルソン大統領が「平和の十四箇条」を発表して民族自決主義を表明し、国際連盟が結成された。また満洲の独立運動家たちを中心に最初の独立宣言書である戊午独立宣言が発表されるなど、朝鮮半島外部の独立運動が可視化していた。崔南善《チエナムソン》はキリスト教界でも独自の独立運動の動きがあることを知ると、それを天道教幹部の崔麟《チエリン》に伝え、キリスト教側代表者の李昇薫《イスンフン》と交渉を持つことを勧めた。

一九一九年一月、留学生が日本で作成した宣言文の草案を入手した天道教幹部の権東鎮《クオンドンジン》・呉世昌《オセチヤン》・崔麟《チエリン》らは、孫秉熙《ソンビョンヒ》に国内から独立運動を起こすことを提案した。孫秉熙《ソンビョンヒ》は「若い学生たちが義挙を敢行しようと考えているのを、我々先輩が座視することはできない」と回答して、運動の大衆化・一元化・非暴力という三原則を提示した。

天道教側から独立運動の誘いを受けたキリスト教界内部では、キリスト教徒として天道教徒と手を組むことの是非や、独立「宣言」にするのか「請願」にするかなどをめぐる論議があった。しかし、朝鮮独立こそ神の思召しに沿うという方向で意見がまとまり、李昇薫の主導により、天道教側の主張でもあった「宣言」方式に決定した。また天道教側は仏教界の韓龍雲《ハンニヨンウン》・白龍城《ペクヨンソン》らとも連絡をとって、宗教連合の形が整った。

こうして推進された三・一独立運動は確かに反帝国主義・反植民地・反侵略主義運動ではあっても、孫秉熙《ソンビョンヒ》をはじめ民族代表らの意図は、決して単なる「反日」の政治運動ではなかった。それにとどまらない、より高い理想を掲げた運動であった。

旧思想勢力に羈縻された日本の為政家の功名的犠牲となった不自由又不合理な錯誤状態を改善匡正して、自然又合理な政経大原に帰還せしめようというのである。…（中略）…朝鮮独立は、朝鮮人をして正当な生栄を得せしめ、同時に日本をして妖邪なる道から出て、東洋を支え、維持する者という重き責務を全うせしめるものであり、…（中略）…どうして区々たる感情問題であろうか。(15)

以上のような「宣言書」（三・一独立宣言書）の一節をみると、朝鮮の独立とは即ち錯誤状態からの「改善匡正」に他ならず、旧く誤った思想にとらわれた日本が「妖邪なる道」から脱して、「東洋を支え、維持する者という重き責務」を果たすことへの期待すら表明していることがわかる。独立宣言書の起草者は崔南善《チエナムソン》だが、民族代表たちがこの文面を検討した上で納得して署名したのであり、孫秉熙《ソンビョンヒ》自身もまた裁判の陳述において、自分たちが企図し主導した独立運動が朝鮮のためだけでなく、日本のためでもあり、さらには東洋のため、世界の幸福のためでもあることを力説しているのである。

日本の政策は漸次変動して行て私が今回企てる事は日本の政策に合致する事となるものと信しております。

（前略）…又私は此東洋に数多国家を建て置てより東洋全体を一団とし一知識の高き者を主権者とし西洋の勢力に当らねは日本一国を以ては西洋勢力に対抗出来ぬと思て居り尚進んでは世界を一団として侵略と云ふ事を絶無とすれは各民族か相就して幸福ナ世界となす事が出来ると思つて居り…（後略）[16]

三・一独立運動はやはり、東学－天道教が当初より推し進めてきた「公共（する）宗教」運動の延長線上にある運動だったといえる。それはなぜかと言えば、実力で植民地支配者から権力を奪取するよりも、あくまで日本帝国および世界に向けて対話と共働を求め、東洋や世界の平和という新しい次元を開く「開新」を目指すことに主眼を置いた運動だったからである。

五　むすび

韓民族との「対話」と「共働」を拒んだ総督府官憲の苛酷な弾圧によって三・一独立運動そのものは圧殺されたが、これを契機としていくつもの「開新」が起こった。

三・一独立運動は、国民主権の共和主義を独立後の望ましい国家像として定着させ、朝鮮半島外での独立運動が臨時政府樹立につながった。それ以外にも、政府や政治権力に頼らず民衆自らの力で道徳的・経済的自立と実力養成をはかる運動も――後の仏法研究会・円仏教につながるグループが行った貯蓄組合運動などとしてすでに現われていたが――三・一独立運動を契機として促進された。例えば朝鮮物産奨励運動や安昌浩《アンチャンホ》（島山《トサン》、一八七八～一九三八）の興士団運動などがそれである。

また三・一独立運動を支えた宗教連合の精神は、一九六〇～七〇年代以後の韓国宗教連合運動の原点になった。例えば円仏教では、教祖朴重彬《パクチュンビン》（少太山《ソテサン》、一八九一～一九四三）の思想にすでに一円相の真理に基礎づけられた宗教多元主義の主張がみられ、第二代教主宋奎《ソンギュ》（鼎山《チョンサン》、一九〇〇～一九六二）は一九六一年に同源道理・同気連契・同拓事業という三同倫理を提唱した。第三代教主の金大挙《キムデゴ》（大山《テサン》、一九一四～一九九八）はそれを受け継いで宗教連合運動を推進した。以後現在まで円仏教は宗教連合運動を教団あげて支援している。

そして何より重要なことは、東学の平等思想と有無相資から、教祖伸寃運動、東学農民革命を経て三・一独立運動に至る近代韓国的公共性が、社会階層や宗教の壁を越える理念へと成長したという事実である。そしてこれは大韓民国独立以後、軍事政権と対決する民主化闘争を経て、ろうそく集会まで脈々と流れ続けている点は看過できないだろう。

注

（1）川瀬貴也「天道教幹部『民族代表』について―アジア主義・文明・ナショナリズム―」『植民地朝鮮の宗教と学知』第三章、一二三頁。

（2）「三・一運動（経過）」、金正明編『明治百年史叢書 朝鮮独立運動Ⅰ民族主義運動篇』第二章、八〇二頁。

（3）朝鮮総督府官僚の宗教観は基本的に「諭告」（『朝鮮総督府官報』第一号、一九一〇年八月二九日）に沿っているとみられる。「信教の自由は文明列国の等しく認むる所なり各人其の崇拝する教旨に倚り以て安心立命の地を求むとするは固より其の所なりと雖も宗派の異同を以て漫に紛争を試み又は名を信教に藉りて叨に政事を議し若は異図を企てむとするか如きは即ち良俗を茶毒し安寧を妨害するものなるを以て当に法を按して処断せさるへからす然れとも儒仏諸教と基督教とを問はす其の本旨は畢竟人心世態の改善に在るか故に固より施政の目的と背馳せさるのみならす却て之を裨補すへきものなるを疑はす是を以て各種の宗教を待つに毫も親疎の念を挟まさるは勿論其の布教伝道に対しては適当なる保護便宜を与ふるに吝ならさるへし」

（4）金泰昌「発題Ⅳ　一つの公共宗教試論」、『公共哲学16宗教から考える公共性』一〇七～一〇八頁。

（5）道南書院院長前別提鄭允愚・會員前參判柳厚祚 著「玉山書院　癸亥十二月初一日 通文」、표영삼, 『동학 1：수운의 삶과 생각』, 二七一～二七六頁。

（6）金九『金九自叙伝　白凡逸史』五一～五二頁。

（7）呉知泳『東学史』一三八頁。

（8）朴孟洙「東学農民革命における南北接の問題と研究状況」『人文学報』CXI、一〇五頁。

（9）朴孟洙「東学農民革命のリーダー　全琫準の平和思想」『リーラー』Vol.10、一一〇～一一七頁参照。

（10）その一例として全州和約の弊政改革案を挙げる。その具体的内容は資料によって異なるが、革命当時の案を忠実に伝えている可能性が高い全琫準裁判の判決文からの抜粋を提示する。［1］轉運所革罷事、［2］團結不爲加事、［3］禁斷歩負商人作弊事、［4］道内還錢舊伯既爲捧去則不得再徵於民間事、［5］大同上納前各浦口潛商貿米禁斷事、［6］洞布錢毎戸春秋二兩式定錢事、［7］貪官汚吏齊罷黜事、［8］壅蔽上總賣官賣爵操弄國權之人逐出事、［9］爲官長者不得入葬於該境内且不爲買沓事、［10］税依前事、［11］烟戸雜税烟戸雜税減省事、［12］浦口魚鹽税革罷事、［13］洑税及宮沓勿施事、［14］各邑倅下來民人山地勒標偸葬勿施事（「第三十七號判決宣告書原本全羅道泰仁山外面東谷居農業平民被告全琫準」『韓國學報』第三九輯、一九八五年、一八九頁）。

（11）李敦化 編『天道教創建史』五一頁。

（12）その悪評の理由として、李敦化の『天道教創建史』では、李容九が日露戦争時の鉄道敷設や軍需物資の輸送に道人（信徒）を動員して地方頭目の疑惑を招いたとしており、呉知泳の『東学史』は（かつて悪賢い連中がやっていた）駅頓土収税派員（国有小作地の小作料徴収吏）を代行したりするようになって世間から悪評を招いたことを挙げている。ただし日露戦争時に一進会員を日本軍の鉄道敷設や軍需物資輸送の労役に動員したのは、日本軍が勝利すると読んだ孫秉熙の指示をうけてのことだったようである。

（13）追放された李容九の一派は「侍天教」という別教団として分離独立した。

（14）임형진,「3・1 독립운동과 천도교의 종교연합」(『유관순 연구』 제14 호, 2009), p.57.

(15)「대한독립선언서」(『한국독립운동사 자료』44 권「임정편Ⅳ」, 資料集 第四、第七章 獨立運動에 關한 書類 http: //db. history. go. kr/ item/ level. do?sort = levelId & dir = ASC & start = 1 & limit = 20 & page = 1 & pre_page = 1 & setId = -1 & prev Page = 0 & prev Limit = & item Id = kd & types = & synonym = off & chiness Char = on & broker Paging Info = & level Id = kd_004_0040_0020_0070 & position =-1 & prev Page = 0 & prev Limit = & item Id = kd & types = & synonym = off & chiness Char = on & broker Paging Info = & level Id = kd_004_0040_0020_0070 & position=-1

(16)金正明 編『明治百年史叢書 朝鮮独立運動Ⅰ民族主義運動篇』七九三頁。

参考文献

李敦化 編『天道教創建史』天道教中央宗理院、昭和八〔一九三三〕年

金正明 編『明治百年史叢書 朝鮮独立運動Ⅰ民族主義運動篇』原書房、一九六七年

呉知泳 著、梶村秀樹 訳『東学史』平凡社、一九七〇年

표영삼『동학 1：수운의삶과생각』,통나무，2004

稲垣久和・金泰昌 編『公共哲学16 宗教から考える公共性』東京大学出版会、二〇〇六年

金九『金九自叙伝 白凡逸史』매월당, 2016

『人文学報』CXI、京都大学人文科学研究所、二〇一八年

如山・柳炳徳の『円仏教実学論』

趙《チョ》晟《ソン》桓《ファン》
片岡龍 訳

【訳者のことば】

本稿は、韓国の円光大学校宗教問題研究所の刊行する『韓国宗教』四四号（二〇一八）に掲載された趙晟桓「如山・柳炳徳の「円仏教実学論」」を、同誌編集委員会の許可を得て翻訳掲載するものである。

趙晟桓氏は現在、円光大学校の責任研究員として、東学や円仏教をはじめとする近代韓国の民衆宗教を、西洋的近代化（「開化」）とは異なる韓国的近代化（「開闢」）という観点から、とりわけ「霊性」と社会運動との関連に注目して、精力的な研究活動を展開している。

さらに、そうした観点から新たな韓国思想史の枠組みの創出に取りくんでおり（日本語で読めるものとしては、趙晟桓「土着的近代化と開闢思想――韓国近代思想史をどう見るか」『〈霊性〉と〈平和〉』第三号、二〇一八）、本論文もその一環として、「開闢宗教」を代表する円仏教と朝鮮後期の「実学」思想とのつながりを論じたものである。

なお、本論文は、円光大学校宗教問題研究所と円仏教思想研究院の共同主催による「如山・柳炳徳博士一〇周忌記念学術大会」（主題：韓国社会の平和構築と宗教の役割、二〇一八年四月一八日、円光大学校崇山記念館）での発表を修正、加筆したものである。

【要旨】

これまで「実学」概念は、主に西欧近代的な実用性や実証性との関連の中で理解され、実学者の範囲も朝鮮後期の儒学者らに限定されてきた。ところで、こうした近代的な意味の「実学」概念は、朝鮮後期の思想家たちのものというよりは、福澤諭吉（一八三五～一九〇一）の「科学としての実学」概念を暗々裡に借用して、朝鮮後期思想史の叙述に適用したに過ぎない。これに対し、柳炳徳は一九三〇年代の鼎山・宋奎の「実践実学」の概念を手がかりに、朝鮮後期の実学を「理論実学」と規定して、旧韓末の安昌浩、白龍城、また円仏教を、理論実学の限界を克服しようとした「実践実学」とした。ところで、このような意味の実学、すなわち実践学としての実学概念こそ、実は朝鮮後期の思想家たちの言う「実学」概念であった。その意味で柳炳徳の実学概念は、本来の実学概念に戻っているとも言える。また、朝鮮後期の思想家たちは、あくまでも道徳実践という儒学の本質を維持しながら、制度改革を主張したが、そうした点では、円仏教で言う「道学と科学の併進」と似ていると言える。このように柳炳徳の「円仏教実学論」は、既存の〈実学者＝儒学者〉という偏狭な図式から抜けだし、「実学」の層位と範囲を、既存とはことなる方法で細分化し、多様化する必要性を促していると言える。

主題語：柳炳徳、福澤諭吉、円仏教、実学、理論実学、実践実学

Ⅰ　はじめに

如山・柳炳徳は、韓基斗、宋天恩らとともに、円仏教学を確立した第一世代の学者であり、特に円仏教を哲学的な観点から解釈することに寄与した。のみならず、韓国の宗教と哲学に関する関心も大きかったが、このような彼の関心が集大成した力作が、一九七七年に出た『円仏教と韓国社会』（円光大学校出版部）である。また、円光大学校教授として在職中であった一九六七年には、円光大学校宗教問題研究所を設立し、近代韓国の民衆宗教研究を先駆的に導いた。

柳炳徳の学問世界は大きく三つの分野に分かれるが、第一は韓国思想史であり、第二は近代韓国の開闢宗教[1]、最後は円仏教思想である[2]。これらは、互いに有機的に関係を結んでいるが、たとえば円仏教を一方では「開闢」理念を標榜した開闢宗教との関連の中で研究しながら、もう一方では韓国仏教史の脈絡にも位置づけていることなどが、そうした例である。つまり、円仏教や開闢宗教を、宗教学や仏教学の枠組みのみでは見ず、韓国思想史というより巨視的な思想史地平で解釈する、言いかえれば韓国学の一部として研究する態度を取っているのである。

こうした点を端的に示す例が「円仏教実学論」である。なぜなら、「円仏教が実学である」という主張は、「開闢宗教の一つとしての円仏教を、韓国思想史の脈絡で位置づけようとする試図」の一環と見られるからである。同時に、「実学」の概念はつねに「近代」との関連の中で議論されてきたため、「円仏教が実学である」という主張は、「円仏教が近代的である」という主張を含意している。このような主張は、従来の実学をめぐる言説には見られない独特な観点であり、一九九〇年に金容沃が「実学虚構論[3]」を主張して以来、これといった代案のない「実学論」に新たな視角を提供するものと思われる。

このような問題意識のもとに、本文では、柳炳徳が主張する円仏教実学論の内容、その淵源、そして彼の議論が持つ思想史的意義を、彼が一九九一年に発表した先駆的な論文「少太山の実践実学―朝鮮後期実学と対比して」を中心に考察しようとする。

Ⅱ　本論

1　鼎山・宋奎の「実学」概念

柳炳徳の「円仏教実学論」は、その淵源をたどると円仏教の第二代リーダーである鼎山・宋奎（一九〇〇～一九六二）にまでさかのぼる。柳炳徳は、鼎山が一九三七年に著した「一円相について[4]」という文で「実践実学」という表現を使っている点にたいして、「少太山の『実践意志』を表した箇所」と解釈している。[5]鼎山が「実践実学」という表現を使ったという事実は、ほとんど知られていない。そこで、まず「一円相について」に出てくる該当部分を見てみることにしよう。

7．通論：以上、各節の大旨を総括すれば、また他力と自力の二つに分けられ、信仰と崇拝は一円相を相対にした他力、体得と利用は一円相を相対にした自力であり、一円の工夫が、自力のなかにも他力を含み、他力のなかにも自力を含んで、自他力並進法によって、この無窮な事理を円満に移行します。そこで、信仰をすれば信仰にたいする**実効**が現れ、崇拝をすれば崇拝にたいする**実効**が現れ、体得をすれば体得にたいする**実効**が現れ、利用をすれば利用にたいする**実効**が現れて、福利を受容して、仏果を証得します。これがすなわち無上大道であり、**実践実学**となるのです。(6)

ここで鼎山は、「一円相にたいする信仰と崇拝、体得と利用は、実際の『効果』が現れるという意味で『実効』がある」と述べつつ、一円相を最高の真理とする円仏教を「実践実学」と評価している。したがって、ここで鼎山の言う「実学」の意味は、われわれが歴史の教科書から学んだ朝鮮後期の実用的で科学的な学問を意味する「実学」ではなく、信仰や体得を「実践」すれば、その「実際」の効果が現れるという意味での一種の「実践学」をいう。

鼎山は、ほかのところでも「実学」という語を使用しているが、そこでも意味は大きく変わらない。

侍者の問い：「操身の例を明らかにされた初編のすべての条項は、その説明がたいへん子細かつ卑近で、経典の品位としてあるいは遜色があるようにも思われますが。」お答え：「ある法や高遠で深遠な理論は奇特に思うが、平凡で卑近な**実学**はなおざりに思うことが、今の人々の共通の病気なので、すべからくここに深く覚醒して、平常時に平凡な礼節をよく守ることで、礼典実行の基本とし、子細すぎる注釈・説明は、今後、礼典を仕上げる際に、減らせるところまで減らそう(7)」

ここでいう「実学」も、抽象的理論にとどまらず、日常の道徳的実践を追究する学問をいう。ところで、注目に値する点は、朝鮮後期のいわゆる実学者たちの使用した「実学」概念も、実は鼎山が使用する「実学」の意味と大きく変わらないという点である。

2 朝鮮後期の「実学」概念

朝鮮後期の陽明学の先駆者として知られている霞谷・鄭斉斗（一六四九〜一七三六）が亡くなると、彼の門人らが師の書院と祠堂を設けることを求める上疏を奉ったが、(8) この上疏文で鄭斉斗の学問を真の知を実践する「実学」と述べている。

伏して思いますに、至極の本性を窮め、純粋な実践を篤くすることは**実学**であり、醇朴な徳を表わし、教化の名声を樹立することは実政です。ここにわたくしどもは敢えて先正（＝鄭斉斗）の**実学**を挙げ、聖朝の実政を仰ぎ賛揚いたします。（中略）そもそも、誠という語は心中の実理を言います。天がこの実理を人に賦与し、人はこれを得て心とし、これによって知を致せば真知となり、これによって力行すれば実行となり、真知によって実行をすれば、これが**実学**です。ただ、この**実学**は得た者がおよそ少ないところ、ただわが先正の臣、鄭斉斗は、金精玉潤のごとき資質をもって、淵に臨み氷を踏むような工夫を積み、つとに科挙の業を捨て、心を潜めて精進して、卓然として「まずその大きなものを立てる」の意にかなうところがあります。（伏以窮至性篤純行、**實學**也。表淳徳樹風聲、實政也。迺者臣等敢擧先正之**實學**、仰贊聖朝之實政。… 蓋誠之爲言、卽心中實理之名也。天以此實理賦於人、人得之以爲心。以此致知則爲眞知、以此力行則爲實行、以眞知爲實行、則斯爲**實學**。惟此**實學**、得之者蓋寡、惟我先正臣鄭齊斗、以金精玉潤之質、積臨淵履氷之工、蚤捨

公車、潜心精進、卓然有契於先立乎其大者之旨。(9)

ここで鄭斉斗の門人らは、心の中に賦与された実理によって真知を知って、実際に行うこと（実行）を、「実学」と規定している。したがってこの時の「実学」とは、一種の「道徳実践学」に該当する。よって本稿では、こうした意味の実学を、「実践学」としての実学と呼ぶことにしよう。

こうした実践学としての「実学」概念は、朝鮮前期に栗谷から本格的に現れ始め(10)、朝鮮後期には学派を問わず、広く使用された。たとえば、実学の黄金期として知られている時代の正祖（一七五二〜一八〇〇）も、鄭斉斗の門人らと似たような意味の実学概念を使用している。

わが心は即ち汝らの心であり、汝らの心は即ち一国の心であり、一国の心は即ち万古の心である。実心によって**実学**を講論し、**実学**によって実事を実践することが、今日の急先務であり、（これが）わたしが汝らに助けを求めるものである。（予之心卽爾等之心、爾等之心卽一國之心、一國之心卽萬古之心。以實心講**實學**、以**實學**行實事、卽今日之急先務、卽予求助於爾等者也。(11)）

ここでも先の鄭斉斗の門人らと同様に、実際に事を行う「行実事」を実学と述べている。この「行実事」を、茶山・丁若鏞は略して「行事」としたが、ここで注目に値する点は、「実学」とともに「実心」が強調されているという事実である。

「実心」は、栗谷にすでに見られる概念で、一種の「実践意志」や「改革意志」を言う(12)。また、茶山・丁若鏞の場合には「実心事天[13]」、すなわち「天に仕える真の心」を表すこともある。正祖の場合も、これと同様に、実学をしようとする「純粋な心」、あるいは「真の心」の意味で使用している。

ちなみに『朝鮮王朝実録』を検索してみると、「実学」という語は全部で八五例であるのに対し、「実心」は二九四例も数え、その中でも英・正朝時代に、全体の用例の三分の一に該当する九九例がある。[14] これは、少なくとも概念上は、いわゆる実学の時代に、「実学」よりも「実心」がより強調されていることを示唆するものであり、朝鮮後期の儒学者らが実心を度外視した実学を追求しなかったことを含意する。[15] そうした意味で、朝鮮後期の儒学者は脱性理学者ではなく「性理学者」であり、円仏教式に言えば、「道学者」だったといえる。これにたいして円仏教学者の宋天恩は次のように述べている。

（朝鮮後期の実学者たちは）人民の経済生活をなおざりにする道学一辺倒の思考に反対して、生活のなかの健全な道学になろうとした点で、**霊肉双全**的傾向を帯びたものと見られる。事実上、実学者たちは、たんなる政治家や経済学者ではなく、すべて道学者であった。しかし、朝鮮朝の実学は、理論上でのみ風靡しただけで、現実的に実現されなかったのは残念なことである。[16]

この文章は、実学の定説が確立されていった一九七〇年代に出されたものだが、ここで宋天恩はわれわれが今日知っている実学のイメージとは若干異なる実学論を提示している。つまり朝鮮後期の実学者たちは、ただ物質的なもののみ強調したのではなく、精神的修養の重要性もおろそかにしなかったのだ。円仏教式に言えば、一種の「霊肉双全」を追求したのである。

このように、彼が実学者たちをたんに経世思想家や富国強兵論者としてのみ見ず、道学者としての性格も維持していると見ることができた理由は、おそらく円仏教の「霊肉双全」という枠組みをもっていたためであろう。しかし、彼は朝鮮後期の実学は、「理論」の次元にとどまっているという批判もつけ加えており、こうした批判は柳炳徳にも見られる（後述）。

3　近代日本の「実学」概念

今まで見てきた鼎山・宋奎や朝鮮後期の儒学者たちの使用している「実学」概念は、われわれがこれまで教科書から学んだ「実学」とは多少距離がある。われわれの知っている「実学」は、実用的、実証的、科学的、そして多分に西欧近代的な性格を帯びた学問を指すからだ。それでは、この見慣れない「実学」概念は、どこから来たのだろうか？

韓国思想史の叙述に「実学」概念を初めて導入したのは、一九三〇年代の朝鮮学運動であると知られている。崔南善、鄭寅普、安在鴻、文一平らが中心となった朝鮮学運動では、丁若鏞をはじめとする朝鮮後期の一連の思想家を、近代志向的な実学者として評価した。そして、一九五〇年代の千寛宇をへて実学の外縁が拡大され、一九七〇年代の李佑成に至り、いわゆる「三大実学派」（経世致用・利用厚生・実事求是）が教科書説として定着する。

ところで、問題はこうした意味の「実学」概念は、実際に朝鮮後期の思想家たちには明瞭に見えないという点である。であれば、彼らはどのようにして新しい意味の「実学」概念、すなわち、西欧的な意味の「実学」概念に着目したのだろうか？　その糸口は、おそらく当時が日本の植民地時代だったという事実に求められよう。

片岡龍らの研究によると、一九世紀末に日本の近代化を主導した福澤諭吉（一八三五〜一九〇一）は、「科学」(science) としての「実学」概念を使用し、こうした用例は、福沢諭吉以前の日本の思想家たちに淵源するという。[17] 実際に福沢諭吉の使用した「実学」概念の例を挙げると、次のようである。

（自然科学においては）千四百年代に至るまでは、…世人皆古聖アリストーツル（アリストテレス）の学流に心酔し、附会奇異の神説を唱へて、有用の実学に志すものなく、千六百年の頃に至るまでも其形勢依然たり。此時に当てフランシス・バーコン（ベーコン）、デス・カルテス（デカルト）等の賢哲、世に出て、専ら試験の物理論を唱へて古来の空談を排し、千六百六年には伊多利の学者ガリレオ、初て地動の説を建て、千六百十六年には、英国の医師ハルフィー（ハーヴェイ）、人身体血液運行の理を発明する等、世の学風漸く実際に赴く。（福沢諭吉、『西洋事情』[18]）

ここで福沢は「奇異の神説」や「古来の空談」と対比される概念として、「試験の物理論」と「有用な実学」を使用しているが、ここから福澤の「実学」概念が西洋の物理学に基礎を置いた自然科学を指していることがわかる。[19] ここから、われわれは一つの仮説を立てることができる。一九三〇年代の朝鮮学運動家らが、朝鮮後期の思想史を実証的で有用性を追究する「実学」と解釈したのは、福沢諭吉に代表される日本近代の「実学」概念の影響を暗々裡に受けたものではないかと。[20]

これに対し、鼎山は、朝鮮学運動が起こった同時代に、福沢諭吉的な西欧化された「実学」概念ではなく、朝鮮思想史の脈絡の延長線上で「実学」概念を使用している。おそらくここには、宋天恩に見られたように、円仏教という特性が作用していると思われる。つまり道徳的実践を強調する円仏教であるがゆえに、西欧化された「実学」概念にたやすく傾倒しないで済んだのである。それでは、柳炳徳の「実学」概念はどうだろうか？

4　柳炳徳の「実学」概念

柳炳徳は、鼎山が一九三〇年代に一円相を「実践実学」と規定した事実について、次のように評価している。

一九二〇年代、一九三〇年代の韓国では、過酷化した日帝の干渉と文化抹殺政策に、当時の志ある国学者らが、朝鮮後期の「理論実学」を手繰って、これに対応しようとする風潮が起きていた。鼎山は、こうした学界の隠れた動きにも耳を傾けていた知性の持ち主である。（一二一六頁　脚注三）

ここで柳炳徳は、一方では一九三〇年代に起こった朝鮮学運動を高く評価しながら、もう一方で朝鮮後期の実学を見る自身の見解を披瀝しているが、それは「理論実学」という概念である。この「理論実学」という概念は、裏返して言えば「実践性の欠如した実学」という批判的意味を含んでいるため、朝鮮学運動家らの「実学」にたいする積極的な評価とは多少距離がある。実際に、彼は朝鮮後期の実学が理論実学のみにとどまっていたため、近代化に寄与できなかったと、次のように批判している。

朝鮮朝の実学がなぜ韓国近代化の嚆矢や役割となることができず、ただ学者たちの文献分析による理論実

学にのみとどまっているのか？（一一二六頁）

これとは対照的に円仏教を創始した少太山・朴重彬の行跡は「実践実学」であると評価し、この点を早くから指摘した人が鼎山・宋奎だと述べている。

少太山の一生の間の行跡はなぜ実践実学なのか？ 少太山は…求道の過程でも…教団の形成過程でも…弟子たちの識見の中でも、実学にたいしては一言も取り上げなかった一生だったが、意外にも一九三七年に鼎山によって表現された「実践実学」の一言は、決定的に少太山の実践意志を示した題目であることを闡明するものである。（一一二六頁）

ここで、われわれは一つの興味深い事実を発見することになる。つまり柳炳徳が「理論実学」と批判している朝鮮後期の「実学」概念は、朝鮮後期の当事者らが使用した「実践学」としての「実学」概念よりは、福沢諭吉的な「実学」概念の影響を受け、一九三〇年代に朝鮮学運動家らによって成立した「実学」概念により近いという事実である。そして、柳炳徳が肯定的に評価している少太山の「実践実学」の概念こそ、実は朝鮮後期の実学者たちの使用した実学概念と一脈を通じているという点だ。

それでは、柳炳徳の言う少太山の「実践実学」と、朝鮮後期の実学者らの実践学としての「実学」とは、なんの違いもないのだろうか？ これについては、彼の次のような語が参考に値する。

当時の時代的な歪曲現象を匡正しようとしていた社会制度改革の努力も、それが実際に**基層民に土台した実践運動として現れたというより、**被治者の側に立った知識人の論理として執権層にたいする主張に重点があったが、これもまた時代的主流を形成できなかったという制約的状況によって、**当時の政策に制限的にしか反映され得ないまま、**その最終段階を一八七〇年代に結末することで、後に亡国の悲運を迎えることになり…（二二五頁）

ここで柳炳徳は朝鮮後期の実学の限界を二つの側面から指摘している。一つは民衆が主体となった実践運動ではなかった点であり、もう一つは実学者らの改革論が政策に反映できなかったという点である。つまり、たとえ朝鮮後期の儒学者たちが道徳実践学としての「実学」を提唱したとしても、柳炳徳や宋天恩の立場から見れば、それは個人的次元の道徳修養にとどまるのみで、民衆とともに社会を変革させる社会的次元の実践としては進むことができなかったのである。

同時に、もしも彼らの理論的改革論が政策にでも反映されていれば、現実的な影響を発揮できたし、そうした点で実践実学と評価することができたはずだが、残念ながらそれも実現できなかったのである。まさにここに柳炳徳が朝鮮後期の実学の限界を指摘しつつ、旧韓末の「実学運動」を別に設定する理由がある。

もちろん、実学的な伝統が近代につながる開化思想に内面的に継承されていたと見ることもできようが…開化思想も支配的な潮流になれないまま、政治的、思想的な混乱の中で結実を見ることができずに終わったのである。…ついに韓末という終焉を告げ、日帝の支配下に真っ逆さまに墜落する。…しかし、**この時**

期に実学的思考と民族意識はかえって民衆の中に脈々と流れ込むこととなり、この時代の傾向を正そうと宗教運動、社会思想運動が後を絶たず、散発的に起こり拡散したのである。これらの運動団体は、前期実学・後期実学[21]にたいして、それを研究したり、学統を問ってみたりということもなく、必然発生的に起こった運動だったため、一名「準実学運動」と呼んでみる。これらは後期実学的な性格の変容として現れたものであると再評価されなければならない。（一二二五頁）

ここで柳炳徳は、旧韓末の社会運動の展開や民衆宗教の誕生は、朝鮮後期の実学精神が民衆中に復活したものであり、そうした点で「準実学運動」として再評価されなければならないと主張している。つまり、朝鮮後期の実学の延長線上に、旧韓末の社会運動と宗教運動を見なければならないとするのである。そして、その具体的な実例として、安昌浩や金性洙、あるいは白龍城や少太山（円仏教の創設者）を挙げており、特に少太山が率いた「仏法研究会」（円仏教の前身）は、解放後に実学精神を実践したという点から、「実践実学運動」と呼んでいる。

こうした点から、韓末以後に新たに展開される実学的傾向の流れは、文字として記録されるのではなく、行動としての実践性が切実に要望されたのである。したがって安昌浩の務実力行による民族活路の開拓という指導理念は、虚偽と虚飾に反することによって、これが国家の内実を期約する適切な処方だったという点から、実学的運動の一様態として見ることができる。金性洙の物産奨励運動・人材育成・言論確保運動なども、実学的評価を受けるに値する運動と見られる。そして、白龍城の大覚教の提唱や、韓龍雲の仏教維新運動も…独自の実学的実践性を持ったと見ることができるのである。

これらの集団の中でも、特に少太山が率いてきた日帝時の「仏法研究会」は、解放を迎え、宗教の立場から実学的見解を遺憾なく発揮して今日に至る。解放後少太山の実学的動きは、他のどの集団にも見出すことのできないほど、実学精神を実践した団体と見られる。特に少太山は理論実学に一度も接したことがなかったにもかかわらず、彼が実践しようとした分野がすべて実学的であった点で、論者はこれを「実践実学運動」と命名してみたのである。(一二二六頁)

これまで韓国の先覚者たちは実学を追求したが、経世を担った王朝の執権層からは理念と思想を受け入れられず、よってその当時の実学も完全に理論実学にとどまり、ついには国の魂まで喪失してしまった。しかし、民衆の底辺から二六歳の青年少太山はみずから起ち、「物質が開闢したのだから精神を開闢しよう」という標語を掲げて、その当時の失意に満ちた民衆を糾合して、実践的に率いたのである。それはいまだ実現できなかった実学の意志を展開しようとして現れた姿であった。

この開教標語は…新たな歴史認識と科学精神をこの土地に受容して、調和のとれた現実楽土を建設しようと唱えたものであり、これは実践実学の総合的実現でもあった。(一二二八頁)

以上の叙述によると、柳炳徳が見るに安昌浩、金性洙、白龍城、少太山らはすべて実学者で、その中でも特に実践を強調した実践実学者であり、そうした点でこれらの運動を「実践実学運動」と言うことができる。ここから柳炳徳の言う「実践実学」とは、たんに「改革理論としての実学」ではなく、一つの「社会運動としての実学」を言っていることがわかる。

5　円仏教の実学的解釈

柳炳徳は以上の観点にもとづき、円仏教の実践実学的側面を、標語、教理、教団創立の三つの部分に分けて提示している。これは円仏教を実学の観点から解釈する柳炳徳の「円仏教解釈学」の一環として見ることができるが、具体的な内容を簡単に説明すると、次のとおりである。

（一）標語

①**処処仏像、事事仏供**：日常生活（個体）の中で、仏（全体）を発見する実践実学
②**無時禅、無処禅**：生活の現場で禅を修練して正しさを判断するようにする活禅
③**動静一如**：宇宙の本来的な同化力に立脚した現実的な人生観と宇宙観
④**霊肉双全**：物質（事実）を精神的（修行）な次元で再調整しようとする実事求是
⑤**仏法是生活、生活是仏法**：生活の中で仏法を求めようとする実学精神
⑥**物質が開闢したのだから精神を開闢しよう**：失意に陥った民衆を糾合して実践的に率い、科学的精神を受容して調和のとれた社会を建設しようとする実践実学

（二）教理

①**一円相の真理**：実事に立脚して「一円」の真理を悟る（求是）「真理的宗教」と、日常生活の中で（実事）

「一円」の真理を求める（求是）「事実的道徳」を提示した実事求是の実学。

②**四恩**：生活の現場で（実事）、天地、父母、同胞、法律の四恩を自覚し、これを現実生活の中で実践する（求是）実事求是の実践原理、かつ実学的信仰。

③**四要**：自力養成と知者本位などの四つの実践徳目は朝鮮後期の実学者らの理論を実践しようとした命題。

（三）教団創立

①**貯蓄組合**：現実を基盤にした自主的精神と経済的基盤の確立の追求

②**炭商売**：朝鮮後期の実学者たちが渇望した「利用厚生」の理念の実践

③**干拓事業**：実事求是の力行であり、実践実学の手本

④**本部建設**：新時代の実践実学の宗教観

⑤**組合運営**：実利実用性を基本精神とする経済的自力の実現

⑥**人材養成所**：実践実学の開拓精神にもとづく宗教（霊）と生活（肉）の併進

以上の解釈で注目に値する点は、次のとおりである。まず、「（二）教理」で「実事求是」を実践的に解釈している箇所である。一般的な実学の言論では、「実事求是」は金正喜に代表される実証的で考証学的な学風を指す語として理解されているが、柳炳徳は「日常生活」や「生活の現場」（実事）に真理を求め、それを「現実生活」の中で実践するという実践実学的脈絡で解釈している。そうした点で、金正喜以前に梁得中（一六六五〜一七四二）が使っている「実事求是」の意味に近い[22]。こうしてみると、柳炳徳の「実事求是」の解釈

も、実践学としての実学の意味の延長線上にあると解することができる。

一方、「四要」については、実証実学と実践実学の併進を追求した事例として解釈している点が独特であり、ここで実証実学と実践実学の概念は源了圓の「実証的実学」と「実践的実学」の区分から借用してきたもので、実証実学は科学化・合理化・近代化の機能化運動を言い、実践実学は宗教化・哲学化・道徳化の社会化運動を指す（一二三一～一頁）。柳炳徳は四要を実践実学的に解釈しながら、次のように結んでいる。

> 少太山は、実証実学的な側面では物質文明であるとし、すなわち科学的、合理的な近代化の受容という立場から善用、活用を強調し、実践実学の側面では道徳的人間の訓練と四要の社会的実践という宗教を提唱した。（一二三二頁）

ここで柳炳徳は、源了圓の実証実学と実践実学の枠をもって円仏教のめざす「道学と科学の併進」の追求を説明していることがわかる（「四要」は実践実学）。ここで実証実学は、科学の領域に該当し、実践実学は道学の領域を指す。そうした点で柳炳徳が使用している実学概念は、西欧的な科学的実学と韓国的（または、東アジア的）な実践的実学をあわせた統合的、あるいは回通的概念と言える。

ここにわれわれは円仏教的な会通の思惟の事例を発見できる。すなわち、朝鮮学運動の実学概念が多分に西欧的な実学概念であり（柳炳徳の「理論実学」、源了圓の「実証実学」）、朝鮮後期の実学者たちの実学概念が儒教的な実学概念だったとすれば（鼎山の「実践実学」）、柳炳徳は円仏教に両者の「兼全」を見ているのだ。そうした点で柳炳徳は「新実学」の概念を提唱していると言え、新実学の概念によって円仏教を解釈していると言える。

Ⅲ　おわりに：円仏教実学論の含意

以上の議論を整理すると、以下のとおりである。朝鮮学運動の実学概念は、柳炳徳の用語で言えば、「理論」中心の「実学」である。ところが、実学研究史の観点から見ると、理論中心の実学概念は、本来の実践を強調した朝鮮後期の「実学」概念が、一九世紀末~二〇世紀初めに西欧の学問観の影響を受けて変質したものである。柳炳徳が朝鮮後期の実学を「理論実学」と規定したところからは、本来実学とは実践性が伴わねばならないと考えていたことが示唆される。

柳炳徳が見るに、朝鮮後期の実学が理論実学にとどまったのには、二つの理由がある。一つは実学者たちの改革論が実際の政策に具現できなかったためであり、もう一つは実学者らが民衆とともに社会運動を展開できなかったためである。柳炳徳の考えでは、まさにここに円仏教がもつ実学的意義がある。円仏教は朝鮮後期の実学者たちが具現しようとした経済的改革を民衆とともに実践したという点で、実践実学と言える。のみならず、円仏教は西洋の科学までも受容しようとする態度を取っているが、そうした点で実証実学、あるいは理論実学——これを「科学実学」とも言えるだろう——も排除していない。

以上の円仏教実学論は、道学と科学の併進という円仏教の理想を、実学の観点から再解釈したものであり、それ自体、円仏教の会通的思惟の断面を示している。このような解釈は、いくつかの点で重要な意味をもつ。まず、これまで儒学が独占してきた「実学」の議論を、円仏教や仏教のような儒学以外の思潮にも適用しなければならないという観点を提示したという点である。実際に柳炳徳は、円仏教が「**実学という韓国学の一章としてふたたび仮説されなければならない**」と主張している[23]。

それだけでなく、これまで「実学派―開化派」が独占してきた近代化の言説を、円仏教のような開闢宗教にも適用することができるという観点も提示している（「少太山がこの会上創立において使命感に燃える人材を輩出しようと意図したのは、韓国近代化運動の先駆であったと評価できよう[24]」）。こうした見解は、これまで西欧的な理性中心でのみ考えられてきた「実学」と「近代化」を、宗教的霊性の観点からも考えられるという示唆を与える点で注目に値する（実際に柳炳徳は「実学的宗教」（一二三一頁）や「実学的信仰」（一二三一頁）という表現を用いているが、これは実学と宗教が決して背馳しないことを言うのである）。そうした点で柳炳徳の円仏教実学論は、これまで実学と開化を中心に叙述されてきた韓国近代思想史の基本枠組みが、根本的に再考されねばならないことを促している。

注

（1）ここで「開闢宗教」とは、一九世紀末～二〇世紀初めに誕生した東学・天道教、大倧教、甑山教、円仏教をいう。しばしば「民衆宗教」、「民族宗教」あるいは「新宗教」と呼ばれるが、これらの大部分が「開闢」という概念を共有していたことから（大倧教は「開天」）、ここでは、「開闢宗教」と名づける。

（2）「もちろん、私の活動の最も根底には円仏教思想が展開されています。しかし、概して研究活動は、三つの観点から進行してきたといえるでしょう。一つはわが国の思想史をどのように整理するべきかという問題であり、もう一つは韓国の新宗教をどのように眺めるかという問題、もう一つは円仏教思想をどのように形成するかという問題でした。」柳炳徳・梁銀容対談「円仏教思想と韓民族の進路」。柳炳徳、二〇一二、『韓国民衆宗教の平和統一思想』、ハンマム、三五〇頁。

（3）金容沃、二〇〇四、『読気学説』、トンナム（初版は一九九〇）。

（4）「一円相」は円仏教で考える究極の真理を「一つの円」で形象化［相］したものをいう。

（5）柳炳徳、一九九一、「少太山の実践哲学―朝鮮後期実学と対比して」、『（釈山・韓鍾万博士華甲記念）韓国思想史』、円光大学校出版局、一二一六頁。以下、引用に際しては、頁数のみを明記。ちなみに、この論文はのちに柳炳徳、一九九五、『少太山と円仏教思想』、円光大学校出版局に再収録された。

（6）宋奎、一九八七（増補版）、「一円相について」、朴正薫編著、『ハヌルのなかの一つの理致に』、円仏教出版社、二一八頁。原文は『会報』三八号（一九三七年）に収録されている。引用文の強調は引用者による（以下も同様）。

（7）『鼎山宗師法語』第二部「法語」、第二「礼道編」、第二章。

（8）韓睿嫄、二〇〇八、「朝鮮後期の実心実学について」、『漢字漢文教育』二一、五四四頁参照。

（9）『霞谷集』、巻一一、疏、「請設書院儒疏」（再疏）。原文は韓睿嫄の前掲論文から再引。

（10）趙晟桓、二〇一三、「「実践学」としての「実学」概念―栗谷改革論の哲学的基礎」、『哲学論集』三三。

（11）『弘斎全書』、一二九巻、「故寔」一、「大学」。韓睿嫄の前掲論文から再引。

（12）趙晟桓、二〇一三、「「実践学」としての「実学」概念―栗谷改革論の哲学的基礎」。

（13）『中庸講義補』「鬼神之爲徳」。

（14）趙晟桓、二〇〇八、「霊性と近代－日本化された韓国思想史を越えて」、『文学・史学・哲学』五二集、春夏号参照。

（15）こうした点に着目して、小川晴久と鄭仁在は、洪大容や鄭斉斗の実学を「実心実学」と規定した。鄭仁在、二〇〇九、「実心実学研究序説Ⅰ」、『神学と哲学』一四。

（16）宋天恩、二〇一一（初版は一九七九年）、『宗教と円仏教』、培文社、四五七頁。

（17）佐々木隼相・片岡龍、二〇一八・〇三、「日本と韓国における「実学」の近代化」、『韓国宗教』四三。

（18）山本義隆、二〇一八、『近代日本一五〇年―科学技術総力戦体制の破綻』、岩波書店、三四頁から再引（強調は引用者による）。上の論文参照。

（19）山本義隆前掲書、第一章第七「実学のすすめ」、三二－五頁。上の論文参照。

（20）趙晟桓、「霊性と近代―日本化された韓国思想史を越えて」参照。

（21）ここで「前期実学」は朝鮮前期に道教と仏教を排斥しつつ倫理的実践を強調した朱子学的「実学」を言い、「後期実学」は私たちがよく知っている朝鮮後期の実学を指す。

（22）劉明鍾、一九七七、「徳村・梁得中の実学思想：陽明学と実事求是の折衷」、『韓国学報』三―一;チョ・ウンチャン、「実事求是」、韓国古典翻訳院、『古典散文』、二〇一六、〇五、一三。http://itkc.or.kr/bbs/boardView.do?id=75&bIdx=31890&page=1&menuId=125&bc=6

（23）柳炳徳、一九八六、『円仏教と韓国社会』、詩人社、四九〇頁。

（24）柳炳徳、前掲書、三三〇頁。

参考文献

金容沃、二〇〇四、『読気学説』、トンナム（初版は一九九〇）。

柳炳徳、一九八六、『円仏教と韓国社会』、詩人社（初版は一九七七）。

宋天恩、二〇一一、『宗教と円仏教』、培文社（初版は一九七九）。

柳炳徳、一九九一、「少太山の実践哲学―朝鮮後期実学と対比して」、『（釈山・韓鍾万博士華甲記念）韓国思想史』、円光大学校出版局。

柳炳徳・梁銀容対談、二〇一二、「円仏教思想と韓民族の進路」、柳炳徳、『韓国民衆宗教の平和統一思想』、ハンマム。

佐々木隼相・片岡龍、二〇一八・〇三、「日本と韓国における「実学」の近代化」、『韓国宗教』四三。

宋奎、一九八七（増補版）、「一円相について」、朴正薫編著、『ハヌルのなかの一つの理致に』、円仏教出版社。

劉明鍾、一九七七、「徳村・梁得中の実学思想：陽明学と実事求是の折衷」、『韓国学報』三―一。

鄭仁在、二〇〇九、「実心実学研究序説Ⅰ」、『神学と哲学』一四。

趙晟桓、二〇一三、「「実践学」としての「実学」概念―栗谷改革論の哲学的基礎」、『哲学論集』三三。

趙晟桓、二〇〇八、「霊性と近代―日本化された韓国思想史を越えて」、『文学・史学・哲学』五二集、二〇〇八年春夏号。

韓睿嫄、二〇〇八、「朝鮮後期の実心実学について」、『漢字漢文教育』二一。

東学思想の現代的解釈
——尹老彬の『新生哲学』と金芝河の「人間の社会的聖化」を中心に——

趙《チョ》 晟《ソン》 桓《ファン》

はじめに——原州の生命学派

尹老彬（ユン・ノビン、一九四一〜）は韓国ではほとんど知られていない哲学者である。だが、彼が残した『新生哲学』（一九七四年）は韓国の近代哲学と現代哲学とを繋ぐ、まさに「継往開来」の哲学であるといえよう。彼は普通は「越北哲学者」として知られているが[1]、実は東学思想（一八六〇〜）を生命哲学として捉え直し、それを友達の金芝河（キム・ジハ、一九四一〜）に伝えた人物である。

金芝河は尹老彬が越北した後、尹老彬から学んだものをベースにして「人間の社会的聖化」（一九八五年）という東学論を発表する。そして、その東学解釈は後に金芝河が張壹淳（チャン・イルスン、一九二八〜一九九四）と共に展開する「ハンサリム（大生命）運動」の思想的土台になる。

この三者の関係を崔子雄（チェ・ザウン）は『新生哲学』の「解題」で次のように述べている[2]。

金芝河は彼の『南の土、船の歌』などで彼の友であり師であった尹老彬の東学の話頭を深く掘り探ってきた。それが彼のもう一人の師であった張壹淳の東学への傾倒と深い精神的因縁を有していることは言うまでもない。それは原州（ウォンジュ）[3]という地域で結ばれた三人の因縁の結果でもあったが、それよりも遥か前に東学を創始した崔済愚（チェ・ジェウ、一八二四〜一八六四）とそれを受け継いだ崔時亨（チェ・シヒョン、一八二七〜一八九八）の足跡が原州に大きく残っている[4]…などと無関係ではないだろう（『新生哲学』二二三〜四頁。翻訳は要約したもの）。

以上によると、原州で育った三人は、同じく東学思想を自分の哲学の資源にしていることが分かる。また彼らはみな「生命」をキーワードにして東学を捉え直している。そういう点で三人を「原州の生命学派」と呼ぶことができよう。だが、今まで三人の思想を一つのグループとして考察した試みはまだ為されていなかった。それには色んな理由があるが、主には西洋中心の哲学観が大きく影響していると思う。つまり、存在論や認識論が哲学の基準になっているため、その基準に当てはまらない思想は哲学研究者から取り上げてもらえないのである。

以下では原州の生命学派の思想を考察する作業の一環として、尹老彬の『新生哲学』（一九七四年）と金芝河の「人間の社会的聖化」（一九八五年）に東学の生命思想がどのように復活されているのかについて考察したい。具体的には、尹老彬が一方では西洋哲学を相対化しながら、他方では東学思想を活かして、どのように自分の生命哲学を展開しているのか、また尹老彬を受け継いだ金芝河にはどのような特徴が見えるのかについて検討したい。この作業を通して我々は尹老彬と金芝河の東学解釈を韓国の「土着的近代化運動」（北島義信）の一例として位置づけることができよう。

一　尹老彬の『新生哲学』

(一) 祈祷と呪文の哲学：東西の出会い

尹老彬の『新生哲学』は出だしから衝撃的である。キリスト教の祈祷文である「主の祈り」と東学の「二一字呪文」とを比較することから始まっているからである（「はじめに」）。これは二つの側面から破格的である。まず、哲学書で宗教的な祈祷文と呪文から論を始めていることは、従来の宗教と哲学という二分法を崩している。尹老彬によると、祈祷と呪文とは復活と新生への大歓声であり、解放と脱出への大祈願である。具体的には『マタイの福音書』に出てくる「主の祈り」がイエスの救命の祈祷であるとすれば、『東経大全』に載っている「二一字呪文」は崔済愚の民族的救命の呪文である。[5] そこには人類を救うことができる哲学的概念が潜んでいる。例えば「主の祈り」の「御名」、「崇める」、「悪」などはそれぞれ「言語」、「聖」、「悪魔」に相当し、「二一字呪文」に出てくる「侍」、「造化」、「不忘」、「万事」、「知」などはそれぞれ「いらっしゃる」、「人為」、「思」、「存在」、「認識」を表している（以上、『新生哲学』「はじめに」）。このような捉え方は『新生哲学』がある意味では「主の祈り」と「二一字呪文」との哲学的解釈であることを示している。

さらに、両者の比較はそれ自体で韓国社会では不敬な行為といっても過言ではない。というのは、キリスト教は韓国では最も大きい勢力を有している宗教団体であり、「主の祈り」は知らない人がいないほど広く認められているのに対して、東学の場合は一八九四年の農民戦争のこと以外にはほとんど知られていないし、また

「呪文」というと迷信のイメージが強いからである。それで、たとえ同じ「祈り文」であるとしても、キリスト教の「主の祈り」と東学の「呪文」とを比較することは、キリスト教徒や一般人にとってはそれ自体が不遜に近い行為に見えるだろう。

もっと衝撃的なのは尹老彬が「主の祈り」の出だしに出てくる「하늘」（ハヌル、heaven）を天道教（東学が一九〇五年に天道教に改称）でいう「한울」（ハンウル、天道教の神）に変えていることである（「한울（天）にまします我らの父よ（中略）御心の하늘（天）に成る如く地にもなさせ給え…」）。「하늘」（ハヌル）と「한울」（ハンウル）とは韓国語では発音がほとんど同じであるが、その意味は微妙に違う。「하늘（ハヌル）」が中国語の「天」に近いとすれば（実際は「天」よりは人格的意味が強いが）、「한울」（ハンウル）は天道教で作った一種の造語で、その意味は「大きい（ハン）囲い（ウル）」である。天道教では東学の神であり「天」を意味する「하늘」を「한울」に変え、「一つの大きい全体」としての宇宙そのものが神であるという意味を強調している。

このように、尹老彬は「主の祈り」に出てくる「天上」を指す「하늘（天）」を天道教の神を指す「한울」に変えて、キリスト教を天道教の文脈で読み替えているが、このような捉え方は尹老彬が西洋思想をそのまま鵜呑みにしたり、西洋思想の枠組みで韓国思想を捉えたりするのではなく、それを相対化して、韓国思想の文脈で取り入れようとする学問的態度を示している。尹老彬のこのような西洋相対化の作業は「神観」にだけではなく、西洋哲学の全般にまで及んでいる。

（二）存在から生存へ：生存的天人観

「人の存在は単なる存在（Sein）ではなく生存である。人の存在は実存や現存であるというよりは生存であるというべきである。人は存在するのではない。人は在るのではない。人は生きていらっしゃる」（『新生哲学』二七二頁）[6]。

「神はある（存在）のではなく生きていらっしゃる（生存）のである。神は存在するものとしてではなく、生存するもの、つまり行為するものとして捉えられるべきである」（『新生哲学』三一一頁）。

ここで尹老彬は西洋哲学の核心である存在論の代わりに「生存論」を唱えている。人間と神とは単に「いる」（存在）のではなく「いらっしゃる」のであり（その在り方を彼は「生存」といっている）、大人だけが「生きていらっしゃる」のではなく、嫁も、子供も、孫も「生きていらっしゃる」ということである。また、人間が「生きていらっしゃる」（살아계시다）ということは「人間らしくいきている」ことをいう。従って、奴隷は「生きていらっしゃる」のではない。人間らしく生きていないからである（以上、『新生哲学』五一頁）。

ここで我々は東学でいう「人は天なり」（人乃天）や「人は（身体の中に）天主を侍している」（侍天主）という人間観の痕跡を伺うことができよう。東学の人間観によると、全ての人間は天主という神聖な存在に仕えている。従って、人間はただ「いる」のではなく「いらっしゃる」というべきであろう。実際に、尹老彬は上の文章に続いて東学の第二代目の海月崔時亨の言葉を引いている。

私が徐テクスンの家を通り過ぎる際に、その嫁が機織りをする音を聞いて徐君に尋ねた。

「あれは誰が機織りをする音なのか?」

徐君が答えた：「私の嫁が機織りをしています」

私は再び聞いた：「本当にあなたの嫁が機織りをしているんでしょうか」

徐君は私のいうことが分からなかった。だが、その意味が分からない人が果たして徐君だけだろうか？

（『海月神師法説』「待人接物」）

子供を殴るのはハヌル（天主）を殴るのに他ならない。子供を軽率に殴ってはいけない。

（『海月神師法説』「事人如天」）（以上、『新生哲学』五二頁）

ここで崔時亨は嫁が機織りをする音は人の音ではなくハヌル（天主）の音であり、子供を殴るのはハヌル（天主）を殴るのと同じだとしている。これらの対人倫理の土台にある思想は、人の中にはハヌル（天主）という神が宿っており、その神は「渾元たる一気」＝「宇宙を動かしている尊い生命力」のことであるという生命思想である。尹老彬が「人はただ〝いる〟のではなく〝いらっしゃる〟のである」という生存論の根拠として崔時亨を引いているのは、彼の生存論が東学の生命論に基づいていることを示唆する。

また、東学が生命論に基づいて対人倫理を説いているのと同じように、尹老彬も生存論に基づいて対人倫理を説いている：「いらっしゃるものに〝事える〟といい、生きているものに〝仕える〟という。在るものに事え、死んでいるものに仕えるのは偶像崇拝である」（『新生哲学』五二頁）。ただ、崔時亨との違いがあるとすれば、尹老彬が「生きていらっしゃる」対象を「人間」に限定しているのに対して、崔時亨はそれを物にまで拡大している点である。崔時亨は「敬人」だけではなく「敬物」まで唱えており、さらに「敬物」に至って初めて道徳の極致に達することができるといっている。(7)

因みに、崔時亨の敬物思想は韓国の民主主義思想にまで影響している。金大中は一九八七年にイギリスでアンソニー・ギデンズ教授と交わした対話で、「地球上のあらゆる存在（木、草、動物、魚、鳥、空気、土）の生存権が保証される地球的民主主義（global democracy）を実現したい」といったが、[8]ここで金大中が目指している「地球民主主義」はまさに崔時亨が説いた敬物思想を含んだ民主主義と見ることができる。また、そういう面でそれを「敬物民主主義」と呼ぶことができよう。「敬物民主主義」は東学では民主主義と生態主義とが分離されていないことを示している。

（三）実体から行為へ：行為的世界観

尹老彬は人間観だけではなく、世界観においても西洋哲学を相対化している。西洋哲学は動詞的自然を名詞的自然として捉え直すことから始まり、その結果生きている自然を実体化し（『新生哲学』六三頁）、さらに神をも固定した静物として理解したという（『新生哲学』七四頁）。その代わりに尹老彬は動詞的世界観に基づいて人間や神を一つの「活動」として捉え直すことを提案し、またその活動の本質を「超越」と「解放」として提示している。人間が人間らしく「生きていらっしゃる」ためには自分自身を束縛しているあらゆる「悪」（拘束）を退けなければならないが（『新生哲学』一五一頁）、これが「超える」行為であり、超える人が「超人」に他ならないという（『新生哲学』三〇〇頁）。

ここで「超え」ようとする人間の傾向を「霊性」と規定するとすれば、尹老彬は霊性を人間の本質として見做していることになる。また、その超える対象がただ自分自身の領域（例えば、心の次元）に止まっているのではなく、社会的対象（例えば、差別や抑圧）にまで広がっているという点から、その霊性を「社会的霊性」と呼ぶことができよう。彼が用いている「人間の社会的聖化」（『新生哲学』三三六頁）という概念にはこういう意味合いが込められているだろう。つまり、民衆は自由と解放を目指す社会的霊性によって世の中を悪から聖へと変えていくのである。

こうしてみると、尹老彬の哲学が究極的に目指すところは「自由」と「解放」であることが分かる。実際に、尹老彬はこういう観点から「ハヌンニム」(하느님)を「ハヌンニム」(하느님)として捉えている(『新生哲学』三一〇頁)。ここで「ハヌニム」は「ハヌル(天)」と「ニム(主、様)」の合成語で、「天主」のことを指す一般用語である(例えば、韓国のカトリックでは神のことを「ハヌニム」と呼んでいる)。それに対して「ハヌンニム」は尹老彬が「ハヌン(する)」と「ニム(主、様)」を合成して造った造語で、「〜をする神様」という意味である。よって、「ハヌニム」(하느님)が「ハヌンニム」(하느님)であるということは、神は「在る」ものではなく「行為する」働きであることを示唆する。

尹老彬の特徴はその行為の本質を「解放」と見ている点にある。つまり、神とは人間をあらゆる束縛から解放させる働きのことであり、そういう面で人間が自由と解放を目指す行為は神的な行為に他ならない。こうしてみると、彼の「新生哲学」は一種の「解放の哲学」と呼ぶことができよう。

二　金芝河の「人間の社会的聖化」

一九七〇年代の原州は韓国の「民主化運動の聖地」として知られているが、その中心に張壹淳と金芝河がいる。[9] また、二人は一九七〇年代末から一九八〇年代の初めにかけて民主化運動から生命運動への転換を果たしたという点でも共通しており、その思想的転換は一九八〇年代の半ばから始まった「ハンサリム運動」(農村の有機農産物を都会に直接伝える生協運動）の基になった。

金芝河は「ハンサリム運動」が始まる直前の一九八五年に東学をベースにした生命哲学を「人間の社会的聖化」という文章で発表するが、ここには彼の友であり師であった尹老彬の影響が色濃く残っている。何よりも「人間の社会的聖化」という表現自体が既に尹老彬の『新生哲学』（一九七四年）に出ているという点がそれを物語っており、さらに論文の内容が東学の呪文を分析している点においても『新生哲学』と似ている。

以上の点を念頭におきながら、以下では「人間の社会的聖化」に現れている東学解釈の特徴を簡単に考察したい。

（一）第三世界の開闢運動

尹老彬の『新生哲学』が「主の祈り」から始まっているとすれば、金芝河の「人間の社会的聖化」は第三世界の民衆運動から始まっている。

〈生命の世界観〉に基づいた共同的生存の拡張運動が）全世界的次元で比較的自覚化された形態の民衆運動として現れるようになったのは、西洋の帝国主義による全地球的、全衆生的な普遍的な殺し、つまり殺しの普遍化に抵抗して、アジア、アフリカ、ラテンアメリカの民衆、第三世界の民衆が展開した様々な解放運動からでありました。そして、そのような運動は根底に、普遍的な殺し、殺しの普遍化が絶頂に、最悪の状態に達した今日、第三世界の民衆運動を通してはっきり現れています。だがこの場合も優れた次元での自覚的な全民衆運動にはなれず、全宇宙衆生界的な生命回復、根源的生命への復帰運動にまではまだ達していないのが事実です。…　我が民族の場合はそれが…李朝封建体制の抑圧と西欧及び日本帝国主義の侵略という複合的で普遍的な殺し…に対抗して民衆生命を回復しようとする東学運動、人乃天革命、つまり人間の社会的聖化の集団的な実践として現れました。（「人間の社会的聖化」一〇八頁）[10]

ここで金芝河は、第三世界で起きた解放運動を「生命回復運動」として捉えた後、韓国の東学をその事例として紹介している。さらに、東学運動を尹老彬の言葉を借りて「人間の社会的聖化」の集団的実践として評価している。これは東学の世界史的な意味を考える上で非常に重要な意味を持つ指摘であるように思われる。東学農民運動を東アジアで起きた単なる民乱として捉えるのではなく、第三世界で同時多発的に展開された民衆の解放運動として位置づけているからである。

もっと注目すべきは、それを政治的な抵抗運動や独立運動としてよりは民衆の「生命運動」と「主体運動」[11]として評価している点である。言い換えれば、殺しの文明から活かし（サリム）の文明への転換を目指す「開闢運動」として捉えているのである（東学的に言えば、先天開闢から後天開闢への転換）[12]。つまり、金芝河は一方では東学運動を第三世界の解放運動として位置づけているが、他方では第三世界の解放運動を東学が展開した開闢運動の事例として捉えているのである。これを北島義信の「土着的近代」という枠組みで説明すれば、金芝河は韓国を始め、第三世界で起きた解放運動を「生命と平和」を目指す新たな近代を切り開こうとする民衆運動として捉えているといえよう（もっとも、金芝河は「近代」という用語は使っていないが）。

（二）東学呪文の解釈

金芝河も尹老彬と同じように東学の呪文に着目し、そこに込められている生命哲学的意味を掘り出している。ただ、違いがあるとすれば呪文の一字一字を丁寧に説明している点である。また呪文だけではなく、それに対する崔済愚の解説をも分析の対象に入れている。それで「人間の社会的聖化」は東学の一三字呪文（侍天主、造化定。永世不忘、万事知。）とそれに対する崔済愚の解説を逐字説明している注釈であるといえる。

このように、金芝河が東学の呪文を重視する理由はそこに「民衆の生命的世界観」がはっきり現れている『東経大全』の内容が凝縮されていると思うからである（「人間の社会的聖化」一一〇頁）。つまり、東学の呪文は単なる迷信の産物ではなく、民衆の世界観の結晶だと見ているのである。

呪文に関する崔済愚の言説の中で金芝河が特に注目しているのは「侍天主」の「侍」についての説明である。崔済愚は『東経大全』で「侍」の意味を「内有神霊、外有気化。一世之人、各知不移者也」（内に神霊有り、外に気化ある。一世の人、各々移らないものを知るなり）と説明しているが、このうち「不移」はその意味が取りにくい。それで普通はあまり注目しない概念であるが、金芝河は「不移」の意味について七頁以上に渡る長文の哲学的注釈を付けている。

金芝河によると、「移」とは生命の本性からの移動のことで、自由に生きようとする人間の本性を拘束したり、共に生きようとする生命の本性を分断させたりなどの全ての行為を指す。簡単にいうと「殺し」のことである（「人間の社会的聖化」一二〇頁）。この「移」、つまり「殺し」によって、民衆は自我を破壊する自己背信と自己疎外に陥るという（「人間の社会的聖化」一一九頁）。

このように「不移」の「移」を「生命からの分離」として捉える見方は既に尹老彬から見えている。尹老彬は「移」を本来有機的で共和的な生命を「奪う」行為として捉えている。つまり、本来共に生きるべき人間の在り方から離れるのが「移」なのである（『新生哲学』三四二頁）。いってみれば、「不移」は「不離」なのである。

むすびに――「地球的道徳民主主義」に向かって

尹老彬と金芝河は両方とも「生命」というキーワードを共有している。彼らによると生命の本質は自由と協同にあり、本性的に拘束と分離を乗り越えようとする。この超えようとする働きが霊性であり、拘束と分離が外部から与えられている場合は霊性は社会性を帯びることになる。東学を「社会的霊性運動」と呼ぶことができる所以はここにある。

ただ、東学の特徴はその運動を非暴力的な方法によって展開したという点にある（東学のスローガンの一つは「除暴救民」、つまり「暴力を除いて民を救う」であった）。東学の「除暴思想」はその後「三一運動」に繋がり、その精神は「三一独立宣言書」の末尾に「威力の時代が去り、道義の時代が来る」という宣言で表れている。これは「暴力の先天時代から道徳の後天時代へ」という東学思想の別の表現であり[13]、この「道徳主義[14]」がやがて実を結んだのが二〇一六～二〇一七年の蝋燭革命である（この場合「道徳」は「地球的平和」と捉えても差し支えない）。

だが、これは東学が目指した「道徳主義」に比べると、半分の成功でしかない。というのはまだ「敬物思想」にまでは達していないからである（この点については尹老彬や金芝河も同じである）。金大中が語った「地球的民主主義」を実際に農業の現場で実践したのは張壹淳である。張壹淳は「ハンサリム運動」を通して土地や食べ物のような「物」の生存権までも守ろうとした。そういう点では「真の文明は山と川を荒らさず」といった田中正造と通じている。

今日東学思想が持つ意味はここにあるだろう。そこには市民や国家レベルの民主主義を超えて、まさに「宇宙的霊性」を働かせて、天地と万物まで含んだ民主主義、言ってみれば「地球的道徳民主主義」という未来思想が潜んでいる。[15] これは東学の現代化と西学の東学化が出会って誕生した新たな形態の民主主義思想であるといえよう。

注

（1）尹老彬は釜山大学の哲学科教授であった一九八二年に家族を連れて北朝鮮に入国した。

（2）二〇〇三年に出た『新生哲学』の増補版には、巻頭に「尹老彬を考える」というタイトルで三つの「解題」が付いている（金芝河、宋斗律、崔子雄）。

（3）韓国の北の方になる江原道（カンウォンド）の中心地域。

（4）崔時亨は一八九八年に原州で逮捕され、ソウルで処刑された。それから九〇年後、同じ原州で張壹淳が崔時亨の生命思想を基にして「ハンサリム運動」を展開する。

（5）東学の二一字呪文は「至気今至、願為大降。侍天主、造化定。永世不忘、万事知。」であり、その意味は「至気が今ここに降りてくることを願います。天主を侍すれば造化が定まります。天主を一生忘れないと万事が分かります」である。

（6）小論で引用する『新生哲学』は二〇〇三年に学民社から出た増補版である。

（7）「（敬天と敬人に次いで）第三は敬物であり、人は人を恭敬することで道徳の極致に達せず、物をも恭敬するに至って初めて天地気化の徳に合一することができる」（『海月神師法説』「三敬」）。

（8）『金大中自叙伝（一・二）』、サムイン、二〇一〇。金ハクゼ「金大中の統一・平和思想」（『韓国人の統一平和思想（二）』、人間サラン、二〇一八に所収）から再引用。

（9）二人の他にも、聖公会の主教であった池學淳（ジ・ハクスン、一九二一〜一九九三）、政治家の孫鶴圭（ソン・ハクキュ、一九四七〜）、歌手の金敏基（キム・ミンキ、一九五一〜）などがある。〈金芝河と孫鶴圭を作った民主化の「柱」－原州の張壹淳の生家、無為堂記念館に行く〉、《Oh My News》2017. 07. 31. 参照。

（10）この頁数は「人間の社会的聖化」が載っている『南の土、船の歌』（トレ、一九八五）による。

（11）「民衆主体の生命運動は民衆自身が民衆自身を自ら認識し…解放する民衆生命の真なる自己回復、創造的な主体回復運動であります」（「人間の社会的聖化」一〇九頁）。

（12）「それは全衆生界の平和と親交の故郷である根源的な生命の本性へと、活動的生命の本性へと人為的に復帰する運動であり、そういう意味で後天開闢運動であります。これまでの全歴史、所謂先天時代の歴史は…一言で殺しが支配する歴史でした。…第三世界中心の新しい世界文化及び新しい世界文明建設、そして全宇宙生命の普遍的な平和と親交及び和解の成就は全て生命運動の中に収斂されるべきであり、…民衆生命の社会的聖化、つまり人乃天運動から出発されるべきであるでしょう」（「人間の社会的聖化」一〇九頁）。

（13）趙晟桓「開闢思想で読み直す〈独立宣言書〉」、《開闢新聞》第七九号、二〇一八年一一月。

（14）小倉紀蔵は韓国人の特徴を「道徳志向性」として捉えた。小倉紀蔵『韓国は一個の哲学である』、講談社。

（15）別の言い方をすれば、「共和主義」や「共生主義」ともいえるだろう。実際に、張壹淳は「共生是道」という表現を使っており、槌田劭も「共生共貧」を唱えている。

信仰・文化・環境

現代真宗仏教試考

――真宗は大乗仏教なのか――

尾畑文正

一　はじめに

真宗は大乗仏教なのか。そうであるならば、それはどういう根拠を持って仏教といえるのか。親鸞聖人は浄土真宗を「大乗のなかの至極なり」(『末燈鈔』)と記しています。親鸞聖人にとって真宗は大乗を課題にする仏教であったことは間違いがない。しかし、理論と実践の両面から明らかにされなければ、それは単なる虚しい大言壮語です。そうでないのなら、そのように言い切る根拠がどこにあるのか。極めて原理的な問題に立ち返って、試考的に「現代における真宗仏教の可能性」について考えてみたい。ただし、筆者は現在、真宗学の研究に携わっているものではなく、数カ月前までは南米で日々、日系・非日系ブラジル人等に関わりながら、南米における「開教」について携わってきたものであり、今回の論考もおよそ研究論文という体裁ではありません。南米において「開教」業務の生活をする中で、ふっと心に浮かんだ真宗仏教についての素朴な疑問を通して、資料に当たることもなく雑駁に考えたものであります。その点、最初にお断りして論を進めていきたい。

二　「現生正定聚」の持つ意義

浄土真宗を考える場合、親鸞仏教の独特の立場を表す教学概念として「現生正定聚」の用語があります。この正定聚とは『無量寿経』においても、曇鸞大師の註釈においても、往生浄土後の功徳として説かれています。現生の功徳ではありません。それにもかかわらず、親鸞聖人は『教行信証』信巻に「現生十種の益」として「十には正定聚に入る益なり」とあげています。仏になるべき身となるということはまだ仏ではないけれども、時がいたらばやがて必ず仏となることです。それが正定聚の位です。だから、仏ではないけれども、仏と無関係ではない。換言すれば、仏になるべき身となるとは、仏ではないけれども、やがて仏になるべきものが、仏の課題を明らかにするということが、どこかではっきりとしないと、仏になるべき身となることが空疎な文言になります。

そういう問題を明確にしないと浄土真宗が「大乗至極の教」とはいえない。このことを往相と還相の問題でいえば、往相はいっても還相はいわないということでは、大乗至極の浄土真宗にならないのではないか。そういう問題として、仏になるべき身となるところに往相の課題がそのまま還相の問題として繋がらないと、これもまた一方通行となるだけでないのか。簡単にいえば、「我も人も共に救われる道」を明らかにすることができないのではないか。

もちろん、仏でもないものが仏の課題を担うということが本当のところ、いかにして成り立つのであろうか。そんなことが可能なのだろうか。自己省察的に考えれば、成り立つとは考えられない。そうであれば浄土真宗は自分の悟りだけを課題にするものであって、その限り、もはや大乗仏教とはいえない。もしそうでないのならどのような構造と論理において、どのような根拠をもって大乗仏教といえるのであろうか。まさに根本的な問題を試考的に問うてみたい。

三　仏の悟りと阿羅漢の悟り

一体全体、仏になるとはどういうことであるのか。通常、親鸞が学んだ天台宗比叡山の仏道に限らず、仏教とは「断惑証理の道」であり、それは煩悩を断ち切り、真実としての涅槃を悟る教えです。涅槃とは「吹き消すこと」の意味です。煩悩のなくなった状態を表しています。煩悩がなくなるとは、たとえば、四苦八苦と呼ばれるような「生老病死の苦」から解放される状態を現しています。いつまでも生きたい、でもいつかは死んでいく。この意識と事実の対立矛盾を超えて、苦悩から解放されていく。これは尊い姿であるに違いない。

しかし、そのことで仏教が完結するものであれば、それは極めて個人的な悟りではないか。それは大乗的な悟りではない。それでは仏の悟りと阿羅漢の悟りとの区別がつかないのではないか。それはどちらが優れていて、どちらが劣っているという優劣論争ではなく、大乗仏教であるかないかの問題であります。課題は我も人も共に救われていく大乗を極めていくことが問題であって、その優劣を問題にするのではありません。それではその違いを明確にしながら、大乗仏教であることの必須要件というか、大乗仏教の成立根拠について考えてみたいと思います。

しかしこれではあまりにも漠然としているので問題を絞ります。浄土真宗は果たして大乗仏教といえるのかどうか。その成立根拠を考えてみたい。そのためにまず法然上人が浄土宗独立の教学的根拠にした善導大師の『観経疏』を手がかりにして、仏の悟りと阿羅漢の悟りとの区別を考える中で、浄土真宗が仏教、就中、大乗仏教であるためには、何が明確でなければならないかについて考えます。

四　仏とは何か

今から参考にする『観経疏』には仏とは何であるか。仏とは何でないかがはっきりと表わされています。そこで確認されている仏とは煩悩が吹き飛んで涅槃の世界に入り込み、安心しきって現実の問題が見えなくなっている状態ではありません。涅槃の世界に身をうずめて問題を感じなくなってしまう境地ではありません。もしそういう境地に沈むならば、それは仏ではないと、善導大師は明確に論述していると私は思います。そのことを善導大師の『観経疏』を通して確認していきたい。

善導大師の『観無量寿経』、因みに、この経を善導大師は『仏説無量寿観経』の題号により解釈しているので、以下は『仏説無量寿観経』と表記して述べるものとします。善導大師の『観経疏』は『仏説無量寿観経』の言葉を逐一に解説しています。従って、善導大師はこの経典の題号を解釈する場合にも、この題号を構成する逐一の概念の確認をします。すなわち、仏とは何か、説とは何か、無量寿とは何か、観とは何か、経とは何かと、『観経疏』「玄義分」釈名門に逐一にわたり解釈しています。ここのところは大事な展開なので煩をいとわないで全文現代語であげてみます。

「第二に、次に経の名を釈するとは、経に仏説無量寿観経一巻と仰せられてある。

仏というのは、これは印度のもとのことばであって、この国では覚という。自覚覚他して覚行の満ち窮まるのを名づけて仏とする。「自覚」というのは凡夫に区別する。これは、声聞《しょうもん》のさとりは狭く劣っていて、ただよく自利《じり》すなわち自らは覚っているが、人を救う利他の大悲が欠けているからである。「覚他」というのは声聞・縁覚《えんがく》の二乗に区別する。これは、菩薩は智慧があるからよく自ら覚り、また慈悲があるからよく他を利益するのであって、つねによく慈悲と智慧とをならべ行って、生死《まよい》と涅槃《さとり》とにとどまらないからである。「覚行の満ち窮まる」というのは菩薩に区別する。これは、如来は智行がすでに窮まって修行の時劫もすでに満ち、凡夫・二乗・菩薩の三つの位を超えているから仏と名づけるのである」（『浄土真宗聖典七祖篇』）と、このように善導大師は「玄義分」で『仏説無量寿観経』の題号を解釈しています。

その中で、仏とは何かについて、凡夫・二乗・菩薩との区別とその内実について明らかにしています。そこで善導大師は結論から言えば、仏とは「自覚覚他覚行窮満」なる存在であると記しています。これについて、私は次のように解釈しています。自覚とは自らに目覚めることです。それが凡夫と二乗の違いです。凡夫と二乗（声聞と縁覚）を選ぶ場合、凡夫と二乗の違いは、凡夫は自分というものを知らない存在です。二乗（声聞と縁覚）は自分を知っている、すなわち自分を自覚している存在です。しかし問題はそこに立ち止まっているものが声聞と縁覚です。伝統的な用語で言えば、阿羅漢の覚りをもって成仏とするような在り方が声聞と縁覚です。声聞と縁覚の境地をよしとして、そこに安住するものです。

確かに凡夫は自分を知らない。けれども、声聞と縁覚は自分を知っています。しかしそこにとどまっています。次に二乗（声聞と縁覚）と菩薩の違いとは何か。二乗には自覚があるが、覚他がありません。菩薩は覚他があります。正しく言えば、自覚覚他です。覚他とは他者に目覚めることです。つまり他者の存在に目を向けているものです。いわば関係を生きている存在が自覚覚他なる菩薩です。私はこの問題を唐突ですが具体的現実的な世界の問題を通して考えてみたいと思います。ただしここでの記述は数年前の問題です。少しタイムラグがあります。けれどもわかりやすいので、このままにしておきます。

五　覚他なき日本政治の実例

二〇一五年にイスラム国と名のる組織により二名の日本人が殺害されたと報じられました。当時、この事件について、様々な分析、情報が述べられていました。この事件においても、またしても「自己責任」なる言葉で彼らの行動を誹謗中傷することがおきていました。これについては二〇一八年一〇月に三年四カ月ぶりに武装組織から解放された安田純平氏についても、同じような自己責任論をかざした人たちからのバッシングが相次いで起きてきました。

これについては毎日新聞で英紙「タイムズ」のリチャード・ロイド・パリー氏が「日本は中東の紛争と無関係ではありません。石油に依存しており、中東政治の影響を受けます。外国メディア任せでなく、現場で起きていることを自国に伝えようとする安田さんのようなジャーナリストは重要です。彼を批判する人々はジャーナリストが担う役割を正しく理解していないように思います」と発言しています。全く的確な論評だと思います。これと同じように、二〇一五年の殺害事件に対しての公平で的確な意見の一つとして、二〇一五年二月八日に公表された鹿児島大学教員で平和学専攻の木村朗氏の発言があります。

木村氏は「湯川遥菜さんに続き二人目の日本人人質となっていた後藤健二さんの殺害が今月（二月）一日未

明に明らかとなりました。今回亡くなられた後藤健二氏は、私も知人の紹介で昨年個人的に知り合っていた方で、紛争地の実態を現地の人々、特に子供たちに寄り添ってそのありのままの姿を熱心に伝えられてきた魂のある心優しいジャーナリストであることが初対面でも強い印象に残るようなお人柄でした。それだけに無事の生還が叶えられなかったことは本当に残念です。残されたご家族の皆様のご心情をお察しし、心から哀悼の意を表します。そして、イスラム国（ISIL）による無辜の民間人虐殺は、たとえ米英主導の有志連合やイスラエルなどによる空爆に対する報復という理由があったとしても決して許されない蛮行であり、ここに強く非難します。拘束した無抵抗な人間を処刑するのは戦時下であっても明確なジュネーブ協定違反・戦争犯罪であり、イスラム国（ISIL）に非があるのは自明であるからです。その一方で、このような最悪の結果を招いた日本政府の対応は今後あらゆる方面から厳しく検証されなければならないと思います」と明確に、このような最悪の結果を招いた日本政府の責任を問うています。私もそのように二〇一五年の殺害事件をとらえる一人です。

やはりこの事件は日本政府の政治的立場がその背景に存在し、そういう事態を招くような発言と行動を安易に展開した安倍首相の責任は極めて重いものです。実例を上げれば、安倍首相は二〇一五年一月に中東諸国を訪問した際に、イスラム国と戦う周辺諸国に二億ドルを提供すると発言しました。正確に言えば、二〇一五年一月一七日にカイロで安倍首相は「イラク、シリアの難民・避難民支援、トルコ、レバノンへの支援をするのは、ISIL がもたらす脅威を少しでも食い止めるためです。地道な人材開発、インフラ整備を含め、ISIL と闘う周辺各国に、総額で二億ドル程度、支援をお約束します」と演説までしています。

さらには一月二〇日の記者会見ではイスラエルの国旗を背景にして発言するなどしています。こういう状況を背景にしてイスラム国の戦闘員は映像で日本政府を批判して責任は「安倍だ」と叫んでいました。拉致した二人を殺すのは安倍首相が有志連合に加担してイスラム国に敵対するからであるとはっきりと声明しています。もちろん、イスラム国に同調し、無批判であることはさけなければならないけれども、問題はどこまでも二人の人命に対する深い関わりと配慮でなければならない。日本政府のように声高な政治主張をすることではなかったはずです。どこまでも監禁されている二人の他者に対する思いやりと他者の命に対する自覚が求められていたのではないでしょうか。

この文脈で言えば、まさに湯川遥菜氏と後藤健二氏の二人は安倍首相のアメリカ・イスラエルに寄りかかった政治的立場により、尊い命を奪われていく環境を促進していったことの指摘は過言ではないでしょう。そう私は思うものです。緊迫したあのような時期にイスラエルに出かけて行って、イスラエルの指導者と握手をして、その政治を讃嘆するのは反イスラエルの人たちの神経を逆なでにする行為以外の何物でもないことは誰の目にも明らかなことです。国民の生命・財産を守らなければならない立場のあるものがするべき政治ではない。それは湯浅・後藤両氏の生命を顧みることのない低劣な政治的行為です。それは自らの政治スタンスももたないで、大国アメリカに従属する政治を是とするという意味では、日本国自らの主体性を欠落させた無自覚な姿であり、苦悩する国民の命を思い憚らないあり方です。自覚もなければ、覚他もない見本です。

ともあれ、アメリカにどこまでも引きずられ、また自ら加担していく安倍政治の暴走に危機感を抱くばかりです。そういう問題に今にいたるまで自省することもなくアメリカ・ファーストの政治に無批判に追従して、ジャパン・ファーストにいるのが現在の安倍政権の姿ではないでしょうか。これは想像して述べるのであるが、イスラム国に参加している兵士は、例えば、イラクにアメリカ軍が駐留して支配していた頃に、そのアメリカ兵士により、多くのイラクの民間人が殺されました。ファルージャでは大変な数の市民が被害にあったといわれています。多くの民間人たちが殺されていった。そういうアメリカ兵に殺されていった人たちの憎悪がイスラム国を形成して、そのアメリカと敵対し、またイスラエルと敵対する政治活動が軍事行動として、この原稿を書いていた時点では猛威をふるっていました。

現在二〇一八年においてはイスラム国の脅威はかつてほどの勢いはないけれども、イスラエルの政治はあいも変わらず、パレスチナへの抑圧は変わらないままです。もともとイスラエルは、パレスチナ人の土地を奪って国が建てられました。その建国の背景には、アメリカとイギリスが支えとなってイスラエルを守っている構造があります。イスラエルは建国の既得権を維持発展させるために、パレスチナ人に何をしているかと言えば、巨大な柵を作りパレスチナ人を一定箇所に追い込んでいます。あたかもかつてのワルシャワ・ゲットーのような民族の囲い込みです。テレビで見た映像ですが、ガザ地区でビルの影に隠れている親子がイスラエル兵に銃撃されている様子を見ました。子どもを抱えて必死で守ろうとする父親がイスラエル兵により狙撃されて殺されていく、その次に子どもが殺されていく。こういうかたちでパレスチナの人たちが、イスラエル兵の暴力によって命を奪われていく現実があります。

そういう問題に対して、安倍首相が彼の「積極的平和主義」から言えば、それが文字どおり、積極的に平和を唱えるものであるのなら、パレスチナへの攻撃をやめるべきであると言うべきであり、平和憲法を掲げて、武器による争いからはなにも得られない、武力による争いを繰り返してはならない、そうはっきりというべきです。それにもかかわらず、それを一切言わないのは、彼の「積極的平和主義」はアメリカ・イスラエルと同じように軍事的暴力で自国ファーストの平和を構築する思想であるからです。アメリカ・イスラエルの暴力には黙視して、イスラム国の残虐さを批判するダブルスタンダードでは、イスラム国の大義を自ら肯定するだけです。

六　自覚覚他の教えに学ぶ

つまり、私が言いたいのは日本政府のダブルスタンダードが、今回の日本人殺害に大きく荷担していることを私たちは認識する方がいいということです。自覚覚他を考えるにはあまりにも悲しい例でありますが、実際に自らに目覚め、他者に目覚めるという問題について実例を通して考えてみれば、はっきりとした一つの立場というものを明らかにすることができます。そういう「自覚覚他の教えに学ぶ」ことがなければまさに、私たちの仏教は空理空論となるだけです。

イスラエルとかアメリカの立場に立つのでもなくイスラム国の立場に立つのでもなく、自覚覚他の教えに学ぶ場合、それはどうなるのであろうか。そういう問題が問われているのではないか。具体的に言えば、平和憲法をもつ日本が他者と関わっていく立場はどうあることなのか。自覚覚他の教えで言えば、まず日本は憲法第九条により戦争を放棄し、国の交戦権を否定した国であるという自覚の徹底です。

それにより全ての国と関わっていくことです。アメリカに対しては彼の国の軍事による政治に異を唱えていくことです。「剣で平和は生まれない」ことを肝に据えて関係していくことです。もちろん、現在の安倍政権はこういう思惟方法そのものを持たない政治であることは承知であるけれども、平和憲法を立てる限りそうあるべきです。

イスラエルにも平和憲法の精神を根底において、パレスチナへの弾圧を批判すべきです。パレスチナと共存する平和をイスラエルに要求していくことです。イスラム国にも暴力からは真の平和は開かれないと訴え続けていくしかないと思います。それ以外の政治的スタンスは取りようがありません。それができるのが平和憲法を持つということです。それを改憲と称して、むざむざと「壊憲」して捨てるというのは、愚かな政治的選択以外の何物でもありません。改憲は壊憲です。地獄・餓鬼・畜生の世界を促進する以外の何物でもありません。自覚覚他なき政治は孤独です。

すなわち、他者に目覚めるというのは、自分と同じく我執の立場から逃れることのできない相手と共に呻吟し、相手もまた同じ悩みを生きている他者であると認識し、覚他することが大事なことです。そのように他者を見つめ直すことにより、ともに解放されていく道を信じて歩むことです。いまのイスラム社会と非イスラム社会の中で起きている問題に関しても、日本であれば平和憲法を掲げて、武力でもって国際平和は作れない、戦争からは平和は生まれない、平和は平和思想の中からしか生まれない。そういう根本原則をその時々の現実政治の中で営んでいくことです。貪欲資本主義といわれる蟻地獄的経済発想に絡め取られて、根本原則を歪めないことです。そして真宗念仏者であれば本願のはたらきに、諦めることなく、本願の心を絶えず発信していくことです。それがいつ果てることのない回り道であろうとも、そこを歩んでいく、それしかないのではないか。

つまり、今の日本は自らが何者であるのかという自覚もなければ、他者の存在が目に見える覚他もない。それがいまの日本です。このように自覚覚他のないものとして今あることの存在認識が凡夫の自覚です。そういう自己認識を与えるものが自覚覚他する菩薩の存在意義であります。そういう菩薩を象徴するのが私どもの煩悩の底に身を埋めて、私ども凡夫が「自覚覚他」の道に歩みだすことを待ち続けるのが法蔵菩薩です。まさに菩薩は自らに目覚め、他者に目覚める存在であることにより、凡夫と声聞と縁覚を超えているのです。超えているが故に、凡夫と二乗を包むことができるのです。

七　キーワードは無住処涅槃

それでは、菩薩と仏の違いは何であるか。次に善導大師は、仏について、仏とは「自覚覚他覚行窮満」するものとおさえています。ここにある覚行とはどういうことがらをいうのであろうか。覚行は文字通りで言えば、目覚めた行である。自らに目覚め他者に目覚める、その目覚めた眼を持ってどこまでも歩み続けていく存在が仏ということになります。歩み続けていくとは、それが仏道である限りは、自分の思いにより偏執されたものではなく、無自性空の真理を根拠とするものです。あらゆる人と人の世界の問題に関わりながらも、関わっている意識がない。つまり、作心（造作分別心）を超えている在り方です。関わっているけれども関わっていない。関わっていないけれども関わっている。あえていえばそういうことです。

従来から言われてきた言葉で言えば、「無住処涅槃」を生きる存在です。これは周知のように、生死の苦海に生きる苦悩の衆生を見捨てないで、我も人も共に救われていく道を追求する大乗仏教において見出されてきた涅槃の謂であります。智恵により迷いの生死海に住することもなく、慈悲により苦悩の衆生に関わり涅槃に住することもないから、その涅槃は通常の涅槃ではなく涅槃にありながら涅槃を超えているから無住処涅槃と呼ばれています。そういうことから言えば、大乗仏教における仏という存在は、生死にとどまらず、しかも涅槃にとどまらないことにより、初めて仏となり得るというような在り方を示します。

このようにして、阿羅漢の涅槃とは異なる涅槃を見出し、そういう涅槃を掲げて、仏とは何かに応えたのが、大乗仏教における仏です。それが大乗の大乗たる所以です。どこまでも苦悩する衆生と共にありながら涅槃を見失わない。涅槃に入りながらも涅槃にとどまることなく、衆生と共にあるあり方が大乗における仏として表されてきたわけです。こういう言い方で難しいのは、そういう高度な存在はもはや人間の範囲を超えているがゆえに、従来のように、人間が修行して成仏する、仏になるとは考えられないという問題です。

だから、仏といえば、阿弥陀仏であり、菩薩と言えば法蔵菩薩というように受けとめられてきて、この無住処涅槃は論理として考えられることであって、実際の人間に適応することができないという問題です。そうなると、これに適応できる存在は釈迦であるとか、親鸞聖人であるとか、超有名な先生でないと適応できないということになります。従って、せっかく、仏とは何かの問いに対して、それは「自覚覚他覚行窮満」であると応えてきても、それは私たちとは全く関係がなく、むしろ、そういう仏なるものに掬い取られる存在が私であるということになり、救うものと救われるものの二項対立の中で、救われる喜びに浸るだけの恩寵主義が大事にされることとなります。そうなれば、自己の救いの中で完結してしまう阿羅漢の悟りと何も変わらないということになり、大乗の理念は消し飛んでいきます。こういう考え方が大乗仏教といえるのかどうか。さあ、どう考えるのか、これが本稿の主要な問題です。

八　普賢菩薩の徳に遵う人を生み出す教え

そういう課題を背負って親鸞聖人は大乗仏教としての浄土真宗を尋ねたのではないか。否、むしろ浄土真宗宗とする教えであるとの了解から、それを浄土真宗と名のっていくのです。

乗仏教としての浄土宗に直参しつつ、親鸞聖人は法然上人からいただいた本願念仏の教えこそが浄土を真実の

確保することができるのであろうか。そういう課題を背負って全ての存在を救いの対象として明らかにする大

が大乗仏教であるのはどこで成り立つのか。法然上人から継承した浄土宗仏教がどこで大乗仏教であることを

いよいよ、本論考の主題に関わりながらさらに問題を確認して進めていきたい。それでは我も人も救われる

ことのできる、つまり大乗仏教の課題を担う仏道とはどういう仏道であるのか。結論から先に言えば、親鸞聖

人はその根拠を法然上人の「不回向」の言葉に見出し、如来回向を根源とする仏道として浄土真宗を明らかに

していったのです。それが『教行信証』教巻冒頭に掲げる「真宗の大綱」です。そこには「謹んで浄土真宗を

案ずるに、二種の回向あり、一つには往相、二つには還相なり」(『教行信証』教巻)と記して、浄土真宗が大

乗仏教である根拠を二種の回向をもって明らかにするのです。往相とは往生浄土の相であり、還相とは還来穢

国の相です。簡単に言えば、我も人も救われていくことの根拠を往相と還相による「二種の回向」として表し

たのです。

それは、善導大師が仏とは「自覚覚他覚行窮満」であると確認した、その大乗仏教を担う根拠として、親鸞

聖人は「浄土真宗を案ずるに二種の回向あり、一つには往相、二つには還相なり」と述べて、浄土真宗が「自

覚覚他覚行窮満」、つまり大乗仏教を課題とすることを宣言しつつ、その根拠は阿弥陀仏の回向であると確認

するのです。しかし、親鸞聖人のこういう捉え方は、法然上人が掲げた選択本願念仏の教えを逸脱するもので

はありません。もともと、法然上人が明らかにする選択本願の念仏は、『無量寿経』により、その経典に説く

阿弥陀仏の本願を根拠にするものです。その「本願を説く」ところの『無量寿経』により開かれた教えが浄土

真宗であり、その浄土真宗が往相・還相と「二種の回向」を根幹にする仏教なのです。だからこそ、この親鸞聖人における二種回向は大乗仏教の課題を明確にするものとして、その文脈の中で受けとめられなければならないものです。大乗仏教という課題を抜きにして捉えると恩寵主義的理解にとどまる恐れがあると思います。

もともと『無量寿経』には釈迦の説法を聞く大比丘衆は「一切の大聖、神通すでに達せりき」とあり、それらは「みな普賢大士の徳に遵って、もろもろの菩薩の行願を具し一切功徳の法に安住せり」とあるように、普賢菩薩の精神に遵うものであります。普賢菩薩とはいうまでもなく、『日本大百科全書』によれば、「文殊菩薩とともに大乗仏教の経典において重要な位置を占める菩薩。『華厳経』によれば、彼は、(一) 諸仏に敬礼し、(二) 諸仏を称讃し、(三) 諸仏を供養し、(四) 自ら過去の罪を懺悔し、(五) 諸仏の功徳に心から感謝し、(六) 諸仏に説法を請願し、(七) 仏が世に永らえることを請願し、(八) つねに仏に従って学び行動し、(九) つねに衆生の救済を実現するように願い、(一〇) 自らの功徳をすべて悟りに振り向けるという十願をたて、これを完全に実行、実現した。この十願は「普賢行願」ともよばれ、自らの悟りと衆生の救済を求める菩薩の理想を示すものとされ、諸経典では、一般の人々もそれを追求するよう勧め、また普賢菩薩の実現した功徳にあずかれると説いている。文殊菩薩が悟りの知性的側面を象徴しているのに対し、普賢菩薩はその実践的側面（普賢行）を象徴し、釈迦仏の右脇侍として六牙の白象に乗った姿で表現される」と表されているように、まさに大乗菩薩道を主題とする菩薩です。

その大乗菩薩道を象徴して『無量寿経』正宗分に登場するのが阿弥陀仏の因位である法蔵菩薩です。この法蔵菩薩が阿弥陀仏となることにおいて、大乗仏教の課題が成就する、そういう展開が『無量寿経』です。従って、そこにおいては、大乗仏教が課題とする一切衆生の救済については、阿弥陀仏の本願が成就しているという形で明らかにしています。先に、釈迦が説く『無量寿経』の説法に預かる人々が「みな普賢大士の徳に遵って」いるものであることを述べたが、こういう形で浄土教仏教において大乗仏教がどのように展開されているかを明らかにしています。またこの『無量寿経』により本願の仏道としての浄土真宗を親鸞聖人は『教行信証』教巻に宣言していることから言えば、この経典の宗教的生命が大乗菩薩道の顕現であることは誰が読んでも至極当然のことがらです。

すなわち、この経典により掲げられた浄土真宗なる仏教が大乗仏教を課題にする教えであることは明々白々です。その視点を外して浄土真宗を理解することができないことを確認する必要があります。以上のことがらを根本的な了解と理解するために再度この経典の冒頭部分を精査してみたい。この『無量寿経』は、序分と正宗分と流通分にわけて理解することができます。その序分に証信序と発起序があり、その証信序は非常に長いものです。証信序は一般的に六事成就が説かれています。聞成就・信成就・時成就・主成就・処成就・衆成就という六つの事柄で成り立っています。そのなかの衆成就は、釈迦の説法を誰が聞いたかを明らかにする個所であります。

以前、真宗大谷派名古屋教区の「教化センター」で藤元正樹先生が『無量寿経』の連続講義をされていたことがあります。その講義の中で、藤元先生はこの衆成就について、「お釈迦さまが説法をされるのをお聞きになったのは仏弟子の三十一人であって、これはお釈迦さまの教化にあずかった順に名前が説かれているのだ」と指摘されて、ここに釈迦一代の仏教を踏まえて、『無量寿経』が説かれていることの意義を私たちは確かめていかなければならないと提言されました。

この『無量寿経』によれば、最初に五比丘の名が「尊者了本際　尊者正願　尊者正語　尊者大號　尊者仁賢」

とあり、次にベナレスの長者たちの名が出てきて、最後に阿難を含めて三十一人の仏弟子が釈迦の説法に連なっていたと説かれています。つまり「一切の大聖、神通すでに達せりき。その名をば」と、三十一人の仏弟子たちの名が述べられて、これらの人たちは「みな、かくのごときト首たる者なり」と確認されます。普通は阿羅漢の悟りを得ている人ということで、説明は終わるはずです。

しかし、この『無量寿経』ではさらに大聖たちの意義を明確にするために、次に菩薩を登場させています。なぜ菩薩を登場させたのか。菩薩を登場させることにより、おそらくは釈迦の説法を聴聞する三十一人の仏弟子は、全て菩薩の課題を担う方々であることが確認されているのではないかというのが私の考えです。それはそれらの人々が「また大乗のもろもろの菩薩と倶なりき」とある言葉からそう言えると思います。

そして次に「普賢菩薩と妙徳菩薩となり。慈氏菩薩等のこの賢劫の中の一切の菩薩」とあります。それらの超有名な菩薩とは別にまた「また賢護等の十六の正士ありにき」ということで、十六人の菩薩が出てきます。先に既に述べた普賢菩薩について再度確認すると、普賢菩薩というのは智慧を背景にした慈悲を掲げる菩薩で、妙徳菩薩は智慧を象徴する菩薩です。慈氏菩薩というのは弥勒菩薩のことであり、慈ということを名前とする菩薩で、釈迦の入滅後に生まれ出て釈迦の事業を継続する方です。この三人の有名な菩薩の他に、賢護等の十六の正士がおられたということになります。そして、先の確認の通り、それらの人たちは、「みな普賢大士の徳に遵って、もろもろの菩薩の無量の行願を具し一切功徳の法に安住せり」といわれています。

すなわち、それらが普賢大士の徳に遵っておられる方々ばかりであるということです。そして『無量寿経』における釈迦の説法の中心課題は何かと言えば、それは普賢菩薩の徳に遵うような「人」を生み出す教えであることです。それが『無量寿経』の中心課題であります。そういう問題がこの証信序に説かれている「みな普賢菩薩の徳に遵えり」の教言の意味するところです。いうまでもなく普賢菩薩は、他者との関わりの中で自らを明らかにする菩薩です。当然、自利利他円満ということを明らかにするものです。その普賢菩薩が『無量寿経』説法の会座に登場し、その会座にいるものが全て普賢菩薩の徳に遵ったということは、『無量寿経』説法の核心が、そこにあるからです。そことは「普賢菩薩の徳」です。そのテーマに基づいて釈迦は、自利利他円満を成就する存在として法蔵菩薩を登場させ、その法蔵菩薩の誓われた四十八の本願を掲げることにおいて、仏教の根本である一切衆生の救済を明らかにするのであります。

九　往還二種回向とは何が問題なのか

それでは『無量寿経』に説く四十八願を通して、浄土真宗の根幹を成している二種回向についての概略的な理解を試みたいと思います。まず四十八願の冒頭第一願と第二願の確認をしておきます。第一願は「無三悪趣の願」で、四十八願の総願と考えることができます。私の国の中には地獄・餓鬼・畜生がないことを願い、それが実現しないならば正覚《さとり》を取らないと誓うものです。この国に全ての命あるものを生まれさせて救いたい。つまり、全ての命あるものをこの国に往生させたいと願うその国こそ、地獄のない（戦争のない・平和）、餓鬼のない（差別のない・平等）、畜生のない（抑圧のない・自由）阿弥陀仏の国です。その国に、言うなれば、一切衆生を生まれさせたいと願うものですから、この第一願「無三悪趣の願」は「往相の願」という意味をもちます。

さらには次の第二願「不更悪趣の願」は宮城顗先生によれば、「この第二願の不更悪趣とは、もはや二度と三悪趣のある国土には帰らないということではない。そうではなくて、実は不更悪趣とは、いくらでも自在に三悪趣に帰れるということなのである。（略）我が国に生まれた者をして、ことごとく三悪趣に帰って三悪趣のなかに自在に仏事を為していく、還相の菩薩たらしめんと誓われているのである」（大阪教区伝研の会「本願文（一）」）と受けとめることができるといわれます。このように四十八願冒頭に四十八願全体を総括する第一願・第二願により、この四十八願が往相・還相の二種の相を掲げる本願であることが確認できます。もちろん、従来からの解釈で言えば、第二十二願が「還相回向の願」と呼ばれています。それ以外にも還相を課題にする願があるということであり、その一つが全体の主題を明確にする第一願と第二願にそれぞれ往相・還相の二種の相が表されているということは看過できない問題提起であると思います。

　続いて願文は第三願・第四願・第五願と展開していくことになります。これらも実に現実問題を課題にした願文であります。論文展開の都合上、詳細は割愛して、要点だけ述べることにします。次の第三願「悉皆金色の願」は全ての存在が黄金色に輝くこと、つまり全ての存在の平等性が願われています。これはこの『無量寿経』がカースト制度をもつインドにおいて説示された経典であるから、インドの現実問題としての社会的差別構造を生み出すカースト制度が厳しく問われています。第四願「無有好醜の願」も同じく、社会的差別としてのカースト制度からの解放が願われています。第五願以降の六神通の願はそのような差別的、抑圧的な現実を見据えていく生き方が願われています。そして第十一願「住正定聚の願・必至滅度の願」において、地獄・餓鬼・畜生の実例として差別問題が取り上げられて、そういう苦悩する衆生の現実に身をおいて、それこそが我も人も救われていく道、つまり仏道から退転しないあり方として正定聚が願われ、その正定聚に住するものこそが、文字通り、やがて「かならずほとけになるべきみとなれるなり」（『一念多念文意』）ものであるとされています。

先に確認した仏とはなにか。それは「自覚覚他覚行窮満」なる存在であった。そういう仏とまだ仏ではないけれども、「正定聚に住」し仏となる身に定るものとの関係をどうみればいいのであろうか。当然に、仏ではないけれども、仏と無関係ではなくやがて仏になるべき身となるのであるから、仏の課題を生きるものであることには違いないと考えられます。その限り、正定聚に住するものの果たす役割というか、そういうものとして存在することの意味というものがあるはずです。本人はどこまでも煩悩成就の凡夫人であるとしても、その煩悩成就の凡夫人に賜った本願のはたらきが、本人の意思を超えて、他の人に影響を与え、他の人が目を覚ます機縁となることは否定できないことです。

このように本願のはたらきにより本願の機となるものを正定聚の機というならば、この正定聚と呼ばれる主体の成立こそが『教行信証』信巻に親鸞聖人が掲げられる「信巻」の主題です。「信巻」冒頭には標挙の文がおかれています。そこには「至心信楽の願（第十八願のこと） 正定聚の機」と書かれています。つまり、親鸞聖人においては阿弥陀の本願により願われている主体は「正定聚の機」なのです。まだ仏ではないけれども、やがて仏になる身となるものです。すなわち、煩悩の身でありながら本願力により「自覚覚他覚行」を課題にするものとなるのです。そういう主体の成立が第十八願「至心信楽の願」に願われ、その成就した姿が標挙の文に表されているのです。

この第十八願について考える場合、親鸞聖人の「よきひと」である法然上人の了解を看過することはできない。念仏者の課題を考えるために法然上人の了解に若干触れてみたい。法然上人は『選択本願念仏集』本願章において、「弥陀如来、余行をもって往生の本願としたまはず。ただ念仏をもって往生の本願としたまへるの文」と述べて、第十八願を「念仏往生の願」として了解しています。法然上人は第十八願を善導大師の第十八願の理解を通して、阿弥陀如来が念仏をもって往生の本願とされたことを明らかにしています。このことを踏まえて、あらためて、その念仏往生の本願の持つ意義について、それが文字通り、大乗仏教を顕現する意義をもつことを考えてみたい。

四十八願冒頭の第一願、第二願を先に確認したように、それは往相の願と還相の願の意味を持つものです。そしてしかもその阿弥陀の本願が念仏として明らかにされているとなると、法然上人が掲げた念仏は大乗仏教として自利利他円満を説く行として、選択本願の念仏が説かれていると考えることができます。またそうでなければならないでしょう。さらには選択本願という言葉で念仏が説かれているのは、念仏の教えが自分の救いだけで満足するものではなく、他者の救いも課題にする仏のはたらきを選択という言葉で鮮明にしたといえます。一切衆生を摂取する仏意を選択本願の念仏として衆生に与えられていることを明確にしています。

そのような仏意を表す念仏をいただくことは、いただいた者もまた自分の安穏だけを求めるのではなくて、他の人々の安穏を課題にしていくこともまた、選択本願の念仏により教えられていることではないでしょうか。もちろん、もとより、それは本人の作心（造作分別心）ではなく、本願を生きるひたむきな心が、他の人をしてその心を起こさせる本願のはたらきに感動して、その人を還相の菩薩とあおがせるのです。どこまでも本願の力です。だから、それは超有名人としての親鸞聖人とか、諸々の先達者だけではなく、念仏申す全ての人に言えることだと思います。

親鸞聖人が『御消息集』において、往生一定のひとは「世のなか安穏なれ、仏法ひろまれと、おぼしめすべし」と記すのもこの意味であります。ちなみに、親鸞聖人は第十八願に説かれる「至心・信楽・欲生」の三心

（三信）について解釈する際に、その「欲生心」を明らかにする文に「『論（浄土論）』に曰く（実際は（浄土論註の文））と掲げて、『浄土論』解義分に説く回向門と、それを解釈する曇鸞大師の『浄土論註』の文を引用しています。その引用された文は、善導大師、そして法然上人が念仏往生の願とした第十八願の根本を明らかにする欲生心、それは親鸞聖人により、「欲生はすなわちこれ回向心なり」（信巻）と表されているように衆生にはたらく回向心です。その回向心が、「回向に二種の相あり」として、往相と還相について言及されています。以下、引用します。

『浄土論』（論註）に曰わく、「如何が回向したまへる。一切苦悩の衆生を捨てずして、心に常に作願すらく、回向を首として大悲心を成就することを得たまへるがゆえに」とのたまへり。回向に二種の相あり。一つには往相、二つには還相なり。往相とは、己が功徳をもつて一切衆生に回施したまいて、作願して共にかの阿弥陀如来の安楽浄土に往生せしめたまうなり。還相とは、かの土に生じ已りて、奢摩他・毘婆舎那・方便力成就することを得て、生死の稠林に回入して、一切衆生を教化して、共に仏道に向かえしめたまうなり。もしは往・もしは還、みな衆生を抜きて生死海を渡せんがために、とのたまえり」

と「信巻」の欲生心釈を引用しています。

如来の欲生心が衆生の上に信心とし花開くときに、如来よりたまわりたる信心がとる信心の表現というか、信心のダイナミクスというか、そういう信心の動態を表していると考えることができます。一つが往相として、阿弥陀の功徳をもって、どうしようもない煩悩いっぱいの凡夫をして、皆ともに浄土に往生せしめられる歩みです。他方が還相として、その歩みが浄土往生者の意識を超えて、阿弥陀の功徳をもって、自然法爾に他の人たちを浄土に往生せしめていく歩みです。つまり、念仏を受けとめる信心を明らかにする第十八願に往相・還相という形で「回向の二種の相」が取り上げられていることは、それが如来回向の具体的なはたらきを表すと共に、そのはたらきを受けとめる側にも、つまり、信心の問題として往相・還相の課題が関わっていることを証左するものではないでしょうか。

しかし還相は『教行信証』証巻に「二つに還相の回向と言うはこれ利他教化地の益なり」とあるように、利他という限り、それはどこまでも仏の行であります。決して人間の行にはならないできごとです。それがどうして信心の課題として表されているのか。このことが最も大事なしかも難しい問題であると思います。本論考においてはこの点を十分に論証できないまま感想的に述べるだけです。それでも次のようには言えるであろうと思います。往相回向の極まりを表す『教行信証』証巻の冒頭に、親鸞聖人は「謹んで真実証を顕さば、すなわち利他円満の妙位、無上涅槃の極果なり。すなわちこれ必至滅度の願より出でたり。また証大涅槃の願と名づくるなり。しかるに煩悩成就の凡夫、生死罪濁の群萌、往相回向の心行を獲れば、即の時に大乗正定聚の数に入るなり。正定聚に住するがゆえに、必ず滅度に至る」と記して、煩悩いっぱいの凡夫が往相回向の心行をえることにより、大乗正定聚の数に入ることを明らかにしています。

ここで言われる「大乗正定聚の数に入る」とは個人的悟りではなく、一切衆生と共に救われていく仏道に立ち続けることです。まさしくそれこそが還相の課題です。しかし還相回向とは「利他教化地」である限り、仏の教化事業です。凡夫としての衆生のよくすることではありません。しかし、そういう御仏事が凡夫としての衆生の上に課題として開かれるとはどういうことでしょう。それは文字通り、衆生にはたらく阿弥陀仏の本願力のしからしむることです。どこまでも仏の仕事です。ただそのはたらきは私を媒介にしているから、私の課題ではあるけれども、私の力ではなく、私にはたらく本願のはたらきです。つまり、煩悩具足の凡夫として生きているものが、仏のはたらく身であることにより、第三者から「よきひと」として仰がれることも起きてくることになります。もとよりそういうことが起きたとしても、それは阿弥陀如来の本願のはたらきであって、凡夫のよくするところではありません。

しかし、そうであっても、いかなる人も往相回向の心行をえるならば、還相の課題を与えられている、そういう存在であることを忘れてはならないでしょう。それは教えとしてそういう存在の意味があるということであって、私にそういう力があるということではありません。その意味では、還相回向とは親鸞聖人により見出された人間を見る一つの世界観、人間観であると言えるでしょう。私に先立って人生を生きてきた、あるいは生きている人を通して、全ての人が阿弥陀如来に掴み取られた存在であることを知り、そこに往相と還相の意義を見出すならば、それはそのまま自分においてもまた、阿弥陀如来のはたらきの中に、自分の存在が往相と還相の二つの意味を持つものとして新しく見出されてくることになります。その意味では、親鸞聖人が説く浄土真宗には「二種の回向あり。一つには往相、二つには還相なり」（『教行信証』教巻）ということは、浄土真宗による全く新しい世界観と人間観の宣言であると思います。

つまり、私にはたらく阿弥陀の本願力により、私の存在の意義が往相・還相という二種の相（方向性）として表すことができるということを知るならば、この世の中に無益な存在というものはなく、全てが往相する存在、還相する存在として、全ての人の生きる意味が回復されるのです。そして、自分の生きる現場において、そこに仏のはたらきを見出して、仏を拠り所にして、自分と自分の作り出した世界に対して、その是非善悪をあたう限り明らかにしていく使命をいただくこととなるのです。決して、仏の救いに預かったことで、その救いの中で個人的に安心して、人生が完結することではありません。むしろ、救いに預かることにおいて、いよいよ、世界に開放されて、世界の問題がほかごとではなく、自分の問題として転換されていくのではないでしょうか。

一〇　医師早川一光先生の提言

それではもう少し日常的な感覚で、この問題について考えてみたいと思います。ずいぶん前に読んだ医師早川一光先生の文章を手がかりにして考えてみます。今は廃刊となった月刊誌『ナーム』に早川先生は「わらじ医者」というエッセイを連載していました。そこに「無我」というテーマで次のように発言されていました。「私は戦争中に仏教を学び、座禅をやり念仏もしました。そして無我が仏教だと理解して、自分をなくさなければならないと、自分本位に生きていては駄目だということで、座禅もして無我になるために努力したり、念仏をして無我になるために努力して、お国のため天皇のために自らを捧げていくのが仏教だと、仏教は無我だと。だから、国に自分というものを奉仕し、自分をなくしていくのが仏教だと教えられて戦争に行きました。そうしたらどうなったかというと、戦争に負けて友達は学徒動員で召集を受けて戦地で殺された。無我の教えは何だったのか。大きな疑問を抱いて、戦後は無我ではなくて我を張るというか、自分を本当に大切にしていくことが仏教であると、戦争を通して気付かされたということです。自分をなくせというのは仏教ではないということに気付いた」という話です。

これを読みながら、私は何を考えたかと言えば、仏教の目的は個人的な安心立命ではないということです。現実に合わせて自分を無化することではなくて、全ての命あるものと共に生きている自分の発見です。廣松渉先生の言葉で言えば、「間主体的存在」を生きるということだと思います。それがそういうことではなくて、自我意識に取り込まれて、涅槃ということも考えられていることが問題です。仏教用語でいう涅槃はニルバーナといって煩悩の炎が吹き消された状態をさします。これはどのような状態であるかと想像すると、他者との関わりをなくしていく状態ではないのかと思います。これは阿羅漢の悟りであり、釈迦が説く涅槃ではないのではないかと思います。釈迦が説く涅槃は強いて言えば、世界と一つになることではないでしょうか。不十分な言葉で表現すれば、自他平等の命を生きるということです。

私たちは他者と共に生きる限り、自分の悲しみは他人の悲しみ、他人の悲しみは自分の悲しみ。大きな悲しみの中で日々の生活があるとすると、その悲しみを無にしていくことが涅槃であるなら、それは人間であることをやめていくことが涅槃です。そうであるのなら、それは阿羅漢の教えではあっても、やがて大乗として見出されていった釈迦の説いた教えではありません。やはり、涅槃にとどまらない涅槃ということを考えていくということが大切なのではないかと思います。そういう問題を浄土教仏教では「往生」と捉えてきたのではないでしょうか。涅槃に留まらない涅槃。浄土真宗的に言えば、「難思議往生」ということであろうと思います。

ところで、曇鸞大師は「回向に二種の相あり」といいます。如来のはたらきに往相と還相を見る解釈です。これは如来という概念の原義からしても首肯できるものです。もともと如来とは梵語の tathâgata です。それは、真如（tathâ）より来たるもの、真如へと去っていくものという意味です。そういうことからすれば如来とは「如来と如去」です。如より来たれるものと如に去れるものです。そこに如来のはたらきを往相と還相と捉えることは極めて妥当性のある解釈と言えます。そのことを踏まえて、あらためて、四十八願の中心である第十八願について、そこにおける往相・還相について新しく考えることができます。

すなわち、法然上人においての念仏往生の願、親鸞聖人においての至心信楽の願、そのいずれの場合においても、念仏も「如来回向の行」であり、信心も「如来回向の信」であります。それらの根本は法然上人がいみじくも『選択本願念仏集』二行章に「称名念仏はこれ彼の仏の本願の行なり」と喝破したように本願のはたらきです。念仏が如来のはたらきであると同じように信心も如来のはたらきです。念仏は如来のはたらきとして「如来と如去」として動的に考えることができるのと同じように、信心もまた如来のはたらきとして「往相と還相」をもって考えることができます。そのことの証左が『教行信証』三心釈に『浄土論註』を引用して往相と還相という回向の二種の相を明らかにする親鸞聖人の意図ではないでしょうか。しかし、この引用文の重要な問題はその問題提起が本願が衆生の上に実現する問題を明らかにする信心の問題として提起されていることです。つまり、衆生の上にはたらかれる「彼の本願の行」、つまり衆生の上にはたらいているはたらきに如来（還相）と如去（往相）があるだけではなく、それを受けとめる、つまり本願が成就する衆生の上にも課題化される信心の動態として考えることができるのではないかということです。

すなわち、本願に目覚める相と本願を生きる相である。全ての存在に無差別平等に与えられている本願のはたらき、つまり「如来の自己贈与」（信國淳先生）としての念仏を正信することと、念仏において知らされた阿弥陀の本願を自らの存在の根拠として、可不可を問わずに、どこまでも生き続けていく問題が提起されているのではないかということです。もちろん、阿弥陀如来の本願のはたらきはどこまでも如来のはたらきとして衆生のはたらきではもとよりありません。しかし、如来の本願が念仏として衆生にはたらき続ける限り、そのはたらきを受けとめる衆生の自覚があります。それを信の自覚というならば、本願に掴み取られているという信の自覚は、当然にその根拠である阿弥陀の本願に目を覚ます信でもあります。そこに本願が衆生の信として開かれることとなります。そこに本願の目覚めが本願を生きる課題として展開していくことは必然的であると思われます。それが第十願「至心信楽の願」に『浄土論註』の往還の二種の相が引用されている意味であります。しかし、第十八願により願われる信心の主体は正定聚の位であり、仏そのものではありません。そこに衆生の分際としてどこまでも煩悩具足の凡夫としてありながらも、本願により開かれた主体として本願に生きる課題が与えられていると言わなければなりません。そこにこそ、浄土真宗の教えが大乗仏教として開かれていることの意味があるのではないか。そういうことが明らかにならないと浄土真宗は大乗仏教とは言えないのではないか。

二　真宗に学ぶことの意味

以上のような問題意識を前提にして、現代において真宗に学んで生きるとはどういうことなのか、考えてみたいと思います。法然上人が選択本願の念仏を宣言して、それを親鸞聖人は、「親鸞におきては、ただ念仏して、弥陀にたすけられまいらすべしと、よき人のおおせをかぶりて、信ずるほかに別の子細なきなり」という言葉でいただかれました。そこでいうところの念仏は、それは仏の呼びかけです。本願に目覚めよという呼びかけが念仏であれば、南無阿弥陀仏と念仏申すことは、それが自分の口から出たものであっても、それは仏の呼びかけとしていただいて、自分で聞くということになります。聞くことが信です。だから南無阿弥陀仏と念仏申すことは、本願に目覚める先端です。

それでは本願に目覚めるとはどういうことでしょうか。本願に目覚めるとは、他のことではありません。本願を生きることです。本願に目覚めるとは、自己中心的な自分を照らされて、自他平等の命に背いて生きる事実を知らされることです。それにより本願が人として生きる存在の根拠であることに目を覚ますことです。目を覚ますことができたならば、目を覚まさせた本願を信じ念仏もうしていく、そこに本願に生きる生活が与えられていくのです。だから本願に目覚めることと本願を生きることとは、同じことの両側面です。往相のない還相もなければ、還相のない往相もありません。往相が本願に目覚める歩みであるなら、本願に目覚める歩みを明らかにするのが本願を生きることです。それが教学的に言えば、還相の課題です。本願に目覚めることと本願に生きることを切り離さないことが大切です。

最後に安田理深先生の言葉で、この論考を締めくくりたい。安田先生の晩年に聞いた言葉を紹介します。私は現在も三重県いなべ市に住んでいます。その地は真宗大谷派の「真宗同朋会運動」（一九六二年）を提起した際の宗務総長であった訓覇信雄先生が住職をしていた金蔵寺（菰野町）に近い所です。その寺で当時、毎年八月下旬に夏期講習会が行われていました。そこで私は安田理深先生の講義を聞くご縁をいただいていました。何回か聞かせていただいた中に、消極的教学と積極的教学との違いについて語られた講義がありました。

安田先生は「我々は信心、信心というけれども、信心というのは、親鸞聖人がおっしゃるように、信は願より生ずるのだと。あるいは、「信楽を獲得することは、如来選択の願心より発起す」（『教行信証』信巻）と。そういう如来の願心より発起したのが信心であると。信心は本願によって生み出されたのだ。本願によって生み出された信心は、やがて、自らを生み出した本願を背負って立ち上がっていくのだと。これがないと真宗は消極的教学しかない。真宗は積極的教学でなければならない」と、語られました。私はよほど鮮烈な印象を覚えたらしく、今でもよく覚えている講義です。

本願に目覚めたならば、如来のはたらきにより本願に目覚めたものは自らの目を覚まさせた本願に生きる課題をたまわるのです。和田稠先生は「ご用」を賜るのだと言います。それが、還相の問題であるということです。このように往相と還相を切り離すことはできないのではないでしょうか。往相は生きている間で、還相は死んでからというのでは、生きている限り、私たちには還相とは無関係です。全て仏様にお任せだということであれば、個人的悟りで満足していく阿羅漢の悟りと変わらないのではないでしょうか。それが大乗至極の真宗なのでしょうか。もちろん、何度でも確認するように、煩悩具足の凡夫が仏の行である利他行を起こせるわけはないのでしょう。それは経験から言ってもその通りです。しかし、それにもかかわらずに、私にはたらく本願の回向により、還相の課題が私の思いを超えて、私に本願のはたらきとして表現されていると教えられているのです。その意味では、私が還相の課題を自覚的に担うというようなことではなく、それは仏により与えられていることがらです。だから、自覚的には阿弥陀の本願のはたらきに頷くときに、凡夫として万人共生の国土としての浄土に歩み続けていくばかりなのでしょう。その歩みに賜っているのが還相の課題であり、生きる「ご用」なのでしょう。しかし、それは「私」がするかぎり、人間の行以外の何物でもないものです。それにもかかわらずに、その根底には、『教行信証』の最後に「もし菩薩、種種の行を修行するを見て、不善の心を起こすことありとも、菩薩みな摂取せん、と」と、願われ続けているように、出来不出来を問わず永遠の課題です。

すなわち、親鸞聖人が「浄土真宗は大乗のなかの至極なり」（『末燈鈔』）ということをどこで言えるのかと言えば、それはいうまでもなく、「本願力の回向」が根拠となるには違いありません。だからといって、それを私たちの生きる問題と無関係に考えていくならば、それは我欲でしか生きていない私たちの自己中心的な物欲主義を宗教的言説で正当化し、我欲の現実に居直り続けるだけです。

一二　万人共生の大地に立つ

そうではなくて、本願に目覚め続けていくことが、そのまま本願を生きることになっていくというとらえ方が、はっきりしなければ、かつてよく揶揄された「角の郵便ポストが赤いのも、電信柱が高いのもみんな私のせいでございます」というような真宗の閉鎖的な安心と何も変わらなくなるでしょう。安心《あんじん》とは安らかに万人共生の大地に立つ心です。宮沢賢治の言葉で言えば、「世界がぜんたい幸福にならないうちは個人の幸福はあり得ない」(『農民芸術概論綱要』)と世界に立つ心です。我が身の狭小な世界に立つ心ではありません。そういう世界に開かれ続けていくことが還相の課題です。

私としては今まで十分に還相の問題を展開したことも論述したこともありませんでした。曇鸞大師の『浄土論註』解読の先達である恩師幡谷明先生からは「君は何をためらっているのかね」と問い続けられてもいます。そういう問いかけに応じるためにも、また真宗教学に関わってきた者としても、往還二種回向の問題を今後、自分なりに整理して明らかにしていきたい。今回の「現代真宗仏教試考」はそういう問題のラフデッサンです。より精緻にこの課題を論究するためにはもっと深く現実を見据えて、特に現代社会に関わる仏に焦点をあわせて、あらためて、考え直していきたい。

二〇一八年九月に三年半ぶりにブラジルから日本に帰国して思うことの一つは、「解放の神学」を生み出した南米に三年半も滞在していたことの経験をふまえ、「解放の神学」の課題を学び直しながら、「社会に関わる仏教」という視点から、往還二種回向を考えていきたいと思います。私がブラジルに旅たつ時に、刑法学の専門家であり、かつ真宗門徒である法兄・平川宗信先生から餞の言葉として、「ブラジルに行くのなら、親鸞聖人が越後に行かれて民衆と出会われたように、ブラジルの地で民衆に出会ってください。和田先生は、民衆に出会うということがないことが私たちの問題なのだと言っておられました。あなたも、ブラジルの地に生きる「いし・かわら・つぶて」のような人たちと出会ってください」と言われました。先生の提言に体験的にも教学的にも応えるためにも、「本願に目覚め、本願に生きる」生活の回復を目指して、今後本格的な往還二種回向論を展開していきたい。本論考はその最初の一歩です。

信仰・文化・環境

人生と宗教

北畠知量

皆さん、お早うございます。

今日は、私たちの人生と宗教の問題、特に日本人はどんな宗教感覚を持ち、どんな風に人生を送っているか、その私たちに仏教は何を教えようとするのか、その教えに沿えば一体どんな世界が開けるのか。そんな問題を考えてみたいと思います。

一　日本人の宗教感覚

統計上では、日本人の多くは仏教徒です。でもそれは、家の宗教が仏教だということであって、自分は仏教徒だと自覚している日本人は、ほとんどいません。自分は無宗教だと公言する日本人も多くいます。けれども日本人は、宗教に関心がないわけではありません。では、どんな風に関心をもっているのか、その中身を見ていきますと、日本人の宗教感覚の特徴がいくつか浮かび上がります。

1　ごちゃ混ぜの仏教

日本の家庭の多くには、仏壇と神棚があります。田舎では、寺の檀家総代と氏子総代とを兼ねているという人はめずらしくありません。新年には必ず神社へ初詣に行く。葬式は仏式でおこなう。お盆やお彼岸には墓に行く。除夜の鐘はいいものだ。娘は白いウェディングドレスを着てチャペルで結婚式を挙げた。今年の運勢には気をつけている。これが、ごく普通の日本人の宗教感覚だと思います。

日本人の仏教には、様々な宗教がごちゃ混ぜに取り入れられています。ですから、訪問客にもらったクリスマスケーキを、つい仏壇にお供えしたりしてしまいます。その仏壇に、正月には鏡餅（神道由来のもの）を供え、仏壇の中には位牌（儒教由来のもの）が安置されています。そんな仏壇に象徴される仏教ですが、それでも何となく心の支えになっているのです。

2　無知・無関心

日本人は仏教の中身に関してほとんど何も知らず、また無関心です。

カナダに短期のホームステイをした学生から面白い話を聞きました。学生がホームステイをした家の若者が、今度は日本に来ることになった。そこで学生はカナダの若者を空港に迎えに行き、一緒に自宅に戻ってきた。その学生の父親は、ほんのちょっぴりですが、英語ができた。そこで父親は、息子の連れてきたカナダの若者に自宅の各部屋を案内した。

This is your room.　Oh thank you.

This is dining-kitchen.
This is toilet.
そして最後に一番大きな八畳四間の部屋のふすまを開けた。するとカナダの若者が興味深げに仏壇を指差して聞いた。
What is this?
This is a Butudan.
What is a Butudan?
Butudan is …a hause of Hotokesan.
What is Hotokesan?
ここで父親は、う〜っと詰まって、答えが出てこなかった。
皆さんいかがですか。仏さんとは何なのかを英語で説明できますか。欧米ならば、子供でも神について説明しますよ。仏さんとはブッダBuddha（目覚めた人、覚った人）だと説明できても、それじゃ、仏さんとお釈迦さんと阿弥陀さんの違いは何ですかと聞かれたら、答えられますか。
年配の日本人は、仏事の常識——例えば法事の時は数珠を持って行く、お布施はこれくらいの額を包む、お寺さんには別の座布団を用意する、葬式に来てもらったから行って返さねばならん、友引の葬式は避けたほうがいい云々といった常識——はよく知っていますが、仏教の中身はほとんど何も知りません。ですから、浄土真宗で法事を営む際、何の疑問ももたずに、四国八十八箇所の朱印帳の軸を床に掛けたりします。法事は真宗、軸は真言宗というわけです。浄土真宗の門徒さんが、朝のお勤めに『般若心経』をあげたりもします。我が家は他力本願、お経は自力というわけです。

3　死者供養の仏教

日本人がイメージしている仏教は、覚りの宗教ではなくて、死者（先祖）供養の宗教です。仏壇に向かって座るとき、ほとんどの日本人は亡き人と対面しています。亡くなってからまだ日が浅ければ、なおのことです。仏壇の主は阿弥陀仏ではなくて亡き人なのです。

多くの日本人は、亡き人はどこかで自分を見守っていてくれると思っています。大切な人が亡くなったのであれば、なおさらです。だから、そんな故人を追弔供養することは大事だと考えます。そんな人が悲惨な死をとげた場合は、未練はあるだろうが安らかに眠っておくれという思いをこめて神妙に合掌したりします。その死に自分も少しは関わっているかもしれないという時には、せめて自分にだけは祟らないでおくれという気持ちで祈ったりします。そして自分のそんな気持ちを亡き人に送り届け、亡き人をなぐさめてくれるのが僧侶の仕事なのだと受け止めています。

4　仏像には不思議な力がある

由緒ある寺の本尊や毎日手を合わせる仏壇の仏には、何か不思議な力があり、自分の願いをかなえ、自分を護ってくれるかもしれない。多くの日本人はどことなくそんな風に考えています。

□大きな仏壇がありながら、そのお給仕はおばあさんに任せっきり。仏様を拝んだこともないお爺さんが、高校入試に出かける孫に言ったそうです。

「今日は、仏さんにお参りしてから行け」
□ある人からこんな話を聞きました。最近、息子が会社から帰ってくると、まず仏間に行き、それから風呂。そして食事。朝、会社に行くときも、仏間でお参りしてから出かける。「う～ん、ワシも息子を見習わねばいかんなあ～」と思い、夕食の後仏間に行ってみた。ふと仏壇の前卓を見たら、見慣れない小皿が置いてあり、そこにパチンコの玉がいくつか入れてある。

は～、仏さんに供えた玉で打つとよく出るということか。

□親しい住職から、こんな門徒さんがいたという話を聞きました。

その門徒さんは、海外旅行の前日に空港近くのホテルに泊まった。早めの夕食をすませてテレビを見ていたら、お腹の中心から背中にかけてキリキリした痛みが始まった。

持ち合わせの痛み止めを飲んでみたが効果なし。痛みは次第に強くなり、どんな姿勢をしてみても楽にならない。キリキリした痛みは連続して襲ってくる。もう痛くてたまらない。そこで、夜中ではあったが救急車を呼んでもらって病院へ。病院の当直医師が「明日エコーで確認しますが、おそらく胆石ですね」痛み止めの注射をうち、そのまま入院して点滴で排尿を促した。次の日の明け方、尿器にコチンと石が出て、痛みはウソのように消えた。けれども飛行機は出発してしまった。

「この石め！」

ところがその飛行機は、行き先の空港で着陸に失敗し、乗っていた乗客は全員亡くなった。それをテレビで知ったその方は愕然とした。そして石を見る目が変わった。もしこれが痛み出さなかったら、自分は死んでいた。そこでその方は、石を透明な四角のプラスチックの容器に入れ、仏壇にお供えし、お寺さんに経を上げてもらいたいと頼んだのです。

胆石、自分の生死、毎日手を合わせる仏像、これらは不思議な糸で繋がり、自分は助かった。そう思ったからこそ、この方は住職にお経を依頼したのですね。

さて、以上をまとめると、どうなるでしょうか。

日本人の仏教は、様々な宗教をごちゃまぜに取り入れた死者（先祖）供養の仏教です。仏様やご先祖様は、何となく自分の心の支えになっています。これらを拝めば自分は守られ、一家は平穏が続き、いつかは願いがかなうだろう。日本人は、こんな仏教観をもっています。

けれどもこのような仏教は、神道と少しも変わらないし、個々人の価値観や生活の指針になることはありません。

二　人生行事と宗教

こんな日本人の仏教観は、人生の様々な行事と対応しています。

人生とは、時間の流れであり、それは遥かな過去から遥かな未来に向けて直線的に流れていく。自分に何の問題も生じていないときには、私たちはそんな風に人生を送っていると思っています。ところがその底には、人生の時間は円環しているという観念が秘められています。そして何かのパニックが起こると、人生の時間は突然直線的な流れから円環の流れに変わるのです。

昔、赤ちゃんの葬式をしました。生まれて十時間の命でした。遺体は自宅の仏間に安置されました。座布団の上にバスタオルを畳んで敷いて、その上に、白い着物姿のピンクの遺体が小さな手を合わせて横たわっており、皆が力なく座っていました。その場で私は枕経を勤めた。その翌日、親族だけで自宅葬を行い、火葬場に向かいました。火葬場の職員は棺の蓋を開けて、皆に最後の対面をするよう促した。そのときのこと。お爺さん（になりそこねた人）が孫の頭をなぜながら言いました。

「お前ねえ〜。今度生まれてくるときは、もっと長い寿命をもらっておいで」

この一言に、何人かが嗚咽しました。

ここで人生の時間は、直線的な流れから円環の流れに変わっていることが実感されます。人は死んでもまた生まれ変わってくるのです。人が生まれて行う様々な行事と、死んでから行う様々な行事は見事に対応します。

左の図の上半分を神道が担当し、下半分を仏教が担当しています。つまり日本人は、「この人生が大過なく、できれば素晴らしく回っていきますようにと神仏に頼む手段が宗教なのだ」と考えているのです。宗教とは、幸せに生きたいという自我の願いを聞き入れ、それをかなえてくれる手段だ。これが日本人の宗教観です。そのレベルは、まことにお粗末です。

うまく回ってきましたかと問われて、「まあそれなりに。でも、そこそこで満足しなければ。上を見たら限りがないし…」などと答える人は、本物の宗教を必要としません。

自分の努力ではどうにもならない現実がある。神仏にどれだけ頼んでもどうにもならない現実がある。こんな現実に直面し、「日本的な宗教」にすがってもどうにもならないと思い知ったとき、はじめて本物の宗教が求められます。

例えば、息子が車で人を殺してしまった。重い障害をもつ子供が生まれた。親が恥ずかしい事件をおこした。

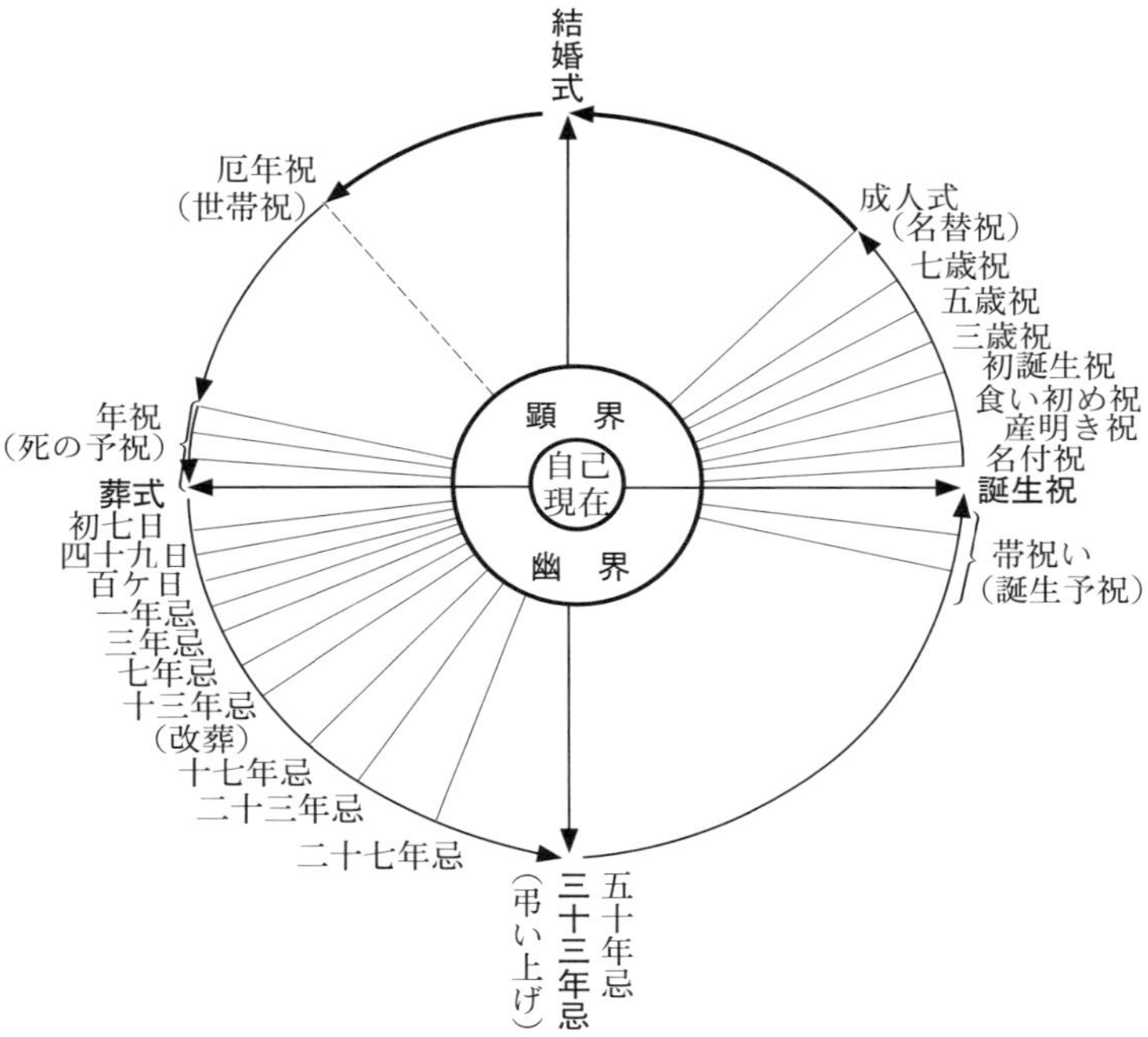

日本人の生死観・生死過程の儀礼化（坪井洋文作成）
〔『民俗学から見た日本』河出書房新社刊より〕

末期癌で余命三カ月の告知を受けた。失明した。娘が子供を手にかけてしまった。昔、友達をいじめて自殺にまで追いやった、等々。

こんな事件は、毎日のように新聞で報じられていますね。「日本的な宗教」は、このようなどうにもならない事態にどう向かい合うべきかの答えを持っていません。こんな事態に直面して、自分はこれからどう生きたらいいのかと深く打ちのめされる。そのとき初めて、本物の宗教が求められるのです。

三　本物の宗教

人類の深い苦しみに答えることのできる宗教を本物の宗教と言うなら、それは、自我の願いをかなえる教えではなく、そんな自我を超えよと促す教えであると思います。どうしようもない現実に直面して苦悩する自我。この自我を越え、苦を引き受けて平然、飄々と生きる。受苦的自我を生きながら、その苦に縛られず、それを超えて自由になる。本物の宗教は、こんな場面で力を発揮するのです。

私たちはふつう、自我を超えるなんて考えたりはしません。どこまでも自我の願いがかなうようにと頑張ります。そして、その願いが満たされると救われたと感じます。けれども、ひとつ願い事がかないますと、必ずそれを縁として新しい問題が生じてきます。それがこの娑婆を生きる自我の性なのです。

具体例をあげましょう。

あるお寺の住職は、太平洋戦争のときに供出して無くした梵鐘がほしかった。しばらく前に新たな梵鐘をつるした隣寺の鐘の音。毎朝それが聞こえてくると、うちも梵鐘があったらいいのになあと思い続けた。そうしたら、それを寄付しましょうという門徒さんがあらわれた。

「あのときはうれしかったねえ。これで、隣寺にはもう負けん」

鐘堂が整備され、鐘をつるし、落慶の法要をすませた。隣寺の鐘は六時に鳴るので、その三分前に衝くようにした。

初めはよかった。だがしばらくすると、段々億劫になってきた。そして冬場になると、鐘を衝くのがつらくなってきた。鐘堂の石段は凍てついている。毎朝早く起きて、雪を掻き分けて鐘堂に上がり、かじかむ手で綱を引き、鐘をつく。

「梵鐘があるから、こんな苦労をせねばならん。皆はまだ、あったかな布団の中で寝ておるだろうな。しかし、衝くのを止めるわけにもいかんしなあ…」

そう思うと、だんだん梵鐘が恨めしくなってきた。

そこで後日、タイマーで鐘をつく機械を取り付けた。これでもう大丈夫。次の日からは、鐘の音を聞きながら、暖かな部屋で手を合わせた。

しばらくしたら、門徒さんの一人が言った。

「機械のつく鐘の音だと思うと、少しも有難くないですなあ」

娑婆世界における自我の願いというのは、このようなものなのです。ひとつ願いがかないますと、必ず、それを縁として新たな問題が生まれてきます。その意味で、問題はなくならず、苦はいつまでも尽きません。それはまるで馬が目の前に吊るされた人参を追いかける姿です。馬が走る分だけ、人参は前に進みます。どうにかなると思っている間は、頑張って走ればいい。その頑張りがうまく成功につながることもあるからです。けれども新しい人参が次々に表れます。そして馬は、もうどうにもならないという現実に必ず直面します。老いと死はそんな現実の代表です。ですから、娑婆世界の苦から救われようとするなら、自我の願いを満たす道だけではなく、これと並行して、そのように願う自我そのものを超えていく道があるということに目を開くことが肝要なのです。

けれども自我は、なかなかしたたかです。その自我を超える道を歩むために、自我とは一体どんなものかを考えてみましょう。

四　自我とは

自我とは、Iとmeだ。私の心の内meとそれを知る私Iだ。自我をまずこう押さえることができます。確かにmeの中身（本心）を知っているのは、世界の中で私一人だけです。ところがこのmeは決して一つではないのです。このmeは、三つの姿をもった自分として現れてくるからです。

具体例をあげます。

親が死んでからしばらくすると、親の遺品を兄弟で分配する「形見分け」の集まりをもつことがありますね。その情景を読んだ川柳。

泣き泣きに　良いほうをとる　形見分け

面白いですね。この場面を想像してみましょう。

一人暮らしだった母が、インフルエンザで入院。ところがその病院で急死してしまった。自分は、パニックになりそうな自分を必死におさえ、葬儀の一切を取り仕切った。初七日の法要も終わった。けれども、まだ母の死を実感できない。元気で退院してきたら、アレもしてやりたかったなあ。コレもしてやりたかった…。居間に残されていた遺品の日記を見たら、私がおかずを持っていったときのことが書いてある。おいしかったと書いてある。それを読んでいたら目に涙があふれてくる。

そのとき…いかん！ こんな感傷にひたっていたら、大阪の姉が母の形見の大島紬をもって行くに違いない。あれだけは、確保しなければいかん。そんな風に思うのですよね。そこで、その大島紬を探し出し、自宅に持ち帰って一人悦に入って眺めているときに、また別の気持ちが沸き起こる。

私はいつまでたっても浅ましい人間だな〜。

これが自我なのです。

この自我には三つの自分の姿が示されている。お分かりでしょうか。

1 親が死んだと泣く自分。

2 そんな自分を叱咤し、良い方（大島紬）を確保したいと考える自分。

3 ところがやっかいなことに、そんな二人の自分を知っている自分がいる。この自分は、形見分けが一段落した後で「私は、いつまでたっても浅ましい人間だなあ」とひそかに自嘲します。

自我の me とは、こんな三つの自分から成りたっています。そしてこれら三つの自分は、何もないときには穏やかですが、何か事が起こると互いに矛盾してなかなか調和しません。だから自我は、そんな姿を他人に知られないように、厚い面をつけています。

この面に守られている間は、自我は矛盾を抱えながらも落ち着いています。ところが姉に「大島を持っていったのは、やっぱりあんたやったか〜」と言われたらどうでしょうか。ここで自我は必死になって自分の正当性を主張しようとしますね。

そこで自我は、あれこれ考える。

1 私は母に甘え、母は私を一番可愛がってくれた。

2　母は常々私に「この着物が似合うのはお前だけだ」と言っていた。

3　一人暮らしの母の面倒を見たのは私だけだった。旅行や食事に連れて行ったのはいつも私。姉や兄は何もしなかった。

こう考えると、自我には矛盾がなくなりますので姉と張り合えます。しかし自我はさらに考える。仮に姉に勝ったとしても、その後が厄介だ。たかが着物一枚で姉ともめることもないかな。このようにあれこれ考えた挙句、ようやく自分なりの結論を出した。着物は返そう。

1　母との暖かな思い出を大切にすればいい。

2　たとえ大島があっても、もう着ることもないだろう。

3　私は、清貧に生きればよいのだ。

こう考えると三つの自分は再び調和します。そこで大島紬は姉に返すことになるのですが、ただでは返しません。「それにしても強欲な姉じゃ」と一言おまけがつきます。こうして自我は、ようやく落ち着きを取り戻します。

ところが初盆のとき、姉が「あなたの子供の頃の性格、今も治っていないね」などと言ったらどうでしょうか。自我はまたカチンときて、何とか姉をへこませてやろうと考えるでしょ。自我の内なる三つの自分は、こんな風に調和と矛盾を繰り返し、次第に腹黒く、したたかになっていく。そしてその自我を守る面は、ますます厚くなっていく。その限り、自我の苦悩は尽きることがありません。

五　自我を超える

自我を超えるとは、こんな三つの自分を離れ、これらを丸ごと眺めることのできる新しい自我に目覚めることです。

泣く自分、良い方を取ろうとした自分、浅ましいなと反省した自分を丸ごと眺める。そして、こんな風に三つの自分をめぐって迷い、調和し、矛盾する自我を生きているのが私なのだと受け取ることです。そのとき、そう受け取った私は自我を超えています。

あるいは、自分の子供が車で人を殺した場合。言い訳をしたり、子供を叱ったり、子供を擁護したりして迷う自分を眺めながら、問われるままにその事実を告白し、「亡くなられた方に申し訳なく、こんな子供に育てた我が身を恥じております」と素直に言える自分になることです。つまり、殺人者の息子の親だという事実を引き受ける。これは、少しでも自分の負い目を減らし、少しでも納得できる自分でいたいと思案を重ね、迷い続ける自我そのものを超えることで初めて可能になります。

では、どうしたらこの自我を超えることができるのか。

これが仏道の修行ということになりますが、この修行の方法に関しては、昔から筍《たけのこ》の例えが用いられます。自我＝筍と見做《な》し、〈自我を超える〉とは〈筍の中にいる虫が、筍の外に出る〉ことに例えるのです（図参照）。

筍の中にはいくつかの節（修行の段階）がある。その下方の節の下に一匹の虫が生まれた。この虫とは筍（自我）の外に出たいと思う心、覚りを求めたいと思う心、つまり菩提心のことです。では、この虫（菩提心）

は、一体どのようにして筍の外に出ようとするか。これに関する考え方は、宗派によって異なります。

1　上を目指して一つ一つ：虫は、筍の上を目指して節を一つ一つ超えていく。こんな風に地道に仏教の教理を会得していけば、いつか必ず外に出ることができる。こう考えるのが昔の奈良仏教（倶舎、成実、律、法相、三論、華厳）の宗派です。この道は、険しくて果てしなく遠い道です。インド大乗仏教の祖師である龍樹は「これが仏道だ、死に物狂いでこの道を極めてみろ」と励ましますが、どれだけ頑張っても外には出られそうにない。

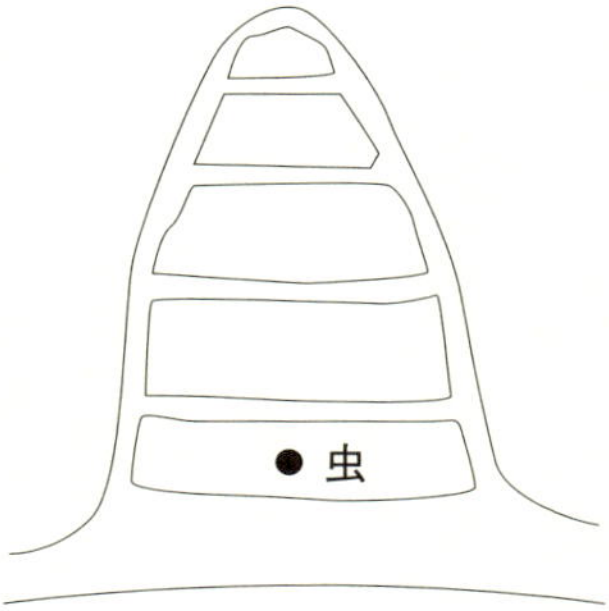

2　下を目指して一つ一つ：同じ奈良仏教でも法相宗（興福寺や薬師寺）は、自我なる筍がそこから生じた根（地下茎）の方、つまり下の方へ歩を進めようとします。その理論的根拠となるのが唯識と呼ばれる学問です。筍の根っこにあるのは、腹黒い自我になる前の純粋な自己であり、ここに至ることができれば覚りが得られると考えるのです。

これら二つのやり方は、正道ではあるけれども時間がかかりすぎる。何とかもっと早く覚りを得られないか。こう考えると、次のような提案がなされる。

3　一挙に上へ：虫は一挙に節の上方へと突き抜け、筍の外に出る。天台宗は、心を静かに安定させて、極楽浄土や阿弥陀仏を見るというイメージトレーニング（止観）を積み重ねます。そうしておけば、死後は直ちに浄土に行けるというわけです。真言宗は、手に印を結び真言「陀羅尼」を唱えます。この呪文の力を借りることで、一挙に筍の上に出ようとします。禅宗は座禅をします。これを積み重ねることで、ある時突然、筍は無だと覚るわけです。

4　筍の横に出る：筍の上方に出るのではなく、横に出ようとする宗派もあります。浄土宗の場合、筍の中の虫は、上に出ることとの不可能さを自覚し、ひたすら念仏を称える。弥陀の力を頼むわけです。そうすると筍の真横から、弥陀が穴を開けてくれる。こうして念仏を唱えて死ねば、その直後に虫は筍の外に出ることができる。出た場所は、自我を超えた世界、つまり浄土だというわけです。

キリスト教やイスラム教の場合なら、虫はうなだれて素直に筍を神に差し出し、懺悔し、神の許しを請うという姿になるでしょうね。

5　筍を横に超える：浄土宗と同様、横に出るのが親鸞の浄土真宗ですが、それは、努力を積み重ねて出るのではなくて、弥陀を拠り所に筍を横に超え出る。つまり横超《おうちょう》という姿になります。

虫は、この筍を何とか突破しようと頑張ってみた。けれども、頑張れば頑張るほど筍の皮は厚くなる。そんな努力をしているときに、筍そのものは自分の執着心の産物であったということに気づかされる。そこで虫は、覚りを得たいと思う自分そのものを弥陀の救いの手にゆだねる。そのとき虫は、ふっと筍を横に超え出るのです。けれども筍は消えずにそのまま残り続けます（ここが禅宗と異なる点です）。そして虫は、超え出たと思っていたのですが、いつの間にかまた筍の中に戻っている。けれども虫は、存命中に筍の外に出たのです。この体験が「横超」なのです。

以上五つの道を挙げました。どの道を選んでもいいが末法の世の凡夫であることを深く自覚していた親鸞は、自分には横超しかないと見定めました。親鸞は「横超はすなわち他力真宗の本意なり」(1)と記しています。

六　超越と横超

一般に見られる超越とこの横超は、どこがどう違うのか。
その姿を感覚的に掴んでいただくために、いくつか例を挙げてみましょう。

例一　死刑囚の俳句

死刑が確定した囚人は、そこそこ長い期間、独房生活を送ることになります。その間に死刑囚は、教誨師に教えを受けたり、和歌や俳句の手ほどきを受けたり、本を読んだり、手紙を書いたり、ふてくされていたり、おかしくなったりします。そしてある日、不意に執行を言い渡される。刑場で死刑が執行される直前、死刑囚はわずかの時間を与えられ、最後のひとときを過ごします。そのときに、ある死刑囚が詠んだ句。

踏み入りし　寒の刑場　ほのぬくし

この句に私は衝撃を受けました。この一七文字は、新たな自我の誕生を如実に示しています。この死刑囚は、迫り来る処刑をまるで他人事のように受け止め、自分の命を奪うおそろしい刑場にかすかなぬくもりさえ感じ取っています。自分を無視するような形で自分を超える。心理学に「メタ認知」という言葉がありますが、これは「メタ自我」です。命に執着し、何とか生きたいと必死にもがき続ける自我そのものを超越した新しい自我が誕生しているのです。

けれどもここには、何の喜びもありません。おそろしい空間の中に、ほのぬくいと感じる感覚が生きているばかりです。そしてこの種の超越は、その夢から覚めて元に戻ると、以前と何も変わっていない。これが最大の問題でしょうね。

例二　碧松の俳句

明治二一年、山口県の田布施町に生まれた江良碧松《えらへきしょう》は、生涯その地で農業に従事し、昭和五二年に生家で亡くなりました。三人の男の子供がいましたが、長男は幼くして事故死、次男は戦死、三男は事故死しています。それが逆縁となったか、彼は寺に通い聞法しました。辛い一生だったと思います。彼は、生活にまつわる多くの句を残していますが、古希の頃に作られた次の一句が注目されます。

人生、一ぽん橋鍬かついで通る

この句の表面の意味は、自分は生涯ずっと、鍬をかついで自分の田へ一本橋を渡って通ったということですが、そのように理解したら、これは句の深さを読み取ったことにはならないですね。また、自分の人生は「農業一筋まっしぐら～」というような、浪花節的な人生観を感じ取ったら、これも読み取り損ないでしょうね。

この句のすごいところは、煩悶し続ける自分を超えるということを象徴している点ですね。その煩悶を想像して語るなら、こんな感じです。

「自分の人生とは何だったのだろうか。こんな農民の一生を送って、どんないいことがあったというのか。ずいぶん倹約したが、何も残らないではないか。子供達も皆死んでしまった。こんな田なぞ全部売り払い、街に出て商売をしたほうがよかったのでは…。しかしいったい何ができたというのか。何でもいいから、思い切ってやった方がよかったか。しかしそれで失敗したら、自分は生きていけない。では今のままでいいのか。否。ああ、私は何をすればよかったのか。自分の人生とは本当に何だったのだろうか……」

江良碧松は、このように煩悶し続ける自分をフッと超えて、「私の人生とは、今日も明日も明後日も、鍬かついであの一本橋を通っていつもの田へ通う、ただそれだけの人生でありました」と言い切っていますね。もはや取り返しのつかない自分の一生を、こんな一生だったと言い切る。それができるのは、自分の人生を何とか肯定しようと煩悶する自分を超え、自分の人生をありのままに眺めた時です。自分を超えてみてはじめて、私の人生はこれだけの寸法の人生でしたと素直に言える世界が広がるのです。

煩悶する自分を超えるという点に、新たな自我の姿が示されていると思います。この句が先の死刑囚の句と異なるのは、自分をただ超えるだけでなく、自分を超えて誕生した新たな自我が、現実の自分の一生を上げもせず下げもせず、ありのままに、寸法そのままに見ているという点です。そのとき自我は、自分の本当の姿を知ります。そして、これまでの自分の虚偽性に気づき愕然とします。ここには覚醒があります。だから「私はこれだけのものでございます」と素直に言うことができる。自分を超えたからこそ、そう言える。ここに横超の兆しが見られます。けれども、この超越には、まだ喜びが伴いません。

例三　妙好人の横超

生業に従事しながら、浄土真宗の深い安心の世界を開いた在家の人々を妙好人と呼びます。新蔵、庄松、吉兵衛、おその、才市などがよく知られていますが、ここでは源左（一八四二―一九三〇）を取り上げます。源左のエピソードは多義にわたりますが、自我を超えるという点に絞って三つほど紹介しましょう。

1　農作業をしているときに、源左は蜂に刺された。そのとき、飛び去る蜂に対して出た言葉。

「ああお前も人を刺す針があったかや」

人に対してチクッと言う自分を蜂に重ねたのです。そうすることで源左は、刺されて痛がる自分を超える。しかも源左は、その憎い蜂を自分の同類だと受け取るのです。

2　畑からの帰り道、源左は激しい夕立に遭った。寺の門前を通ったときに、そこにいた住職がいたわりの声をかけた。

「爺さんよう〜、濡れたのう」

するど源左、

「ありがとうござんす、ご院家さん。鼻が下に向いとるで有難いぞなあ」

仕事の後で夕立に遭う。慰労されるどころか雨が顔を伝い惨めな気持ちになる。ところがふと鼻に注目したとき、雨粒は鼻先から落ちていく。そのとき、惨めな自分がふっと越えられて、夕立の中に法悦の世界が広がる。

3　重い肥料を肩にかついで山畑に向かう老いた源左に人が声をかけた。

「爺さん、ガマンせんで孫にでも負わせて上がったらどうだいの」

するとと源左、

「もしこの爺が牛や馬であってみなんせえ。休もうと思うても、青竹で尻を叩かれますだいなあ。おらは重たけりゃ休みますし、人間に生まれて働かせてもらってありがたい仕合わせでござんすがや」

重い肥料をかついで坂を上がる。きつくて愚痴が出る。そんな自分が越えられ、人間であることのありがたさを味わう。

源左のエピソードに示されているのは、弥陀を拠り所に生きることで、惨めな自分を横超して生まれた新たな自我が、法悦の世界を味わっている姿です。この自我の誕生には喜びが伴います。(2) 喜びを伴わないと、本物の横超ではありません。

けれども、妙好人の横超は社会性が希薄です。現実社会に対する批判や、その社会を改善しようとする能動的な働きかけは、ほとんど見られません。

例四　社会的横超

社会生活をする限り、人間は様々な問題に直面しますね。人間関係の問題や自然災害、その他諸々の問題。問題は尽きることがありませんし、その解決や克服は容易ではありません。人々はここで、ままならない現実の壁を実感します。

しかし、弥陀は最後には必ずこの私を引き受けて下さると信じ、社会の問題に大胆に関与してみる。これは、「天命に安んじて人事を尽くす」という姿勢です。その結果がよければ、ああよかったということになり、信が強化されます。ではその逆、悲惨な結果となった場合はどうか。その場合は、弥陀はこの私を引き受けて下さっているのですから、悲惨な結果をただ飄々と受け止める。そして、そのように受け止めさせた弥陀の他力を味わって法悦にひたればいいのです。このとき悲惨な自分は、他力によって法悦を味わう自分へと横超しています。

他力の後ろ盾を確信した上で、この他力を信ずる人々と共に社会問題への関与を行う。このときには浄土が共有されます。

そんな具体例を真宗の教学者、清沢満之に見ることができます。清沢は、「我は此の如く如来を信ず」という信念を貫きながら、仲間たちと宗門の改革に全力を注ぎました。結果、清沢の改革運動は失敗し、妻は死ぬ、子どもも次々と死ぬ、自分は肺結核で余命わずかという状況に追い込まれます。この状況の中で清沢は「無限大悲の如来は、…一切の責任を引き受けてくださることによりて、私を救済したもう」ので、私は「大安楽と大平穏」とを得ていると記しています。これは、清沢の死の一週間ほど前のことでした。

これら四例を通して、超越の次元が段階的に高度なものになっていく姿がお分かりいただけたと思います。弥陀を支えに自我を超え、新たな自我の立場に立って、自分をありのままに眺めることができる。それも、泣いてみたり、良い方をとってみたり、あさましいと反省したりして迷っている最中に、あるいは、三つの自分が調和して自我が安定している最中に、あるいは悲惨な状況におかれながら突然、そんな自分に立てる。そのとき人間は、目からウロコの落ちる思いがします。そして深い感動と喜びの念が沸き起こります。この念仏とともに、私たちは浄土に往生する。存命中に、そんな心の世界に往生するのです。

仏教は自我の更なる超越を説いています。けれども末法の世を生きる親鸞さんが説いた浄土真宗は、自我を生きながら、その自我を横超してこんな新たな自我の誕生を促すことに尽きています。

我々が、最も身近に親鸞の教えにふれるのは、通夜や法事のときです。亡き人を追弔することは大切です。そうすると心が休まります。さらにその法事を通して親鸞さんの横超の教えにふれることができます。『正信偈』を共に勤め、住職の話を聞いて、その教えにふれていただきたい。そう申し上げて、お話を終わりたいと思います。

質疑

Q　三つの自分つまり自我ですね、これを超えるということは、俳句の話を聞いていますとそんなに難しくないように思えるのですが、難しいことなんでしょうか。

A　はい、とても難しい。だから難中の難と言われています。

Q　どこが難しいのですか。

A　何度も出した「泣き泣き…」の例で言いましょう。こんな自我の説明を、今ここにいる私たちは笑いながら聞くことができますね。なぜならこの例は、今の自分とは無関係だからです。死刑囚の話も、碧松の俳句も自分とは直結していません。ただの事例です。

けれども、求道に大変厳しい僧侶がいて、その僧侶が、私たちの自我の執着心をぶち壊してやろうと迫ってきたなら、私たちはそれに激しく抵抗します。決してそれを受け入れることはできません。

例えば親の葬式で涙しているときに、その僧侶が「欲張り女のくせに人並みに泣いておるのう」などと言ったらどうでしょうか。「何だと、このクソ坊主！」と反発するのが普通ですね。そのとき「泣きながら大島のことを考えたのは誰だったかな？」と指摘したらどうしますか。必死になって言い訳するでしょ。そしてずいぶん悩んだ後で、「私は浅ましい人間だということがよくわかりました」と正直に告白した。だがそのとき、「しおらしく反省しても、化けの皮はすぐに剥がれるぞ」と言われたらどうしますか。絶句して、もうこの人とは口もききたくないと思うでしょ。自我はこんな風にどこまでも三つの自分を迷い続け、自分に執着するのです。この迷える自我を超えるということは、なかなか自分の力でできるものではありません。

他人のことなら「ふーん、そうか」と頷けるのですが、自分のこととなると、なかなかそうはいかないのです。

Q　自我を見つめ、自我を超えるというのは、仏教独自の道だ。そう受け取ってよろしいのでしょうか。

A　よろしいと思います。

自我を見つめ、その自我にどう向き合うか。これに関しては、いくつかの面白い考え方があります。古代ギリシャに生きたソクラテスは、この自我を魂（プシューケー）と呼び、その世話をすることを生涯の仕事としました。ソクラテスの言う魂の世話とは、三つの自分が決して矛盾しない生き方を追求することでした。彼は言います。

「ぼくという人間は、自分でよく考えてみて、結論として、これが最上だということが明らかになったもの（ロゴス）でなければ、ぼくのうちの他の〔感情や欲望などの〕いかなるものにも従わないような人間なのであって、これは今に始まったことではなくて、いつもそうなのだ」[3]

ここには三つの自分が示されています。

1　感情や欲望などに従う人間。

2　最上だと明らかになったものに従う人間。

3　ぼくという人間。

この三つです。ソクラテスはこれら三つの人間が調和（ハルモニア）するような生き方を自他ともに追求し、これを魂の世話（哲学）と呼んだのです。

弟子のプラトンは『パイドロス』の中でこの魂（自我）を、二頭の馬の手綱をとる馭者に例え、さらに次のように言います。神々の場合、これら三つはすべて善いものである。だが人間の場合、一頭の馬は善い馬で、もう一頭の馬は善くない。だから馭者は困る。

これは自我の有様に関するなかなか示唆的な例えと言えましょうね。

精神分析学の確立者であるフロイトは、自我を（1）イド（本能的な自我）、（2）エゴ、（3）スーパーエゴ（超自我）の三つに分けて理解しようとしました。

これを実用的な交流分析へと発展させたE・バーンは、三つの自分を更に細かく、合計五つの部分に分けます。AC素直な子供の自分、FCやんちゃな子供の自分、A大人の自分、CP父性的な自分、NP母性的な自分。これら五つの自分の大きさは人それぞれです。素直な子供の自分が大きくて他が小さい人もいれば、大人と父の自分が大きい人もいます。そこでバーンは、これら五つの自分の大小に応じた様々な型の自我があるのだと考えました。バーンは自我を様々な型として理解しました。

精神医学や心理学は、自我がこの世で生き難くなった原因を探り、その症状を治療しようとします。ドーパミンやアドレナリンなどの脳内神経伝達物質の流れの異常に原因があるのか、生育歴で生じた人格の歪みに原因があるのか、無理な生き方を自分に強いたことが原因か、あるいはそれ以外なのかを突き止める。そしてこれに応じた薬を処方し、患者の認知行動の修正を図る。このような処方をして、生きにくさを抱えた自我を少しでも普通に暮らせる状態にしようとするのが精神医学の姿勢です。

自我を善くする（ソクラテス）、自我をありのままに理解する（バーン）、自我の生き難さを治療する（精神医学）。これらの考えと比べてみると、自我を超える道が仏教独自のものであることがよくわかると思います。

Q　一度自我を超えればよろしいのですね。自我を超えたら覚りの世界が広がるのでしょうか。

A　自我を超えた状態はしばらく続きますが、すぐに日常を生きる身に戻ります。そしてまた、あっちのスーパーの方が二円安いなどと考え始めます。けれどもこんな体験（往生）をしたということが大事なのです。死刑囚の俳句を取り上げましたが、仮にこの死刑囚が放免されたら、また元通りの生き方に戻ると思います。それが自我なのです。

けれども、仏法に逢って一度自我を超えた人間は、いつでもまたそれを再体験することができる。自我に執着して苦しんでいると知り、何度も超越的な自我に立って、飄々と、平然と生きることができる。これが、本物の宗教に救われていく人の歩みですね。浄土真宗では、我々のような凡夫は、生きている限り自力で覚りを得ることはできないと了解します。何かの法座を縁にして、その横超の教えにふれていただくのが大事ですね。

親鸞「自身は現にこれ罪悪生死の凡夫、曠劫より已来、常に没し常に流転して、出離の縁あることなし(4)」

親鸞「自身はこれ煩悩を具足せる凡夫、善根薄少にして三界に流転して火宅を出でずと信知す(5)」

＊以上の元になったのは、三重県四日市市の熟年大学での講演ですが、本稿ではその内容を、仏教色・親鸞色を鮮明にするような形に書き改めました。

注

（1）親鸞『尊号真像銘文』

（2）惨めな源左が有り難い世界を味わうことができたのは、弥陀の教えが本人に回向（プレゼント）されたからだ。これを往相の回向と言います。この回向を受けて、本人が有り難い世界を味わうとき、その姿は周囲の者に深い感銘を与えます。弥陀の教えは、源左を介して周囲の者を感化するのです。これを還相回向といいます。

（3）プラトン『クリトン』46B

（4）『顕浄土真実信文類三（教行信証・信）』二一五頁。

（5）『顕浄土真実信文類三（教行信証・信）』二三二頁。

✣信仰・文化・環境✣

禅問答とは何か

佐藤哲雄

一 禅問答の起源

遍歴の行者サビヤが釈尊に問うた、「何ものを得た人を修行僧と呼ぶのですか。何によって柔和な人となるのですか。どのようにしたならば、自己を制した人と呼ばれるのですか。どうして目覚めた人（仏）と呼ばれるのですか、お尋ねします」と。師は答えた、「サビヤよ、自ら道を修して完全な安らぎに達し、疑いを超え、生存と衰滅とを捨て、清らかな行いに安立して、この世の再生を滅ぼし尽くした人、かれが修行僧である」と。

これは最古の仏教聖典「スッタニパータ」にある問答の一例であるが、釈尊在世中の様子を伝える経典にはこのような問答が無数と言えるほどある。しかし、これらは禅問答ではない。なぜなら、理性、知性によって受け答えしているからである。

釈尊の法を受け継いだ迦葉《かしょう》尊者に対して阿難が問う、「師兄よ、世尊はあなたに金襴の袈裟を伝えた以外に何を伝えたのですか」と。迦葉は言う、「門前の刹竿《せっかん》（＝旗竿）を倒して来なさい」と。阿難大悟す（「伝光録」

第二則)。これが禅問答である。理知をも、感性をも超えて出される師の答えに触れて悟りの機縁が訪れるのである。禅問答はインドではあまり行われなかったが、菩提達磨《ぼだいだるま》大師の法系のインド二十八代の祖師方には全て悟りの契機となった問答があった。そして、第二十八祖の菩提達磨大師が南インドから船で五二〇年中国広州に着き、南朝梁《りょう》の武帝と交わした問答が有名である。

梁の武帝、達磨大師に問う、如何なるか是れ聖諦《しょうたい》第一義。
磨《ま》云く、廓然無聖《かくねんむしょう》。
帝云く、朕《ちん》に対する者は誰《た》そ。
磨云く、不識《ふしき》。
帝、契《かな》わず。
遂に江を渡り少林に至りて面壁九年。

この後、慧可大師が弟子となり、中国での法系が二十二代続くが全ての師に悟りの機縁となった問答が伝光録に記されている。この二十二代目が天童如浄禅師で、日本から参じた道元禅師が嗣法して日本曹洞宗が開かれた。中国では、隋、唐、宋の時代に禅宗が栄え、多くの語録が残されたが、特に、碧巌録《へきがんろく》、従容録《しょうようろく》が問答集の形式を整え、日本の僧堂などで暗記実践されるようになった。

二　禅問答の形式

禅問答の形式は、大きく分けて二つある。一つは日常の行持《ぎょうじ》として行われる問答である。例えば、朝のお勤めが済むや否や、修行僧の一人が大声で「堂長和尚、お尋ねしたいことがあります。（原漢文）」と言って堂長の退堂を止める。堂長は大間の中心から正面に進み、本尊を背にして立つ。侍者は拝敷と香台を堂長の前に移す。そして、僧たちが次々三拝し、「如何なるかこれ仏道」などと問話し、終わって謝拝をする。また場合によっては、修行僧から問答の依頼がなくても、堂長自ら「疑問のあるものは来たって問え。（原漢文）」と喝することもある。これらには一定の進退作法があるが、問話の中身には制限がない。従って、問話する僧の境地によって、禅問答ともなれば、質疑応答に堕することもある。

もう一つは、臨時行持として行われる問答である。例えば、新しい堂長が寺に入る晋山式の中で、供物等一切を取り除いた須弥壇上に登り問答したり、結制（九十日の修行期間）中に、修行僧の第一座（首座《しゅそ》）が堂長和尚の命を受けて、法戦式を行うのがこれである。ここで行われる問答には、綿密な進退作法と一定の形式がある。ここでは進退作法はさておき、問答の形式を見ておこう。

三　法戦式問答

法戦式は、本則→頌《じゅ》→拈竹篦《ねんしっぺい》→法問→謝語《じゃご》の順に進む。「本則」は釈尊や祖師方に仏のはたらきがどのように現れているかを提示する一つの話《わ》、即ちテーマである。公案ともいう。

「頌」は頌古《じゅこ》とも言い、後の祖師がこの本則の宗旨を讃えて漢詩で表現したものである。「拈竹篦」は、第一座の首座《しゅそ》が儀式の初めに堂長和尚から授かった竹篦（三尺の漆塗り竹棒）を眼前に捧げて、問答への意気込みを喝破する句。そして、いよいよ問答に入る。最後の「謝語」は首座が大衆を慰労して述べることばである。

これらに使われる文言は次の二書を典拠とする。一つは、宋代末の一一二五年に圜悟克勤《えんごこくごん》が、雪竇重顕《せっちょうじゅうけん》の選んだ百則の頌古に評釈を加えた「碧巌録《へきがんろく》」で、臨済宗で重視される。もう一つは、その百年後（南宋）に万松行秀《ばんしょうぎょうしゅう》が宏智正覚《わんししょうがく》の選んだ百則の頌古に評釈を加えた「従容録《しょうようろく》」で、曹洞宗で多く用いられる。以上の二つは中国禅宗で成立し、それぞれ百の本則・頌・評釈があるが、日本曹洞宗では、その中でも冒頭に掲げた「従容録」の第二則「達磨廓然《だるまかくねん》」を最も多く用いてきた。

この他に、日本でも曹洞宗中興の祖、瑩山禅師（鎌倉後期）の「伝光録」や橋本恵光老師が道元禅師の「永平広録」から撰述した「永平頌古法問集」（昭和二十二年）などがある。禅問答入門には、昭和の撰述が馴染みやすく、私自身、橋本老師入寂二年後に、直下の法灯鎌谷仙龍老師に参じたこともあって即入し易いので、まずここを覗いてみよう。どの門から入ろうとも、景色の向こうは変わらない。

四　永平頌古法問集

橋本恵光老師撰（原漢文訓読体）　現代語訳試案　佐藤哲雄

第六、拈華微笑《ねんげみしょう》の話《わ》（全体で六話あり、その最後の話）

［**本則**］（首座が次の句を暗記していて大声で唱える。）

一つ話を提示する。世尊が霊鷲山《りょうじゅせん》に在して、百万の大衆《だいしゅ》の前で梵天（帝釈天と並ぶ仏法の最高位の守護神）が差し出した一枝の金波羅華《こんぱらげ》を手に取ってまばたきされた。するとたちまち摩訶迦葉尊者が破顔微笑した。世尊は大衆に告げてこう言われた。「私に今そなわり現れている悟りを摩訶迦葉に伝え授ける。これから先、伝え広めて断絶せしめることなかれ」と。そして、金の糸を絡めた大衣を摩訶迦葉尊者に与えられた。

これを讃える詩がある。まずそれを弁事に唱えさせよう。

［**頌**］（修行歴の浅い僧＝弁事が、正面左に掲げられた朱板に白字で書かれた次の句を読み上げる。）

永平高祖（道元禅師）が詩でこれを讃えておられる。

春の高台、夢醒めて花香り、
独り光を飲み込む釈尊は、悟りの現前を広く人天に示す。
山雨は玉を洗い転がし、削れて清らかになり、
嶺の雲は一斉に散って、模様を織り成す。
金鱗が、綾なす波に色を交えて皺模様となる。
黄鳥（鶯）が声を飛ばして、断腸（悲しみ苦しむ心）をおさめる。
それなのに、百万の大衆はみな空しく見上げているだけ。
一人の僧（摩訶迦葉）だけすぐさま、すでに釈尊の華の香りを知った。
めでたきこととこの上なし。

［**拈竹篦**］（首座が竹篦を横にして眼前に掲げて、暗記している次の句を喝する。）

今まさに知る、腕先これ全身なるを。

釈尊を生け捕って、仏法の輪を転がす。

背いたり触れたりする前に、高く眼をつけよ。

あれこれ考えてくちびるを動かすことを許さない。

さあ、弁事よ、先の本則を説き破れ。見てやろう。

［**法問　一**］（以下の問答は問者も首座も暗記している。）
弁事「首座和尚。『華を手に取ってまばたきする』というのはどういうことですか」
首座「誰がそんな無駄なことをするのだ」
弁事「なるほど。しかし、如来の悟りの働きが目の前に現れているのではないですか」
首座「ふうむ。『華を手に取ってまばたきする』というのは、たとえそれが如来の悟りの働きだとしても、思慮分別する心が働いていないとは言えないぞ」
弁事「それはどういうことですか」
首座「あなたが問うていることはこういうことだ。なぜそうなったかと考えることを捨ててしまいなさい」
弁事「わかりました。考えることなく、目の前に現れているのが、華を手にしたまばたきなんですね」
首座「もういいから、手を振りちぎれ」
弁事「大切なお言葉、ありがとうございます」

首座「いつまでもしっかりと」

［法問　二］

学僧「首座和尚。『破顔微笑する』とはどういうことですか」
首座「何の快い事があるというのだ」
学僧「なるほど。しかし、如来の悟りがそっくり師匠から弟子に伝わった素晴らしい場面ではないですか」
首座「ふうむ。『破顔微笑する』というのは、仏祖も伝える事ができない悟りの境地ではない」
学僧「それはどういうことですか」
首座「あなたが問うていることはこういうことだ。何も思わず流れに従ってこの境地に入れば、喜びもなく、また、憂いもなし」
学僧「わかりました。喜びも憂いも超えた破顔の世界なんですね」
首座「如来の悟りを悟りと意識しない時、どうして微笑しようか」
学僧「大切なお言葉、ありがとうございます」
首座「いつまでもしっかりと」

［法問　三］

学僧「首座和尚。『如来の悟りの働きが目の前に現れている』とはどういうことですか」
首座「それは誰の境地だ」

学僧「なるほど。それは仏祖が伝える一つの宝です」
首座「ふうむ。『如来の悟りの働きが目の前に現れている』というのは仏祖が伝える一つの宝であるにせよ、他の宝を数えれば取るに足りないぞ」
学僧「それはどういうことですか」
首座「あなたが問うていることはこういうことだ。『波も引き　風もつながぬ捨小舟《すておぶね》　月こそ夜半《やわ》の　さかりなりけれ』（道元禅師「傘松道詠」）」
学僧「わかりました。そのように仏の働きに任せてこそ、仏が仏に授けて正道を外れない仏法の宝なのですね」
首座「あなたも知っているだろう、目の見えぬロバが行き着いたところで、滅び亡くなることを」
学僧「大切なお言葉、ありがとうございます」
首座「いつまでもしっかりと」

［**法問　四**］

学僧「首座和尚。『悟りの働き』とはどういうことですか」
首座「燕石（燕山に産出する玉に似た石）を秘蔵して、これを玉と崇めてはいけない」
学僧「なるほど。しかし、他に物がなければ間違いようがないです」
首座「ふうむ。『悟りの働き』と意識すれば、既に向上の第一義を離れ、手段という第二義以下に落ちてしまうぞ」
学僧「それはどういうことですか」

首座「あなたが問うている『悟りの働き』は、『これ』だと言えば、既に『これ』でなくなるのだ」
学僧「わかりました。『これ』でなくなっても、『悟りの働き』は隅々まで行きわたっているのですね」
首座「あなたは知っているだろう、心を求めてもその働きはいつになっても捉えられないということを」
学僧「大切なお言葉、ありがとうございます」
首座「いつまでもしっかりと」

［**法問　五**］

学僧「首座和尚。『春の高台、夢醒めて花香り、独り光を飲み込む釈尊は、悟りの現前を広く人天に示す』とはどういうことですか」
首座「天上の月を貪り見て、手の中の玉を失くしてはいけない」
学僧「なるほど。しかし、手の中に玉を握っているからこそ、独り光を飲み込む釈尊が見えるのではないですか」
首座「ふうむ。『春の高台、夢醒めて花香り、独り光を飲み込む釈尊は、悟りの現前を広く人天に示す』というのは、世尊の手にある一枝の優曇華《うどんげ》に身をひるがえし心をひるがえし、どのように眺めようとも雲に浮かぶ月は同じであるのに、谷底から見る時と山の上から見る時では各々別に見えるのだ」
学僧「それはどういうことですか」
首座「あなたが問うていることはこういうことだ。悟りはいたるところに現れていて、いずれも無上に尊いということだ」

学僧「わかりました。同じであって異なって見えるのですね……春の高台に夢が醒める時は」
首座「それぞれの顔にその華が見え、そのそれぞれの華が顔をほころばせているのだ」
学僧「大切なお言葉、ありがとうございます」
首座「いつまでもしっかりと」

〔**法問　六**〕

学僧「首座和尚。『山雨は玉を洗い転がし、削れて清らかになり』とはどういうことですか」
首座「どれが削れて清い玉だと言うのだ」
学僧「なるほど。それは、釈尊が華を手につまんで見せられた功徳のことではないですか」
首座「ふうむ。『山雨は玉を洗い転がし、削れて清らかになり』というのは、確かに美しいのではあるが、非常に残念だ。雨が洗うのと玉が削れるのと二つに分かれてしまっているからだ」
学僧「それはどういうことですか」
首座「あなたが問うていることはこういうことだ。華が華をつまむのだ」
学僧「わかりました。華が華をつまんだ時、一切が洗い流されているのですね」
首座「更に言うならば、洗い流すということに心が留まっておれば、大清浄《だいしょうじょう》ではないのだ。先ほどの句を見よ。全体が遥かに塵の境を超えているのだ。誰が塵を払う道具を探そうか」
学僧「大切なお言葉、ありがとうございます」
首座「いつまでもしっかりと」

［法問　七］

学僧「首座和尚。『嶺の雲は一斉に散って、模様を織り成す』とはどういうことですか」

首座「織り成す模様はどのようか」

学僧「なるほど。それは眉を上げまばたきした時に見えている山海です」

首座「ふうむ。『嶺の雲は一斉に散って、模様を織り成す』というのは、山海そのものが目であり、その目が釈尊の目をまばたきさせたと言っても、あれとこれとを超越する力は現れていないぞ」

学僧「それはどういうことですか」

首座「あなたが問うていることはこういうことだ。釈尊がめだまを失くす時、そこにあるのは雪をかぶった梅花ただ一枝なのだ」

学僧「わかりました。今すでに、雪をかぶった梅花がまさしく如来のめだまなることが伝わってきて正しく受け止めました」

首座「受け止めることは、あなたに任せよう。如来がまばたきされる時、我らのめだまも早なくなっていることが分かったかな」

学僧「大切なお言葉、ありがとうございます」

首座「いつまでもしっかりと」

［法問　八］

学僧「首座和尚。『金鱗が、綾なす波に色を交えて皺模様となる』とはどういうことですか」

首座「色を交える様子を示せ」
学僧「なるほど。金色の僧（摩訶迦葉）が顔をほころばせたまさにその時のことです」
首座「ふうむ。『金鱗が、綾なす波に色を交えて皺模様となる』というのは、霊鷲山での面授（面と向かって法を授ける）の様子を伺えて素晴らしいが、流転する三界のすべてが我が子であり、そこにすべての働きが現れているという道理までは言い得ていないぞ」
学僧「それはどういうことですか」
首座「あなたが問うていることはこういうことだ。雛が卵から孵る時、雛は殻の中から、母鳥は外から同時につつく。雛と母鳥は互いに知らず同じことをするのだ」
学僧「わかりました。知らぬ同士で、互いにすべての働きが現れているのですね」
首座「魚は水から出れば死ぬ。水があるから命があり、魚がいるから命があることを知れ」
学僧「大切なお言葉、ありがとうございます」
首座「いつまでもしっかりと」

［**法問　九**］

学僧「首座和尚。『黄鳥（鴬）が声を飛ばして、断腸（悲しみ苦しむ心）をおさめる』とはどういうことですか」
首座「貴僧よ、唇を弄んで何とする」
学僧「なるほど。摩訶迦葉に法を伝授する様子です」
首座「ふうむ。『黄鳥（鴬）が声を飛ばして、断腸（悲しみ苦しむ心）をおさめる』というのは、摩訶迦葉に法を伝授するというのはともかく、貴僧に伝授される法はないことに気づいているか」
学僧「それはどういうことですか」
首座「あなたが問うていることはこういうことだ。法の本体は、思慮分別できず無法なのだ」
学僧「わかりました。無法の法こそ真法なりと受け止めました」
首座「法、なお捨てるべし。非法、なおさら捨てるべし」
学僧「大切なお言葉、ありがとうございます」
首座「いつまでもしっかりと」

［法問　十］

学僧「首座和尚。『それなのに、百万の大衆はみな空しく見上げているだけ。一人の僧（摩訶迦葉）だけすぐさま、すでに釈尊の華の香りを知った』とはどういうことですか」
首座「百万の大衆を侮るな」
学僧「なるほど。それでは、大衆に香りを嗅ぐ鼻孔がないのはどうするのですか」
首座「ふうむ。『それなのに、百万の大衆はみな空しく見上げているだけ』というのは、空しく見上げるのが大力量なのだ」
学僧「それはどういうことですか」
首座「あなたが問うていることはこういうことだ。香りを求めて天まで伸ばした鼻を叩き落とし終わり、拾ってきて竹筒に換えたのだ」

学僧「わかりました。竹筒の鼻がすぐさま香りを知るのですね」
首座「気負うのをやめよ。香りを尋ねることをやめよ」
学僧「大切なお言葉、ありがとうございます」
首座「いつまでもしっかりと」

［謝語］（首座、竹篦を前に置き少し頭を伏して唱える。）
向き合って問答するのは法の一説なれど
手に取る華が開いて散ることで宗風を究めた。
この法の筵《えん》に連なった雲と水の如き皆さんに大きく感謝する。
私の至らぬところを助け仏道を興隆してくれた。
伏して思うのは皆さんの慈悲。長く坐ってのお疲れ、ご苦労さま。

五　むすび

修行僧は時を経て首座となり、法戦式の関門を通過して初めて一人前の禅僧となる。この法問に共通していることは、言葉ではどうしようもない境地を言葉で翻弄しながら体得していくことにある。問答は一つの入り口であって、日頃の生活の隅々まで（洗面・トイレの仕方から箸の上げ下ろしに至るまで）清規《しんぎ》（＝僧堂の生活規則）に則り自然に行われてその意識がない時、自他の境を超えた遍界に仏性（仏本来のはたらき）が現前しているのである。

唐代の石頭希遷禅師が「参同契《さんどうかい》」で、「事《じ》を執《しゅう》するも元《もと》これ迷い、理に契《かの》うも亦悟《またさとり》にあらず」と示す。しからば如何にせんや。同じく唐代の洞山良价禅師が「寶鏡三昧《ほうきょうざんまい》」に示す、「潜行密用《せんこうみつよう》は愚《ぐ》の如く魯《ろ》（＝愚か）の如し。ただよく相続するを主中の主と名づく」と。自分という思いを完全に捨ててばかになりきれ、ただただ仏祖の道を行ずることこそ大事中の大事である。そうしたらどうなる？　同書で言う、「木人《もくにん》まさに歌い石女《せきにょ》たって舞う、情識の到るにあらず、むしろ思慮をいれんや」と。

信仰・文化・環境

お寺の生き残りへヒントを探る

――法事の減少を防ぐために――

渡辺　淳

一　はじめに

近年寺院を取り巻く環境の激変は、日々痛感するところである。テレビでは最近の葬儀事情が放映され、新聞紙上では、例えば「変わる葬送観、衰退する寺」という見出しで、葬送の簡素化に加え、人口減少に伴う檀家の減少や宗教心の変化により、とくに地方で寺院が立ちゆかなくなっていることが頻繁に報じられている。自坊においても、法事の減少、家族葬化に伴う参加僧侶の減少、お布施金額の減少、寺院行事（春秋彼岸会法要、報恩講等）での参詣者の激減等々、寺院を維持し、寺族の生活に対する不安が拭いきれなくなっている事実がある。

こうした事情の中で、寺院が将来にわたって円滑に運営していくにはどうしたらよいのか、どのような対応が必要になるのかを住職は真剣に考えなければならない。

社会の大きなトレンドに抗うことは極めて困難であり、まず不可能であるから、変化を受け入れつつ、何らかの取り組みを模索することが必要である。

そこで何かヒントでも得たいと思って、私は「法事（年回法要）の価値を高める会議―法事の減少をくい止めよう―」に参加した。本小文は、このセミナーに出て、発表されたことを基に、地方寺院の取り組みの一端を報告するものである。

二　法事とは何か

真宗興正派の宗勢調査（平成二八年）によると、寺院の将来について重要なことは

①門徒や地域との関係を密にする（九〇・一％）
②若い世代と関わり、仏教を伝えていく（八五・〇％）
③寺院の収入を増やす手段を講じる（七九・五％）
④社会問題の発信、寺院交流の増加（七七・八％）
⑤法要や行事の方法を新しく変える（七七・八％）
⑥寺院で教学や声明を学ぶ機会を増やす（七五・四％）

と記している。

この調査結果から、住職がまず取り組みうることの一つが「法事」であると考えられる。

そこで、私が参加したセミナーにおいても、法事について次のような項目について、数名毎の小班に分かれ

て討議した。

法事について

・減っている理由は？

・じゃあ、人はなぜ、法事をやっていたのか？

・なぜ、最近の人は、法事をしようとしないのか？

・法事を説明する説得力のある物語とは？

・法事はなんで退屈なのか？

なお、このセミナーは最近の寺院事情に詳しい寺院コンサルタントの薄井秀夫氏主催のもので、平成三〇年九月一三日に、東京、芝の仏教伝道センタービルで行われたものである。参加者は、天台、真言、臨済、曹洞、日蓮、浄土、浄土真宗の僧侶三一名で、都内一〇ケ寺を含む、ほとんど関東圏の寺院住職であった。

まず、法事とは何かを確認しなければならないが、意外にその定義、内容がはっきりしていないような気がする。そこで、次にホームページ上に示された二、三の記事を紹介する。

◎法事とは

・浄土宗のホームページより

百か日を過ぎると、一周忌、三回忌となります。一周忌は儒教の礼記「親亡して十三カ月の祀りを小祥、二十五カ月を大祥」ということに由来しています。ちなみに数え方は亡くなった年を含んで数えますから、故人が亡くなってから、まる一年目にあたる命日が一周忌、翌翌年（二年目）が三回忌となります。

ここまでが中国の慣習を取り入れた形の年忌法要で、こらから以降の年忌法要は日本で生まれたものです。まず年忌法要の年を並べてみましょう。表の通りですが、一般に三十三回忌が弔い上げといって戒名を過去帳にうつして、そのあとの法要は先祖と一緒にお盆などにまとめて行います。

年忌は亡くなった人のための追善回向のためです。回向とは言葉通り、「回し向ける」ことで法要の中で読んだお経や念仏の功徳を亡き人のために差し向けることです。それによって、亡き人も残った人もともに阿弥陀さまの光明の中にお守りいただく、お導き頂くことになるのです。

・曹洞宗のホームページより

法事とは、本来お釈迦さまの教え、仏さまの心を知るということでしたが、しだいに仏事儀礼、行事、そして故人への供養（追善供養）を勤めることが、一般的に法事と呼ばれるようになりました。

したがって供養とは、施主が、仏さまに飲食やお花をお供えし、また、読経をすることによって、善根（良い行い）の功徳を積むことです。

その功徳を回向（たむけること）することによって、ご先祖さまや故人に対し、さらに、すべての人びとの冥福を祈り、あわせて、自分を含むすべてのものが仏道を成就することを願うものです。

心のこもった法事がとり行われるように、施主としての準備とその実際を心得ておきましょう。

・真宗大谷派東京教区のホームページより

法事や仏事というものは、私が思い立ってするものではありません。

自分に先立って人生を歩まれた方々が居てこそ、仏さまの教えや寺、そこに集う人々との出会いがあるのです。

人生における出会いは、私たちの分別を越えたはたらきによるものです。そのはたらきを阿弥陀如来といい、亡き人は諸仏となって阿弥陀如来と出会う縁を私に与えてくださっているのです。亡き人があってこそ、今の生を歩んでいる私です。亡き人のために、私がするのではなく、亡き人の呼びかけに応じて勤めるのが、法事なのです。

真宗興正派では、仏事の意義を次のように説明している（『門徒教本・念仏生活のしおり』真宗興正派宗務所発行）。

仏事の意義

仏事は、法事《ほうじ》、僧事《そうじ》を加えた「三事《さんじ》」の中の一つの名称です。本来の意味では「仏事」とは仏像を彫刻したり、仏画を描いたりして供養することであります。法事とは、お経を読んだり、散華《さんげ》や行道をする儀式をいいます。僧事とは、出家・在家の者が集まり、仏道を修行したり研究したりすることをいいます

したがって、仏事と法事は本来違っていたのですが、現在では同じ言葉として取り扱われ、ともに先祖供養のおつとめとして考えられているようです。

しかし、私たち真宗門徒は仏事を追善供養と考えるべきではありません。亡き先祖の年忌の日に、親しい者が相集い、亡き人を偲び、遺徳に謝し、如来に報恩感謝の誠をささげ、法味愛楽《ほうみあいぎょう》したいものです。ですから、仏事とは「ほとけのこと」、法事とは「みのりのこと」と考え、仏への礼拝、法への恭敬《くぎょう》をおろそかにしないようにしましょう。

上記のように「法事」は仏への礼拝、法への恭敬をこめて、法事の参加者一人ひとりが仏縁に出遇う大切な

機縁に恵まれるところである。

ところが現代人は、その法事に価値を感じなくなっており、しかも、その傾向が次第に加速している。その問題の所在を探り、それをもとにどのような対策をとっていくのか、もちろん対策はきれい事ではなく、実現可能で具体的なものでなければならない。

三　問題の所在

（1）社会背景

首都圏では三割以上が直葬という現実や、増加する孤独死、散骨の流行、巨大納骨堂の建設ラッシュなどがある。そこで見えてきたのは、社会が死を遠ざけ、死後に執着しなくなっている人が増えている現状がある。つまり、社会が死を想像できなくなっている。想像力が失われた結果、故人を偲んで手を合わせ、思い出を語るような余裕や潤いが、社会からなくなってきた。「自分は葬式なんかいらない」とか「私は散骨でいい」などと自分だけの思いを話している人が多い。また、高齢者は「子供や孫に迷惑をかけたくない」という思い違いの遠慮が「家族葬」というコンパクトなイメージの言葉にまやかされた仏事の簡略化につながっていると思われる。しかし、実はこのように言う高齢者の姿勢が、次の世代への仏縁をたち切る大罪を犯していることに気付いていないのである。

さらに、現代という時代は、何事も面倒くさいことに関わりたくないという風潮、つまり遺族が手間を厭うことといった要因があるからこそ、日本人の葬送や法事が様変わりしてきているのである。

それでも死者への敬意や子供の教育、地縁の取り戻しといった観点から、死者をきちんと送る必要があり、また、法事では先立たれた方を偲びつつ、仏縁に出遇う機会を大切にしなければならないと思うのである。

（2）人間心理

ここで、参考までに碑文谷創氏の「葬儀の役割」を示し、法事にも適応できる重要な項目があることを指摘しておきたい。

葬儀の役割（碑文谷創著『葬儀概論』より）

（i）社会的な処理（社会的役割）
　→社会的にその人の死を告知すること。
（ii）遺体の処理（物質的役割）
　→土葬や火葬
（iii）霊の処理（文化・宗教的役割）
　→死者の霊をこの世からあの世へ送り出す宗教的儀礼
（iv）悲嘆の処理（心理的役割）
　→死別に伴う悲嘆の慰撫。追善供養、グリーフケア
（v）さまざまな感情の処理（社会心理的役割）
　→共同体に与える畏怖の和らげ

ここで「（iii）霊の処理」だけは宗教的儀礼であって、その他は宗教者以外であってもできる処理である。

宗教研究者の中村圭志氏が、市民講座で「死後の世界」をテーマに講演したところ、大盛況で、来世観や死生観に対する関心の高さがわかったと報告している（「中外日報」二〇一八年三月二三日付）。

しかも、宗教には拒否感があるが、「霊魂」であれば信じる日本人が増えていることから、どうやら日本人は霊魂回帰しつつあるらしいと述べている。もっとも、氏の主張は、にわかに高まってきた霊界願望という「心の政治学」に対して、冷徹な観察が必要だということではあったが。

以上のことから、私は仏事には「霊の処理」という宗教的役割の重大さに注目して、この観点から、葬儀や法事の執行の大切さを伝えていかなければならないと思うのである。

（3）仏教側の問題

社会のあり方が変化し、これまでの葬送や仏事との間にズレが生じてしまったことに苦しんでいる人は少なくないと思う。仏教側は、こうした世の中をただ批判するのではなく、まずは、こうした社会状況の中にいる現代人を理解し、その上で何をすべきかを真剣に考え、具体的な行動をすることが必要であろう。

特に、法事については、儀式に魅力がないということを反省しなければならない。中でも耳にすることが多いのが、法事において僧侶が何をやっているのかわからないという批判である。そこで、今、どういうお経を読誦しているかとか、参詣者に儀式の中身を説明するとかの、僧侶側のサービス精神の発揮が求められているのであろう。つまり、儀式を魅力化していくことである。さらに、お布施についても基準がなく、不明瞭な点にも注目したい。これはお寺側にとって、難しい面が多々あるが、場合によっては、読経料、儀式料として、金額を提示することが、分かりやすいサービスとして認知されることも考えられる。

四　法事の対応策

（1）法事の減少を防ぎ、それを活性化する

まず、門徒さんに法事の意義を理解してもらうことが必要であろう。その場として一番良いのは、やはり葬儀直後の時期であると思う。

自坊のある地域では、火葬後、お骨上げのあとで、引き上げの初七日のお勤めをすることが多い。その時に七日参りの重要性や四十九日満中陰の法要が大切だということを法話の中で伝え、満中陰法要の日時を決めるようにしている。また、月忌や報恩講のお勤めに行った折に、「先立たれた方の年回法要がいつですよ」と話の合間に確認してもらうことも大事である。

さらに、来年の年回法要の通知を寺報を送付する時に入れておく。また、法事の当日、住職のミニ法話の中で法事についても話ができるように、法事の勤行の中での時間配分も留意することが必要であろう。

次にケーススタディとして、私の拙いミニ法話を示す。

住職のミニ法話

今日はこちらのご母堂様の一三回忌の法事でございます。

お母さまは京都本山への団参でお参りされ、帰宅されて翌日突然にご往生なされました。皆が大変驚かれ、悲しまれたことが、今も鮮やかに思い出されます。

さて、法事というのは、改めて考えてみますと、先立たれた方を偲びながら、お参りの皆様、お一人お一人がご仏縁に出遇う大切な機縁を結んでいただくことだと思います。

偲ぶという漢字は人を思うという意味です。今は亡き方の多くの思い出をかみしめながら、普段はあまり考えないような、この世を超えた仏の世界に思いを致すことであります。

死とは何か、仏とは何か、お浄土とはどんなところだろうか。

信心の人はお浄土へ参って、今現在説法をしておられるアミダさまに出遇うのだといわれます。そのアミダさまは何を話しておられるのかなぁ、等々。

お経の言葉の響きを聞きながら考えたり、想像したりするひとときが法事に参加するということでしょう。自分もいずれ参らにゃならんのだけど、この私のお浄土への往生は本当に大丈夫なんだろうかと。

生きるとは何か、死とは何か。シャバから浄土への道程はどんなかぁ、と思いを馳せることが大事なんです。

法事の席で読経のあと、坊さんが法話をする場合があります。

ところが、参詣者の中には「今日は法事やで、お説教を聞きに来たのではないよ」と言う方もいます。つまり、追善供養のためだという意識が強いようですね。

しかし、ともかくご法事では、お経のときも、法話のときも、坊さんの声の響きを聞きながら、うつらうつらしながら、つまりまどろみながら参って頂いて結構なんです。眠っていても仏法は毛孔から入るんです。

平安時代の『梁塵秘抄』にのっている今様というその当時のはやり歌にこう歌われています。

仏は常にいませども、現ならぬぞあわれなる
人の音せぬ暁に、ほのかに夢に見え給ふ

まどろみながら仏さまを感じてくださいませ、

そして、最後にリンが三丁鳴ったら、声に出して南無阿弥陀仏、南無阿弥陀仏と称えてください。念仏申しているうちに、あぁ有り難いなぁという思いが自然とわき起こってくるのです。そうなっているんです。これがアミダさまの本願力のお働きなんです。

皆さま、今日はようこそのお参りでした、有難うございます。南無阿弥陀仏、南無阿弥陀仏。　　合掌

（2）法事の中身

自坊のある西讃地区の中央部（丸亀、善通寺、琴平方面）では、昔は宵法事と当日の本法事を勤める「ご念入り」といわれる丁寧な法事が行われる場合もあった。「ご念入り」の勤行は、太鼓が入ることから僧侶は三人以上となる。しかし、最近は簡略化がすすんでいるから、「ご念入り」という言葉も死語になってきた。さらに、普通の法事は導師に弟子という二人の形から、次第に一人勤めに変わりつつある。

また、西讃中部では、法事の勤行の前にうどんを食べる習慣がある。普通はどんぶりの湯だめうどんでダシと薬味はネギとショウガ。これが実にうまいのだが、この風習も次第になくなり淋しいかぎりである。

さて、私の最近の法事の内容、時間配分など実施例を次に示す。

九時	うどんを頂きながら世間話
九時五〇分	開始 法事の意味を簡単に話す。 〈第一席〉伽陀、表白、大無量寿経、念仏、和讃、回向、大経の中身などを簡単に解説。

一〇時四〇分	休憩（お茶とお菓子が出ることが多い）
一〇時五〇分	〈第二席〉正信偈 参加者も一緒に正信偈を拝読。（教本は興正派同朋聖典を住職が持参） 正信偈を解説。
一一時三〇分	休憩
一一時四〇分	〈第三席〉伽陀、本師礼、勧請、阿弥陀経、念仏、回向、御勧章
一二時二〇分	住職ミニ法話 法事の対象である先立たれた方の思い出などを語りながら、仏縁に出遇うことの大切さを話す。
一二時三〇分	終了

次に住職ミニ法話の例を示す。

只今は、皆さんと一緒に正信偈を力強くあげることが出来まして、大変有難く感じました。今日の仏さまが一番喜んでおられるでしょう。

さて、お正信偈は親鸞聖人が大無量寿経のこころに感激してつくられた感動の詩であります。まず、最初の二句は聖人のお念仏です。法蔵菩薩因位時、以下はアミダさんがどのようにして仏さまになられたのかという、アミダさんの履歴書だといえます。

アミダさんの前身、つまり法蔵菩薩が世自在王仏の説法を聞いて、大変感動しました。そして、私もあなたのような仏になりたい、また、悩める衆生を一人残らず救いたいという崇高な願いを起こされました。それより以前、はるか遠い昔に、錠光如来という仏さまがお出ましになり、縁のある人たちを救われました。次いで、光遠如来、月光如来、等々の五三仏がお出ましになり、それぞれ、ご縁のある人々をご自身の浄土へと救ってゆかれました。

ところが、どの仏さまの救いからも見放された落ちこぼれた人がいたのです。そして、その人は「どうして私だけが救われないのか？」と悩み苦しんでおりました。

皆さん、それは誰でしょうか。

すぐ答えをいいますよ。それは他でもないあなたです。今、ここに法事に参っている方全員です。勿論、私も含めてです。

皆さん、何で私が落ちこぼれなの？という怪訝な顔をなさっておりますが、そのわけはこういうことなんです。もし、その昔五三仏のどなたかの仏さまに救われていたら、あなたはその時、仏さまになっていたのです。だから今、ここに居るはずがないのです。一体、仏さまというのは悟った方なんです。決して迷わない方です。ところが私たちは今も迷いっぱなしの存在ですよね。

さて、そこで、法蔵菩薩は落ちこぼれた私たちを見そなわして、「よろしい！　私があなた方を救うよ。あなたを救いとる仏になってみせるよ！」と先生の世自在王仏に約束されたのです。

それから長い長い法蔵菩薩の血のにじむような修行が始まるのです。この大きな法蔵菩薩（アミダさん）の物語の要のところが、お正信偈にうたわれているのです。

詳しいお話はお寺の正信偈勉強会でしております。

なお、お経というのは、わが身に引き寄せて頂くことが大切です。今は時間がありません。結論だけいうと、アミダさんは「私の名前を呼んでくれ。つまり名号（南無阿弥陀仏）を称えてくれ。必ずあなたを救うよ！」と約束されたのです。これは仏さまの約束なんです。

たった一言のお念仏の中に、仏さまの命がけのご苦労が込められているということに、心底頷けるように聞法を続けていきたいものです。南無阿弥陀仏、南無阿弥陀仏。

（3）お寺と門徒とのつながり強化

（i）総代会議、世話人会の運営方法

どのような会においても、弁の立つ声の大きな人の意見に引きずられることが多いものである。また、その時の議論の内容が可視化されないことで論点が曖昧になり、参加者の共通認識が取りにくいことが起こりがちである。そこで、ワークショップ形式を導入し、参加者全員が能動的に参加することを促す。その結果、検討するテーマについての当事者意識が増し、自分も発言したということで参加者の満足度も高いものになる。また、住職が提起するテーマ、例えば「法事の減少をくい止めるために」について議論することにより、その後の個別の門徒との日常的な接触の中で、「法事」の話題が拡大していくことに期待したい。

（ii）お寺の行事に彩を添える

自坊では、これまで様々なイベント、アトラクションをお寺の主要行事である春秋彼岸法要や報恩講でのお勤めの前後に開催してきた。例えば、音楽演奏、ダンス（フラメンコ、ハワイアンダンス）、詩吟、和太鼓、演劇等である。

この中でも、本格的に行ったのは、フラメンコダンス（一流のプロダンサーによる）と演劇―イダイケ夫人物語（四国学院大学演劇部、平田オリザ演出）で、その前後に、観無量寿経を基軸とした法話を入れたものであるが、新聞報道もあり、反響は大きかった。これらの行事で「うちのお寺は楽しい」という門徒の声に励まされながら実施している。ただ、かなりの費用がかかるが、今のところはいたしかたないと思っている。

なお、仏教伝道協会で「体感する仏教―東京港区芝編―」のパンフレットを見て、参加者に体験してもらうことも面白いと思った。その内容は次の通りである。

◎体感する仏教

○お寺の雰囲気・座禅を体感する

・境内、諸堂参観ツアー体験

・座禅体験

○読経・法話・阿字観（瞑想）・対話を体感する

・読経、法話体験

・阿字観体験

・お坊さんとお話体験

○お寺で音楽を体感する

・お寺で音楽体験（お寺の音楽会『誰そ彼』）

（iii）仏教の勉強会を継続

自坊では、「西坊聞信会」という正信偈の勉強会を毎月開いている。参加人数は多くないが、参加者はいつも熱心に出席して、今六〇回目である。これは住職が一番力を入れているもので、私が勉強してきた教学の成果を伝えている。これは私自身の勉強の励みになり、今後とも継続していきたいと考えている。

五　まとめ

寺院環境をめぐる変化が年々厳しくなっている。しかも、ネガティブな話が多い。

近年、人々は自分たちの価値観や距離感を大事にする傾向が顕著になってきたようである。つまり、心地よい距離感での新しい繋がり方を求めている人が増えているのである。

私たち僧侶は、こうした社会状況の中にいる現代人を理解し、その上で何をすべきかを考え、具体的行動をするほかないと思う。何が正解なのかはそれぞれの寺院によって違うと思うが、私は上述のように、視座を幅広くとり、真剣に門徒と向き合っていけば、必ず道は開けてくると思うのである。

‡‡信仰・文化・環境‡‡

アミナータ　Aminata

フランシス・インブーガ

渡邊丈文　訳

第一幕

第二場（いんちき）

ドクター・ムレミイの家の広々としたベランダにて。壁の一つにダーツの板がかかっている。同じ壁の板の隣にM.A.、M.B.と書かれたスコアの板がかかっている。背後で耳にすることができるのは様々な動物の叫び声であり、とりわけ目立つのが、サルがおしゃべりをしている様子である。こうした声はこの光景を通して一定の間隔で耳にすることができる。ムレミイは遊びに夢中になっている。彼は三つのダーツの最初の組を投げて、M.B.以下の点数を記録している。彼はゲームにあまりにも夢中になっているので、ケジアおばさんが入って来たのに気付かない。

ケジア：（しばらくながめた後で）ドクター、何を時間つぶししているの？

"AMINATA : a play by Francis Imbuga"
Originally published in 1988
by EAST AFRICAN EDUCATIONAL PUBLISHERS, Nairobi, KENYA

ムレミイ：（驚いて）ああ、こんにちは。ここにいるのは誰かと思えば、ケジアおばさんじゃないですか。
ケジア：驚かせてしまったかしら。
ムレミイ：その通りですよ。ここにどうやって来たの？
ケジア：バスよ。バスで来たわ。（二人共笑ってそっと握手を交わす）
ムレミイ：ああ、これは本当に非常に嬉しい驚きですよ。故郷の人々は如何ですか？
ケジア：今も元気よ。でも、あなたのお父さんはここ一週間そうでもないの。
ムレミイ：どうして？　あの年寄りに何があったの？
ケジア：それは、あなたのようなお医者さんが答えを出すべき問いよ。今日、病気の方は彼の大きな爪先にあり、明日には首に来て、その次の日は背中よ。ああ、本当にお父さんをどうしたらよいか分からないわ。知りうる限りの根と草を使ってはみたものの、病気の方は全く一向に良くならないの。外来病は年寄りには病気じゃないってこと。子供達はどこかしら？
ムレミイ：子供達なら近所のどこかにいて、友達と遊んでいるに違いないですよ。
ケジア：私と同じ名前の子は、今ではすっかり大きくなっているでしょうね。
ムレミイ：ええ、そうです。息子の方もすっかり大きいですから。祖父と同様、背も高いですしね。
ケジア：（上の空で）それは良いわね。それは良いわね。ところで、お母さんはどこにいるの？
ムレミイ：アミナータなら一族の人々を訪問しに行きました。メンベに出かけたのですが、今ずっと待っているのです。
ケジア：分かったわ。それで、あなたはあたり一面にこの「とげ」を投げつけているってわけ？　この板で何を殺しているの？
ムレミイ：（愉快そうに）これは「とげ」じゃないですよ、おばさん。ダーツですよ。これはゲームなんです。

ダーツのゲームなんです。
ケジア：ダーツのゲームですって？　（休止）妻に先立たれた男のためのものかい？
ムレミイ：（彼女が言いたいことに気付かずに）いやいや、違いますよ。これは男女共にできるゲームです。三人以上なら一番上手く遊べますよ。ダーツのとても上手い女性を何人か知ってますよ。おばさんもやってみますか？
ケジア：どうかしてるわ。何もすることがない人のように見える？
ムレミイ：（興奮して）いいですか、おばさん。これは娯楽なんですから。この領域は雄牛の目と呼ばれてるんです。当たれば五〇ポイントです。ダーツを選べますよ。
ケジア：ドクター！
ムレミイ：はい、おばさん。
ケジア：あなたは私達の育てた子供じゃないわ。あなたの妻を責めているのよ。アミナータの教育が間違ってたのよ。医者の一人前の男が一日中一人きりで過ごして、一枚の板で暇つぶしをしているなんて。
ムレミイ：これはゲームに過ぎないんですよ、おばさん。
ケジア：ゲームに過ぎないですって？　あなたの飼っているサル、ネズミ、それにウサギはどう説明するの？
　それらは何のゲームだって言うの？
ムレミイ：仕事用ですよ、おばさん。サル、ウサギ、ネズミは大切な存在です。研究用です。
ケジア：研究ですって。それは何のゲームなの？　雄牛のゲームでもあるの？
ムレミイ：（彼女を無視して）上手くやれば、間違いなしと確信しているんですがね。外国の硬貨で何百万シリングを母なるケニアに蓄えることができるでしょう。
ケジア：真っ先にこの退屈な状態から自分を救い出すことね。私の兄の息子よ、あなたとアミナータのことはよく知っているから心配しているのよ。サル、ウサギはいいでしょう。動物は人間のように考えたりしないんだから。でもね、どうして人間の身体でゲームをしたりするの？
ムレミイ：人間の身体でゲームですって？
ケジア：ええ、真理はそんなふうに眠ったりしないということを覚えておいて。男性の腰かけは女性のおしりじゃないんだから。アミナータはそのことを知るべきね。どうしてアミナータは自分の父親の土地を受け継ぐのに争っているの？　アミナータは何のためにメンベに戻って来たの？
ムレミイ：おばさん、アミナータは彼女の亡き父の土地を受け継ぐのに、争ったりはしていませんよ。彼女の父は遺言で一区画を残したんです。それは彼女の権利です。
ケジア：彼女の権利ですって？　息子よ、何があなたの中に入り込んだの？　土地の所有者が、女性の権利になったときからなの？
ムレミイ：おばさん、その話題はよしましょう。
ケジア：ドクター、私が話しているわけじゃないわ。私はあなたのお父さんの使いの者に過ぎないの。そういうわけで、私はここに来たのよ。それに私は親類としてではなく使いの者として来たわけだから、私の言葉を話すつもりはないわ。あなたのお父さんはたった一つの問いのために、私をあなたの元へよこしたの。どうしてあなたはアミナータと結婚したの？
ムレミイ：おばさん、私はそんなに怠けてはいません。
ケジア：私はただの使いに過ぎないわ。あなたのお父さんはある答えを期待しているの。巡回する病気じゃなければ、彼自身がここに来ているでしょう。あなたとアミナータはどうして結婚したの？
ムレミイ：他の全ての人と同じ理由ですよ。お互いに付き合って子供が生まれて、といった理由からですよ。
ケジア：お互いに仲良くなってですって！　今は誰と仲良くなっているの？　アミナータなの、それとも一枚の板なの？
ムレミイ：お使いの者に対して、私はあなたは少しばかりやりすぎだと申し上げたい。
ケジア：やりすぎですって？　違うわ、まだ歩みを進めてさえいないわ。あなたのお父さんは夜明けから太陽が私達の頭を過ぎてゆくまで、ずっと私に話してくれたのよ。お父さんの言葉は私の耳に鮮やかに残っているわ。あなたは十二年間も結婚しているの。十二年間もよ。それにそのことに対して、何を証明する必要があるの？　二人の子供と家族計画に関する厚い本よ！　私の兄の息子よ、あなたには同年齢の者の笑いものになって欲しくはないの。（芝居をして）「ドクター、最近家族は何人いるの？」（喉をすっきりさせる）「ああ、ええと、現在二人の子供がいて、七匹のウサギと十六匹のサルがいます」
ムレミイ：神よ！　これは馬鹿げている！
ケジア：ドクター、馬鹿げているわ。アミナータの家へあらゆる持参金を送った後では、とても馬鹿げているわ。依然としてそのことに対して証明すべきものはないわ。
ムレミイ：こんなつまらないことからアミナータを外して下さい。
ケジア：そのことからアミナータを外すとき、あなたやこの板、それに騒がしいサルを除いて何が残るって言うの？
ムレミイ：おばさん、この件に関してあなたとやりとりしたくはありません。家族計画という話題は、私の精神に大事なものです。それは私の現在であり、私の明日なのです。この分野における多くの問題に対する解答を探すのに、多くの時間を費やして来ました。我が子や他の子供にとっての素晴らしい未来、素晴らしい国家こそが常に私の関心事でした。実際、アミナータの父がこれと同じ話題に等しく関心を寄せていたということは、十分に調和しているのです。こういうわけで、この話題からアミナータを外さなければなりません。二人の子供達のために計画し、それで幸せなのです。子供達の未来の健全さが、その数によって部分的に補償されているので幸せです。
ケジア：神はアダムとイヴをエデンの園に入れて、「家族を増やしなさい」と言ったわ。神は彼等にダーツをしなさいとは言わなかったわ。
ムレミイ：ダーツをすれば子供を生まなくていいと言うんですね。ねえ、それは良い考えでしょう。そう思いませんか？　（休止）こちらを見て、おばさん。あなたは彼等を子供達と呼んでいるのです。神の祝福です。しかし、私は彼等を金食い虫と呼んでいるのです。というのも、それが現実だからです。食事をするための口、薬を飲むための口、不快で嘆き悲しんだりうめいたりするための口です。アミナータと私は、最終的に決意する前に、その口に深刻な思考を与えたのです。現在、彼女は最も深い渓谷で自分の仕事を自由に追求し、人々が自分の生活を改善するための手助けをしているのです。
ケジア：メンベや私達のために彼女がなしたことを過小評価したりはしないわ。全くね。せいぜい私達が現在求めているのは、彼女の中の女性の部分よ。あらゆる彼女の善意をたった二人の子供に投資すべきなの？私の兄の息子よ、それが私達の心配事よ。ラジオのスイッチを入れると、いつも私達が耳にするのはアミナータの名前よ。あなた達に何があったの？
ムレミイ：私の仕事は黙っていることです。おばさん、ラジオの故障を直しているのではありません。どんな場合にも、アミナータがどれほど恥ずかしがり屋かを知るべきです。
ケジア：いいえ、ドクター。アミナータはやりすぎているのよ。アミナータが夫や自分の子供達のために時間を割けないのならば、女性ではないのよ。そういうわけで、あなたは退屈というゲームを遊んでいるのよ。あなたはアミナータをあなたの家庭で夫にしてしまったのよ。
ムレミイ：あなたがどこかで最高の女性を見つけるのと同様に、アミナータは優れた妻であり母親でもあるのです。彼女を私が生涯で下した、いかなる主たる決断に対しても責めるべきではないのです。

ケジア：ナイフ（割礼）についてはどうなの？　彼女はナイフを受け入れたんじゃないの？
ムレミイ：それは初耳です。
ケジア：ドクター、仮にアミナータが女性らしさをあなたの専門に売ってしまったならば、あなたは二人目の妻を迎える必要があるでしょう。あなたは唯一の息子であるということを肝に銘じておいて。
ムレミイ：これは如何にして社会が愛すべき人を身内で殺すかの完全な例です。ケジアおばさん、私は何のために脳を備えて生まれて来たのですか？
ケジア：アミナータの家族の呪いは、何故、神が脳を備えた私達を祝福したのかとは関係がないわ。ちょっと考えてみてちょうだい。第一に彼女の父がいて、次におじがいて、今は彼女自身なのよ。それではナイフに彼等をひきつけているのは家族の中の何なの？
ムレミイ：賢明な判断です。それが全てです。
ケジア：彼女は賢明になって、父の一区画の土地はあきらめるべきよ。さもなければ、彼女はおじの呪いを生かすことはないでしょう。ジュンバが数日前にあなたのお父さんに書いた手紙は、脳を持った人々が無視すべき類いのものではないのです。男が有害な呪いを彼女の頭にかけないように、彼女をやめさせなさい。
ムレミイ：呪いこそ歓迎します。一度のことではないでしょうから。呪いを恐れてこの変化している世界の中で、私達は無知の島に留まっているべきでしょうか？
ケジア：私の兄の息子よ。父、おじ、おばの呪いが、来たるべき世代の家系に真っ直ぐ流れていることに用心しなさい。それを簡単に取り上げたりしないで。言ったように、私は使いの者に過ぎないの。あなたのお父さんの言葉をあなたの耳に入れるのよ。今から私は息子のアガタを訪れる必要があるわ。神は先週訪問者と一緒に彼等を祝福したわ。
ムレミイ：訪問者ですって？

ケジア：（興奮して）ええ、女の子の赤ちゃんよ。あなたのお母さんは幸運ね。その子の名前は、あなたのお母さんにちなんでつけられたのだから。
ムレミイ：その子は七番目の子供ですか？
ケジア：（勝ち誇ったように）違うわ。八番目の子供よ。末っ子は双子だったのよ。
ムレミイ：彼等に神の祝福あれ！
ケジア：そうあって欲しいわね。あなたにも神の祝福あれ。お分かりの通り、遅すぎるということはないわ。（休止）それで、私のこの物語を口に出さずに帰れというのかしら？
ムレミイ：物語ですって？　何の物語ですか？
ケジア：幼いウサギを生まずに、卵を生みたがっていたウサギに関するアデマの物語よ。
ムレミイ：しかし私にはその必要が……。
ケジア：あなたのためじゃないわ。私と同名の人のためよ。最後に私がここに来たときに彼女と約束したのよ。
ムレミイ：それをテープにとったらどうですか？　いい機械があるんですよ。
ケジア：いいえ。自分の声をあなたの魔法でとらえられたくはないわ。
ムレミイ：分かりました。遊びから戻って来たときに、そのことを伝えられるようにあなたも私に告げて下さい。
ケジア：いいえ。すぐに再び戻って来ますから。
ムレミイ：すぐとはいつのことですか？
ケジア：家がもう少し暖かくなってきたらよ。健康でいてね。それとアミナータには私がよろしく言っていたなんて言わないでちょうだい。
ムレミイ：おばさんこそお元気で。（彼女は退出する。ムレミイはしばらくの間じっと立っていて、ケジアが退出して

いくのを見ている。突然彼はダーツを取り上げて、板に素早く連続的に一本一本投げつける。アミナータが登場すると
き、その行為を続けている。彼女はスーツケースを運んでいる）
アミナータ：あなた、どうしたの？
ムレミイ：うーん。ああ、アミナータ！
アミナータ：板で何をしてるの？
ムレミイ：おかえり！
アミナータ：ありがとう。その板についてはどうなの？　板を傷つけるのに自分が曲げられているかのように
　ダーツを投げていたわ。
ムレミイ：どこにそんな証拠があるのさ？
アミナータ：あなたの顔の線よ。子供達はどこなの？
ムレミイ：外で遊んでいるに違いない。
アミナータ：こんな天気なのに？
ムレミイ：選択の自由だよ。彼等の権利だよ。
アミナータ：私のおじもあなたが権利について話すのを聞くのにここにいるべきね。彼が嫌悪している言葉よ。
　権利はね。
ムレミイ：でも、君は彼に意味を分からせたんじゃないかね。
アミナータ：皆に意味を分からせるために私がメンベに行ったんじゃないということは分かってるでしょ。そ
　れどころか、私はただそこへ行って、最終的に私の土地の贈り物を受け取ったのよ。
ムレミイ：また正式にそれを受け取ったの？
アミナータ：いいえ。裁判になる気がするわ。言っておくけど、ジュンバはキツネよ。今、彼等は墓について

空想的な話をしているの。どうして急いでお墓をセメントにしなければいけないのかしら。彼等によると、私達の亡き父は自分の墓をセメントにすることについて、心変わりした後に亡くなったって言うのよ。老人は死ぬ二日前にベッドの脇に、アバービオと私のおじの二人を呼んだことになっているの。そのとき彼は推定では埋葬の仕方について話をしたことになっているわ。アバービオは墓の側でこれが絶対的な真実だと誓う準備さえしているわ。

ムレミイ：遺言についてはどうなの？　それが重要なことだよ。

アミナータ：（皮肉に）メンベにおいては、一枚の紙に書かれたものは全く重要じゃないのよ。死んだ者じゃなくて、生きている者の証拠を求めているのよ。

ムレミイ：ああ、でもそれは簡単なことじゃないかな。私達の側にはジョシュアがついているんだから。彼が主たる目撃者なんだ。

アミナータ：法的には彼等の弁護は全く望みがないわ。比較的啓蒙された年配者なら、このことを知っている者もいるわ。ジュンバに従っている残りの者は皆、完全に理性を受けつけないの。

ムレミイ：それで君はどうしたの？

アミナータ：何も。実際、彼等の大半は私が黙っていることにすっかり驚いていたわ。あなたも知っての通り、私がおじの家に到着するとすぐに、土地の年配者が呼び出されたの。一時間の間、彼等は皆そこで黙って座っていたわ。顔に浮かんだ不安の色から、私は、私とアバービオ、おじを巡っての対決を期待していたと思ったの。でも、彼等は間違いだったわ。そんな対決から私は何が得られるでしょう？　全く何も得られないわ。それで私は丁度そこへ座り、よく聞いているふりをしたの。あなたも知っての通り、全くもって何もしないというやり方なの。四時間後、彼等は依然として決断しておらず、おじはいつものように既に正気を失っていたわ。会議は翌日まで持ち越しとなったんだけど、それでも問題は解決しなかったわ。

ムレミイ：川の方に行って戻って来た、君が女性を救った様々な旅のことを彼等は認識していないのか？
アミナータ：女性はこぞって私の背後にいて、中には夫に話しかけている者もあったわ。だからお分かりでしょうけど、もはや私の戦いじゃないのよ。
ムレミイ：君のおじは、大陸の啓蒙された民族の指導者の完璧な嘲笑の的だな。
アミナータ：この大陸でよ！　それはあまりにも大きすぎる名声なのよ。（休止）でもお分かりでしょうけど、そこにいる間に結局彼が実際に私を嫌いではない、こうした感情を私は抱いたわ。いいえ、それは恐怖よ。暗闇の、未知の恐怖と同様に一種の恐怖なのよ。
ムレミイ：それで君とバルートの二人がいるわけだ。
アミナータ：ええ、今私はどうしてバルートが怒っているか分かるわ。バルートのことを彼が理解していないからよ。沈黙の力、未知の力よ。歴史的な悲劇の沈黙の中で、潜在的に閉じ込められた全てのものよ。それは私達女性にも同様に当てはまるのよ。何年にも渡って、男性は私達の沈黙の中で成長してきたわ。何年にも渡って、男性は私達の潜在能力を使って私達を埋葬してきたけれど、それは悲劇的なことよ。バルートからたった一言も聞かずにバルートを埋葬することを想像できる？
ムレミイ：君、そのことについて感傷的にならないように。君は弁護士なんだから。
アミナータ：あなた、私は弁護士だって分かっています。でも私は一女性であり、あなたの妻であるということも分かっています。私には感情があるのです。私は涙だって流します。ただ私の職業上のカツラのために、私には感情がないふりをしていましょうか？
ムレミイ：恐らくは、ケジアおばさんはもう少し長くとどまっているべきだったのだろう。おばさんは自分の耳を信じていなかっただろう。
アミナータ：ケジアおばさんですって？

ムレミイ：そうとも。彼女はほんの数分前に出て行ったばかりさ。家庭がもう少し暖まれば、戻って来るだろうと言っていたよ。
アミナータ：彼女は正しかった。子供達が外で遊んでいるときには、あまりにも静かになっている。
ムレミイ：それは彼女が意図したことじゃない。「神はアダムとイヴをつくり、この世界を子供達でいっぱいにするように言った」こういう伝言を私達の頭に浮かべさせるためにやって来たのさ。全てが皮肉であるのは、彼等が手術を受けたのはあなただと思っているということさ。彼等は私が自分自身のギニーの豚だということを知らないのさ。
アミナータ：それで、彼等はあなたに何をしてもらいたがっているの？
ムレミイ：明らかじゃないか？　処方箋は第二の妻だよ。
アミナータ：（心の）貧しい人達。彼等に理解しようとして欲しいわ。
ムレミイ：彼等じゃないよ、アミナータ。私達だよ。決断は私達自身のもので、後悔はないよ。私達は感激的な例を与えることによって、ペースをとる必要があったんだ。私達の側で弱まっていることはどんなことでも、それは争いは負けているということだ。私達自身の直感では、君の亡くなったお父さんは、年はとっているけれど賢明だね。彼は十分に将来を見通していた。
アミナータ：ジョージ、私が疑念を持つときもあるわ。
ムレミイ：疑念だって？　君が？
アミナータ：ええ。私達は絶対に確実だということはありえないでしょう。
ムレミイ：さて、私達が絶対的に確実である必要はないということは、君も分かっている。丁度今、私はそれが一時的なものだということを八〇％確実だと思っている。それがサルとウサギに当てはまるのかどうか。どうしてそれは私には機能しないのか？　方法は非常に安全で数カ月で研究室から分かるはずだ。現在私の唯一の後悔は、君の土地の問題は私をゆっくりと下降させ始めているということさ。四つの実験のうち、三つを先週立ち上げたのだが、それらは全て災害だったよ、アミナータ。
アミナータ：ええ、ジョージ。
ムレミイ：この遺言の件は置いておいて、実際に問題になることに集中しよう。それが紅茶のカップの中で嵐を起こし始めている。
アミナータ：それは私の夫の言う言葉ではないわ、ジョージ。遺言は始まりに過ぎないの。嵐はまだ来ていないから。それに紅茶のカップの中にもないわ。
ムレミイ：君のおじさんは、この遺産の全ての問題を少し遠くにやりすぎているんだ。どうして彼は私の父に手紙を書く必要があるのか？
アミナータ：（ショックで）いいえ、彼は分かっていないわ！
ムレミイ：いや、彼には分かっている。そういうわけで、ケジアおばさんがやって来たんだ。
アミナータ：それじゃあ、私が彼等と争えば苦い結末になるわ。ジョージ、これは私の争いじゃないわ。私が言いたいのはね、私達を見てちょうだい。私達は一生懸命働いて土地と他の財産を買ったのよ。今、私達の娘はそうした財産の一部を受け継ぐことから妨げられるべきなの？
ムレミイ：せいぜい私が言いたいのは、この争いは村の外で争われる必要はないということさ。そこには正義なんてないんだから。
アミナータ：正確にはそういうわけで、私は私のおじと彼の年長者の仲間は、女性であることで何が間違っているかを私に告げているということを求めているの。私は彼等に私について何が間違っているのかを告げてもらいたいわ！
ムレミイ：禁忌と迷信において言いふらす人達だな。

アミナータ：彼等の禁忌は、根のない木の乾いた葉なのよ。ニワトリのスープの有名なものはどうなったの？　それが私を殺したの？　それにそれを大人にまで生かしていたのだから、私のおじは私にとって子供のない生活を予想していたんじゃないの？　ああ、その男は害悪だけど、その害悪は、ある日はね返って来るでしょう。彼とアバービオとの仲間の基礎には、ただ相互の無知しかないでしょう。

ムレミイ：相互の無知、それはいいね。相互の無知に基づく友情は、空中で捨てられる鳥の羽のようなものだ。そういうわけで、彼等は私の父の支持を得たいのさ。未熟な争いを起こさせるためにベルトの下を撃つのさ。

アミナータ：どれほど一貫して私があの土地の提供を拒絶しようとしているかを分かってもらいたいわ。でもあの老人は、私にあの土地を与える決心がついていたので、彼と論争してももはや無駄だったの。そういうわけで、その土地の件で争いをやめることによって、彼を失望させたくはないわ。一時間以上もの間、彼は私に懇願し、最後には私がその件を受け入れるように要求したわ。たやすいことじゃなかったし、私は彼にそう告げたの。でも、彼は全く我慢しようとはしなかったの。午後遅かったし、彼が平穏に眠ったまま亡くなるまさに三日前の出来事だったわ。あなたも知っての通り、私は彼が部屋で眠っているもとを去って、隣の部屋に入り家族のアルバムの写真を見ていたわ。突然ドアを軽くノックする音が聞こえたの。最初それはジョシュアだと思ったわ。「どうぞ」と返答したわ。ゆっくりとドアが押し開けられ、するとそこに彼がいたの。弱々しかったけど、見かけは幸せそうだったわ。（ここまでの会話の間、軽いノックを耳にするだろう。ドアがゆっくりと開くと、アミナータのセリフの終わりまでに明るい柄のドレシングガウンを着たゴヤの姿が、まさにアミナータが述べているように現われる）

ゴヤ：ああ、アミナータ。それでいいんだ。

アミナータ：お父さん！

ゴヤ：ああ、我が子よ。驚くことはない。まだ健康だよ。

アミナータ：こちらへ来て、ここに腰を下ろして。
ゴヤ：いいや、私は座ることはない。二週間の間、私はあのベッドに横たわっていた。でも今日は活力が戻ってきて、私の足下まで届いている気がした。「神に祈りを！」と言ったよ。そういうわけで、私はここにいる。お前と話がしたいんだ。
アミナータ：でも本当に今話をする必要があるの、お父さん？　今じゃないとダメなの？　薬を飲んだばかりじゃないの。休む必要があるわ。
ゴヤ：これが休息だよ。再び私の足で立っているのが見られるよ。アミナータ、私はお前と考えを分かち合うためにやって来た。お前とお前の夫が、私やメンベの人々のためにしてくれたことに感謝の言葉を言うためにやって来たんだ。
アミナータ：お父さん、そんな必要はないって。あなたも分かっているでしょう。
ゴヤ：必要ないだと？　お前とお前の夫は私によくしてくれているし、神も隣人もお前の行動を見ている。私が腰を下ろし、そのことについて考えるとき、疑念が私の頭をよぎる。「私は若い人々にとって悩みの種となっているのか？　どうして私は子供達からあまりにも多くのことを要求したのか？」これらは私の頭を悩ますいくつかの問題だ。そこで、私は腰を下ろし、以前に生きた人としてはっきりと自分自身を見ている。そのとき私は案内として神を求めているのだ。そうとも、我が子よ。そのとき私はひざまずいて祈るのだ。
（彼はひざまずいて祈る）神よ、有効性の証明された方法よ。
　我が民族が最高だ。
　だが、ああ、神よ。我々を賢明にしてくれる。
　我々は変化を受け入れるだろう。アーメン。
ゴヤ：（立ち上がって）汝に祝福あれ、我が子よ。

アミナータ：ありがとう、お父さん。

ゴヤ：お前の兄にも祝福あれ。彼等の目がお前の目と同様に開いていることを祈る。アミナータ、お前の母は優れた女性だった。彼女が亡くなったとき、私は自分の人生の終わりだと思った。しかし当時、お前はそのことを特に上手く受け入れてくれた。そのことで私は引き継ぐ意志が得られた。そうとも、お前は私に生きることを教えてくれた。お前も知っての通り、人々はお前のことをゴヤの娘だと言うが、私自身の考えでは、アミナータは私の息子なのだ。息子、娘、母、父、神のあらゆる子供達。違いはどこにあるのか、アミナータ。

アミナータ：その通りです、お父さん。

ゴヤ：私が幼い子供だったとき、私達の母は囚人のように生活していた。母親が参加するのを許されていなかった数多くの活動があった。実際、彼女達はある種の食事を食べることを禁じられていた。そうとも、しかし神の男として、私は禁忌と迷信を目にして「違う」と言った。女性にとっては不公平なのだ。そこで私は女性を男性の側で自信を持って働かせる運動をした。その運動にお前を利用したのだ。ニワトリのスープの日のことをお前は覚えているか？

アミナータ：もちろんですよ、お父さん。どうしてその日を忘れることができましょうか。

ゴヤ：当時、お前は赤ん坊に過ぎなかった。最初お前の母は恐れていたが、徐々に変化を受け入れ、それと共に生きることを学んだ。男は幸せでもなかったし、お前のおじのジュンバはあらゆる男性の中で最も不幸だった。現在ジュンバがお前のことを憎んでいるとすれば、それは私がお前を利用して男が間違っていることを証明したからだ。彼等はお前は死ぬだろうと思っていたが、我が子よ、お前はここにいる。

アミナータ：お父さん、ありがとう。今私は、あなたはベッドに戻り休むべきだと思います。

ゴヤ：我が子よ、これが休息だよ。どこの父が自分の娘と顔を合わせ、私が今お前に言っていることを言うだろうか？　これまでの私の説教の中で言ってきたように、私達が抱いている男性像・女性像は私達の精神の創り出したものなのだ。そのような区分が、私達にとって如何なる結果にもなるべきではない。良い人間もいれば、悪い人間もいる。お前の心は綺麗だよ、アミナータ。そのことをお前の夫はよく知っている。
アミナータ：お父さん。
ゴヤ：そうとも、我が子よ。
アミナータ：お父さんのおかげで私は涙ぐむわ。
ゴヤ：私のせいだって？　私のせいで涙ぐむことはない。お前の兄のアバービオは泣くことができるが、お前ではない。私のアミナータが涙ぐむことはない。お前はお前とお前の夫が大昔に歌った緑の丘だよ。（彼は歌い始めて、アミナータも「遠くに緑の丘がある」という情緒的な最初の歌詞を歌った）

遠くに緑の丘がある
信愛なる神がはりつけにされた　町の壁なしに
神は私達皆を救うために死んだ
ああ、心から神は愛した
そして　私達も神を愛さねばならない
そして　神の埋め合わせをする血を信頼しなければならない
そして　神のやるべき仕事を試みなければならない

ゴヤ：お前は歌が上手い。
アミナータ：お父さんも。私は驚いたわ。
ゴヤ：ありがとう。今私は言いに来たことは言わねばならない。お前にちょっとした贈り物がある。
アミナータ：贈り物ですって。何のためのものなの？

ゴヤ：我が子よ、何のためのものだと思う？　メンベの女性がお前の名前を歌い、子供達が自分の声を繰り返す。お前の長寿を祈ってね。彼等がお前をほめる歌をどうして歌うのか、疑問に思ったことはあるか？　ないだろう。お前にはない。私自身はお前をほめる歌をはるかに長く歌うことはできないし、そういうわけで、私はささやかな贈り物をお前に渡すことに決めた。ほんのわずかの三エーカーの私自身の土地だ。その土地は好きなように使え。

アミナータ：土地ですって？　ダメよ、お父さん。女性は自分の父親から土地を譲り受けることがないって分かっているはずよ。

ゴヤ：お前は女性ではない。アミナータ、お前は我が子だ。贈り物を受け取ってくれるのか、くれないのか？

アミナータ：どんな選択肢があるの？

ゴヤ：聞こう。

アミナータ：難しいわ。

ゴヤ：難しいのは分かるが、私達は変化を受け入れなければならない。お前の純真な手があの器のニワトリのスープを受け入れたように、お前は地上での父親の最後の日に、父親からの贈り物の土地を受け入れなければならない。

アミナータ：お父さんは……。つまり何て言ったら良いのかしら？　お父さん、時間を下さい。時間をね。ジョージと相談する必要があるの。

ゴヤ：お前の夫は分かってくれるよ。彼は拒否したりしないよ。

アミナータ：ええ。でも、彼の意見を聞く必要があるわ。

ゴヤ：いいかい、我が子よ。遺言は書いて封をしてある。すぐにお前自身が複製を取っておくとよい。私が亡くなるとき、お前は私を失望させることがないと信じているよ。（彼は咳を抑えられなくなり始める。アミナータは彼を助けるために駆け寄る）その必要はない。下がれ、下がれ。私が立ち上がっているのが見てとれるだろう。（アミナータは丁度回想する前のところに戻る）ありがとう。我が子よ、さらばだ。
アミナータ：さよなら、お父さん。（ゴヤは引き下がり、自分の後ろのドアを閉める）奇妙な理由で、私は父に付き添って部屋に戻ることが嫌ではなかったの。父が出て行った後になってはじめて、私は父が死ぬんじゃないかということに気付いたわ。その後すぐに、私は土地を受け入れることを決心したの。
ムレミイ：どうしてお父さんは君の兄やおじさんに遺言のことについて話さなかったんだい？
アミナータ：私も理由を知りたいわ。でも父は亡くなる一日前にジョシュアを送って、おじとアバービオを呼んだわ。でも二人共現われなかったわ。
ムレミイ：それで私達はどうしようか？
アミナータ：裁判沙汰にする必要があるわ。彼等に数日与えて、それから法廷へ行くわ。
ムレミイ：その点については、その知恵には確信を持てないな。
アミナータ：待って様子を見ましょう。差し当たり有能な専門家を見つける必要があるから。
ムレミイ：有能な専門家だって？
アミナータ：ええ、若者のダンスの一団には専門家はいなかったので、（私は）彼等のために振り付け師を雇うことを申し出たの。
ムレミイ：君は僕を驚かせてばかりだな。
アミナータ：それが結婚よ。驚きに満ちているわ。ああ、今思い出したわ！
ムレミイ：何だって？
アミナータ：村にはあなたを驚かせることがもう一つあるわ。ロシーナ母さんの考えよ。
ムレミイ：それは何だい？

アミナータ：伝統的な肥沃な草よ！　（二人は明かりが消えていくとき、短時間じっと見つめる）

第二幕

第一場（知恵比べ）

午後早くジュンバの家にて。話は舞台の右側にある主な家庭の間の空間にて起こる。また、ジュンバの小屋は左側にある。各々の家の前方の壁だけを見ることができる二軒の家の間の遊歩道から分かるのは、家は舞台に現われるほどにはお互いに近いものではない。ジュンバの小屋に近いのは、サファリのベッドであり男性のシエスタには都合の良いものである。幕が開くと、アバービオの酔っ払った声を、距離を取って歌を歌うことができる。アバービオが小屋に近付くにつれて、時折歌を歌うのが止まり独り言を言っている。

アバービオ：馬鹿め！　彼等に話をさせよう。それで何だって？　彼等は何をすることができる？　何もない！　私は男性に生まれた。それだけだ。またそのことが問題となっている。それにお分かりのように、私のおじもまた別人だ。（ジュンバを真似る）「アバービオ、お前は酒を飲むのをやめる必要がある」さて、（さて、さて、）神の名において、彼はそのことを言おうとしたのか？　馬鹿め！　（短く歌う）さあ、私に話をしてくれ。ちょっとした酒を飲んで何が悪いんだ？　それが問題なんだ。それが問題なんだ。もう一杯飲んでもそれをうつことはできない。そのことが言いたいんだ。神は自分自身の手を試みたが、全く同等のものと現われることはなかった。やあ、私は経験から話をしている。十二年の経験から。やあ、あの一気飲みは素晴らしい。（指折り酒の利点をあげる）それは安っぽく頭を悩ませるが、とりわけそれは当然の家族の計画の立案者だ。やあ、そのつもりだ。単純にそうした状況に到達することは不可能ではない。（彼は家族の家に近付きながら歌を歌う）ロシーナ母さん、ロシーナ母さん。私は通り過ぎてゆく。（ドアが開いてロシーナが出て来る）

ロシーナ：それは何なの？　どうしてあなたは平原を横切って私の名前を呼ぶの？

アバービオ：声に出すのはあまりにも強すぎる、ロシーナ母さん。

ロシーナ：あなたはどこにいたの？

アバービオ：それに対する答えを求めているのですか？

ロシーナ：ええ、アゲーゲはいつも酔っ払って家に戻って来ては、あなたを探しているのよ。

アバービオ：アゲーゲが私を探しているですって。何のために。

ロシーナ：私達が彼にあなたを探すように頼んだのよ。あなたの妹はここにいるし、あなたと話したがっているのよ。

アバービオ：誰が？　アミナータが？　ロシーナ母さん、さよなら。（ふらついてその場を離れようとする）

アバービオ：さよならって言ったでしょう！

ロシーナ：アバービオ！

ロシーナ：（威厳を持って）アバービオ！

アバービオ：もう、何ですか？

ロシーナ：ここに戻って来なさい！　（アバービオは嫌々ながらロシーナがいる場所へ歩いて戻って来る）

アバービオ：ロシーナ母さん、彼女には会いたくないんです。

ロシーナ：それはどういうこと？　自分の妹に会いたくないなんてどうしてなの？

アバービオ：アミナータは私の妹じゃない。アミナータは野獣で、全ての人を足下に踏みつけたがる雌の象なんです。
ロシーナ：あなたとアミナータの間で、誰が野獣なの？
アバービオ：さあ、アミナータの立場に立ちなさいよ。でも、壁に私を押し付けたりしないで。言いたくないことを言わせないで下さい。
ロシーナ：あなたが秘密にしていることは、あなたの損失になるのよ。あなたとアミナータは腰を下ろして話をする必要があるわ。他にあなた方の相違をどうやって解決してくれるのでしょう？
アバービオ：アミナータに私の妻と子供を第一に取り返すように頼んで下さい。
ロシーナ：アバービオ、アミナータに身代わりは見つからないでしょう。あなたの妹は何マイルも離れていて、あなたの妻は彼女の荷物をまとめて人々のところに戻って行ったわ。
アバービオ：証明できますよ、ロシーナ母さん。アミナータがミシアの出発に責任を持っていたことを証明できますよ。
ロシーナ：アバービオ、それを証明して。証明しなさいよ。
アバービオ：ミシアがいつもアミナータに助言を求めて頼っていたのは常識ですよ。それに策士の弁護士を通して彼女を知ったことを忘れないで下さいよ！
ロシーナ：それがあなたのいわゆる証明なの？
アバービオ：聞いて下さいよ、ロシーナ母さん。アミナータと私が父の埋葬の前日に口論をしたとき、彼女とミシアは二時間姿を消していた。さて、二人は何について話をしていたと思います？　二人が戻った後で、本物の厄介事が始まったんです。ミシアは私の名前、彼女が以前一度も私を呼んだことのないものを呼び続けたんです。そのとき人生は私達二人の間では二度と同じものにはならないだろうと分かったんです。確かに彼女は言い分を立証して、私アバービオが無責任だということを証明したんです。

ロシーナ：アバービオ、あなたは間違っているわ。あなたは妹のことを何も分かっていない。一緒に大きくなったけれど、あなたの頭の中のもののせいで、あなたはアミナータのことを理解できなくなっているのよ。ミシアと彼女の出発の件では、あなたはあなた自身の敵なのよ。チャンガーは花の匂いがしないのは知ってるでしょ。

アバービオ：（立腹して）さあ、彼女を呼んで下さい。彼女はどこですか？　さあ、彼女を呼んで彼女に否定させましょう。彼女を呼んで下さい。

アミナータ：（誰かが家から丁度現われた）お兄さん、私はここよ。（休止）ロシーナ母さん、しばらく放っておいて下さい。

アバービオ：（困惑して）いいえ、ロシーナ母さん。ここにいて下さい！

アミナータ：じゃあ、いいでしょう。ここにいて下さい、ロシーナ母さん。アバービオ、あなたはゴヤの家族の中では長男です。だから一緒に話し合いたいの。ミシアと私はあなた方が結婚する前から仲良しだったわ。今でも仲良しだと信じています。結局は、彼女は私の義理の姉なんです。さて、あなたは本当に私が彼女のもとに歩み寄って、私の兄について何てひどい夫かしらと言うと思っているの？

アバービオ：でも、お前はそうしたじゃないか！

アミナータ：私が？　どんな動機で？

アバービオ：動機だって？　もう俺に法律の用語を使わないでくれ！　印象が良くないから、法律用語を持ち込まないでくれ。お前自身が去ったわずか数日後にミシアがいなくなったのは周知の事実さ。お前がその計画を企んだんじゃないか？

アミナータ：ちょっと考えてみてちょうだい。ミシアがあなたから離れたのは初めてなの？　ロシーナ母さん、ミシアは何度荷物をまとめて彼女の一族のところに戻ったの？

ロシーナ：いいえ。あなた方はこの会話に私の口を挟ませないようにするべきよ。
アミナータ：お兄さん、あなたとおじのジュンバは私を驚かせているわ。ここでの私の訪問をどうして嫌うの？
　どこへ私は走って行きましょうか。あなたとミシアのときと同様に、私の夫と私は仲違いすべきなの？
ロシーナ：あなたは私の唇からその質問を真っ直ぐ引き出したわ。そのことを私は先週彼等に尋ねているのよ。
かき乱された結婚の涙を洗うのは女性自身よ。誰があなたの涙を洗うと思っているの？
アミナータ：私はアバービオの子供の学費を払ってきたし、私のおじの仕立て屋の事業は私自身のお金で始められたし、あなたがここで飲んでいる水は私の名義になっているし、そして今度はダンスの一座でしょう。
これ以上何をあなたとおじのジュンバは私から求めているの？
ロシーナ：アミナータ、嫉妬深い近所の感謝には、呪いが付きまとっているわ。ここの人々は、あなたが死んでいなくなれば感謝するでしょう。
アミナータ：あなたは正しいわ、ロシーナ母さん。私は土地の名前で感謝されています。
ロシーナ：アバービオ、大人になってあなたの妹と面と向き合いなさい。どこで彼女は間違ったのかをアミナータに話しなさい。それがせいぜい彼女が求めていることよ。
アバービオ：私は話をしたくない。
ロシーナ：そうすれば、あなた方二人は兄と妹なのよ。あなたのおじも話したがらないわ。それにあなたの妹の純粋な名前に対して、あなたの汚点の運動の終わりにしなさいよ。
アバービオ：純粋な名前。私の足よ！
アミナータ：ロシーナ母さん、私達は無のために息を無駄にしています。彼を見て下さい。私達の母の息子に残されている破滅を見て下さい。
アバービオ：あなたは彼女の言葉に注意しましたか？　「私達の母の息子」だって。ロシーナ母さん、それを聞きましたか？　正確にはそういうわけで、私は彼女を憎んでるんです。彼女は一つの文を発すれば、必ず女性を支持するのです！
アミナータ：それがあなたの病気よ、アバービオ。それはどれもあなたの頭の中に浮かんでることよ。だから私は、あなたがあなた自身の個人的な不適切さのために一般的に女性を嫌っていて、時に私を嫌っているということをあなたに伝えたのよ。
アバービオ：続けろよ。私は聞いているから。
アミナータ：あなたは私がメンベの人々のためにやったことを、嫌っていたり恐れていたりすることが深く根付いた劣等感から生じているということを、あなたはさらに伝えたのよ。
アバービオ：そこでお前は厄介なことを求めている。仮にお前が何かをさらに喚起するとすれば、私はお前の存在を消し去るだろう。
アミナータ：（冷静になって）それは嘘よ、アバービオ。あなたが存在を消し去りたいのは私じゃないわ。決して私じゃないから。あなたは水の件を忘れたいのよ。あなたは仕立ての事業を忘れたいのよ。あなたは私があなたの子供達のために支払ってきた学費のことを忘れたいのよ。あなたはお墓や全てのことを忘れたいのよ。ええ、お兄さん。それらはあなたが存在を消し去りたいものなのよ。さあ、私に私が間違っているということを言ってちょうだい。そうすれば真っ直ぐ私は夫と子供達のところに戻りますから。
アバービオ：お前は悪魔だよ。それにお前に夫が、真のアフリカ人の夫がいるとすれば、お前はここにはいないだろう。お前が必要としているのは、お前を飼い慣らしてくれる人なのだ。
アミナータ：ええ、アバービオ。おそらく私は悪魔よ。でも私は伝統に抗っていないということを、あなたとおじさんに理解してもらいたいのよ。そう、私はただ伝染病のあなたの病気を防ごうとしているのよ。この大地は決して男性の足でも女性の足でもないわ。そう、この土地は強い足、発展意識の精神を生み出す以上の足のためのものよ。欲求不満の少数の大人の国を作りたくはないわ。
アバービオ：私が欲求不満だなんて誰が言ってる？
アミナータ：アバービオ、私は将来について話をしているの。あなたと私は今日のための時間はないわ。だから、私は明日の世代について話をしているの。そう、明日の世代よ。というのも、あなたがあまりにもひどくしがみついているこの伝統は、彼等の側にはないわ。丁度今、あなたの側にもないわ。だから、何故それにしがみついているの？　アバービオ、私達の場合には、伝統は嘘よ。それに私はそうした嘘の衰えの象徴よ。確かに、こちらの側で私の言葉を気取って話すつもりはないわ。私達の父は十年以上前にそれらが間違っていることを証明したの。賢明な変化のどこが間違っているのか私に教えてちょうだい。（アゲーゲがそのうちに、この質問を聞くために入って来た）
アゲーゲ：私がその答えを率直に答えたい。
ロシーナ：アゲーゲ、これは真面目な会話よ。
アゲーゲ：真面目な会話ですって？　分かりました。私も真面目にお答えしましょう。（休止）変化は休息のようなものです。
ロシーナ：アゲーゲ、立派な大人になって。私のために家の背後にある、あのまきを割りに行きなさい。斧は穀物倉の入口にあるから。
アゲーゲ：私は踊り場に戻りたい。ヒーッ！　アミナータ、人々はあなたの名前で歌を歌い、踊りを踊っています。（彼はアミナータを称えて新しい曲を歌い、おかしそうに踊る）

私達のアミナータ　私達はあなたを愛しています！
アミナータ　アミナータ　ここに彼女がやって来る！
私達のアミナータ　あなたを歓迎します！

アミナータ　ようこそ　アミナータ！

アバービオ：これは狂気だ。

アゲーゲ：あなたのいわゆる狂気の歌の踊り？　あなたは頭が空のヤシの実だ！　（アミナータの方を向いて）アミナータ、歌で自分自身のことを聞きたければ、今来れば聞けますよ。

アミナータ：後でね、アゲーゲ。後で。今じゃないわ。

アゲーゲ：後でも結構。ロシーナ母さん、まき割りは後でね。（彼は踊りながら出て行く）

アミナータ：あなたはあの男から一枚の葉を借りるべきよ。彼は幸せだし、心配はないわ。

アバービオ：ねえ、ロシーナ母さん。今彼女は私をあの狂人と比較しているんです。

アミナータ：私達の誰が彼を狂人だと判断すべきなの？

アバービオ：私達がどう判断しようと、馬鹿は馬鹿だ。それに女性は女性だけど、水の件を取るか水の件を捨てるか。

アミナータ：それで、その言葉のどこに英知があるの？　あなたは何を言ったの？　（彼に手紙を手渡す）さあ、賢人であるインドのあなたの兄からの手紙よ。（アバービオはその手紙を手にして黙読する。その一方、二人の女性は彼を見ている）

アバービオ：彼は馬鹿だよ。インドで五年、依然として成長していない！

アミナータ：彼は故人の願いを書き換えるほど馬鹿じゃないわ。遺言はそれがどうあろうと法的な文書よ。

アバービオ：長老がこのインドからの英知を聞くまで、お前は待っていろよ。どうして彼は葬式にやって来なかったのか？　彼は予定より早く知らされていたのか？

アミナータ：（それをこする機会をつかみとりながら）お兄さん、あなたは正しいわ。彼は彼のお父さんのために棺を買うべきだったのよ。（皮肉は、アバービオにとってはあまりにも重大である。彼は手紙を小さく裂いて、ふらつきながら出て行き始める）それは複製に過ぎなかったわ。その土地のサークルの各々の長老は、当人自身の複製も手にしているわ。
アバービオ：馬鹿な！　女性達！　彼等は何を知っているのか？　何も知らない！　もう一つお猪口を取りに行かせてくれ。そうすれば、彼等は私が誰か分かるだろう。ゴヤ牧師の息子、アバービオは死んだ。ゴヤの土地に対する遺産だけ、それが私だ。馬鹿な！　彼等は何をすることができる？　何もない！　（彼はジュンバが小屋から毛布を運びながら現われると退出する。彼は第一幕第一場よりもはるかに弱い存在である）
ロシーナ：（アミナータに対して）中に入りなさい。彼が長老を受け入れる準備をしているのが私には分かるわ。
（二人の女性が一族の家に入る。ジュンバはベッドに毛布を広げ、その上に座りかかる。そのとき二人の長老のミダンボとアマータが小屋の背後から現われる）
ミダンボ：こんにちは、村長さん。
ジュンバ：こんにちは、長老。アマータ、私にはあなたが町から安全に戻ったのが分かるよ。
アマータ：はい、ただいま。ご機嫌は如何ですか？
ジュンバ：私は困難を切り抜けるつもりだ。私はそれは蚊の病気だと思うが、私は蚊をつぶしてしまうつもりだ。
ミダンボ：薬ですか？
ジュンバ：その通り。私は最終的に屈服して、今や家全体が草と根でいっぱいだよ。
ミダンボ：それはいい。もしそれが蚊の病気ならば、あなたの言うように薬草を噛んでいるべきなのです。それでゲームをしたりせずに。
ジュンバ：それが私を改善させてくれたものだ。悪魔はこれ以上やって来ない。（電話が鳴る）ロシーナ母さん！
ロシーナ：（家から）ヨー！

ジュンバ：私達に腰掛けを二つ持ってきてくれ。
ロシーナ：あなたのことを聞いたわ！　（アマータを背にして）
ジュンバ：それでいつ町から戻ったんだ？
アマータ：昨晩です。
ジュンバ：それに男の子は今どんな調子だ？
アマータ：回復するでしょう。ただちょっとした事故だったんですが、あなたはこの村で人々がどのように話すのかをお分かりでしょう。折れたあばら骨、損傷した脳内出血、それが全てです。私は自分の耳を隠す場所を持ち合わせていましたか？
ジュンバ：全部間違っていたのは良いことだ。私がいつも言うことだが、若者は私達の雄牛だ。悪霊に彼が襲われるはずがない。（休止）町それ自体は現在非常に大きいに違いない。
アマータ：その通りです。町は私達が二十年以上前に働いていたのと同じ町だとは信じられません。
ミダンボ：私達の周囲の世界は、一つの大きなカメレオンになっているのです。
アマータ：あなたの言う通りです、ミダンボ。今日はここに背の高い木があります。しかし、明日になるとそれは（背の）高い建物になるのです。私達は置き去りにされています。それが私が町で見たものです！　このような小さな家、このジュンバの家。そこで料理をして、お風呂に入り、眠る……。彼等は丁度そこの茂みに行きさえする！　私やゴデの息子のヒョウが私の義理の娘とトイレを共有しているのを想像できますか？
ミダンボ：ああ、ああ、ああ。それであなたは何をしましたか？
アマータ：私がやるべきことが何かですって？　近くに薮は存在しませんでした。（彼等は皆笑う）
ミダンボ：私達の子供達が世界を変えたのです。
アマータ：あなたの言う通りだ。私達は置き去りにされているんです。私の息子の家から病院まで私が移動したバスでさえ、あなたは誰がそのバスを運転していたのかご存知ですか？
ジュンバ：運転手じゃないのかね。
アマータ：どんな運転手ですか？　誰かの娘で若い女の子で、その胸はまだ恥ずかしそうでした。
ジュンバ：（警告して）それはあなたが私達を引っ張って行きたがっている人生ではないだろう。
アマータ：（ジュンバの問いを避けて）私はそれを自分自身の目で見たんです。町は私達の年代のやり方を食いつぶすのに忙しくて、私達は置き去りにされているんです。
ミダンボ：町の人々は呪われている。
アマータ：ええ、それに呪いは素早く拡がっています。私達の子供達の子供達が私達を中傷する一方で、私達は彼等と一緒にそこに座っているのです。（ロシーナは椅子を運んで来て、長老に挨拶する）
ロシーナ：アマータ、男の子は如何ですか？
アマータ：彼は回復するでしょう。ほんのささいな事故だったんです。
ロシーナ：それはいいですね。町それ自体は今非常に大きくなっているに違いありません。
アマータ：その通り。あなたはそれを信じられない。
ミダンボ：（興奮して）何だって！　私は正しく聞いているのか？
ジュンバ：どういうことだ？
ミダンボ：アマータ、何か奇妙なことに気付きませんでしたか？
アマータ：何ですって？
ミダンボ：こちらの村長のジュンバも彼の妻も同じ気持ちです。気持ちは一つです。
ジュンバ：何について話をしているんだ？
ミダンボ：彼女が丁度今用いた言葉は、あなたの息子に関して彼があなたに尋ねていたときにジュンバが用いたのと同じ言葉です。

アマータ：（じっくり考えながら）ええ、今あなたがそう言われるように、それは真実です。ロシーナ母さん、私の息子と町に関するあなたの質問は、あなたの夫が私にちょっと前に尋ねたのとまさに同じ質問です。

ロシーナ：そのことに関して奇妙なことは分かりません。二人の人が同じ男の子と同じ町について質問していたんです。

ミダンボ：ああ、ああ。このことには目を見張る以上のものがある。

ロシーナ：あなた方男性は、いつも優れた語り手である私達女性を退けます。さて、あなた方のうちのどちらが女性ですか？

ジュンバ：さて、どこからそういうことが出て来るのか？

ロシーナ：私は黙っていますよ。これはアミナータからのものです。（彼に手紙を手渡す）

ジュンバ：アミナータだって？　いつ彼女はやって来たのか？

ロシーナ：今朝ですよ。でも、彼女はダンスの一座と一緒にたいていの時間を過ごしています。

ミダンボ：ああ、村長。あなたは若者が握手をするのを見るべきです。教師は彼等が必要としていたものです。アミナータは教師を見つけるのに十分な役割を果たしました。（彼はお気に入りの曲の一つを歌い、短い踊りを踊る。ジュンバは一瞬にして二人の長老が自分のキャンプにいないことに気が付く）私達は今年の村の祭りは上手くいくものと確信しています。

ジュンバ：（彼の怒りを制御することはできない）私達は常にダンスの祭りで上手くやっている。

ミダンボ：私達が？　いつ私達は最後にイヴォナとケヴェイエより上手に踊ったんですか？

ロシーナ：ミダンボ、どうしてあなたの息を無駄にしているのですか？　踊りの先生が誰なのか忘れたのですか？

ジュンバ：お前、こうした長老達は恐らく空腹なんだろう。
アマータ：いいえ、ロシーナ母さん。私達のお腹はいっぱいです。さらに、私達は長く滞在するつもりはありません。私達はここで長老と少ない言葉を咀嚼するようになったのです。
ロシーナ：私はそれじゃあ、あなた自身に委ねるつもりです。
アマータ：それが良い。（ロシーナは家族の方に戻って来る）手紙はどこから来たのですか？
ジュンバ：う〜む。
アマータ：手紙はどこから届いたのですか？
ジュンバ：ああ、これか？　これは、ああ、何でもない。
ミダンボ：村長、私達はあなたの長老のサークルの一員です。あなたが私達から隠しているのは何ですか？
ジュンバ：何でもない。
ミダンボ：何でもないですって？　ジュンバ、私達があなたの兄を埋葬して以来、あなたは私達が常に知っている村長ではありません。どうして隠しておられるのですか？　あなたとあなたのお兄さんの間には、どんな秘密という名の山があったのですか？
ジュンバ：死んだ兄と私は良き友だった。
ミダンボ：良き友ですって？　世間での評判についてはどうなんですか？　お兄さんが死の床にあったとき、お兄さんはあなたに使いを送ったが、あなたはその呼びかけに注意を払おうとはしなかったというのは、本当ではないのですか？
ジュンバ：当時、私は正気ではなかった。気分がすぐれなかったのだ。
ミダンボ：それにあなたは誰か使いを送って、そう言うように言いましたか？　村長、真実を語って下さい。世間ではこうした言葉は、私達の長老の規則を傷つけるのです。

ジュンバ：何について話しているんだ？　あなたは何をするようになったんだ？
アマータ：平和ですよ、村長。私達が話すようになったのは。
ジュンバ：それならはっきりそう言えばよい。年をとり過ぎて学ばないわけではない。
アマータ：これは手紙の問題です。封筒は身近なものです。
ジュンバ：身近だって？
ミダンボ：ええ、村長。私達もその手紙の複製を受け取ったので、あなたに会いに来たのです。
ジュンバ：出所はどこだ？　誰から受け取ったんだ？
ミダンボ：インドの私達の息子からです。
ジュンバ：息子は狂っているに違いない。ゴヤは狂人も生み出した。
ミダンボ：息子は狂っているに違いないが、私達はそうではない。長老の会議の日は遠くはないし、アミナータの土地の平和を巡る私達の決断は、しきりに待ち構えられています。
ジュンバ：さあ、彼の言うことを聞こう。実際、アミナータの土地の平和の問題だ！　ミダンボ、ニャランゴの家庭の問題で、誰のおかげであなたは決断したのか？
ミダンボ：冷静になって下さい。私達はメンベの長老であって、ニャランゴの家族はメンベの一族なのです。
（彼自身の手紙を見せて）インドのあなたの甥からのこうした言葉は、私達の耳に対するものでもあります。
アマータ：ミダンボは上手に話してくれました。例の土地の問題は、現在長期間、私達の肩に乗っているものです。またあなたが気分がすぐれていないのも分かっていますが、長老の会議の日に人々に何を伝えましょうか？
ジュンバ：誰がここで会議を招集するんだ？
アマータ：あなたがやると私達は分かっています。

ジュンバ：分かった。さて、聞いてくれ。私の発言のある場合に会議は開かれるだろう。
アマータ：しかし、きっと、村長……。
ジュンバ：今のところ、私は身体の調子が良くない。他の長老にもそう伝えてくれ。
ミダンボ：村長、長老達は今朝集まりました。
ジュンバ：何だと？　私を抜きにしてか？
ミダンボ：あなたは調子が悪いんでしょ！
ジュンバ：話を続けよ。
ミダンボ：土地のサークルの長老達は、私達にあなたといくつかの言葉をじっくり考えるように頼んだのです。
ジュンバ：それは分かる。誰がその会議を招集したのか？
ミダンボ：長老達はアムグーネに頼んで、その会議を開いてもらったのです。
ジュンバ：私が思った通りだ。全て見知らぬ者のやり方に傾いてしまっている。アマータ、あなたが病院の息子を訪れに行ったとき、あなたもまたアミナータを訪問したのか？
アマータ：ええ。でも、私の義理の娘がそこへ連れて行ってくれました。私は子供達に会いに行ったんです。でも注意して下さい。その訪問は土地の問題とは何の関係もなかったんです。
ジュンバ：それじゃあ、大いにいいだろう。あなたは私の病気について有利な立場にあり、しばらくの間、継承することになるだろう。しかし私は、あなたの支えなしに長老の規則は胸のない女性だということを理解してもらうつもりだ、ミダンボ。
ミダンボ：ええ、村長。
ジュンバ：アゲーゲを全ての長老の家に送れ。今回ここで夕陽が沈む頃に会議を招集するということを伝えるのだ。そのときに、あなたの助言を聞こうじゃないか。（ジュンバはベッドの上に横になり、毛布をかぶって全身を覆う。二人の長老は村長の振る舞いに衝撃を受ける。彼等はどうしようもなく、最初はお互いに次々ベッドの方をじっと見る。最後には彼等は肩をすくめてすっかり嫌悪感を抱いて離れる。ロシーナは一族の家のドアのところで立ち聞きをしており、今出て来て長老がいなくなるのを見ている）

ロシーナ：（大きなささやき声で呼びながら）アミナータ！　アミナータ！

アミナータ：はい、ロシーナ母さん。

ロシーナ：いらっしゃい！

アミナータ：（家から現われて）それは何？

ロシーナ：分からないわ。あなたのおじさんに何が起きているのか分からないわ。長老達は出て行ったから。

アミナータ：出て行ったですって？　そんなにすぐに？

ロシーナ：彼は彼等にきつく言ったの。幼い子供のように彼等を追い払ったわ。

アミナータ：ロシーナ母さん、手遅れになる前に何か行動を起こさなければならない。彼を説得して専門家に会わせる必要があるわ。

ロシーナ：違うわ。あなたは分かっていない。あなたのおじさんだけが自分自身を治療することができるの。彼が中立的な視点で自分の周囲の世界をただ見さえすれば、彼はあのベッドで横になっていることはないでしょう。

アミナータ：そういうわけで、私達は彼のために専門家を見つける必要があります。（私の）夫と私は取り計らいましょう。

ロシーナ：どんなお医者さんもジュンバの精神の誇りを治療することはできないわ。

アミナータ：ロシーナ母さん、希望はあります。アバービオの大酒飲みでさえ、専門家は治すことができます。

（突然ジュンバが恐ろしいうめき声を上げて、すくんでいる女性を送っている。彼はベッドから出て目に見えない存在

に訴えかけて、彼を一人っきりにさせようとし始める）
ジュンバ：違う、違う！　どうか、どうか、お願いだ！　私に構わないでくれ！　そうとも、私に構わないでくれ！　ふうむ。誰だ？　お前は？　お前のことは知らない。全く知らない。何だと？　私の兄だって？　でもそんなことはありえない。そうとも、私の兄は亡くなっている。彼は亡くなった。お前に告げている。ふうむ。それから仮面を取れ。そうとも、仮面を取れ。おお、神よ。そうとも、牧師よ。私を赦したまえ。申し訳ない。ふうむ。私はそれを否定する。そうとも、私はそれを否定する。申し訳ない。ふうむ。それはアバービオの考えだった。確かに、牧師。私は真実を語る。確かに、しかし平和のうちに。牧師、平和のうちに。和解、あなたはいつも和解を説いた。何のために？　申し訳ない。そうです。それがあなたの望みだということを学ぶのが遅すぎた。確かに、確かに、私達は依然としてそれを倒すことができる。セメントは鋼鉄ではない。違う、違う。（ひざまずいて）私はひざまずいている。牧師、あなたのおられる場所にとどまって下さい。ふうむ？　アミナータ？　違う、違う。そうとも、私が言いたいのは、それがなされるだろうということだ。そうとも、ムグモからバナナのプランテーションに至るまで。そうとも、牧師。私はやるつもりだ。そうとも、私はやるつもりだ。やるつもりだ。（最後のセリフをしゃべりながら彼はベッドに戻り、前と同様に身をくるむ）
アミナータ：神よ、私はこれを信じられない！
ロシーナ：彼は正気でしょう。
アミナータ：お母さんは気は確かなの？
ロシーナ：私は彼の妻ですから。
アミナータ：ロシーナ母さん、私は恐れているわ。母さんはどうなの？
ロシーナ：恐れているですって？　ライオンがほえるとき、雌のライオンは逃げるかしら？

アミナータ：彼は誰と話をしていたの？
ロシーナ：どうして私に分かるの？　あなた自身、彼の言葉を聞いたでしょう？
アミナータ：一言も聞いてないわ。
ロシーナ：彼だけが自分自身を治せるの。分かるでしょうけど、彼は赤い雄のニワトリの悲劇と共に生きるようになってはいないのよ。そういうわけで、彼は木の陰から架空の子供達を追いかけながら、眠りながら歩いているのよ。
アミナータ：私の死んだ父ですって？
ロシーナ：そうとも。分かるでしょうけど、ゴヤ牧師は教会の信徒に小さな土地と木を与えたわ。それらは事故の翌日に、その木を根こそぎ引き抜いたことによるものだったの。今どうしてその木はまさにその日に鳥に倒されたのかしら？
アミナータ：このことについて、もうそれ以上聞きたくないわ。
ロシーナ：あなたはそれ以上に強いわ、アミナータ。それにあなたは話の残りも耳にするでしょう。あなたのおじさんは、あなたとあなたのお父さんがその悲劇に責任を持っていることを強く信じているの。
アミナータ：私が？
ロシーナ：そう。私の夫は秘かにあなたは悪霊の力に呪われていると考えているわ。それで、あなたが、何故赤い雄のニワトリを生かしているのか説明がつくわ。
アミナータ：バルートについてはどうなの？　彼も生きていたわ。
ロシーナ：バルートは依然として生きているけど、彼はその悲劇に耐えることはなかったわ。つまり、あなたのおじさんの話ではね。
アミナータ：（半ば自分自身に対して！）私が？

ロシーナ：ええ、そうよ。それほどあなたのおじさんの病気はひどいってこと。
アミナータ：ロシーナ母さん！
ロシーナ：話してごらん、アミナータ。
アミナータ：私は悪霊ってこと？
ロシーナ：もちろん、そんなことはないわ。全て精神の問題よ。
アミナータ：悪霊に見える？
ロシーナ：私があなたを悪霊だと思っているとすれば、これら全てを話すことなんてないでしょう。
アミナータ：じゃあ、どうして今までずっと、私にこうしたことを語るのを待っていたの？
ロシーナ：アミナータ、私はおばあさんに育てられたの。彼女が私に教えてくれたことの一つは、私が土地が肥えていると確信しない限り、種をまくことは決してないということだったの。だから今朝、あなたが都会から到着して挨拶の握手を交わしたとき、あなたには準備ができていると感じたの。それで、私は自分自身に、ええ、彼女はもう実っている、準備ができている、受け入れることができると言ってきかせたの。そういうわけで、あなたは自分が耳にしたことを聞いたのよ。
アミナータ：ロシーナ母さん。あなたは非常に多くの知恵を、あなたの単純さの中に閉じ込めているので、私達は本当にあなたのことを分かっているのかしらと思うときがあるの。私のおじの精神に窓を開いてくれて感謝します。今私は、彼には精神科医が必要だと確信しています。
ロシーナ：アミナータ、またあなたは間違っているわ。お医者さんじゃ第二のナイフの傷を治せはしないわ。
アミナータ：そういうわけで、ジョージの調査が大切よ。彼に上手くいけば、第二のナイフの心配は過去のものになるでしょう。その過程を逆転させることができるわ。すでに二匹のサルで上手くいったし……。（ジュンバは目を覚ましてベッドの上に腰を下ろす）また目覚めたわ。

ロシーナ：すぐに中に入って。（アミナータは一族の家へと入る。ロシーナはジュンバが名前を呼ぶとき、それに従おうとする）
ジュンバ：ロシーナ母さん！
ロシーナ：聞こえているわ。
ジュンバ：こっちへ来て。（ロシーナはとりとめもなく続く小道を通り、ジュンバのところへとやって来る）
ロシーナ：大丈夫なの？
ジュンバ：どうしてそんなことを聞くんだ？
ロシーナ：長老達よ。何かあったの？
ジュンバ：彼等は出て行ったが、日が沈む頃には戻って来るだろう。
ロシーナ：確かなの？
ジュンバ：それはどういう質問だ？　嘘を言うもんか。（休止）いいか、聞いてくれ。私は深く考えている。
ロシーナ：深く考えているですって？
ジュンバ：そうとも、ずっと考えていたんだ。かつてはキリスト者だったよな。
ロシーナ：あなたは今でも洗礼を受けているわ。
ジュンバ：私が？
ロシーナ：そう。アベレネゴ・ジュンバ。
ジュンバ：違う。私はその名は捨てたし、そのことは分かっているだろ。それが私とゴヤ牧師との間に壁を作っているんだ。
ロシーナ：ロットの奥さんと同様に振り返ってみたけど、あなたは今でも洗礼を受けているのよ。ドアは今でも広く開いているわ。どうしてあなたと一握りの長老達は、置き去りにされるのを選択するのかしら？

ジュンバ：私はお前と一緒にここにいる。私がいないとでも言うのか？
ロシーナ：あなたが経験してきたことを全て考えた後でも、あなたが振り返るのは賢明ではなかったし、否、容認することはできなかったわ。あなた自身のお兄さんと教会との争いに方向を変えているの。ヌフのような長老の何が悪いの？　彼等は教会へ行き、あなたのビールパーティーに今でも参加しているんじゃないの？
　だから、それは何が悪いの？
ジュンバ：ロシーナ母さん。私は自分に代わって私の言葉を吟味するために、ここにお前を呼んだわけではない。いいか、聞いてくれ。アミナータのために一区画の土地を残すことによって、ゴヤ牧師は私達の年齢の法則を無視したのだ。彼のとった行為は、慎重なものだった。というのは、私達の近隣の一族に決して起こったことはなかったからだ。今私はずっと考えている。長老の規則は、あらゆる長老達の支持なしには砂の中の唾である。だから今、私は決意をしたのだ。仮に長老達が例の一区画をアミナータに与えたいのならば、そうすることは可能だ。
ロシーナ：いいえ、彼等はそれはできないわ。最終決断はあなたが下すのよ。長老達は村長の同意なしに、一方の手からもう一方の手に土地を譲り渡すことはできないわ。普通に行われていることを忘れたの？
ジュンバ：いいや、私は何も忘れてはいない。（休止）私は考えているのだ。これは機知の問題だ。他のものに対するジュンバのな。いいか、私は長老の規則があろうとなかろうとジュンバだ。そうじゃないか？
ロシーナ：そうね。でもどういう意味なの？
ジュンバ：だから、土地は私を抜きにアミナータに渡すことができるよな？
ロシーナ：いいえ、それはできないわ。
ジュンバ：できるとも。私は退くよ。
ロシーナ：退くですって？　私の夫、退くことで男らしさを証明したわ。（ジュンバはたじろぐ。ロシーナは自制する）ごめんなさい。言葉が滑ったわ。
ジュンバ：これは知恵比べだな。
ロシーナ：それは、ここでは初めてのことよ。その場合、誰があなたの代わりに長老の座に座るのかしら？
ジュンバ：そのことについて私は考えていたのだよ。だからこそ私はお前をここへ呼んだのさ。土地の問題に長老達に自分達のやりたいようにさせたいのだが、私が最後に笑うことになろう。そう、私は彼等自身のゲームで出し抜くことになろう。
ロシーナ：どうやって、ちゃっかりあなたはそうするつもりなの？
ジュンバ：私達の一族、ニャランゴの一族は、依然として二年間も村長の座に居座っている。そうじゃないかね？
ロシーナ：そうね。
ジュンバ：私は村長の座の年数を満了していないから、私の後継者を選ぶことは誰の責任になるのか？
ロシーナ：あなたの責任でしょうけど、この場合にあなたは……。
ジュンバ：いや、「しかし」など存在しない。仮に私が長老の規則から自発的に身を退けば、私の後継者を選ぶことは私の権利となる。そうじゃないかね。
ロシーナ：ええ。でも……。
ジュンバ：「でも」などないのだ。今私が身を退けば、メンベは私達の一族が代わりの者を選出することを期待することになるだろう。そうじゃないかね？
ロシーナ：そうね。
ジュンバ：いいかい、今私達の一族とニャランゴの一族を見てみよ。私達の中では、長老の腰掛けを受け継ぐのに適している。

ロシーナ：ジュンバ、何か他のことについて考えてみたら？　これは私達の世代にとっては冗談ではないわ。
ジュンバ：冗談だって？　誰がそんなことをお前に伝えたのか？　仮に長老が自分達の女神を自己負担で喜ばせるつもりなら、私は退かざるを得ないだろう。それに私が退けば、ニャランゴの一族は私の代わりの者を出さなければならない。だから冗談なんてどこにあるんだ？　今の問題は、代わりの者は誰かということだ。
ロシーナ：（ジュンバの深刻さを誤解して）そうね。あなたが望んでいるのがゲームパートナーだとすれば、あなたは私を頼っていいわ。私はまだゲームをできないほど年をとっているわけではないから。今ジョラムはインドにいるし、アバービオはいなくなったし。
ジュンバ：そこからカラスを外せ。（長い休止）さあ、ロシーナ母さん。たった一人だけを除外する。
ロシーナ：たった一人だけですって？　誰なの？
ジュンバ：お前だよ。（この事実はロシーナ母さんにとってはあまりにも衝撃的なものである。彼女は即座に笑い出している）お前は何がおかしいんだ？
ロシーナ：（笑い続けながら）私が？
ジュンバ：そうとも、お前さ。何がおかしいんだ？
ロシーナ：（笑い続けながら）私は女性よ。そのことを忘れたの？
ジュンバ：私は冗談を言うこともあるが、今回は冗談じゃない。
ロシーナ：つまり、あなたはメンベの村長になるために、私ロシーナ・ジュンバを必要としているのよ。
ジュンバ：その通りだよ。
ロシーナ：（笑い続けながら）ああ、私の神よ！　今回私は死ぬつもりです！　アミナータはこのことを聞くべきです！
ジュンバ：（非常に不愉快そうに）私の言うことを真剣に聞いてくれ、ロシーナ母さん。

ロシーナ：（生の笑い声を一瞬やめて）真剣に聞こうとしているわ。聞こうとしているのが分からないの？（真剣なふりをして）腰掛けの長老達についてはどうなの？
ジュンバ：確かに、彼等についてはどうなんだ？　彼等こそ変化を求めている。
ロシーナ：いいえ、ジュンバ。長老達はあなたほど気が狂ってはいないわ。伝統が求めているのは……。
ジュンバ：ああ、ついに来たか！　私達は今、伝統の周りを巡っているんだ！　（彼の笑う番である）クモの巣が揺れ、ハエがつかまり、捕食者のクモが食事にありつく。伝統だと！　どんな伝統だ、ロシーナ母さん。「アミナータに一区画の土地を与えよ」私には分かっているが、これが大半の長老達の静かな願いなのだ。皆、私達の伝統には注意を払ったりしない。だから、同じ理由で村長の椅子にお前は座るべきではないのか？
　お前はメンベの女性じゃないのか？
ロシーナ：ウーイ。私はキツネと結婚したわ。ジュンバ、あなたはキツネよ！
ジュンバ：私の素直さは、彼等の骨の髄まで裏切ってしまった。今や私は彼等が見知らぬ者に売る前に、お前に売るつもりだ。知っての通り、コウモリがさかさまの姿勢を好むのには理由がある。
ロシーナ：どういうこと？　ジュンバ。私はあなたのことを十分に分かっていると思っていたわ。
ジュンバ：そうとも。どんな女性も、自分が気が狂っていると思っている夫のことを知っているが、それと同程度にお前は私のことを知っている。
ロシーナ：神よ、私は混乱しています。
ジュンバ：そんなことをしている時間はない。私達は共にあるということを忘れないでくれ。
ロシーナ：真面目になって、ジュンバ。あなたは本当に私が……。
ジュンバ：そうとも、ロシーナ母さん。私は愚か者と結婚しなかったということは分かっている。
ロシーナ：でも、座をこえて見ることはできないの？　あなたに対して、どう言われるでしょう。彼等は本に書いて、「ジュンバは自分の座を女性に委ねるメンベの最初の村長だった」ってね。
ジュンバ：自分自身の選択だよ！　それを忘れないでくれ。「ジュンバは自分自身の選択で、女性に腰掛けを委ねるメンベの最初の村長だった」とな。
ロシーナ：本物のキツネね！　私はキツネと結婚したわ！
ジュンバ：血筋だよ。私のものだけが例の無駄なニワトリのスープよりも人騒がせなのだろう。全て変化の精神だよ！
ロシーナ：（純粋に賞賛の念を持って、彼の方へと近付いて行って）私がこんなことを信じていないのをあなたも知っているはずよ。
ジュンバ：単純さは奇跡となる場合もある。それは私のエサだ。だから、彼等に食べさせたい。（アゲーゲが登場すると、彼等がお互いに非常に近付いているのに気付く。しばらくして、彼はそこに立ち当惑する。最後に彼は激しく咳き込むことで、彼等に注意を喚起することに決める）
ロシーナ：（退却しながら）どうしたの、アゲーゲ？　あなたはネコなの？
アゲーゲ：いいや、違う。
ロシーナ：私の代わりにまきを割るためにやって来たんでしょ。
アゲーゲ：そうとも。さあ、まきを割ろう！
ロシーナ：ところで、バルートはどこなの？
アゲーゲ：どこかは分からないけど、ヌフと一緒じゃないかな。
ロシーナ：分かったわ。小屋は家の裏にあって、斧は穀物倉の入口にあるわ。（アゲーゲは行こうとするが、ジュンバが彼を制止する）
ジュンバ：ちょっと待て、アゲーゲ。ミダンボはお前に午後話しかけたのか？

アゲーゲ：俺にじゃない。俺は踊り場から来た。
ジュンバ：彼の家へ急いで行け。彼はお前のために金の儲かる仕事を用意している。
アゲーゲ：金の儲かる仕事だって？　ロシーナ母さん、まき割りは後でね！　（彼は行こうとするが、すぐにジュンバに呼び止められる）
ジュンバ：アゲーゲ！
アゲーゲ：村長！
ジュンバ：何のために急いでいるんだ？
アゲーゲ：分かった。急いだからって何の恵みもないよね！
ジュンバ：このベッドを使って、私の代わりにその陰の下にそれを置け。（舞台から離れたところを指さす。アゲーゲはベッドから離れる）
ロシーナ：彼とバルートはどこから活力を得ているのかしらと時々思うの。
ジュンバ：あの二人は私を驚かせる。彼等について何を期待すべきかを知るのは不可能だ。ちょっと考えてみよう。
ロシーナ：（冗談を言いながら）彼は私がメンベの村長になるとき、大いに貢献してくれるでしょうね。
ジュンバ：村長だって？
ロシーナ：ええ、村長よ。
ジュンバ：（思索しながら）村長、女性の村長。そう、女性の村長だな。
ロシーナ：女性の村長ですって？　いいえ、不適切よ。
ジュンバ：どうしてだね？　よく分かったよ。首長だ！
ロシーナ：そう、首長ね。いや、いや、いや。村の首長の方が正確よ。

ジュンバ：お前が好むように。村の首長だ。（光が弱くなる）

第二部

第二幕（発表）

ジュンバの家と村の遊び場との間の小路にて、ジュンバの家の左側の遊び場の方角から太鼓をたたく音と歌声が聞こえる。アゲーゲは、発表の準備をして、口笛を吹いて登場する。彼は聴衆席の様々な場所から村人に告知する。

アゲーゲ：皆様、明日は大切な日です。皆様、メンベは幸福な村です。（笛を吹く）皆様、大切な日がやってきました。皆様、新しい村長の誕生です。（彼はアミナータの歌の劇に割って入り、笛を吹く前にしばらくの間精力的に踊る）皆様、明日は大切な日です。皆様、メンベは幸福な村です。（笛を吹く）皆様、新たな村長がやってきます。（突然、彼は自分が身に着けている服装を思い出す）ああ、私は唾を飲み込んで忘れてしまいました！（服装を指さして）お分かりの通り、変化は休息のようなものです。違ったアゲーゲはまた休息のようなものです。それが現在の私です。長老の皆様！　お分かりのように、過去の時代においては私は村の愚か者、墓堀り等々と呼ばれていました。私は多くの名で呼ばれてきました。しかし今、恥を知れ、と言いたい。今私は、制服を着た村の情報官です。全く冗談ではない。ロシーナ母さんの称号、明日からの新たな村長です。今日はただリハーサルです。（笛を吹く）皆様、メンベの村は準備ができています！（彼はアミナータの歌を歌い、ヌフ、ドゥルル、踊りの振付師のローナと出会ったとき、退出しようとしながら愚行を繰り返す）やあ、先生。

あのアミナータの歌はすぐれた歌で、私の心を揺るがせます。（彼の手を彼女のもとへのばし、握手をする）おめでとうございます！
ローナ：ありがとう。
ヌフ：アゲーゲ、人々はリハーサルに到着しているのか？
アゲーゲ：ええ、一人ずつですが。
ヌフ：それはいい。口笛を吹いてくれ。そうすれば、残りの者にリハーサルがすぐに始まるということを知らせることになる。（アゲーゲはお辞儀をしてその場を離れ口笛を吹く。ヌフはローナの方に向く）確かにあなたは踊り子をいつ登場させるかを知りたがっていた。今踊り子たちは、村長の家族を中に入れることになるだろう。残りの人々は、昨日と同様に各々の位置に腰をおろすだろう。
ローナ：腰かけ（座）を譲る歌についてはどうなの？　いつ踊り子は村長の歌に参加するの？
ヌフ：村長が彼の歌を始めると、あなたの踊り子はすぐに加わるべきだよ、ドゥルル、そうじゃないかね？
ドゥルル：そうだな。
ローナ：ありがとう。行って踊り子に準備させるわ。（彼女は出て行く）
ドゥルル：（自信をもって）あなたも知っての通り、私はこのことを全て信じているわけではない。私達皆の村長だったジュンバは、村長の座を女性に譲るんだからな。
ヌフ：そうとも、そういうことが起こっている。当初、お分かりのように、私達はそのことを大変な冗談、一種のゲームだと考えていた。そこで、彼を少しばかり悩ますために、私達は彼と組むことに決めた。私は自分の意見を求められたとき、真剣なふりをして、ロシーナ母さんが長老の座に座ることは何も間違っていない、と言った。また、真剣なふりをして、他の長老達は私に同意して頷いた。私達は、ずっと彼の表情を見ていた。私達は村長が自分の考えを変えるのを待っていたが、彼はその決断にすっかり喜んでいるように見えた。今、私達の手は結び付けられている。私達の唯一の慰めは、新たな教会と政府が誕生すると共に、私達の長老の座は、昔のものではない、ということだ。名前においてもそれ以上のものなのだ。だから、そこに座っているのは、本物の結果ではない。もっと重い問題は、アミナータの土地の問題だ。
ドゥルル：しかし、女性だろ！　私はそのような立場に女性を信用することはできない。彼女は私達の頭に尿をかけるだろう。
ヌフ：ロシーナ母さんは問題ないだろう。現在、数年間、彼女はライオンの吠え声の背後では、雌のライオンだった。彼女は、アミナータが土地を手に入れられるように、辞めるためのジュンバの決断の背後にさえいるのだろう。
ドゥルル：しかし、アバービオが譲渡の様式を妨げることに決めたのが真実であるならば、村長からアミナータへ誰が土地を譲るだろうか？
ヌフ：私達はそのことについて考えていた。せいぜい私達に必要なのは、ニャランゴの一族の男性の一員だということだ。さて、アバービオとジョーラムが不在の場合には、バルートが村長からアミナータに土地を譲るであろう。
ドゥルル：バルート？　これはどんな冗談だ？
ヌフ：恐れることはない。ドゥルル、全ては上手くいくだろう。さあ、出かけよう。私達にはそんなに時間がない。（彼らは退場する）

第二部

第三幕（譲渡）

これは、譲渡の儀式のリハーサルであり、翌日に村の公園で行われることになっている。ジュンバの小屋と主たる一族の家の間の空間で行事は行われる。非常に多くの人々が既に席に着いていて、低い声で会話をしている。儀式の主催者であるヌフは着席の配列を組織するのに忙しい。村の長老達が到着して、ヌフが彼らを出迎える。

ヌフ：長老、お迎えいたします。

長老達：こちらこそようこそ、ラバーラの息子よ。

ヌフ：こちらへどうぞ。皆さんの腰かけは冷たくなりかけています。（彼は各自の腰かけへと案内する。一人二人遅刻者が入ってきて、自分たちの場所を占める。ヌフは今、群衆が村長の一族を受け入れる準備をする）メンべ　ヨー！

群衆：ヨー！

ヌフ：メンべ、ヨー！

群衆：ヨー！（雷の大きな音が聞こえ、あらゆる目が空を見上げる）

ヌフ：さあ、天は曇っている。つまり、私達は昨日以上にずっと早くする必要がある。嵐が来るときには、私達はそれぞれの家に戻っているようにしよう。だから、村長の一族を受け入れる準備をせよ。（ヌフは、メンべの中で生活している最長老のアバーデの方を向いて頭を下げる。アバーデは立ち上がり、キメンべの歌を歌い始める。アバーデが歌を歌っているとき、ヌフは群衆を活気づける）メンべ、ヨー！

群衆：ヨー！
ヌフ：メンベ　ヨー！
群衆：ヨー！（アゲーゲが登場する。ロシーナ母さん、ジュンバ、アミナータ、バルートの丁度前で精力的に踊る。バルートはもちろんこの配列に全く不快である。アゲーゲはメンベの伝統的な長老の腰かけを運ぶ。しばらくたった後で、アゲーゲは歌を歌っているアベーデの足下に腰かけを置く。ヌフは、ジュンバの一族に自分達の腰かけを示し、踊り子は群衆の喜びに対して、手短に踊る。アベーデは歌を終えて腰を下ろす。アゲーゲは何かを思い出し、素早く退出する。ヌフは踊り子に踊りを止めるように合図する）
ヌフ：ありがとう。先立った人々はあなた方若い人々を目にし、幸福である。皆さんが自分の足でもちあげたほこりは、私達自身の若き日々に私達の心を運んでくれた。アバーデ、あなたの祝福のときです。（アバーデは立ち上がり、不安定に前方に進み、ヌフの助けを受けている。彼は祈りで群衆を率いている）
アバーデ：私達の祖先が私達のために残してくれた土地に目を向けよう。（人々は祈りの中で頭を垂れる）東と西に行った人々よ、北と南に行った人々よ、頭を垂れて私達は皆さんに敬意を表します。
群衆：私達は皆さんに敬意を表します！（この点でアバーデは、キメンベで祈り、群衆は適切に適当な間隔で反応する。創り出される印象は、アバーデがメンベにやってくるための優れた精神を喚起している。東から西へ、北へ、そして最終的には南へ、彼は祈りを英語で締めくくる）
アバーデ：そう、トカゲが尻尾を失うとき、別の尻尾が生えてこないのか？
群衆：生えてくる。
アバーデ：同じことがメンベの長老の腰かけにも当てはまる。ある人がそこから立ち上がれば、別の人がそこに座る。メンベ　ヨー！
群衆：ヨー！

アバーデ：メンベ　ヨー！
群衆：ヨー！
アバーデ：私の言葉が皆さんの耳に届いたら、イェーイと言ってください。
群衆：（穏やかに）イェーイ。
アバーデ：イェーイと言ってください。
群衆：イェーイ。
アバーデ：私の祝福を皆さんに！
群衆：あなたにも！
ヌフ：ありがとう。皆様の人生に祝福あれ。（彼は老人を手助けして、元の位置に着かせる）メンベ　ヨー！
群衆：ヨー！
ヌフ：メンベ　ヨー！
群衆：ヨー！
ヌフ：昨晩、私達は一緒に踊りを踊った。メンベの長老の擁護者、ジュンバの栄光を祈って。
群衆：ヤー！
ヌフ：今晩、私達はもう一度踊りましょう。同じ長老の新たな擁護者、ロシーナ母さんを尊敬して。
群衆：ヤー！
ヌフ：それで、そういうわけで、私達は今ここに集まっているのです。私達の長老の腰かけの権力の変化を目にするために。そして、御存知のように、長老の権力が変わる場合に、新たな擁護者は、伝統が村に行き渡る前に、たった一つの公的な役割を遂行しなければならない。メンベ　ヨー！
群衆：ヨー！

ヌフ：アバーデ、あなたの仕事だ。（アバーデは後ずさりして、長老の腰かけを拾い上げ、すっかり沈黙の内に、ジュンバに渡す前に、三度それに唾を吐きかける。ジュンバが腰かけを受け取るとすぐに、彼は即座に歌を歌い出し、それに加わる群衆もある。ジュンバだけが歌に合わせて踊る。踊りが急に終わりになると、ジュンバは腰かけをロシーナ母さんのひざに押し付けようとする。ロシーナ母さんはそれを断り、彼女自身が歌を歌う。踊りが突然終わると、彼女はジュンバの手から腰かけをつかむ。群衆は激しく喝采する。ロシーナ母さんは長老の腰かけに座る。ジュンバは敬礼して自分自身の席に戻る。踊り子は、フロアの所に出て、精力的に踊る。彼らが踊りを止めると、新たな村長が登場する）

ロシーナ：メンベ　ヨー！

群衆：ヨー！

ロシーナ：メンベ　ヨー！

群衆：ヨー！

ロシーナ：皆さん、私が村長だと言っているのですか？

群衆：ヤー！

ロシーナ：皆さんの耳にお伝えしたい言葉があると言うときには、聞いてもらえませんか？

群衆：ヤー！

ロシーナ：それならば、聞いて下さい。皆さんにお伝えしたいことがあります。メンベ　ヨー！

群衆：ヨー！

ロシーナ：メンベ　ヨー！

群衆：ヨー！

ロシーナ：伝統がメンベの足跡となる前に、皆さんの望みとなるのは、私がメンベの長老の腰かけを占めるための一つの公的な役割を果たすことです。メンベ　ヨー！

群衆：ヨー！
ロシーナ：何度も私達は瀕死の人間の言葉が神聖なものであるということを思い出します。それを軽蔑することはないでしょう。さて、ゴヤ牧師は自分が亡くなり、また、既に亡くなった人々に加わる前に、自分の娘であるアミナータに対して遺言を残していたのです。日夜、この件に関して不平を言っていた人も多いのです。しかし、今日、メンベの長老達は瀕死の人間の言葉は神聖なものであると言っています。それを軽蔑することはないでしょう。メンベ　ヨー！
群衆：ヨー！
ロシーナ：メンベ　ヨー！
群衆：ヨー！
ロシーナ：皆さん、腰かけを尊重し、しばらくの間、アミナータの言葉を聞いてくれませんか？
群衆：ヤー！
ロシーナ：アミナータ、あなたに生を与えてくれた人々に御挨拶を！
アミナータ：メンベ　ヨー！
群衆：ヨー！
アミナータ：メンベ　ヨー！
群衆：ヨー！
アミナータ：私が夫と子供達の所に戻る前に、二言三言言うのをお許しください。私は、既婚の女性です。それゆえ、夫の村の人間なのです。しかしながら、私のへその緒は、メンベの代々のやり方によると、ここに埋められています。私の父母もこの地に埋葬されています。その場合、私が自分の人生の根源を永遠に忘れるのは正しいのでしょうか？

群衆：ノー！
アミナータ：皆さんに感謝します。私の叔父と長老の方々に感謝します。彼らは私達を多くの不安なときに助けてくれました。また、全てが終われば、皆さんもお分かりになるように、私の心は石の心ではありません。ここでは、私は何も所有するつもりはありませんから。メンベ　ヨー！
群衆：ヨー！
アミナータ：全ての皆さんに感謝します。
ロシーナ：これがメンベの娘の口から出た言葉です。皆さん、アミナータが土地の贈り物を手にするのに同意しますか？
群衆：ヤー！
ロシーナ：ありがとう、アバーデ。土を。（アバーデは土の入った容器を手に取り、そこに唾を三度吐き、それをロシーナ母さんに手渡す。ロシーナ母さんは手話を使ってバルートを呼び、一歩前に出るように言う）
アミナータ、一歩前へ。私達のやり方や年代に従って、私はこの土をバルートの手を通してあなたに譲り渡します。あなたと同年齢の人とお兄さんにあなたの亡き父からの贈り物です。（彼女は土の入った容器をバルートに手渡し、アミナータに渡すように促す。バルートが容器を手渡す前に、アゲーゲが邪魔をして、慌てふためいている。聴衆はびっくりする。ジュンバがすぐに一歩前に出て、アゲーゲを必死に揺らして、彼から情報を得ようとする）
ジュンバ：どうした？　アゲーゲ！　アゲーゲ！　自制しろ！　どうしたんだ？
アゲーゲ：（むせび泣いて、制御もきかずに）アバービオ！
ジュンバ：アバービオだって？
アゲーゲ：そうとも。
ジュンバ：一体彼に何があったんだ？

アゲーゲ：何もないさ。彼は死んだよ！　アバービオは死んだよ！

ジュンバ：死んだのか？

アゲーゲ：そうとも。首を吊ったのさ。ロープを首に巻き付けてね。アバービオは死んだよ！（土の入った容器がバルートの手から落ちて壊れ、土が至る所に散らかる。アミナータは、立っていられず、ひざを曲げてしゃがみこむ。その他の群衆は凍り付く）

ジュンバ：学ぶのに遅すぎることはない。しかし、私達は何をしたのか？　私達は何をしたのか？（照明がゆっくりと消える）

以上

信仰・文化・環境

Ha Jin と裏切りの政治学

李《リー》 有《ユー》 成《チエン》
渡邊文 訳

Ha Jin（哈金）の The Writer as Migrant（『移民としての作家』）は、彼がライス大学で行った講義をまとめたものである。著書の序文の中で、「『移民』という語を選んだのは、できるだけ包括的という意味を示すためである。移住する、あるいは、ある国から別の国へと移住せざるをえないあらゆる種類の人々、たとえば追放者、移民を指している。入植者、難民がそうであるが、人間の移動の文脈の中に作家を配置することによって、移民作家の生活と作品の抽象的側面を幾分なりとも調査することができる」（Ha Jin 2008: ix）と記している。単純に言えば、彼の主たる関心事は、移住作家の運命と経歴にあるのだ。Te-hsing Shan（單德興）は適切かつ簡潔に『移民としての作家』の中国語版の導入の中でそうした関心を要約している。中国語版の翻訳は Zai taxiang xiezuo（『在他鄉寫作』文字通り『移住して書くこと』）となっている。

『移民作家』の独自性は、Ha Jin が代表する作家と過去と現在の中国人と中国人以外の代表的作家と作品に関して、学者兼作家として書いているという事実にある。彼の議論は、言語・伝統・アイデンティティの様々な問題に焦点を当て、文学と作家に関する様々な視点を含んでいる。このことで『移民作家』は一般的な学問的批評以上に読者に訴えかけ、説得力を持っている。作家の作品経験と文学的思想以上に大いなる含蓄と幅の広さを兼ねた本でもある。(Shan 2010a: 16-17)

Ha Jin の『移民としての作家』を私は知的自伝として考えがちである。というのは、これは私達に Ha Jin の広範囲に渡る読書経験と文学的知識を示してくれるものであるからだ。それと同時に、彼自身の作品と世界の在り方に関する彼の反省も含まれている。Ha Jin は新しいアジア系アメリカ人作家の最初の世代に属しており、彼が何故作品を書くかという問題は、明らかにまた当然に、古い世代のアジア系アメリカ人作家が抱えていた問題とも異なっている。

『移民としての作家』が引きずっているものは、『詩の擁護』としての西洋の文学理論の中で知られている伝統である。しかしながら Ha Jin の企ては、自己擁護のようであり、芸術と詩の機能を擁護することではない。彼は実際、彼の所謂移民あるいは追放された作家の選択と決意、作家としての役割と責任、作品の言語の選択、祖国との関係、非英語話者としての英語に対する貢献を擁護している。こうした問題は全て新しいアジア系アメリカ人作家の最初の世代としての彼の立場と様々な面で緊密に関わっている。彼の自己擁護は、思想の自由の企て、過去十年間で十冊以上の本を出版した専門の作家の文学的告白と考えることができる。

Te-hsing Shan との対談の中で、Ha Jin は『移民としての作家』という本は「祖国の外で生きる作家と、彼等の文学作品がどのように成長し生き延びるのかを扱おうとしたものである。アイデンティティ・言語・移住の問題は作家の人生と作品の文脈の中で論じられている」(Shan 2010b: 201)。こうした問題は全て特に自分の経験をもとに書いている。『移民としての作家』の序文で、Ha Jin は次のように指摘している。

私が多くの文学作品に言及しているのは、文学の有用性や美しさが人生を照らし出す能力にあると信じているからです。さらに、私はある重要な作品、つまり議論のための馴染み深い土壌を与えてくれる作品に焦点を当てております。私は何人かの移民作家に関して詳細に話題にするつもりです。というのは、私もまた移民ではありますが、自分自身を追放者とのみ考えているからではなく、主として人間の移住を扱っている最も意義深い文学は、追放の経験に基づいて書かれているからなのです。対照的に、移民は小さなテーマであり、主としてアメリカ的なのです。したがって移民経験の作家のための主たる試みは、優れた文学の伝統に対応するこうした話題を如何に扱うかということです。(Ha Jin 2008: ix-x)

『移民としての作家』に示されているのは、Ha Jin の豊かでおびただしい文学的知識であり、特に彼の西洋の古典に関する知識がそうである。彼は自分と同じような運命の作家と追放や移民という話題の文学作品に興味があるように思われる。彼の議論の主題の選択はわかりやすい。Te-hsing Shan との対談の中で、Ha Jin はジョセフ＝コンラッドによって創られ、ウラディミール＝ナボコフによって開花した伝統に属していると主張する。しかしながら、「こうした作家と異なる作品を書こう」と奮起している（Shan 2010b: 202）。要するに、非英語圏の作家にとって英語は文学を書く媒体として用いている伝統の一部となっている。

『移民としての作家』の第二章のタイトルは、「裏切りの言語」である。そこでHa Jin はコンラッドとナボコフを非常に詳しく論じている。文学作品の言語として英語に向き合う以前に、ナボコフは既にロシア語で名声のある作家であり翻訳家でもあった。しかしながら、コンラッドはナボコフとは異なり、英語で書く作家である前に、自分の母語であるポーランド語でさえも作品を出版していなかった。次のようにHa Jin はコンラッドに関して述べている。

> コンラッドは痛ましいが創造的な立場にあった。もっとも彼は十分に自分の立場の重要性を認識していなかった恐れがあるのだが。今日、言語学的な裏切りの非難が英語を採用した作家に対してあるとすれば、その作家はコンラッドが自分の選択を正当化する先例として引用することができる。当該の作家をコンラッドによって創られた伝統の中で作品を書いていると主張することができる。その場合、非母語話者は英語で必要不可欠な作家となった。しかし、コンラッド以前には英語での作家としてのコンラッドはおらず、ジョセフ＝コンラッドは非難と責任だけを手にしなければならなかった。彼の苦悩は、こうした創造性に対して支払った代償の一部だった。(Ha Jin 2008: 41)

第二章の冒頭で、Ha Jin が指摘しているのは、移民作家の「究極の裏切りは別の言語で書く選択をするということである。どれほど作家が外国語を用いることを合理化し正当化しようとも、自身の母語から隔離し、自身の創造的な力を別の言語に向けるのは裏切り行為である。こうした言語学上の裏切りは、移民作家があえてとる究極の段階である。この後、如何なる他の裏切り行為も結局はささいなことになる」(Ha Jin 2008: 31)。明らかなのは、彼はここで自分自身のことを振り返っているということである。コンラッドとナボコフに言及したのは、作品を書く言語として英語を用いることは先例がないことはないということを証明しているにすぎない。彼はコンラッドの事例に従っている。つまり、彼は英語で作品を書く前に中国語で作品を書いたことはない。

英語は Ha Jin の母語ではないので、英語で書くことは彼にとって Te-hsing Shan の所謂「例外」となっている。彼は多くの場面で、何故英語で書くのかと尋ねられている。またこうした言語学上の問題は、彼にとって非常に敏感で切迫したものであるので、彼はそのことを広範囲の方法で取り扱わざるをえないのである。この問題が展開されているのは、『移民としての作家』の第二章だけではなく、Zai taxiang xiezuo の第四章においてもそうである。第四章は「外国語訛りを擁護する」と題されており、そこで Ha Jin は移民作家が英語に貢献していることに注意を払っている。『移民としての作家』の第二章が祖国の読者に言及しているとすれば、Zai taxiang xiezuo の第四章は述べられた国の読者に直接言及している。彼は移民作家が標準英語で書くことを求めるという考え方に疑問を呈している。というのも、第一に作家の母語と外国語に対する敏感さは、英語に衝撃を与えることであろうからだ。第二の理由は、所謂標準英語では、移民作家の思想と経験とを記述することはできないからである（Ha Jin 2010: 149）。Ha Jin が指摘しようとしていることは、所謂標準英語にはその限界があり、移民作家の欲求に応えることができていないということである。移民作家の英語がよそよそしいことで、言語の可能性を探究する手助けとなる場合がある。

Ha Jin は自身の作家としての立場を強く意識している。談話の中で、彼はそうした危機的な空間を周縁や分裂として語っている。このことで彼は多くの主流の作家と異なっているだけではなくて、アジア系のアメリカ生まれの作家とも異なっている。彼にとって周縁とは積極的な立ち位置のままであり、批評空間を強化するものである。

移民作家は、周縁という空間の中で作品を書いており、その空間は自らの生存のためには如何なる他の空間よりも重要なものである。そうした作家は主流に加わろうとするべきではないし、支配的な文化の中心で自己の立場を占めるべきではない。そうした作家は自らの周縁性を維持し、あらゆる種類の資質を求め、外国のものを取り入れ、そうした短所を十分に利用すべきである。そうした作家は自分自身が周縁にあることを受け入れるべきである。というのは、こうした周縁性によってこそ、その国の作家との違いが生まれるのであり、自らの野心を満たす手助けとなるのである。(Ha Jin 2010: 154)

Ha Jin の場合に、こうした周縁の空間はまた離散の空間でもある。実際にそうした周縁性によってこそ、自分の作品の独自の要素が出現するのである。言い換えれば、周縁性によってこそ、独自性と自分の作風の新しさが生み出される助けとなるのだ。これはアメリカ文学の範囲の延長・拡張と考えることができる。このことはまた、如何にしてアジア系の温和な経験がアメリカ文学を創り出す上で貢献し、影響を与えるのかを示してもいるのだ。

離散空間によってまた Ha Jin は裏切りの問題を批評することができる。「歴史的に、個人こそが自分の国を裏切ることで、常に責められてきた。私達は個人を裏切ることにより、ある国を責めることで形勢を逆転させるべきではないのか。大半の国は国民に対して慣習的な裏切り者となっている。国が作家に対して犯す最悪の罪は、正直さと芸術的な誠実さでもって書くことができないということである」(Ha Jin 2008: 31-32)。

こうした裏切りの問題は、Ha Jin の最近の小説の中にも見られる。『自由な生活』の第六部、第二十一章のエピソードである。このエピソードでは、既にアメリカの市民を志願した Nan Wu（武男）という指導者が倫理的な板挟みに直面している。彼は「中国とアメリカで戦争が起きれば、どちらの側につくのかについて確信がなかった。こうした不安定さに彼は悩んだが、ひとたび誓約の式典で彼の忠誠を誓えば、自分の言葉を守らなければならないだろう」（Ha Jin 2008: 489）。彼はアトランタの中華街のコミュニティ・センターで行われる会議に出席する決断をする。彼はその会議によって自分の立場が明らかになり、自分の板挟みの状態から抜け出せることを期待する。その会議はアメリカを中国の敵国だとして激しく責める二人の若い中国人ジャーナリストによって、China Can Say No（『中國可以説不』）という最近の人気のある本を論ずる主旨である。Nan Wu が失望したことに、その会議は混乱し、人々がお互いを攻撃する笑劇へと転化した。その会議が終わる前に、Nan Wu は自分自身の立場を表明する機会を手にしている。彼はこう言う。「アメリカに強制されて私達はここに来たのではなかったですよね。中国は私達の祖国であり、一方アメリカは私達の子供の土地、つまり私達の将来の場所なのです」と。彼はさらに『扇動者』という本の著者を非難する。彼が述べているように「私達はもはや中国に住んでいないのだから、彼等とは異なる関心をもっている。私達は彼等がアメリカを盲目的にののしることに追随してはならない」（495）。

Ha Jin の『裏切りの地図』は、その題が強く示しているように裏切りについて書いた作品である。それはスパイ活動に関する小説であり、より正確には二重スパイの生活に関する小説である。Gary Shang またの名を Weimin Shang（尚偉民）は「北米で捕まった最も有名な中国人である」（Ha Jin 2014: 3）。CIA の通訳になることで、彼は中国人のスパイとしての役割を果たしている。『自由な生活』の Nan Wu と同様に、Gary Shang もまたアメリカ国民となるための忠誠の誓いを行っている。事実は明らかに彼の仕事の場合たやすいものとなっている。

Gary は、表面上は冷静であったが、一九六一年は彼にとって騒々しい年であった。春に彼は帰化していた。市民権の式典で彼は星条旗に忠誠を誓い、合衆国憲法を守るために兵役につくことを誓った。市民権に対して注意深い注目を払って大いなる賞賛を込めて彼が読んだ文書は、改正によって定義され保護された。それは国と国民の間の契約のようでもあった。彼は呆然とした心で式典に出席していた。もっとも彼は深く式典の荘厳さに感銘を受けており、女性の係官に期限切れの中国のパスポートを見せた時、苦笑せざるをえなかった。

Gary Shang が捕まって法廷に出される時、彼は課税の大半を拒否し、アメリカと中国の双方の愛国者であると主張する。このように彼は述べている。

両国は私にとって両親のようなものです。両国は父と母のようなものであり、息子として私は両国を引き離すことができません。私は両国を愛しています。一方の国の繁栄を促すために、もう一方の国を傷つけることはできないでしょう。私が情報を中国に送ったのは本当です。しかし、そのことで中国とアメリカの関係を改善する手助けとなったのです。その結果、両国は恩恵を受けたのです。実際、両国間の相互の理解と協力を改善するためのあらゆる機会をつかんだのです。神のみぞ知ることですが、何十年かすると中国語の出版物とリポートを集めることを通して、アメリカのためにどれほど多くの重大な情報を私が集めたかが分かります。週に六〇時間以上も費やしていたのです。私の賢明な働きに対して、私はいくつか賞を頂いたこともあります。（Ha 2014: 260）

愛国主義に関する二〇一六年の小説『ボートを揺り動かすもの』において、Ha Jin は再び裏切りのテーマを取り上げている。その小説の主人公である Feng Danlin は、ニューヨークに本部のある中国語のグローバル・ニュース・エージェンシーの記者として働いている。この小説は『九月の愛と死』という成文化されていない小説を促進する上で、元妻 Yan Haili の詐欺を明らかにしようとする様々な試みを巡って展開している。ニュースのリポートによると、この小説は「北米・中国・オーストラリア・英国・ロシア・フランスで繰り返し展開される魅惑的で性急な恋愛物語であった」。報告されていたのは、「中国共産党の管理事務所は、ホワイトハウスによって接触され、ブッシュ大統領なら Haili の小説の英語翻訳を認めることになるだろう」ということだった（Ha Jin 2016: 3-4）。Feng は、この小説の存在に疑問を呈する多くの暴露記事を書いていた。彼は中国当局によって愛国的でなく、それゆえ裏切り行為を犯していると考えられていた。反論として、Feng は、中国大使館の副領事にあてて次のように書いて主張している。

歴史から私達が教わったのは、道徳的な高い立場にある資格のある国はないということだ。知識人の役割は国に奉仕することではなくて、国が侮辱的で非道で破壊的にならないように緊密に監視し続けることである。それゆえ、一知識人として正義・自由・平等を普遍的な価値として支持しなければならない。そうした概念は抽象的であるが、不確実な起源があるにもかかわらず、またそうした概念に達する上で西洋の疑わしい歴史があるにもかかわらず、そうした概念は私達の社会的条件を改善し、私達がより人間的になる上で依然として不可欠である。（Ha Jin 2016: 157）

再び、裏切りとは積極的行為として考えられており、道徳的に受け入れられないものはない。多くの他の新たな世代のアジア系のアメリカ人作家と同様にHa Jinは祝っており、それゆえ彼の周縁性を十分に活用している。彼は周縁性を生産性の空間、つまり個人と共同体の双方の空間へと向けている。彼は楽観的で自信のある存在としての作家である。

Works Cited

Han, Jin. 2007. *A Free Life*. New York: Pantheon Books.

——. 2008. *The Writer as Migrant*. Chicago and London: Univ. of Chicago Pr.

——. 2010. *Zai taxiang xiezuo*. Trans. Mng Di. Taipei: Linking.

——. 2014. *A Map of Betrayal*. New York: Pantheon Books.

——. 2016. *The Boat Rocker*. New York: Pantheon Books.

Shan, Te-hsing. 2010a. "Zai taxiang xiezuo de yishu yu yishu." *Zai taxiang xiezuo*. Taipei: Linking. 7-17.

——. 2010b. "Cihai zhong de haobing: Ha Jin fangtanlu." Zai taxiang xiezuo.Taipei: Linking. 161-204.

✣ 信仰・文化・環境 ✣

自主的な防災活動を地域コミュニティの再生に生かす

――地域における災害対応力の向上を目指して――

松岡武夫

およそ五十年間、私は物理学の教育と研究に携わってきた。防災の専門家ではない。この間、地域の課題への問題意識をもち三十歳代に住民運動にも深く関わったが、その後はそこに多くの時間を割くことはなかった。現住所（四日市市日永地区）に居を移してすでに二十六年が経つ。七十歳になった四年前の四月、二年任期の自治会の会長に選ばれ、これを機に市の危機管理室が企画する「防災大学」に入学して一年間十回余の講演や実習などを受けた。この研修を通して、地域における災害への備えが貧弱であることを痛感するようになり、日永地区の防災組織（日永地区自主防災協議会）の役員に就いた。本年（二〇一八年）六月からはこの組織の会長に就任して地域の防災活動の陣頭指揮を執っている。日永地区は人口およそ一万八千人、七千世帯、自治会が三十一で、小さな町に相当する大所帯である。当地区の東隣に伊勢湾に面した塩浜地区がある。ここは石油コンビナートの巨大な施設が林立し、「四日市喘息」で有名になった地域である。塩浜地区はその大部分が埋立地であり軟弱地盤で海抜が低く、南海トラフ巨大地震が発生したら一たまりもない。隣り合う当地区も大部分は海抜二~五mである。このような地域の特性から南海トラフ巨大地震が発生した場合、当地区は激しい揺れ、液状化、コンビナート火災、津波の襲来という何重もの災害危機に直面する。このため、地元の防災組織には様々な局面を想定した災害対応力が求められている。ところが、多くの地元住民と防災組織には危機感が弱く、災害への備えが極めて不十分であるのが実状である。

現代社会では様々なネットワークが整備され、私達の日常生活は非常に便利になっている。私の少年時代と違って、現代社会はこれらのネットワークに過度に依存している。その一方で、これらのネットワークは非常に脆弱で、一度、大災害が起きればネットワークは寸断され、大部分が崩壊状態に陥ると思われる。本年六月の大阪北部地震や七月の西日本豪雨でもネットワークが大きな打撃を受けた。ましてや、南海トラフ巨大地震が静岡県から四国沖までの全域で発生した場合には被災者は三千五百万人以上となり、日本社会が受ける打撃は未曾有の規模になる。広域に亘ってライフラインが途絶えた時に唯一頼れるのは、地域コミュニティのネットワークだけである。しかし、この数十年間の社会構造の変化は地域コミュニティの希薄化をもたらした。災害危険が増大している今、災害への備えとして地域コミュニティのネットワークの再生は急務である。ここでは、まず、私が気付いた今の防災対策が抱える多くの課題を指摘したい。それと合わせて、地域コミュニティの再生を目指して、地元住民への災害危険への理解の浸透と災害対応力の向上を図るために取り組んでいる一地区の初歩の活動に触れたい。

一　災害危険が増大している

気候変動（地球温暖化）の進行は、大気中の温室効果ガス濃度の上昇に合わせるようにそのテンポを速めている。大気中の温室効果ガスの内、最も大きなウェイトを占めている炭酸ガスの大気中濃度は、化石燃料の使用量増大に伴って次のように上昇してきた。

産業革命前（一七五〇年頃）　約二七〇ｐｐｍ
一九五八年　約三一五ｐｐｍ（二〇〇年間で四五ｐｐｍ増）
一九九二年　約三五五ｐｐｍ（　三四年間で四〇ｐｐｍ増）
二〇一七年　約四〇五ｐｐｍ（　二五年間で五〇ｐｐｍ増）

炭酸ガスの大気中濃度の上昇は次第に勢いを増し続けており、国際的に協調して十分な対策が講じられなければ今世紀後半には五〇〇ｐｐｍを超えることになる。北極海の海氷域と世界各地の氷河の減少、海水温の上昇など、地球温暖化の影響はすでに地球規模で現れている。気候に関しても、世界各地で記録的な風水害が発生している一方で、極端な水不足や旱魃も起きるなど、その変化がはっきりと捉えられるようになった。日本でも大雨、台風ともに激しさを増し、一時間当たり百ミリを超える集中豪雨が頻発して甚大な被害が毎年繰り返されている。今年の夏の厳しい暑さも、気候の異常さの進行を実感させた。

地震災害に関しても危険が増大している。日本列島は、一千万年以上前から四枚の地殻プレートのぶつかり合いにより形成されてきた。このため、日本はこれからも繰り返し大地震が起こる地震国である。大地震は社会に甚大な被害をもたらすため、日本では地震への備えは必須である。政府の地震調査委員会によれば、今後三十年以内に南海トラフ巨大地震が発生する確率は七〇〜八〇%とされ、非常に切迫している。この切迫性にはいくつもの状況証拠がある。まず、一九五〇年から一九九二年までの四十三年間に起きた震度六以上の地震は僅か二回で、日本経済の高度成長期は地震活動が非常に静穏な時期であった。ところが、阪神淡路大震災の二年前の一九九三年から今日（二〇一八年八月）までの約二十六年間に震度六以上の地震は五十五回にも昇り、大地震の発生頻度は数十倍になった。即ち、一九九三年を境に状況は一変している。過去のデータを見ると、地震の活動期の継続期間は大体六十年程度が多いので、現在は地震の活動期の真っ只中にあると考えられる。次に注目すべきことは、最近の地震活動・火山活動と以下に示す九世紀のそれとの不気味な類似性である。

八六三年　京都で地震が頻発。越中・越後地震
八六四〜六七年　富士山、阿蘇山、豊後鶴見岳噴火
八六八年　播磨地震、京都群発地震
八六九年　貞観地震　M八・三
八七一〜七四年　鳥海山、開聞岳噴火
八七八年　南関東地震　M七・四
八八〇年　出雲地震、京都群発地震
八八五〜八六年　開聞岳、伊豆新島噴火
八八七年　仁和地震（南海トラフ巨大地震）M八・〇〜八・五

M九・〇の東日本大震災は八六九年の貞観地震と比較される。南海トラフ巨大地震だけでなく、首都直下大

地震の発生確率も非常に高いと考えられる。貞観地震の九年後に南関東で大地震が発生しており、単純に当てはめて東日本大震災から九年後とすると二〇二〇年となる。二〇二〇年の東京オリンピックは無事に開催できるのか、不安がよぎる。さらに、地震の切迫性のもう一つの根拠は、南海トラフ巨大地震はおよそ百年から百五十年の間隔で、繰り返し発生していることである。十五世紀以降に発生した南海トラフ巨大地震を以下に掲げる。

一四九八年　明応地震（M八・二～八・四）、死者数万人
一六〇五年　慶長地震（M七・九）、甚大な津波被害、死者約二千五百人
一七〇七年　宝永地震（M八・六）、死者二万人以上、太平洋岸に大津波が来襲
　地震の四十九日後に、富士山が大噴火
一八五四年　安政東海地震（M八・四）、翌日、安政南海地震（M八・四）
　死者二千～三千人

これらはいずれも、南海地震、東南海地震、東海地震が連動したとみられるが、その後、昭和に発生した南海トラフ地震では東海地震の連動はなかった。

一九四四年　昭和東南海地震（M七・九）、死者千二百二十三人
一九四六年　昭和南海地震（M八・〇）、死者千三百三十人

このため、地殻の歪みが蓄積し続けている東海地震の危険性が極めて高いとされてきたが、その東海地震が発生しないまま今日に至っている。現時点では、南海地震、東南海地震、東海地震の全てについて地殻の歪みが蓄積し、いつ地震が発生してもおかしくない状況にあると言われる。南海トラフ巨大地震は海溝型地震であ

るが、この他にも活断層地震がある。この活断層地震は海溝型地震の前後にもしばしば発生している。活断層は日本全国の至る所にあって、三重県北部地域にも養老‐桑名‐四日市断層帯がある。この断層は当地区内を南北に縦断している。養老‐桑名‐四日市断層は、過去二千年間にM八程度の大地震を七四五年（天平地震）と一五八六年（天正地震）の二回起こしたと推定されている。この活断層がもし動いた場合、四日市では震度七の激しい揺れが発生し、甚大な被害が予想される。

私達は日本列島に住む限り、日常生活において大災害への備えを忘れてはいけない。前述のように、日本経済の高度成長期が地震活動のあまりに静かな時代だったため、地震への備えを軽んじてきたことは否めない。加えて、便利さと効率性を徹底して追及してきた結果、現代社会は複雑化、ネットワーク化しており、過去にはなかった新しいリスク（災害脆弱性）も抱えている。しかし、多くの日本人には災害危険への危機感が弱い。それでも、東日本大震災の悲惨な光景を深刻に受けとめ、災害への備えに取り組む人は少しずつ増えてきた。今必要なことは、全ての住民がまず地元地域の災害危険を正確に知ることであり、それとともに全国で起きた過去の災害事例を踏まえて必要な備えを始めることである。そこで、私共はこのことを地元住民に周知徹底していくために、防災学習会の定期的開催、防災ニュースの全戸配布などの啓発活動を重視している。

二 ハザードマップを活かすために必要なこと

ハザードマップの役割は、事前に災害危険を知って災害に備えておくことと、巨大地震が発生したときなどに迅速に安全な場所に避難するための判断と行動を助けることである。しかし、東日本大震災では、津波ハザードマップに記載されていた情報をもとに避難した多くの人々が津波の犠牲となってしまった。「想定」を遥かに超える津波が襲ってきたためである。ハザードマップへの過信が、本来の役割とは全く逆の結果をもたらした。この苦い教訓を踏まえて、ハザードマップが本来の役割を取り戻すためには、逆説的ではあるが、ハザードマップは「信じてはいけないもの」であることを周知徹底することが必要である。

ハザードマップは、ある前提条件の下で計算して得られた予測を示したもので、参考資料でしかない。計算するにあたっての前提条件を変更すれば、当然、結果も違ってくる。そもそも地震や津波に関する「想定」は、過去数百年間のデータに基づいたものである。これに対し、地殻変動は数千年、数万年以上の時間を経て起こる大地の現象で、巨大地震の想定はもっと長いタイムスパンで捉える必要がある。過去数百年間に経験したことのない巨大地震も起こりうる。実際、東日本大震災は貞観地震以来千百余年ぶりの巨大地震であった。

ハザードマップには、洪水、土砂災害、津波、液状化、活断層、地震震度、火山などの種類がある。この内、自治体に対し法的に作成が義務付けられているのは、洪水、土砂災害、津波のハザードマップである。洪水ハザードマップについては、最近の水害被害の深刻さから水防法が改正され、これに伴った見直しが全国の各自治体で始まっている。過去の水害のデータが重要な資料になるが、それに加えて都市化による土地の改変が至る所で進み、過去のデータだけでは見えない危険が潜んでいることも忘れてはいけない。自治体はハザードマップの作成をコンサルタント会社に委託する場合が多いが、過去の経験と土地利用の変化など、地元の実情に詳しい住民も参加して洪水ハザードマップの見直しを進める必要がある。我々の地域では実際に見直し作業に地元住民が参加することになっている。

津波ハザードマップに関しては、現状はいくつかの問題がある。南海トラフ巨大地震が発生した場合、四日市には地震発生から約八十分後に津波が来襲すると予想されている。このとき、来襲する津波高は「最大五ｍ」と想定し、津波ハザードマップでは海抜五ｍの地点を津波避難目標ラインとしている。「最大五ｍ」は、ある前提条件の下で計算して得られた結果に基づいている。しかも、「最大五ｍ」とは海岸線における値を表している。注意すべきことは、津波は圧倒的な勢いで後から後から押し寄せてくるため、もっと高い場所まで駆け上がって来ることである。特に、河川では内陸深くまで遡上する。「最大五ｍ」は津波の最大遡上高ではない。従って、海抜六～八ｍの所でも決して油断できない。実際、東日本大震災では海岸で津波高十五ｍ程だった津波が地形の影響で海抜約四十ｍの所まで遡上している地点もある。一七七一年の八重山諸島の地震では最大遡上高八十五・四ｍの津波を記録している。さらに、専門家によれば、「最大五ｍ」の評価は海底で大規模な地滑りが起きないことを前提とした計算結果である。もし巨大地震によって大規模な海底地滑りが誘発されると、津波はもっと高くなることが指摘されている。従って、「最大」は、これ以上高い津波が来る可能性はないという意味ではない。「最大」の五ｍより高い場所でも絶対に油断できない。発表されている「想定」に囚われていては、「想定外」に直面したときに対処できない。このような理由から、「最大」という表現は誤解を招き、適切ではない。そこで、日永地区自主防災協議会は、津波緊急避難の目標地点を海抜十ｍ以上で見通しの効く自然地形の高台とするよう呼び掛け、いくつかの目標地点を具体的に提示している。

また、行政が示している津波ハザードマップには浸水の状況しか記載されていない。しかし、東日本大震災で経験したように、津波は単なる水の流れではない。津波は陸地にあるあらゆる物を飲み込んで巨大なエネルギーの塊となって高速で襲ってくる。実際、水と共に大量のガレキ、車、船、コンテナなどが激しい勢いで押し寄せた。さらに、津波による火災拡大もあった。当地域では間近に石油コンビナートがあるため、漏れ出た石油や化学物質に火が付けば、津波火災が一気に襲ってくる可能性もある。現在の津波ハザードマップには、想定される危険性の一部である「水」しか表示していないという弱点がある。この点でも、東日本大震災の津波被害を教訓に内容への改善が求められる。

ハザードマップは全戸に配布された。恐らく多くの市民は自分の住まいが安全かどうかを確認し、その後はどこかにしまい込んだまま見なくなってしまっていると思われる。一方、行政側は、全戸に配布したので市民に大切な情報を伝えることができたとの建前に立っているのではないか。しかし、このような情報の一方通行だけでは、ハザードマップの役割を果したことになっていない。行政側は、情報がどれだけ正確に市民に浸透したのかを検証するとともに、地元の実状を知る住民の生の声を汲み取って、ハザードマップへの注目度の向上に努めるべきである。現状を改善するためには、地元の防災組織と行政側とが情報交換、意見交換を十分に行って連携を進める必要があるが、今のところ行政側には積極性が見られない。

三　津波緊急避難場所についての混乱

四日市市の津波ハザードマップによれば、市は津波到達範囲内にあるいくつもの高層階の建物を津波避難ビルに指定している。津波避難に関して、市の方針が曖昧になっていることを指摘したい。市の津波ハザードマップの説明文には、次のように記されている。

「原則は遠くて高い場所へ

まず、できるだけ海から遠くて高い場所を目指して避難しましょう。しかし、浸水が始まったときなど、遠くに避難することができない場合には、近くの津波避難ビルや高い建物へ逃げ込みましょう」この説明文にも拘らず、実際は、市は「原則は遠くて高い場所へ」を省略して津波避難ビルへの避難を強調している。しかし、津波到達範囲内にある高層階の建物は津波火災で全焼する恐れがあり、避難者が逃げ場を失う可能性がある。実際、東日本大震災のとき、石巻市門脇小学校では津波は一階までで止まったが、津波火災によって三階建て校舎は三階まで火に包まれた。従って、津波到達範囲内の建物は三・四階でも危険である。門脇小学校では三階から近くの裏山に通じる非常用通路があったため、二百七十名余の生徒は難を逃れた。このような理由から、「原則は遠くて高い場所へ」をもっと強調すべきである。逃げ遅れて安全な高台まで到達できなくなった最悪の場合を除いて、高層階の建物を避難目標地点とすることは避けるべきである。校舎のような奥行きのない建物は特に危険ではないか。このような理由から、我々は、石油コンビナートに近い当地区内にある海抜二m程の四日市工業高校、日永小学校と海抜四m程の海星高校は、市が津波避難ビルに指定しているが、車椅子で屋上に登れるスロープがない上に津波火災の大きな危険があり、緊急の津波避難場所としては不適当であると地元住民に説明している。海抜九m弱の南中学校も、風向きによってはその周辺まで火災、有毒ガスが迫ってくる危険があり、やはり緊急避難場所には不適であると説明している。これに対し、行政側の曖昧な説明は非常時に混乱を引き起こすリスクがある。ところで、当地区にあるショッピングセンターの四階屋上駐車場は車椅子で登ることができ、しかも建物の体積が非常に大きいため、地盤の海抜は低いが相対的に安全と思われる。ここは津波避難ビルには指定されていないが、津波避難ビルとして活用可能であろう。

また、ハザードマップや防災パンフレットの中で使われている「避難所」、「避難場所」という言葉もしばしば混乱をまねいている。行政側は、「避難所」は生活避難の場所、「避難場所」は津波の危険から緊急に避難する場所という意味に用いているようであるが、一般市民にこの違いが正確に伝わるであろうか。津波の来襲のように、命の危険が間近に迫っている場合の避難は緊急避難、緊急退避であり、英語では evacuation である。このときの避難場所は evacuation place と呼ばれる。そこで、単に「避難場所」という使い方ではなく、「緊急避難場所」と表現する方が的確に住民に伝わるであろう。一方、「避難所」は被災者保護のために一時的に避難生活をする場所という意味で使われており、英語では shelter と呼ばれる。差し迫った危機が去り、状況がひとまず落ち着いた段階で、緊急避難から一時的な滞在避難への移行先の施設が「避難所」である。日本語では、「避難」という言葉が evacuation と sheltering の両方の意味で使われており、混乱を起こしている。行政側は、この混乱を放置しておくことの危険性を認識できているであろうか。東日本大震災では、津波到達範囲内にあるにも拘らず「避難所」を津波避難の場所と思い込んで避難し、多くの人々が津波の犠牲になってしまった。このような過ちを繰り返してはいけない。日永地区自主防災協議会では「緊急避難場所」と「指定避難所」との違いを繰り返し説明している。

四 「建前」で人の命は守れない

大災害が発生したとき、速やかに避難所開設の準備を始める必要がある。平日の昼間であれば、避難所建物の開錠は支障なくできると思われるが、夜間は全く事情が異なる。四日市市立の小中学校の場合、夜九時半から翌朝七時半までの時間帯は警備員も不在で無人である。この無人の時間帯に災害が発生した場合、避難所建物の開錠と避難者受入れの準備を誰が担うのかという問題がある。基本は、近隣自治会の防災隊、学校関係者、行政側が協力して対処すべきであろう。しかし、学校側の担当者は学校の近くに住んでいるとは限らず、大災害時に迅速に対応できない事態が起こり得る。一方、行政側の初動対応について、市は「避難所開設要員」のリストを作成し、各指定避難所に緊急に駆けつける市職員の担当者を決めている。ところが、このリストを見ると、担当する各指定避難所から遠い場所に住む市職員が担当者になっている場合が少なくない。書類の上では非常時の体制が整備されているように見えても、実質的に機能しそうもないものになっている。この問題を市長との対話集会で問い質したが、市長の回答は、担当者が指定避難所から遠いときは別の職員を派遣するというものであった。では、「避難所開設要員」のリスト作成の目的は何かという疑問を持たざるを得ない。指定避難所の開設手順については、近隣自治会の防災隊、学校関係者、行政側が協力して訓練を実施する必要があり、この訓練への全市的な取り組みを行政側に求めたい。それを通してお互いに問題点を確認し合い、「建前」ではなく実際に機能するマニュアル作りを進めることが肝要である。指定避難所を開設する場合、避難所建物の被害状況を点検して避難所として使用可能かどうかをまず判断しなくてはならない。使用可能であれば、集まってきた避難者と共同して整備作業と避難所設営を進めていくことになる。

大規模な石油コンビナートが立地する四日市市では、他都市にはない災害危険がある。埋立地という軟弱な地盤の上に様々な設備が設置され、それらが多くのパイプラインで企業の敷地境界を超えて複雑に繋がっている。大地震の際の石油コンビナートの危険性について、市議会が主催するシティ・ミーティングの機会に質問したところ、ある市会議員から「企業が十分な地盤強化等の地震対策を講じており、危険性はない。住民は心配しなくてよろしい」との回答が返ってきた。市が全戸配布したパンフレット「家族防災手帳」でも、企業の取り組みが紹介されている一方で、大地震の際の石油コンビナートの具体的危険性や避難者への注意点などについては言及がない。また、数年前、ある企業が化学兵器に使われるホスゲンを工場内に無届けで大量に保管していることが明らかになった。しかし、その後の対応について、企業も行政も地元住民への説明をしなかった。大地震が発生すれば、爆発火災や設備の倒壊の恐れがあるが、仮にそれが起きなかったとしても激しい揺れと液状化によってパイプラインが破断し、危険な化学物質が漏洩する恐れもある。しかし、これらの危険性について行政も企業も、そして一部の住民も触れたがらない。四日市市では、企業側と市内防災組織役員との防災連携会議という集まりが開かれる。その場で、一般道路沿いに埋設されているパイプラインの危険性について質問したところ、住民側の防災組織役員幹部がテロ対策と企業秘密を理由に私の質問を遮り、市民の命を守る方策については何も説明しなかった。市会議員にも住民側の防災組織役員幹部にもコンビナート企業への忖度を優先する人々が少なくないことを痛感させられた。ところで、三重県の石油コンビナート等防災計画の基本方針の第一項目に、「災害の防御にあたっては、県民の安全対策を最優先する」とある。この基本方針を「建前」として棚上げすることなく、着実に実行すべきであろう。具体的には、市と企業は危険情報を開示して、扱っている化学物質の特性と危険性を住民に説明するとともに、標識を各所に設置するなどにより緊急時における安全な避難経路を指し示すべきであろう。

各自治体は災害対応を専門に担当する組織を設けており、四日市市でも危機管理室なる部局がある。危機管理室の職員は地域の防災活動の支援に日々取り組んでおり、個別の努力については一定の評価をしたい。しかし、防災対策の現状と課題について突っ込んだ問題提起をすると、市長や市議会などに対する配慮からであろうが、的確な回答は返ってこない。例えば、前述したように、津波緊急避難と津波避難ビルの位置付け、コンビナートに近い地域の避難経路、などに関しては不明確な点が多い。また、毎年、住民を対象に「防災大学」

を開催し多くの講演者を招いて貴重な情報、教訓、ノウハウ等を提供していることは評価したいが、市としての基本方針の説明がない。内容に関して講演者への丸投げに近い。講演者は四日市市の災害危険の実状に詳しい人ばかりではないので、講演者によって異なる見解を述べる場合があるが、市はそれには触れない。講演者の多くは、南海トラフ巨大地震が発生した場合に備えて各家庭で備蓄しておく量はおよそ一週間分と述べた。ところが、政府の中央防災会議のメンバーの講演者は、三重県の住民の場合、本当は七日分では足りず二十日間分の備蓄が必要であると述べた。南海トラフ巨大地震では広域に亘って未曾有の被害が出るため、救援活動はまず大都会から始まり三重県へは遅くなるであろうとの説明であった。この講演者の言によれば、本当のことをそのまま公表してしまうとパニックになる恐れがあるため、政府発表では「七日間分の備蓄」を建前としているとも述べた。福島第一原発事故のとき、原子炉のメルトダウンが起きて危機的状況に陥っていたにもかかわらず、政府と東京電力が国民にその事実を二カ月も隠し続けたことが想起される。

市の危機管理室の人事体制にも問題がある。危機管理室の職員は現在十三名であるが、このうちの六名がこの四月に他の部局の職員と入れ替わった。このように、何人もの危機管理室の職員が定例の人事異動に伴い三年程度で異動する。防災の仕事では、法令、過去の災害の事例と教訓、災害時対応の訓練、防災対応の技術、市内各地区の災害危険情報と防災組織の状況など、多くの事柄を会得しておかなくてはならない。様々な専門的・総合的能力を求められる部局である。有能な職員の養成には一定の期間が必要であり、三年程での異動は適当ではない。有能な職員の養成の視点が欠けているのではないか。人材養成の観点から、危機管理室の職員が最低限身に付けておくべきことを研修用に「防災担当者ミニマム」としてまとめ、それを各地区の防災組織幹部とも共有することを提案したい。

南海トラフ巨大地震が発生したとき、市は市庁舎に市の災害対策本部を設置し、これに合わせて、各地区でも地区の災害対策本部を設置する手はずとなっている。災害時の地区災害対策本部の設置場所の方針について疑問を感じている。当地区の場合、市民センターは海抜四〜五ｍの所にあるため「最大五ｍ」の大津波が押し寄せた場合、災害対策本部のメンバーがそこに集合することは危険で不可能であろう。このため、当地区では大津波警報が発令された場合には、海抜約三十五ｍにある泊山小学校に地区災害対策本部を設置することを議論している。これに対し、海抜の低い所に位置していても地区災害対策本部は市民センター内に設置するのが全市的な方針であるとの説明を市職員より受けた。このような硬直した方針では対応不能になり、人の命を守れない。地理的条件が異なり地区によって災害の危険度は様々である。地区の状況に合わせた柔軟な災害対応は必要である。

五　防災訓練のレベルアップ

四日市市では、地区ごとに地元住民による防災組織がある。しかし、その組織がいざというときに実際にどれだけ機能するか、心許ない状況ではないか。当地区の場合を例に取ると、自主防災組織の役員はそのほとんどが自治会の連合組織などの役員の兼務であり、災害時には地区の災害対策本部役員となるとしているものの、高齢で体力的に相当厳しい状況を乗り切れるのか大いに疑問である。地域コミュニティの希薄化によって、世代を横断する縦の繋がりが弱まり、防災組織への若い世代の参加が得られていない状況は深刻である。昔に比べて、現役世代は人口が少ない上に多くの人が仕事の多忙化によって余裕を失っていることが背景にあると思われるので、この問題は簡単には解決しない。災害に備える人材を確保していくには、様々な地域活動を通した地道な努力も求められる。

当地区では、防災組織の役員が高齢化する中で、毎年実施していた防災訓練内容を市民センターの一職員にほとんど任せてしまっていた。訓練内容は、具体的には、消火訓練、土嚢作り、AED操作、担架による搬送訓練、煙体験などであった。しかし、このような内容だけでは南海トラフ巨大地震の切迫性と想定される被害の甚大さに見合っていないと判断し、昨年から緊急避難訓練と避難所設営訓練を行うことにした。さらに、これらの訓練計画の推進部隊として有志をメンバーとする防災専門部会も立ち上げた。緊急避難訓練と避難所設営訓練は当地区としては初めての試みであるので、実施に向けて様々な準備が必要であった。津波緊急避難訓練については、当地区内でも自治会によって地理的条件が全く異なり津波の心配のない地域もあるため、訓練の基本方針は防災専門部会から提示しつつ、各自治会単位で実施するよう呼びかけた。昨年度は、津波緊急避難訓練を実施した自治会は十程度、参加者は全体で二百五十人程度であった。一方、避難所設営訓練は防災専門部会の力量と建物の収容能力を考慮して規模を三百名弱に押さえて小学校体育館を使って昨年十一月に実施した。これを成功させるために事前に避難所運営委員会を五十名規模で設け、訓練の意義とプログラムを繰り返し確認して準備した。今年も昨年に続いて緊急避難訓練と避難所設営訓練を行うため準備している。昨年の経験を生かしつつ、規模を拡大する予定である。ただ、有志をメンバーとする防災専門部会は、現在五名で力不足である。活動のレベルアップのために、もっと多くの人の参加を呼び掛けているが、残念ながら増員は実現できていない。

防災活動の啓発と訓練及び実践の円滑化には、いろいろなマニュアルが役立つ。当地区では五年程前に当時の役員と指定避難所となる学校の関係者らの尽力で災害時の避難所運営マニュアルが作成された。当地区には六つの学校があり、災害時における避難者収容場所、運営本部、救護室、介護室、更衣室などの配置図も全ての学校を対象に作成された。当時の関係者の尽力に敬意を表したい。ただ、残念なことに、地元防災組織と学校側との間で避難所運営マニュアルを再確認する作業が行われないまま、五年が経過してしまった。学校側は人事異動のために防災の担当者も入れ替わっている。地元の防災組織の側による積極的な確認作業が必要であり、本年度から始めることにした。また、このマニュアルは避難所運営委員会の組織ができた後の活動に関するもので、運営委員会を立ち上げるまでの手順には触れていない点で未完成と言える。

足りない部分を補うために現在準備中のマニュアルは、津波緊急避難ガイド、指定避難所開設マニュアル、避難所運営の任務分担マニュアル、日永地区災害対策本部設置マニュアルである。津波緊急避難ガイドは、南海トラフ巨大地震発生直後に取るべき行動として、自身の身を守る行動、家族の助け合い行動、近隣の助け合い行動（安否確認等）、高台への緊急避難行動の順に説明するものである。指定避難所開設マニュアルと避難所運営の任務分担マニュアルは、すでにある避難所運営マニュアルを補足する内容になっている。とりわけ、避難所運営の基本は、「避難所は互いに励まし合い、共に支え合う場であり、避難者自身が協力して自主的に運営する」であることを強調している。日永地区災害対策本部設置マニュアルでは、まず、本部役員自身も被災し、様々な危険がある中で、いつ、どこに地区災害対策本部を設置するかを記している。さらに、地区災害対策本部の任務を説明している。ただ、これらの内容には市の方針との調整が必要な部分も多く含まれており、他地区の防災組織との議論も必要である。

六　おわりに

大災害の危険性が高まっている今、全国どこでも災害に備える取り組みを強めなくてはならない。まず必要なことは、自分達が住んでいる町にどのような災害危険があり、大災害が発生したとき、自分達がどのような状況に直面するのかを知ること、そして、その上で、各家庭や個人レベルでの備えを進め、近隣や自治会レベルでの連携・助け合いの手順を確認することである。さらに、緊急避難の行動や避難所の設営・運営などについて訓練を重ねることが大切である。訓練を繰り返すことで災害対応力のレベルアップを図ることができる。大災害が起きれば日常的に使っているネットワークは一挙に崩壊する。そのとき、私達が唯一頼れるのは地域コミュニティのネットワークだけとなる。だからこそ、地域レベルでの防災訓練は必須である。地域コミュニティの希薄化が進行している中でも、工夫を重ねて地道に努力することで、大災害への備えに関しては世代を超えて住民同士が共通認識を持つことができるのではないか。自主的な防災活動はそのまま被災後の地域の復興力に繋がり、そして、地域コミュニティの再生に繋がると考える。

ところで、災害危険の増大をまねく開発行為が合法的に進められ、地域の防災にとって障害となっている事例が珍しくない。地域の災害対応力の向上とともに、安全で安心できる町づくりを進めるために、様々な開発事業に対して災害危険の影響を総合的に評価する災害影響評価（防災アセスメント）の制度を自治体が導入することが必要である。地域の防災の取り組みはまちづくりの重要な柱の一つである。

（二〇一八年八月二三日記）

編集後記

米軍普天間飛行場の名護市辺野古移設に直接関わる「辺野古沿岸部埋め立て」の賛否を問う県民投票が、本年二月二四日に実施された。結果は、「反対」が七二・二%（四三万四二七三票）であり、玉城デニー沖縄県知事は三月一日に安倍首相と官邸で会談し、県民投票の結果を通知して計画の断念を迫ったが、首相は移設方針の堅持を示した。『中日新聞』（二〇一九年二月二七日付）の社説は次のように述べている。『琉球新報』と『沖縄タイムス』の両編集局長は、『中日新聞』への寄稿で、〝日本が人権と民主主義をあまねく保障する国であるのか、県民投票が問いかけたのはそのこと〟〝沖縄は答えを出した。今度は日本政府、ひいては本土の人たちが答えを出す番〟とそれぞれ訴えた」。

ここで重要なことは、人権と民主主義の保障を日本政府に迫る行動が「本土」の人々につきつけられていることである。今回、沖縄で示された七二・二%にのぼる「辺野古沿岸部埋め立て」反対の意思表示は、板垣雄三先生が「講演」で述べておられるように、「底流化し地下水脈化した『超近代』が人知れず脈々と生き続けていること」の証であるように思われる。本年三月一日に、「一〇〇周年」を迎えた韓国の「三・一独立運動」（一九一九年）も、「東学運動」から「ろうそく革命」（二〇一六～一七年）に至る歴史の中に位置づけることによって、同じ「七世紀超近代」の地下水脈の現れとしてみることができる。これらの運動には、非暴力、共生（相生）、相互関係性、ネットワーク、自由・平等・平和、調和修復的正義などの「七世紀超近代」の現代的再来をみることができる。これらのことを韓国の歴史にそって明らかにしているのが、朴光洙円光大学教授の「東アジア近代性回顧と平和実現の課題」であり、柳生真研究教授の「三・一独立運動を読みなおす」である。また、趙晟桓博士の「東学思想の現代的解釈」は、この「地下水脈」を現実化させる「霊性」のはたらきを説き明かしている。

韓国の研究者たちと同様に、地域文化学会でも近代の問題について検討を重ねてきた。今回、学会設立者の一人である加藤淳平先生、前理事長・奥田和彦先生、松本祥志先生、櫻井秀子先生のご協力を得て、特集「欧米的近代を超えて」を纏めることができた。そこには、それぞれの専門分野を基軸にして、「欧米的近代」の問題点と克服の方向性が述べられている。その克服の方向性は、山崎龍明先生が「巻頭言」で述べられているように、『『人間』や『世俗』を相対化するところから始まる」という仏法の精神とつながり合うものである。また、「知の蓄積によって人は傲慢になり他を排斥（差別）、愚の中で方向を見失う人間。その無明の闇を破する用きが仏（真理）の力用（ハタラキ）」であるという言葉は、自己中心的自我に「これでよいのか」と意識変革をせまる「外部性」としての仏の「はたらき」の重要性を述べたものであり、「霊性のはたらき」と呼べるものである。このことは、沖縄の問題を主体的に受け止め、行動を起こすためにも必要なことである。

浄土真宗の現代的意義を問うことから始めた本誌も、号を重ねる中で韓国や台湾の研究者との対話交流を深めることによって内容を充実させ、現在では宗教を基軸とした、東アジアの平和実現を目指す総合的学術誌となっている。かつまた近年の号は、単行本の二倍以上の頁数があり、「特集」を表題とした連続的な「講座本」といえるものになっている。

このきっかけとなったのは、二〇一二年から開始された国際学術大会を通じての日韓研究者の対話であった。本誌は、浄土真宗のみを対象とする単なる宗教誌ではない。キリスト教や禅宗をはじめ、他宗教との対話も重視している。また、「死、その生命的理解」（李賛洙教授）や「現代真宗仏教試考」（尾畑文正教授）などにみられるように、平和や自己中心主義を超える興味深い示唆も述べられている。また、防災の問題や文学の意義についても深く掘り下げられている。

これらの事実は、かつての日本の植民地主義支配下にあった韓国における、総合雑誌『開闢』の再来を思い起こさせてくれる。

今後とも、多様な対話を通じて、微力ながら継続的にアジアの平和と共生（相生）に貢献していきたい。

合掌

（きたじま・ぎしん）

＊投稿論文は査読によって掲載採否が決定される。投稿希望者は編集部（文理閣気付）へ連絡されたい。

執筆者紹介（執筆順）

山崎《やまざき》　龍明《りゅうみよう》　武蔵野大学名誉教授、浄土真宗本願寺派法善寺前住職、仏教タイムス社長、（公財）世界宗教者平和会議（WCRP）日本委員会平和研究所所長、真宗学。

板垣《いたがき》　雄三《ゆうぞう》　東京大学名誉教授・東京経済大学名誉教授、信州イスラーム勉強会代表、中東地域研究。

加藤《かとう》　淳平《じゅんぺい》　現代歴史研究所所長、地域文化研究。

奥田《おくだ》　和彦《かずひこ》　フェリス女子学院大学名誉教授、北米文化社会論。

松本《まつもと》　祥志《しようじ》　札幌学院大学名誉教授、国際法・アフリカ法。

櫻井《さくらい》　秀子《ひでこ》　中央大学総合政策学部教授、中東地域研究。

北島《きたじま》　義信《ぎしん》　四日市大学名誉教授、真宗高田派正泉寺前住職、正泉寺国際宗教文化研究所所長、現代アフリカ文学、宗教社会論。

朴《パク》　光《クワン》　洙《ス》　韓国・圓光大学校　宗教問題研究所所長・教授、宗教学。

李《イ》　賛《チャン》　洙《ス》　韓国・ソウル大学校統一平和研究院 HK 教授、比較宗教学。

柳生《やぎゅう》　真《まこと》　韓国・圓光大学校圓仏教思想研究院研究教授、韓国哲学。

趙《チヨ》　晟《ソン》　桓《フアン》　韓国・圓光大学校圓仏教思想研究院責任研究員、東学思想。

翻訳：片岡《かたおか》　龍《りゅう》　東北大学大学大学院文学研究科准教授、日本思想史・東アジア思想史。

尾畑《おばた》　文正《ぶんしよう》　同朋大学名誉教授、真宗大谷派泉称寺前住職、真宗学。

北畠《きたばたけ》　知量《ちりよう》　同朋大学名誉教授、真宗大谷派得願寺住職、真宗学・教育学。

佐藤《さとう》　哲雄《てつゆう》　曹洞宗興大寺住職、仏教学。

渡辺《わたなべ》　淳《じゅん》　真宗興正派西坊住職、土木工学・建築学。

フランシス・インブーガ　アフリカ人作家

翻訳：渡邊文文《わたなべたけふみ》　真宗興正派西坊後住、英語学（意味論）。

李《リー》　有《ユー》　成《チェン》　台湾・中央研究院欧米研究所元特聘研究員・教授、英文学・文学理論。

松岡《まつおか》　武夫《たけお》　皇学館大学元教授、物理学。

リーラー「遊」Vol.11

欧米的近代を超えて

発行日　2019 年 3 月 31 日

編　集　真宗高田派正泉寺
　　　　正泉寺国際宗教文化研究所
　　　　北島　義信

発行者　黒川美富子

発行所　図書出版　文理閣
京都市下京区七条河原町西南角 〒600－8146
電話（075）351－7553 FAX（075）351－7560
http://www.bunrikaku.com

ISBN 978－4－89259－848－7　C0014